中国近代史学文献丛刊

王东 李孝迁 / 主编

# 中西交通史未刊讲义二种

张星烺 姚宝猷 / 编著

马少甫 / 整理

上海古籍出版社

2022年度国家出版基金资助项目

上海市教育委员会科研创新计划重大项目
"'行动的指针':中共史家的国史书写(1941–1979)"
(2023SKZD06)

华东师范大学社会主义历史与文献研究院、
"中国历史学话语体系建设与国际传播基地"资助项目

张星烺

(1887—1951)

姚宝猷

(1901—1951)

# 中西交通史

## 漢時之中西交通

### 第一節　張騫之三次奉使

漢武帝通西域，

漢武帝以前中國與西域已有交通，毫無疑義。然無影響於中國政治商業及文化，猶之科倫布以前，歐洲北部海盜（Vikingo Northmen）已有發見美洲者，而當時無人知，後亦無人往，雖發明亦等於未發明也。科倫布發明後，宣揚於世。往者接踵。新大陸爲歐洲人之世外桃源。於是其名大顯。漢武帝遣張騫使西域以斷匈奴右臂。功在國家，利濟後世。非爲個人遊幸。其名永遠存留，不亦宜乎。張騫西使，數千年來，皆認爲鑿空事業。開中國與西域政治上之關係，故其事在中外交通史上，以及全中國史上，皆爲最重要之事。有張騫出關節一書，惜已佚。今所知者，僅司馬遷史記大宛傳及班固前漢書張騫傳而已。今特將張騫奉使事蹟約略提錄如下。

張騫漢中人。建元中爲郞。是時天子問匈奴降者，皆言匈奴破月氏王，以其頭爲飮器。

# 近世中外文化交通史

（傳敎之部）

姚寶猷講稿

## 引言

講述近世中外文化交通史，自不離乎傳敎，通商，朝聘諸方面。茲爲講述便利起見，先從近世中國基督敎之布道，及其影響講起。

我國古代與歐洲大陸交通之事實，史不絕書。歐人至我國者，漢桓帝延熹九年（西曆一六六年），則有大秦王安敦（Marcus Aurelius Antoninus）使者貢獻方物（見後漢書卷一百十八，西域傳）。吳孫權黃武五年（西二二六），則有大秦賈人字秦論來朝中國（見南史卷七十八，夷貊傳）。晉武帝太康中（西二八〇——二八九），則有孫權遣敎士阿羅本（Alopen）來華布敎。十七年（西六四三），則有揚林（卽大秦）王波多力使者來獻方物（見唐書卷一九八），宋紹宗元豐四年（西一〇八一），則有拂林國王滅力伊靈改撒使者，你廝都令廝孟判東來通聘（見宋史卷四九〇）。元定宗時，（西一二四六——一二五〇），則有弗林人要薛入仕中土。世祖中統元年（西一二六〇），則有威尼斯（Venice）巨商尼哥羅孛羅（Nicolo Polo, Marco Polo）父子，習仕元廷（見元史卷一三四）。他如來華傳敎之基督敎徒，更不一其人。然此不過爲一時之通聘使者，或親苦卓絕之旅行家，暨代一至，於國際的交通不之中西國際的交通焉。中西國際交通開始以後，我在我國歷史上，開一從古未有之變局者，實爲印度航路發現後之中西國際的交通焉。其在我國歷史上，如荷，如英，如法，或組織商會，以爲拓殖之基礎，或派遣使節，以謀政治之活動；或選送敎士，以爲輸西之

# 丛刊缘起

学术的发展离不开新史料、新视野和新方法,而新史料则尤为关键。就史学而言,世人尝谓无史料便无史学。王国维曾说:"古来新学问之起,大都由于新发现。"无独有偶,陈寅恪亦以为"一时代之学术,必有其新材料与新问题",取用此材料,以研求问题,则为此时代学术之新潮流;顺此潮流者,谓之预流,否则谓之未入流。王、陈二氏所言,实为至论。抚今追昔,中国史学之发达,每每与新史料的发现有着内在联系。举凡学术领域之开拓、学术热点之生成,乃至学术风气之转移、研究方法之创新,往往均缘起于新史料之发现。职是之故,丛刊之编辑,即旨在为中国近代史学史学科向纵深推进,提供丰富的史料支持。

当下的数字化技术为发掘新史料提供了捷径。晚近以来大量文献数据库的推陈出新,中西文报刊图书资料的影印和数字化,各地图书馆、档案馆开放程度的提高,近代学人文集、书信、日记不断影印整理出版,凡此种种,都注定这个时代将是一个史料大发现的时代。我们有幸处在一个图书资讯极度发达的年代,当不负时代赋予我们的绝好机遇,做出更好的研究业绩。

以往研究中国近代史学,大多关注史家生平及其著作,所用材料以正式出版的书籍和期刊文献为主,研究主题和视野均有很大的局限。如果放宽学术视野,把史学作为整个社会、政治、思潮的有机组成部分,互相联络,那么研究中国近代史学所凭借的资料将甚为丰富,且对其也有更为立体动态的观察,而不仅就史论史。令人遗憾的是,近代史学文献资料尚未有系统全面的搜集和整理,从而成为学科发展的瓶颈之一。适值数字化时代,我们有志于从事这项为人作嫁衣裳的事业,推出《中国近代史学文献丛刊》,计划陆续出版各种文献资料,以飨学界同仁。

丛刊收录文献的原则：其一"详人所略，略人所详"，丛刊以发掘新史料为主，尤其是中西文报刊以及档案资料；其二"应有尽有，应无尽无"，丛刊并非常见文献的大杂烩，在文献搜集的广度和深度上，力求涸泽而渔，为研究者提供一份全新的资料，使之具有长久的学术价值。我们立志让丛刊成为相关研究者的案头必备。

这项资料整理工作，涉及面极广，非凭一手一足之力，亦非一朝一夕之功，便可期而成，必待众缘，发挥集体作业的优势，方能集腋成裘，形成规模。华东师范大学历史学系，在史学理论与史学史研究领域有着长久深厚的学术传统，素为海内外所共识。我们有责任，也有雄心和耐心为本学科的发展贡献绵薄之力。在当下的学术评价机制中，这些努力或许不被认可，然为学术自身计，不较一时得失，同仁仍勉力为之。

欢迎学界同道的批评！

# 前　言

本书收录了张星烺《中西交通史》、姚宝猷《近世中外文化交通史》两种未刊讲义。

张星烺(1887—1951)，字亮尘，江苏泗阳人。其父为近代著名地理学家张相文，张氏幼承庭训。后入南洋公学、北洋大学学习理科。1906年起，先后在美国哈佛大学、德国柏林大学攻读化学。1912年回国后，历任北京大学化学系教授、长沙工业专门学校化学科主任。1918年，张氏忽患吐血病，在岳父王舟瑶家养病期间，学术兴趣转向中西交通史。1926年受聘于厦门大学，讲授"中西交通史"。1929年聘为辅仁大学历史系教授并兼任系主任，同时在燕京大学、北京大学、清华大学、北平师范大学等校兼授此课，自此定居北京。

张氏毕生专注于中西交通史研究，编著《中西交通史料汇编》(成书于1926年，辅仁大学1930年印行)，博采中西各种史料，颇受学界好评，被称为"出版界之一巨刊"，"从前此类出版物莫能与之伦比"。[①] 至今仍为研究中西交通史的重要著述。张氏以十余年之力翻译英国人亨利·玉尔(Henry Yule)的《马可·波罗游记》译注本，并加订补，被赞誉为"研究马哥·孛罗最有成绩的一个人"。[②]

《中西交通史》为1930年代张氏在北平师范大学讲授"中西交通史"课程的讲义。据整理者收藏本封面题记"廿二(1933年)·六·十五订。王镇九(当时北平师范大学历史系学生)"和书口所刻"国立北平师范大学"，此讲义当为1933年(或之前)北平师范大学的自行刻印本。讲义分14部分90节：汉时之中西交通(13节)、六朝时代中欧交通(6

---

① 冯承钧：《评〈中西交通史料汇编〉》，《地学杂志》1930年第4期。
② 向达编：《中西交通史》，中华书局，1934年，第66页。

节)、隋唐时代中欧交通(5节)、唐时基督教之传入中国(4节)、武宗时景教之被禁绝(5节)、宋代中欧交通(5节)、元代中欧交通(1节)、蒙古人在欧洲之武功(4节)、欧洲人东来请愿(3节)、欧洲人入仕中国(2节)、元时基督教在中国之状况(18节)、元代中欧通商状况(7节)、黑海塔那市之商况(不列节)、明代中欧交通之断绝(9节)、明代中欧交通之恢复(8节)。主要讲述了汉代至明末时期的中西(尤其是欧洲)交通史概况及相关主要史料。据李孝迁研究,陈垣先生藏书中有两册手钞油印本《中西交通史讲义》(现藏中国国家图书馆),确为张星烺先生所作。从具体内容看,油印讲义讲述上起汉代而下迄于元代的中西交通,凡11部分70节。① 据此,北平师范大学讲义应是在油印本的基础上,增补了明代中西交通史内容。与张星烺后来所开设的"欧化东渐史"课程前后相续,构成了一部完整的中西交通史。从内容上看,刻本讲义与油印讲义的内容来源相同,大体取材于《中西交通史料汇编》第一编"古代中国与欧洲之交通",其中涉及域外史实多编译自英人玉尔《东域纪程录丛》(Cathay and the Way Thither)、俄人布勒士奈德(E. Bretschneider)《中世纪研究》(Mediaeval Researches)。

刻本讲义较为全面地呈现了张氏"中西交通史"课程内容。1934年他在北京大学讲授"中西交通史",课程说明谓:

> 本课起始于汉武帝遣张骞通西域及印度洋海道之航行,迄十八世纪之末。叙述中国与亚洲西部各国及欧洲政治、军事、商业、宗教、文化各种关系。分作三大时期:第一期由汉至宋,第二期元代,第三期由明中叶至乾隆末。②

1941年在辅仁大学史学系讲授此课的说明:

> 古代中国与欧洲及亚洲西部各国交通事迹。说明中国史书上关于中国之记载。东西文化互换,古代使节、僧侣、游客、商人来往记载。由上古起至明末清初止。③

---

① 李孝迁:《域外汉学与中国现代史学》,上海古籍出版社,2014年,第166页。
② 《国立北京大学文学院课程一览》(1934—1935),北京大学印本,第116页。
③ 《私立北平辅仁大学一览》(1941年度),辅仁大学印本,第72页。

刻本讲义实为开课说明的具体展开。从1926年起,张氏在厦门大学开设"中西交通史",此后在各地长期讲授这门课程,内容大体相同,因此这种《中西交通史》刻印讲义,既是了解"中西交通史"课程的不可或缺的文献,也是研究近代大学中西交通史课程创设、沿革的重要史料之一。

姚宝猷《近世中外文化交通史》(下称"姚讲义"),系中山大学文学院1936年铅印本。整理者收藏本内目录第一页题记为"谢仰虞藏订。廿五年(1936年)四月"。其次,讲义中收录了姚氏发表于《国立中山大学研究院文科研究所历史学部史学专刊》1936年第2期的《基督教教士输入西洋文化考(上篇)》原文及按语。

姚宝猷(1901—1951),名良珍,字健生。广东省平远县大柘岭下村人。1920年,姚氏考入广东高等师范学校(中山大学前身)文史系。1924年毕业后,先后在厦门、汕头等中学任教。1925年由广东农科局科长调升汕头农科局长,兼《汕头日报》社社长。1929年秋,任广东《民国日报》社社长,兼中山大学副教授。同年秋,得中山大学校长邹鲁资助,至日本东京文理大学(后改为明治大学)专攻历史。1933年回国后,任中山大学文学院教授。1937年抗战爆发后,他弃学从政,在国民政府的军政部门任职。1945年9月,担任广东省政府委员、教育厅厅长,1947年兼省政府秘书长,一度代省长。1949年1月,姚氏复任中山大学教授,10月赴香港,12月回广州。1950年,入南方大学,接受政治学习。1951年4月,以"破坏学生运动""潜回广州伪装自新,以图进行反革命活动"的罪名被枪决。1982年9月,经广东省高级人民法院复查,确认"未发现被告人回广州后有破坏活动""与台湾当局特务机关确无联系",定为"投诚人员,判处死刑不当,应予纠正"。[①] 姚氏的学术研究主要集中于日本史、中西交通史,代表论著有《日本"神国思想"的形成及影响》《日本帝国主义的特性》《基督教在华传教的功罪》《基督教教士输入西洋文化考》《中国丝绢西传考》《中国历史上气候变迁之另一研究》等。

---

① 有关姚宝猷的生平,参见广东省平远县政协文史资料编辑委员会编:《平远文史》(第9辑),1998年,第94—96页。

"姚讲义"是姚宝猷在中山大学讲授"中国基督教史"讲义的一部分。1936年,中大研究院历史学部开设中国基督教史(分宗教史、思想史、艺术史三组),姚氏为该课程指导教师。① 作者在讲义开端即明言:"讲述近世中外文化交通史,自不离乎传教、通商、朝聘诸方面。……而于宗教方面每付阙如。今余于此讲义特论述近世基督教在我国传教之历史及其影响。"1935年姚氏谓:"余窃不自量,特将基督教在华传教经过及其影响,钩稽评述,成《中国基督教史》一书。""全书分为三篇十九章,都二十万言。"在文末,附注说明:"兹为使读者明了起见,特将全书目录附录于左。"全书共五部分(除绪论、结论外,共十九章):一绪论,二传教篇(十章),三斗争篇(四章),四影响篇(五章),五结论。② 1936年,姚氏在《基督教教士输入西洋文化考(上篇)》一文中说:"本篇为拙著《中国基督教史稿》'基督教对学术思想方面之影响上'之一部。"称之为"稿",其书应尚未刊行。姚讲义各章标题均包含于《中国基督教史》所列目录,两者的整体架构基本一致,均未完稿。姚讲义为《中国基督教史》经过修改过的部分内容,今《中国基督教史》原稿未见流传,借此可窥其部分内容,有一定的史料价值。

其一,较早系统梳理中国基督教史。姚讲义之前,国内中国基督教史著述,或专注于某一时期基督教史,或某一教派,或资料汇编,尚未见通史出版。③ 从派别而言,姚讲义涵括景教、也里可温教、东正教、天主教、新教,以及天主教和新教不同宗派的来华差会。从时段上讲,上起公元635年景教入中国,下至1930年基督教各派在华概况。将中国一千三百多年的基督教史分为四个时期:唐代的景教、元代的也里可温教及加特力教(即天主教)、明代的天主教、近代以来的基督教,着重叙述大事件,详于明清以来的基督教史。此外,从横向上又概述了基督教对中国学术、思想方面的种种影响。

其二,从中西交通史视角梳理基督教在华传教史。近代以来,随着基督教在华的发展,教会史的研究也逐步兴起,然研究者多为教会中人,一方面偏重于传教策略的反省和规划;另一方面,不免带有护教色

---

① 吴定宇主编:《中山大学校史(1924—2004)》,中山大学出版社,2006年,第122页。
② 姚宝猷:《基督教在华传教的功罪》,《现代史学》1935年第2卷第4期。
③ 王治心《中国基督教史纲》出版于1940年。

彩。姚氏非教会中人，直言基督教在华传教过程中沦为帝国主义侵华工具，指出："基督教之传教目的，在于弘布彼宗教义，以满足人类精神生活之需求，原与政治并无若何关系。惟其后，或因欲信徒之增加，或因某得传教事业之扩大，或因图既有势力之确保，不惜与失意宗室阴谋废立，参预政治上之活动，及假借本国政府之军事的、外交的势力，以为传教之后盾。而各国为谋海外发展，又群欲利用基督教之势力，以为通商拓殖之助，基督教遂与政治发生密切之关系……成为侵略我国之工具。"①姚讲义主要围绕"基督教传入中国之经过及其沟通东西文化之业绩"展开，不涉及基督教义与中国文化融合与冲突之类的问题。作者用力最勤的是基督教对于中国学术方面之影响，尤其是明清以来西方自然科学在中国的传播。方豪《中西交通史》承认："亡友姚宝猷撰《基督教教士输入西洋文化考》（即讲义内目录第十三章），列举吾国天文历算诸书及作家之受西洋数学影响者，兹补其遗漏，删其年代太晚者。"②

其三，姚讲义广泛取材中外著述。在中文方面，除正史及官修的其他史籍，参考了徐光启、李之藻等学者文集和明清之际入华耶稣会士的中文著作。主要有《正教奉褒》《国朝柔远记》《燕京开教略》《教务纪略》《中华归主》《畴人传》《西学辑存》《东西学书录》以及张星烺《中西交通史料汇编》；在外籍方面，主要有玉尔《东域纪程录丛》、季理斐《基督教在华百年史》、赖德烈《基督教在华传教史》、石田干之助《欧人之中国研究》、山口昇《欧美人在华之文化事业》等。姚讲义博采中外各种史料，无疑提升了其学术价值。

本辑对两种讲义做如下整理：(1)径改错字。因系未刊讲义，这两种讲义或未经作者本人校订，中西文字错误极多，几乎到了改不胜改的程度。尤其西文的人名、地名、书名，误排者比比皆是，整理者尽量做了核实订正，但少许无从确定之处，只好保留原样。(2)核对引用。讲义中引证许多中外史籍，在文字方面颇有出入，此次整理对明显错漏及语义不通处均据原书做了订正。(3)西文人名、地名、书名，原讲义译名混乱，在同一种讲义内尽量统一，但不求两种讲义均一致。其中，西文人

---

① 姚宝猷：《基督教在华传教的功罪》，《现代史学》1935年第2卷第4期。
② 方豪：《中西交通史》（下），上海人民出版社，2008年，第517页。

名存在多语种拼写,也不统一处理。(4)重新标点。民国时期标点符号使用并不规范,尤其未刊讲义更是如此,现按通行的出版要求重新标点。(5)因姚讲义为未完稿,原文目录凡十六章,但正文仅十章,标题前后略有出入,今依据正文编排目录。①

  在整理过程中,得到李孝迁教授的悉心指导和大力帮助。黄芬女士反复细致的审阅,使得其中诸多的不规范之处得以避免。在此,谨致谢忱。

  由于整理者水平有限,错误和不妥之处难免,恳请专家读者批评指正。

马少甫<br>
2024 年冬于榆林学院

---

① 原文排入目录而无正文的标题分别为:第十章《传教公许期之教案》、第十一章《关于中国历法及礼仪之纷争》、第十二章《关于传教保护权及领导权之纷争》、第十三章《基督教对于学术思想方面之影响》、第十四章《基督教对于政治外交方面之影响》、第十五章《基督教对于社会风尚方面之影响》、第十六章《结论》。

# 目　录

丛刊缘起 / 1
前言 / 1

## 中西交通史　张星烺

### 汉时之中西交通 / 3

第一节　汉武帝通西域，张骞之三次奉使 / 3
第二节　张骞传入中国之植物 / 5
第三节　张骞传入中国之乐器 / 6
第四节　张骞传入希腊美术 / 6
第五节　汉使抵罗马边境及欧人至中国 / 6
第六节　罗马史家佛罗鲁斯(Florus)记中国朝贺罗马使节 / 7
第七节　白里内《博物志》记中国事情 / 8
第八节　《爱利脱利亚海周航纪》记东方事情 / 10
第九节　东汉时甘英出使大秦，无结果而返 / 11
第十节　后汉时大秦幻人来中国 / 11
第十一节　大秦国记 / 12
第十二节　拖雷美《地理书》记东方事情 / 13
第十三节　包撒尼雅斯(Pausanias)记中国人养蚕法 / 16

### 六朝时代中欧交通 / 17

第十四节　三国时期中欧交通 / 17
第十五节　晋时大秦与中国之交通 / 18
第十六节　《魏书》记大秦国事情 / 18
第十七节　柏罗科劈斯(Procopius)记蚕种传入罗马事 / 19

第十八节　梯俄方内斯（Theophanes）记蚕种传入罗马事 / 20

第十九节　东罗马与西突厥之通使 / 20

隋唐时代中欧交通 / 23

第二十节　隋唐时代中国复兴 / 23

第二十一节　东罗马史家席摩喀塔（Theophylactus Simocatta）记隋文帝统一中国 / 23

第二十二节　裴矩《西域图记》/ 25

第二十三节　《隋书·铁勒传》记里海西北诸部落 / 25

第二十四节　《旧唐书·拂菻国传》/ 30

唐时基督教之传入中国 / 35

第二十五节　西人记基督教之东传 / 35

第二十六节　中国方面之记载 / 36

第二十七节　拉耶德（Layard）之新发现 / 40

第二十八节　景教僧译述事业之新发现 / 40

武宗时景教之被禁绝 / 41

第二十九节　中国人无宗教思想 / 41

第三十节　《通鉴》记武宗废浮图法事 / 41

第三十一节　毁佛寺制 / 41

第三十二节　李德裕《贺废毁诸寺德音表》/ 42

第三十三节　五代及宋时在中国之基督教完全消灭 / 44

宋代中欧交通 / 45

第三十四节　宋代中国衰弱及中欧交通总序 / 45

第三十五节　《宋史·拂菻国》/ 46

第三十六节　班哲明·土代拉之游记载中国事情 / 47

第三十七节　周去非记大秦国事情 / 48

第三十八节　赵汝适《诸蕃志》记欧洲各国情形 / 49

元代中欧交通 / 52

第三十九节　元代中西交通总序 / 52

蒙古人在欧洲之武功 / 56

第四十节　钦察国之征服 / 56

第四十一节　俄罗斯 / 58
第四十二节　波兰与德意志境内之战争 / 60
第四十三节　匈牙利与奥地利境内之战争 / 61

欧洲人东来请愿 / 64

第四十四节　高僧勃拉奴·喀劈尼（Plano Carpini）之奉使蒙古 / 64
第四十五节　高僧卢白鲁克之奉使蒙古 / 65
第四十六节　小亚美尼亚王海敦入朝蒙古 / 67

欧洲人入仕中国 / 68

第四十七节　孛罗氏 / 68
第四十八节　爱薛 / 69

元时基督教在中国之状况 / 71

第四十九节　成吉斯汗未兴以前，中央亚细亚及蒙古等地基督教状况 / 71
第五十节　元时中国史书所记基督教情况 / 73
第五十一节　元时在中国之基督教分两派 / 78
第五十二节　元时在中国景教僧侣之生活状态 / 79
第五十三节　元初中国景教徒中之玄奘、法显 / 80
第五十四节　罗马教皇遣使忽必烈大汗 / 82
第五十五节　北京最初总主教约翰·孟德高维奴 / 82
第五十六节　罗马教皇遣主教至中国襄助约翰 / 83
第五十七节　刺桐城主教安德鲁 / 84
第五十八节　高僧鄂多立克之东游 / 85
第五十九节　北京第二任总主教尼古拉斯 / 87
第六十节　元顺帝给罗马教皇谕旨 / 88
第六十一节　阿兰人上罗马教皇书 / 88
第六十二节　阿兰人上教皇书之考证 / 89
第六十三节　教皇之回报元朝国书 / 90
第六十四节　元代基督教二文豪传 / 91
第六十五节　在中国内地各处教堂数目考 / 93
第六十六节　近代发现古时基督教之余韵及遗物 / 101

## 元代中欧通商状况 / 103

第六十七节　海上与陆道商务 / 103

第六十八节　汪大渊记印度与欧洲通商状况 / 104

第六十九节　元时中国海外贸易状况及征税方法 / 106

第七十节　元时著名海外航业大商 / 108

第七十一节　裴哥罗梯《通商指南》第一章《陆道至契丹》/ 110

第七十二节　第二章《往契丹时途中所需诸物》/ 111

第七十三节　第三章《契丹塔那两地重量之比较》/ 115

## 黑海塔那市之商况 / 116

## 明初中欧交通之断绝 / 118

第七十四节　总序 / 118

第七十五节　《明史·拂菻传》/ 120

第七十六节　尼哥罗·康梯《游记》/ 121

第七十七节　博嘉登东国使节 / 122

第七十八节　科伦布立志东游 / 123

第七十九节　托斯加内里（姓）致科伦布第一书 / 124

第八十节　托斯加内里致科伦布第二书 / 126

第八十一节　《科伦布纪程》序文 / 126

第八十二节　科伦布大发明后之世界变迁 / 128

## 明中中欧交通之恢复 / 129

第八十三节　葡萄牙人之通中国 / 129

第八十四节　葡人巴罗斯之记载 / 130

第八十五节　《明史·佛郎机传》/ 132

第八十六节　科伦布以后 / 135

第八十七节　《明史·意大里亚传》/ 135

第八十八节　明末来华外国教士略传 / 138

第八十九节　西班牙之通中国 / 147

第九十节　《明史·和兰传》/ 148

## 近世中外文化交通史　　姚宝猷
### 基督教传入中国之经过及其沟通东西文化之业绩

引言 / 155
第一章　利玛窦来华以前基督教之传教 / 157
　　第一节　基督教之传入中国 / 157
　　第二节　唐代基督教之盛衰 / 161
　　第三节　五代及宋代基督教之消灭 / 162
　　第四节　元代基督教之复兴 / 163
　　第五节　明初欧亚交通之断绝与基督教之衰颓 / 172
第二章　东印度航路之发现与基督教教士之东来 / 175
第三章　基督教传教之苦斗时期 / 182
　　第一节　耶稣会派教士罗明坚之来华 / 182
　　第二节　利玛窦之入京 / 183
　　第三节　各地传教事业之发达与基督教之受迫 / 186
　　第四节　传教事业之复盛(1622—1644) / 188
　　第五节　南明帝后与罗马教皇之通聘 / 189
　　第六节　顺治帝之优待教士与基督教之兴盛 / 190
　　第七节　基督教之受迫与传教士之放逐 / 192
　　第八节　杨光先之罢免与传教士之复归 / 193
第四章　基督教传教之隆盛时期 / 195
　　第一节　康熙帝宠任南怀仁与南怀仁之制历铸炮 / 196
　　第二节　南怀仁请派传教士来华 / 196
　　第三节　法国教士洪若翰等奉派东来 / 198
　　第四节　康熙帝之西洋科学研究与《皇舆全览图》之测绘 / 199
　　第五节　教士张诚、徐日升参加中俄尼布楚会议 / 201
　　第六节　基督教布教之公许及其兴盛 / 202
第五章　基督教传教之衰颓时期 / 207
　　第一节　雍正时代之禁教 / 207
　　第二节　乾隆时代之禁教 / 211

第三节　嘉庆道光时代之禁教 / 215
　　第四节　耶稣会之解散与遣使会教士之东来 / 219
　　第五节　十九世纪初期四十年之基督教 / 221
第六章　基督教传教之公许时期 / 223
　　第一节　传教信教之公许 / 223
　　第二节　清廷与法国关于教会置产、摊费、接待之交涉 / 229
第七章　传教公许期之天主教 / 233
　　第一节　耶稣会 / 233
　　第二节　遣使会 / 235
　　第三节　方济各会 / 239
　　第四节　巴黎海外传教会 / 244
　　第五节　米兰海外传教会 / 249
　　第六节　圣母圣心传教会 / 250
　　第七节　多明各会 / 253
　　第八节　奥格斯丁会 / 254
　　第九节　斯泰尔海外传教会 / 255
　　第十节　罗马圣彼得及圣保罗海外传教会 / 256
　　第十一节　帕尔姆海外传教会 / 257
　　第十二节　其他各派传教会 / 257
　　第十三节　天主教的现况 / 260
第八章　传教公许期之耶稣教 / 264
　　第一节　耶稣教之起源及其传入 / 264
　　第二节　耶稣教之宗派及其属会 / 268
　　第三节　英籍教会 / 271
　　第四节　美籍教会 / 286
　　第五节　德籍教会 / 299
　　第六节　其他各教会 / 302
　　第七节　耶稣教的现况 / 310
　　第八节　天主教与耶稣教之异点 / 315
第九章　传教公许期之正教会 / 320

第十五章　基督教对于学术思想方面之影响上——西洋文化之东渐 / 324
　　第一节　天文历法 / 324
　　第二节　数学 / 334
　　第三节　军器与兵制 / 345
　　第四节　地理与地图 / 351

# 中西交通史

张星烺

# 汉时之中西交通

## 第一节 汉武帝通西域,张骞之三次奉使

汉武帝以前中国与西域已有交通,毫无疑义。然无影响于中国政治、商业及文化,犹之科伦布以前,欧洲北部海盗(Vikings Northmen)已有发明美洲者,而当时无人知,后亦无人往,虽发明亦等于未发明也。科伦布发明后,宣扬于世,往者接踵,新大陆为欧洲人之世外桃源,于是其名大显。汉武帝遣张骞使西域,以断匈奴右臂,功在国家,利济后世,非为个人游幸,其名永远存留,不亦宜乎?张骞西使,数千年来既认为凿空事业,开中国与西域政治上之关系,故其事在中外交通史上,以及全中国史上,皆为最重要之事。有《张骞出关志》一书,惜已佚。今所知者,仅司马迁《史记·大宛传》及班固《前汉书·张骞传》而已。今特将张骞奉使事迹约略提录如下:

张骞,汉中人,建元中为郎。是时天子问匈奴降者,皆言匈奴破月氏王,以其头为饮器。月氏遁逃,而常怨仇匈奴,无与共击之。汉方欲事灭胡,闻此言,因欲通使,道必更匈奴中,乃募能使者。骞以郎应募使月氏,与堂邑氏胡奴甘父俱出陇西。经匈奴,匈奴得之,传诣单于。单于留之曰:"月氏在吾北,汉何以得往使?吾欲使越,汉肯听我乎?"留骞十余岁,与妻有子。然骞持汉节不失。居匈奴中,益宽。骞因与其属亡乡月氏,西走数十日至大宛。大宛闻汉之饶财,欲通不得。见骞,喜,问曰:"若欲何之?"骞曰:"为汉使月氏,而为匈奴所闭道。今亡,唯王使人导送我。诚得至,反汉,汉之赂遗王财物不可胜言。"大宛以为然,遣骞,为发导驿抵康居。康居传致大月氏。大月氏王已为胡所杀,立其太子

为王。既臣大夏而居，地肥饶，少寇，志安乐。又自以远汉，殊无报胡之心。骞从月氏至大夏，竟不能得月氏要领。留岁余，还，并南山，欲从羌中归，复为匈奴所得。留岁余，单于死，左谷蠡王攻其太子自立，国内乱，骞与胡妻及堂邑父俱亡归汉。堂邑父故胡人，善射，穷急射禽兽给食。初，骞行时百余人，去十三岁，唯二人得还。骞身所至者，大宛、大月氏、大夏、康居。此张骞第一次奉使事迹也。

骞第一次被匈奴拘留十余岁，辛苦备尝。故归国以后，欲求捷他便之道，因说天子曰："臣在大夏时，见邛竹杖、蜀布，问安得此。大夏国人曰：'吾贾人往市之身毒。'身毒在大夏东南可数千里，其俗土著，大与大夏同，而卑湿暑热云。其人民乘象以战，其国临大水焉。以骞度之，大夏去汉万二千里，居西南。今身毒国又居大夏东南数千里，有蜀物，此其去蜀不远矣。今使大夏，从羌中险。少北，则为匈奴所得，从蜀宜径，又无寇。"天子既闻大宛及大夏、安息之属，皆大国，多奇物。其北有大月氏、康居之属，兵强，可赂遗设利朝也。且诚得而以义属之，则广地万里，重九译，致殊俗，威德遍于四海。天子欣然，以骞言为然。乃令骞因蜀犍为，发间使，四道并出：出駹，出冉，出徙，出邛、僰，皆各行一二千里。其北方闭氐、筰，南方闭雟、昆明。昆明之属无君长，善寇盗，辄杀略汉使，终莫得通。此骞第二次奉使事迹。通大夏之目的未达，然西南夷之开拓，骞之功也。骞在大夏，得见邛竹杖、蜀布由身毒（即印度）人转贩至大夏，可以证明张骞未使西域之先，印度与中国确有商业上之往来矣。印度人所著《考铁利亚》（*Kautilya*）书，言周末中国商人贩丝货至印度一事，益可信矣。

骞后又说天子连乌孙，以断匈奴右臂。既连乌孙，自其西大夏之属，皆可招来而为外臣。天子以为然。拜骞为中郎将，将三百人，马各二匹，牛羊以万数。赍金币、帛直数千巨万，多持节副使，道可便，使遣之他旁国。骞既至乌孙，不得其要领。因分遣副使，使大宛、康居、大月氏、安息、身毒、于寘、扜罙及诸旁国。乌孙发导驿送骞还。其后岁余，骞所遣使通大夏之属者皆颇与其人俱来。此骞第三次奉使事迹也。张骞使西域，政治上有莫大关系，吾人类能言之。而其于中国文明及社会经济之影响，则注意者甚少。吾且举数端于下。

## 第二节　张骞传入中国之植物

（一）红蓝花。《博物志》云：张骞得种于西域，今魏地亦种。番红花，又名洎天蓝，又名撒法郎。出西番回回地面及天方国。（见《本草纲目》卷十五）

（二）胡麻。李时珍曰：按沈存中《笔谈》云：胡麻即今油麻，更无他说。古者中国止有大麻，其实为蕡。汉使张骞始自大宛得油麻种，故名胡麻，以别中国大麻也。今人通呼脂麻。（见《本草》卷二十三）

（三）蚕豆。李时珍曰：豆荚状如老蚕，故名。《太平御览》云：张骞使外国，得胡豆种归。指此也。（见《本草》卷二十四）

（四）葫，亦名大蒜。李时珍曰：孙愐《唐韵》云：张骞使西域，始得大蒜、葫荽。则小蒜乃中土旧有，而大蒜出胡地，故有胡名。二蒜皆属五荤，故通可称荤。（见《本草》卷二十六）

（五）胡荽，亦名香荽，又名蒝荽。李时珍曰：荽，许氏《说文》作葰。云姜属，可以香口也。其茎柔、叶细而根多须，绥绥然也。张骞使西域始得种归，故名胡荽。今俗呼为蒝荽。蒝乃茎叶布散之貌。俗作芫花之芫非矣。（见《本草》卷二十六）

（六）苜蓿。李时珍曰：《杂记》言苜蓿原出大宛，汉使张骞带归中国。然今处田野有之，陕陇人亦有种者，年年自生，刈苗作蔬，一年可三刈。二月生苗，一科数十茎，茎颇似灰藋，一枝三叶，绿色碧艳。入夏及秋，开细黄花。（见《本草》卷二十八）任昉《述异记》载，张骞苜蓿园，今在洛中。苜蓿本胡中菜也，张骞于西域得之。

（七）胡瓜，亦名黄瓜。李时珍曰：张骞使西域得种，故名胡瓜。陈藏器谓北人避石勒讳，改呼黄瓜，至今因之。（见《本草》卷二十八）

（八）安石榴。李时珍曰：榴者瘤也。丹实垂之，如赘瘤也。《博物志》云：汉张骞出使西域，得涂林安石国榴种以归，故名安石榴。（见《本草》卷三十）

（九）胡桃，亦名核桃。苏颂曰：此果本出羌胡。汉时张骞使西域始得种还，植之秦中，渐及东土，故名之。（见《本草》卷三十）

（十）葡萄。《汉书》作蒲桃，可以造酒。张骞使西域还，始得此种。（见《本草》卷三十三）

（十一）酒杯藤。酒杯藤出西域，藤大如臂，叶似葛花，实如梧桐，花坚皆可酌酒。自有文章，映澈可爱。实大如指，味如豆蔻，香美消酒。土人提酒，来至藤下，摘花酌酒，仍以实销醒。国人宝之，不传中土。张骞出大宛得之。事见《张骞出关志》。（见崔豹《古今注》）

## 第三节　张骞传入中国之乐器

崔豹《古今注·音乐第三》：横吹，胡乐也。张博望入西域，传其法于西京，唯得《摩诃》《兜勒》二曲。李延年因胡曲更造《新声二十八解》，乘舆以为武乐，后汉以给边将军。和帝时，万人将军得用之。魏晋以来，《二十八解》不复具存。世用者，《黄鹄》《陇头》《出关》《入关》《出塞》《入塞》《折杨柳》《黄覃子》《赤之杨》《望行人》等十曲。（亦见马缟《中华古今注》）

## 第四节　张骞传入希腊美术

中国载籍中，虽无明言张骞传入西方美学之事。然据近代美学家之研究，汉以前中国之绘画、雕刻，简单幼稚。其构思及体裁，虽庄重古雅，而粗朴怪奇，变化太少，陈陈相因。及武帝以后，美术界忽然大进步。古代朴陋生硬之风尽脱，渐臻自然精致之域，往往发现汉代以前未曾有之新画象。其至今尚遗存者为汉代之古青铜镜，及山东济宁道嘉祥县南紫云山（一名武宅山，又名武翟山）之汉武氏祠石之石刻画像，颇有昔日之欧风焉。是皆希腊文化输入之影响也。（见王桐龄《东洋史》上册第二编，第五十五面）

汉武帝时，中欧交通之起始。

## 第五节　汉使抵罗马边境及欧人至中国

《史记·大宛传》载，汉始筑令居以西，初置酒泉以通西北国。因益发使抵安息、奄蔡、黎轩、条枝、身毒国。而天子好宛马,使者相望于道。诸使外国一辈大者数百,少者百余人,人所赍操大放博望侯时。其后益习而衰少焉。汉率一岁中使多者十余,少者五六辈,远者八九岁,近者数岁而反。

初,汉使至安息,安息王令将二万骑迎于东界。东界去都数千里,行比至,过数十城,人民相属甚多。汉使还,而后发使随汉使来观汉广大,以大鸟卵及黎轩善眩人献于汉。(以上见《史记·大宛传》)

善眩人二,皆蹙眉峭鼻,乱发拳须,长四尺五寸。(以上见《通典》卷一百九十三《大秦》。又《文献通考》卷二十四《四裔》、十六《大秦》)据此等记载,汉武时汉使已抵黎轩,而黎轩善眩人,亦于是时抵中国矣。黎轩即东汉以后之大秦,大秦即罗马也。黎轩原音为何,至今尚未考定。有谓为拉丁(Latin)之译音者,余意以为即罗马(Rome)之译音也。武帝时,罗马已奄有亚洲西部。汉使足迹似亦仅至亚洲极西,罗马之属地而止,未必渡越地中海至义大利也。安息人以黎轩善眩人献于汉,则此善眩人诚可谓为欧洲第一人足践中华之土者矣。《通典》及《通考》所记其人之形状,读之,使二千年前之异域人几如近在目前也。蹙眉峭鼻,乱发拳须,其为欧人已无可疑。

郭宪《别国洞冥记》载,武帝元封三年(西历纪元前一百零八年),大秦国贡花蹄牛。其色驳,高六尺,尾环绕其身,角端有肉,蹄如莲花,善走多力。帝使辇铜石,以起望仙宫。迹在石上,皆如花形。元封三年西域已通,距张骞受封博望侯之日已十五年矣。《史记》载,骞遣副使,使大宛、康居、大月氏、大夏、安息、身毒、于窴、扞罙及诸旁国。其后岁余,骞所遣使通大夏之属者,皆颇与其人俱来。元封三年,大秦国贡使,或即与汉使俱来之人也。

## 第六节　罗马史家佛罗鲁斯(Florus)记中国朝贺罗马使节

史家佛罗鲁斯之《史记》,颂扬奥古斯都(Augustus Caesar)皇帝之功德,谓当帝在位时(帝即位于汉成帝建始元年,耶苏纪元前三十二年,卒于新莽天凤元年，即西历十四年），中国人及印度人亦皆远自万里，慕罗马之光荣而来朝贺也。其言曰：

> 其余世界，不属罗马帝政所治者，亦皆知罗马国之光荣盛强，见罗马人而生敬心，以其征服众邦，故莫不畏威。西提亚人（Scythae）及撒儿马梯人（Sarmatae）皆遣使结欢。不独此也，远如赛里斯人（Seres，即中国人）及印度人，居太阳直垂之下，亦皆遣使奉献珍珠宝石及象，求与吾人订交好之约。据其人自云，居地远离罗马，须行四年之久方能达也。视其人之面貌，亦诚为别世之人，不与吾人共一天地者也。帕提亚人（Parthian，即安息国人）自悔前与罗马为敌，败罗马之军，乃归还克拉速斯（Crassus，凯撒时罗马大将，有好金银之癖，尝率军东征帕提亚，为敌所擒。敌人闻其好金银，乃熔金银倾入其口中，使满饱金银，遂死）所失之国旗。国境四周人迹所至之地，皆愿寝兵休息，共享太平之福也。（见Yule, *Cathay*, Ⅰ, p.18）

佛罗鲁斯所记中国使节恐为商贩，或个人旅行家抵罗马京城者，断非汉之朝廷所遣。盖据《汉书》，当奥古斯都皇帝在位时，汉室已衰，无遣使事迹也。

## 第七节　白里内《博物志》记中国事情

白里内（Gaius Pliny the Elder）者，生于西历纪元二十三年（更始元年），卒于七十九年（汉章帝建初四年），以博学驰名罗马全境。著有《博物志》（*Natural History*）一书，书为古代伟作。关于中国，亦有记载。其言曰：

> 由里海及西梯亚洋海岸线折而面东。（案，白里内误以里海为大洋，故有是说。）西梯亚角东近地，终年沍寒，无人居处。过此，土地荒芜，有西梯亚野人居之，专嗜食人，与猛兽无别。与之为邻者，为大荒土。禽兽成群，不见人迹。过此，又有西梯亚人。再行，又为荒野，所见唯猛兽狐狸而已。抵塔比斯山（Tabis），山悬峙海边。

又行,海岸线向东北,过此乃始见人迹也。由里海至此,尚未及海岸之半也。赛里斯国即处此。其林中产丝,驰名宇内。丝生于树叶上,取出,湿之以水,理之成丝。复织成锦绣文绮,贩运至罗马。富豪贵族之夫人娇媛,裁成衣服,光辉夺目。人巧几竭,而地亦至此尽矣。赛里斯人和厚可亲,然羞与人为侣,与森林中鸟兽无异,见人辄避走;愿与他国通商贸易,然皆待他人之来,而绝不求售也。

白里内书中记塔勃罗贝恩岛(Taprobane,古代希腊人锡兰岛之称号也)曰:

> 以上所述皆得自古人者也。克老的由斯(Claudius)皇帝时(汉光武帝时),岛王遣使至罗马,吾人乃有真确报告。阿牛斯·勃洛克摩斯(Annius Plocamus)者,昔为奴隶,后得自由办理红海上帝国国库收入事。尝航海绕阿拉伯半岛,遇风漂泊,过克尔马尼亚(Carmania)第十五日,抵希普利(Hippuri)港〔西人考据谓即今锡兰岛北之库特拉·马力(Kudra Mali)港与马纳儿(Mannar),产珍珠,海滨相近〕。岛王待之甚厚,居留岛中六阅月,学其人之言语,乃与王言罗马国皇帝及国民情形。阿牛斯身畔带有罗马钱数枚,钱面上皇帝之像各不同,铸造时期亦皆不同,然各钱之重量则皆相同,王见之深为惊异。阿牛斯复劝王通好于罗马人,王乃遣拉切斯(Rachias)等四人,为使者至罗马……使者言其岛与印度对峙。面积甚大,伸向东南,尚有一万程之远云。赛里斯人居爱摩都斯山(Emodus)之外,以通商见知于吾人。岛中人有亲见之者。拉切斯之父尝至其国。使人途中旅行时,亦尝见赛里斯人。据云,其人身体高大,过于常人,红发碧眼,声音洪亮。惜言语不通,不能与之交谈。其余所言者,亦皆与我国商人所述相同。货物皆运至某河之东岸,置于赛里斯人货物之旁,与之议定价钱后,即取之他往,不交谈,以目相视足矣。

白里内于下章愤其国人之奢侈,亟言俭朴之宜提倡,曰:"观上方所述,有识者已慨奢侈之风,由来渐矣。至于今代,乃见凿通全山,远赴赛里斯国以取衣料。投红海不测之深，以捞珍珠。掘地千丈，以求宝玉。心犹未安。以珍珠宝石悬挂颈带冠冕为不足，乃更穿身悬珠，群以为美。似此江河日下，风俗益坏，将来必凿孔在身，满盛珠宝而后快心也。呜呼！"白里内曰："阿拉伯海财运更为亨通，盖其地供给吾人以珍珠也。据最低之计算，吾国之金钱，每年流入印度、赛里斯及阿拉伯半岛三地者，不下一万万赛斯透司（Sesterces，计戴尔马值今英金七万镑，即合华币七十万元也，罗马货币之名），此即吾国之男子及妇女奢侈之酬价也。"（见 Yule's *Cathay*，Ⅰ，pp. 196–200）

## 第八节 《爱利脱利亚海周航纪》记东方事情

西历八十年至八十九年间（汉章帝时代），有埃及之希腊人某（姓名失传），尝周航红海、波斯湾、印度半岛东西两岸，归著《爱利脱利亚海（今印度洋皆在内）周航纪》（*Periplus of the Erythraean Sea*）一书，记中国曰：

> 过克利斯国[Chryse，又名黄金国。玉尔注：在今缅甸白古（Pegu）地方]抵秦国（Thin，此为欧洲各种文字中最先记秦国者）后，海乃止。有大城曰秦尼（Thinae），在其国内部，远处北方，由此城生丝、丝线及丝所织成之绸缎经陆道过拔克脱列亚（即大夏，《元史》作巴里黑），而至巴利格柴[Barygaza，今印度孟买附近之巴罗赫港（Baroch）]。更由恒河水道而至李米力斯（Limyrice，不可考），其地距此甚远。往秦国甚不易，由其处来极少也。其国处小熊星之下（著者置中国于西北利亚之北，大偏矣），相传其国境与滂突斯（Pontus，即黑海）及甲斯便海（Caspian Sea，即里海）之远边相邻，旁有苗梯斯湖（Lagoon Mareotis，不可考）可通大洋。
>
> 每年有侏儒来自秦国之边境，其人皆身短小，面部甚宽，与野兽相似，然不害人，皆称之为赛撒底（Sesadae）人云。[西人考有谓在锡兰岛者，有谓在希马拉耶山边大皆岭（Dayiling）者，皆不可恃。]来时携带妻子，手提青蒲陵枝制成之篮，篮中满载物件，至秦国及侏儒国中间地时，停不前进。大宴数日，取篮中物，散之地面

乃归。他人见其去也,来拾取所散地上之柳枝,名之曰倍脱利(Petri,玉尔注梵语 Patra 之转音,树叶也),去其杆及丝,仅留叶,卷小球,即以其丝连缝之。分为三种:用大叶制成者,谓之大球;用中叶制成者,谓之中球;用小叶制成者,谓之小球。此即三种马拉八脱鲁姆(Malabathrum)之所由来也。制成后,贩至印度出售也。(原文多不可解,玉尔氏亦仅就字译之而已。)

上方所述诸地以外,尚有陆地。然至今无人探知之。其故则或因天气过冷,或因上帝所造天然阻障,故迄不能通至也。(见 Yule, *Cathay*, Ⅰ, pp.183-185)

## 第九节　东汉时甘英出使大秦,无结果而返

和帝永元九年,都护班超遣甘英使大秦,抵条支。临大海欲渡,而安息西界船人谓英曰:"海水广大,往来者逢善风,三月乃得渡,若遇迟风,亦有二岁者,故入海皆赍三岁粮。海中善使人思土恋慕,数有死亡者。"英闻之乃止。十三年,安息王满屈复献师子及条支大鸟,时谓之安息雀。自安息西行三千四百里至阿蛮国。从阿蛮西行三千六百里至斯宾国。从斯宾南行渡河,又西南至于罗国九百六十里,安息西界极矣。自此南乘海,乃通大秦。其土多海西珍奇异物。(见《后汉书》卷八十八《西域传》)

## 第十节　后汉时大秦幻人来中国

哀牢夷……西南去洛阳七千里。显宗以其地置哀牢、博南二县,割益州郡西部都尉所领六县,合为永昌郡。……永宁元年,掸国王雍由调复遣使者诣阙朝贺,献乐及幻人,能变化吐火,自支解,易牛马头。又善跳丸,数乃至千。自言我海西人,海西即大秦也。掸国西南通大秦。……(见《后汉书》卷八十六《西南夷传》。案,永宁元年,即西历一百二十年也。永昌郡,约在今大理,其地通大秦。可参见第十一节注。)

## 第十一节 大秦国记

　　大秦王安敦遣使来献。大秦国一名犁轩,以在海西,亦云海西国。地方数千里,有四百余城,小国役属者数十。以石为城郭,列置邮亭,皆垩墍之。有松柏诸木百草。人俗力田作,多种树蚕桑,髡头而衣文绣,乘辎軿白盖小车,出入击鼓,建旌旗幡帜。所居城邑,周圆百余里。城中有五宫,相去各十里,宫室皆以水晶为柱,食器亦然。其王日游一宫听事,五日而后遍。常使一人持囊随王车,人有言事者,即以书投囊中。王至宫发省,理其枉直。各有官曹文书,置三十六将,皆会议国事。其王无有常人,皆简立贤者。国中灾异及风雨不时,辄废而更立,受放者甘黜不怨。其人民皆长大平正,有类中国,故谓之大秦。土多金银奇宝,有夜光璧、明月珠、骇鸡犀、珊瑚、琥珀、琉璃、琅玕、朱丹、青碧。刺金缕绣,织成金缕罽、杂色绫。作黄金涂、火浣布。又有细布,或言水羊毳,野蚕茧所作也。合会诸香,煎其汁以为苏合。凡外国诸珍异皆出焉。以金银为钱,银钱十当金钱一。与安息、天竺交市于海中,利有十倍。其人质直,市无二价。谷食常贱,国用富饶。邻国使到其界首者,乘驿诣王都,至则给以金钱。其王常欲通使于汉,而安息欲以汉缯彩与之交市,故遮阂不得自达。至桓帝延熹九年,大秦王安敦遣使自日南徼外献象牙、犀角、瑇瑁,始乃一通焉。其所表贡,并无珍异,疑传者过焉。或云其国西有弱水、流沙,近西王母所居处,几于日所入也。前世"汉使皆自乌弋以还,莫有至条支者"。又云:"从安息陆道绕海北行,出海西,至大秦。人庶连属,十里一亭,三十里一置,终无盗贼寇警。而道多猛虎、狮子,遮害行旅,不百余人赍兵器,辄为所食。"又言:"有飞桥数百里可渡海北。"诸国所生奇异玉石诸物,谲怪多不经,故不记云。

　　天竺一名身毒,在月氏之东南数千里。……西与大秦通,有大秦珍物。

　　论曰:西域风土之载,前古未闻也。汉世张骞怀致远之略,班超奋封侯之志,终能立功西遐,羁服外域。自兵威之所肃服,财赂之所怀诱,莫不献方奇,纳爱质,露顶肘行,东向而朝天子。故设戊己之官,分任其事；建都护之帅，总领其权。先驯则赏篆金而赐龟绶，后服则系头颡而衅北阙。立屯田于膏腴之野，列邮置于要害之路。驰命走驿，不绝于时月；商胡贩客，日款于塞下。其后甘英乃抵条支而历安息，临西海以望大秦，拒玉门、阳关者四万余里，靡不周尽焉。（见《后汉书》卷八十八《西域传》）

大秦在海西。所谓之海，地中海也。以地位论，其指罗马全国而言，已甚明了。桓帝延熹九年，即西历一百六十六年也。大秦王安敦即罗马国麻诃斯·忝雷烈斯·安拖尼诺斯（Marcus Aurelius Antoninus）皇帝也。帝以西历一百六十一年（延熹四年）即位，在位十九年，至西历一百八十年（灵帝光和三年）乃崩。帝为罗马皇帝中最圣明者。在位之时，命将东征帕提亚国（Parthia），诸军皆归鲁秀斯·维鲁斯（Lucius Verus）节制。鲁秀斯至安都城（Antioch），饮酒荒淫，其部将率其兵前进，屡战辄胜，攻下安塔克撒他（Antaxata）部，焚赛流西亚（Seleucia）及克泰锡封（Ktesiphon）二城，美索博他米亚（Mesopotamia）复归罗马帝国版图。此为一百六十二年至一百六十五年间事也。波斯湾头诸地复通，往东方海道无复阻障，故其使者得于一百六十六年即延熹九年至中国也。

汉时，中国与罗马交通，见之正史者仅此一次，其实海上与陆道商族来往频频也。晚近西人在山西掘得罗马古钱十六枚，观钱面镌文，盖悉为罗马皇帝梯拜流斯（Tiberius）至安敦皇帝时代所铸者也。梯拜流斯为罗马第三代皇帝，即位于新莽天凤元年（西一四），崩于东汉光武帝建武十三年（西三七），此亦当时交通频繁，罗马金钱流入中国之确凿证据也。（见 Bushell, "Ancient Roman Coins from Shansi", *Peking Oriental Society*, 1885, 1, 2）

## 第十二节　拖雷美《地理书》记东方事情

西历约一百五十年时（汉桓帝时），希腊人拖雷美（Claudius Ptolemy）者，通天文、历算、地理诸术。其《地理书》即于是时著成，为古代伟作，后世学者多依据之。其记中国事亦模糊不清，大类《汉书》

《魏略》之记大秦也。可约略举之如下：

大地上，人类可居之地，极东为无名地（Unknown Land），与大亚细亚（Asia Major）最东之秦尼（Sinae）国及赛里斯（Seres）国为邻（二名皆为古代罗马人称中国者）。极南亦为无名地，包绕印度海（Indian Sea）之北，即里比亚（Libya），以南依梯俄皮亚（Ethiopia）之一部，名曰阿笈新巴（Agisymba）者也。极西亦为无名地，包绕里比亚之依梯俄皮亚海湾（Ethiopia Gulf）极西偏北，又界西洋（Western Ocean）。洋岸蜿蜒于里比亚及欧罗巴之西境。极北亦为同一大洋，洋环伯列颠群岛（British Isles，今英国）及欧洲极北部的喀力多尼亚（Dueculydonia）与撒尔马梯亚（Sarmatia）二地。极北偏东，亦界无名地。大亚细亚极北撒尔马梯亚、西梯亚（Scythia）与赛里斯沿边是也。可知世界之极东，至秦尼国之都城而止。其经度距亚历山德港（Alexandria）为一百十九度半，时辰相差约八小时也（案之今代地理，亚里山德港距中国西安府仅约七十九度，时辰相差五小时余而已）。

拖雷美《地理书》第一卷，言马利奴斯（Marinus）为最后希腊之治地理学者。拖雷美修改马利奴斯旧说甚多。惟修改之点，在吾人读之，又须修改矣。拖雷美评论马利奴斯书中各地之经度，谓多夸大也。例如西方福运群岛（Fortunate Islands）至极东赛拉（Sera，赛里斯国都城）、秦尼（Sinae，秦尼国都城）、喀梯喀拉港（Cattigara，交趾之讹音）诸境，时辰相差有十五小时之多，而实在不逾十二小时也。有某商人尝往赛拉经商，马利奴斯依其纪行，而推算赛拉城之地位。拖雷美承认马利奴斯所推算福运群岛至希拉波力斯城〔Hierapolis，在今阿雷坡（Aleppo）东北〕油付莱梯斯河渡口（Euphrates Ferry）间之经度为是。

次乃又曰：马利奴斯谓由油付莱梯斯河渡口至石塔（Stone Tower）地方，路程为八百七十六雪尼（Schoeni），或二万六千二百八十节（依每六百节合今一度计算，二万六千二百八十节，共得四十三度八分，合今八千七百六十华里也）。由石塔至赛里斯国都城赛拉（Sera）须行七阅月程，在正东三万六千二百节也。此数太多，须削减也。详观两段路程，马利奴斯皆以直线推算，而夷考其实，天下断无不纡曲之路线也。其由石塔往赛拉之路线，与海雷斯滂德（Hellespont）及比散丁母

(Byzantium，君士但丁堡古名)同纬度。天多阴雨，沿途停留之日必多。更宜注意者，其所依据之月日等，乃据某商人所言者也。商人终日奔走什一之利，不暇研究真事真理。所言路程，不免浮夸。行程费时七阅月，或将停留月日亦计入之也。

马利奴斯上方之纪程，皆取自马期顿商人梅斯(Maes)，亦名梯家奴斯(Titianus)者。梅斯之父，亦尝为商。梅斯本人未往东方，然尝遣经理至赛里斯也。由油付莱梯斯河渡口至石塔(Stone Tower)，所经各地如下：美索波达米亚(Mesopotamia)、达遏水(Tigris)、阿述利亚(Assyria)国、格拉闵(Garamalans)、米底亚(Media)、爱克巴塔那(Ecbatana)、甲斯便闵(Caspian Gates)、帕提亚(Parthia)、海克桐皮罗斯(Hecatompylas)、阿利亚(Aria)、马嘉那安·梯俄齐亚(Margiana Antiochia)、拔克脱利亚(Bactria)、科美第(Comedi)国、石塔。

由福运岛至赛拉城共隔一百七十七度零四分之一。拖雷美推测由南印度之柯利角(Cape Cory)至秦尼国海口喀梯喀拉(Cattigara)海程，共隔一百七十七度。秦尼国都城则在更东。拖氏测定其东经为一百八十度也。

由金丑孙(Golden Chersonese，在缅朝)向南航行二十日，可抵柴巴城(Zaba)，再航行向南向左多日，抵喀梯喀拉(Cattigara)港。

赛里斯国西界西梯亚(Scythia)国，在伊毛斯领(Imaus)外。北界无名地(Terra Incognita)，与土雷岛(Island of Thule)同纬。东亦界无名地。界在东经一百八十度，北起北纬六十三度。南下至南纬三度为止，南界印度恒河(Ganges)东岸地，沿北纬三十五度至东经一百七十三度该地极端乃止。再进与秦尼国为邻，又至无名地为止。赛里斯国四周有安尼巴山(Anniba)绕之。其国极北边地，有野人，嗜食人。野人国外，有安尼巴国，居安尼巴山之北。

秦尼国北界赛里斯东鄙，东及南皆界无名地，其西界印度恒河边地、大海曲、泰利俄特斯(Theriodes)海湾及秦尼湾。秦尼湾畔有黑人，专食鱼。……秦尼国有喀梯喀拉(Cattigara)大商港，都城亦曰秦尼，为境内最大之城。然世传其有铁城及种种奇事，则皆无稽之语也。(见 Yule, *Cathay*, Ⅰ, pp.187-195)

## 第十三节　包撒尼雅斯（Pausanias）记中国人养蚕法

西历一百七十四年时（汉灵帝熹平三年），希腊史家包撒尼雅斯记中国人养蚕法如下：

> 赛里斯国有虫，希腊人称之为塞儿（Ser），赛里斯人不称之为塞儿，而别有他名以名之也。虫之大，约两倍于甲虫。他种性质，皆与树下结网蜘蛛相似。蜘蛛八足，该虫亦有八足。赛里斯人冬夏两季，各建专舍以蓄养之。虫所吐之物，类如细丝，缠绕其足。先用稷养之四年，至第五年则用青芦饲之，盖为此虫所最好之食物也。虫之寿仅有五年耳。虫食青芦过量，血多身裂，乃死。其内即丝也。（见 Yule, *Cathay*, Ⅰ, p. 202）

塞儿即蚕之讹音也。今代吴越两地人读音尚近之也。包氏所记养蚕之法，虽尚不全确，然较之白里内《博物志》所记丝产林中者，优多矣。

# 六朝时代中欧交通

## 第十四节　三国时期中欧交通

六朝时代汉种势力不伸,仅西晋二三十年间统一全国,其余二百数十年则干戈云扰,全国鼎沸。中原沦于异族,而汉族仅得保有长江流域。南方草莱既辟,于是海上交通之记载渐详矣。兹特就此时代各史所记者,录出如下。

《魏略》不记大秦国有通魏之事。然记之颇详,大类拖雷美之《地理书》也。

> 大秦国一号犁靬,在安息、条支西大海之西。从安息界安谷城乘船,直截海西,遇风利二月到,风迟或一岁,无风或三岁。其国在海西,故俗谓之"海西"。有河出其国,西又有大海。海西有迟散城。从国下直北至乌丹城。……别枝封小国,曰泽散、曰驴分、曰且兰、曰贤督、曰汜复、曰于罗,有其余小王国甚多,不能一一详之也。……大秦道既从海北陆通,又循海而南,与交阯七郡外夷通。又有水道通益州、永昌,故永昌出异物。前世但论有水道,不知有陆道。今其略如此。其民人户数不能备详也。自葱岭西,此国最大。

安谷城即叙利亚北之安梯俄克(Antioch)城。《魏书·大秦传》作安都城,取其首二音也。"有水道通益州、永昌",可与上方第八节,《爱利脱利亚海周航纪》"过克利斯国(Chryse,又名黄金国,今之缅甸),抵秦国(Thin)"互相证明也。

大秦国与东吴之交通。大秦国人行贾,往往至扶南、日南、交阯。

其南徼诸国人,少有到大秦者。孙权黄武五年,有大秦贾人字秦论来到交阯。太守吴邈遣送诣权,权问论方土风俗,论具以事对。时诸葛恪讨丹阳,获黝、歙短人,论见之曰:"大秦希见此人。"权以男女各十人,差吏会稽刘咸送论。咸于道物故,论乃径反本国也。(见《南史》卷七十八《夷貊传》,又见《梁书》卷五十四《诸夷》卷中"天竺国"条)

## 第十五节　晋时大秦与中国之交通

晋时,中国与大秦颇有交通。而《晋书》所记,则仅武帝太康中(西二八至二八九)贡献一次而已。(见《晋书》卷九十七)此或为罗马皇帝喀鲁斯(Carus)所遣者也。帝以晋太康时,东征波斯,陷克泰锡封(Ktesiphon)城,恢复波斯湾上之海道交通也。

嵇含《南方草木状》记:大秦国产指甲花、箆簩竹、拘香履等物。指甲花,其树高五六尺,枝条柔弱,叶如嫩榆。胡人自大秦国移植于南海。花自繁细,才如半米粒许。彼人多折置襟袖间,盖资其芬馥尔。一名散沫花。箆簩竹,皮薄而空多,大者径不过二寸,皮粗涩,以镑犀象,利胜于铁。此亦可以知当时商人东西来往所贩运之物品矣。

大秦国地名,又有间接自印度梵文佛经传入中国者。六朝时,翻译佛经最盛,有《那先比丘经》,晋时所译成者也。其中有那先(Nagasena)与弥兰王(Milinda)问答之语:那先问王:"王本生何国?"王言:"我本生大秦国,国名阿荔散。"那先问王:"阿荔散去是间几里?"王言:"去是间二千由旬,合八万里。"此阿荔散即埃及国亚历山德(Alexandria)港也。埃及,晋时亦隶罗马也。

## 第十六节　《魏书》记大秦国事情

晋氏不纲,五胡乱华,汉人仅得保有长江流域。其占据中原,代表中国与西域交通者,为苻秦与元魏也。苻坚为五胡之一,以能信任王猛,得统一中国北部,乃使吕光率兵平定西域。故东夷、西戎,朝贡于秦者六十二国。秦之威望几比两汉矣。淝水一战,天不助美,暂时统一之中国北部复归散乱。继之而起者为拓跋魏。魏之国运，起自西历三百八十六年，迄五百五十六年，共凡一百七十年。而当时保有江左之汉族则内乱屡起，篡弑相仍，反不如北方之宁谧，事权之有统一。魏自太武以后，兵益强，德益茂。西方远国粟特、嚈哒皆来朝贡。中国分为南北朝，而罗马亦于东晋之初分为东西国。《魏书》虽未记魏与大秦国之通使，然据《魏书》所载情形观之，在彼时中国，似曾有人至大秦，或大秦人有至中国者。《魏书》卷一百二所记大秦国事情，其殊于以前《史》《汉》诸书者，特为摘于下：

  大秦国，一名犁靬，都安都城。从条支西渡海曲一万里，去代三万九千四百里。其海傍出，犹渤海也，而东西与渤海相望，盖自然之理。地方六千里，居两海之间。其地平正，人居星布。……其人端正长大，衣服车旗，拟仪中国，故外域谓之大秦。……东南通交阯，又水道通益州永昌郡，多出异物。……从安息西界循海曲，亦至大秦，回万余里。于彼国观日月星辰，无异中国，而前史云条支西行百里日入处，失之远矣。（见《魏书》卷一百二）

《魏书》所记大秦，其都城曰安都，盖指叙利亚（Syria）首府安梯俄克（Antioch）而言也。唐末，阿拉伯地理家麻素提（Mas'udi）谓当回教徒征服叙利亚时，安梯俄克城之读音，已缩为安梯（Ant or Anta）云。（见 *Prairies d'or*，Ⅲ，p.407）《魏书》之安都音与安梯正同。《魏略》作安谷城（见前），盖取其首尾二音也。于彼国观日月星辰无异中国者，则以叙利亚及小亚细亚，皆与长安、洛阳同纬度也。《汉书》《魏略》及《魏书》皆记大秦有海道通中国、交阯及益州永昌郡，可与拖雷美《地理书》互相证明也。

## 第十七节　柏罗科劈斯（Procopius）记蚕种传入罗马事

  史家柏罗科劈斯生于西历纪元五百年（齐东昏侯二年，后魏宣武帝元年），卒于五百六十五年（陈文帝天嘉六年，周武帝保定五年），尝记蚕种输入东罗马事情如下，曰：

同时有印度国僧人抵君士但丁堡,探悉哲斯丁皇帝(Emperor Justinian)心中甚欲罗马人以后不再自波斯或他国购买丝货。据其人自云,尝居赛林达(Serinda)国甚久,其地有印度人甚众。居其国时,尝志心研究如何可使罗马境内亦得产丝。哲斯丁皇帝闻言,乃详问如何可使其法成功。印度僧告以产丝者乃一种虫也。丝自口中天然吐出,不须人力。欲由其国取虫至罗马断不可能,然有法可孵化之也。一虫所产之卵,不可胜数。卵生后多时,尚可掩以粪生温,使之孵化也。皇帝既闻其语,允许成功以后,将重赏之也。诸僧乃回印度取卵,而复至比散丁姆(Byzantium)依其法行之,果得虫甚多,以桑叶养之。由是罗马境内亦知制丝方法矣。(见Yule, *Cathay*, Ⅰ, p. 202)

## 第十八节　梯俄方内斯(Theophanes)记蚕种传入罗马事

第六世纪之末(宇文周时代),比散丁姆人梯俄方内斯亦记蚕种传入事曰:

哲斯丁皇帝在位时,有波斯人某至比散丁姆,传示蚕之生养方法,盖为以前罗马人所未知悉者也。波斯人某尝居赛里斯国,归日,藏子于行路杖中,后携至比散丁姆。春初之际,置蚕卵于桑叶上,盖此叶为其最佳之食也。后生虫,饲叶而长大,发生两翼,可以飞也。哲斯丁皇帝后示突厥人以养蚕吐丝之法,突厥人大惊。盖是时赛里斯人经商诸市场港埠,前为波斯人所据者,后皆为突厥人所攘夺也。嚈哒(Ephthalites)王爱甫塔拉奴斯(Ephthalanus)灭贝罗赛(Perozes)及波斯,悉取其地,占据诸市场及港埠。后突厥人复灭嚈哒而代有其地。(见Yule, *Cathay*, Ⅰ, pp.203-205)

## 第十九节　东罗马与西突厥之通使

宇文周时,突厥强盛,领有中国北部及中央亚细亚各地,计其面积之广,尚远过于隋也。突厥帝国横亘于中国及欧洲之间。直接言之,则为阻碍中国与欧洲之交通;间接言之,则反使中西交通较之小国纷立时,更为便利也。当是时也,欧洲人所得知中国之事,盖皆间接闻自突厥人者也。宇文周及隋唐之际,突厥与中国竞争亦最烈,无异于秦汉时匈奴之与中国也。最后胜利归之中国,战败民族在东方无膨涨余地,不得不向西迁徙,以求生存。匈奴西徙,引起欧洲北部日耳曼民族又向南而移,因之而罗马倾覆。突厥国灭后,其人多充阿拉伯哈里发(Caliph)禁旅,浸假而生齿日繁,喧宾夺主,演成土耳其帝国(即突厥讹音),摧灭东罗马,更进兵直欧洲中心,三围维也纳京城,其在世界史上所占地位之要,亦可知矣。宇文周时,西突厥与东罗马有通聘之举,是诚不可不知也。且此通使,与以后隋时东罗马史家席摩喀塔(Theophylactus Simocatta)所记中国事情,及唐太宗时拂菻王遣使中国似皆有关系,其事可略述之如左:

突厥属国索格底亚(Sogdiana,即汉时康居国,唐时康国)人多欲营商波斯国,贩卖丝货者求突厥王的柴白鲁斯(Dizabulus/Silzibul,即《唐书·突厥传》之室点密可汗)遣使波斯国,求其土之允许,俾可在其国自由营商。突厥王许之,乃遣马尼亚克(Maniach)往波斯。波斯王不欲国内有突厥人踪迹,故犹豫其辞,今日诿之明日,明日诿之后日,不置答覆,后又焚丝,以示决绝。使归,突厥王再遣使,波斯人酖杀之,仅纵三四归。突厥王含之。马尼亚克乃劝王联欢罗马,并自愿率人往聘,以增进两国之友谊。王采其说,乃遣之,率随员数人,携丝甚多,价值巨万,以赠罗马皇帝及贵族臣等。并有国书,祝皇帝圣躬康健,辞意优渥。马尼亚克抵比散丁姆(Byzantium),大蒙优待,皇帝召见,垂询殷殷。故亦简选东方市邑宰官西力细亚(Cilicia)人蔡马库斯(Zemarchus)往彼国报聘。蔡与马尼亚克等于西历纪元后五百六十八年之末(周武帝天和三年,陈废帝光大二年),拉丁人曰奥古斯都月(August)者,离比散丁姆,往东方。行多日,抵索格底亚境,突厥人为之举行除妖礼,使使者皆经行两火间。礼毕,复前行,抵爱克塔山[Ectag,希腊语金山(Golden Mountain)之义也。案,此处记载恐有讹误。爱克塔,突厥语白山也,指天山而言。金山乃阿尔泰山也]。突厥可汗(Khagan)驻跸于斯,其庭幕在山谷间,四周皆有山环绕。既至,可汗召见,以上宾之礼待之。可汗在帐幕内,坐金椅上。椅有两轮,欲行动时,可使马一匹挽之。帐之四周饰以各色丝绣品,华丽夺目。使者羁留多日,每日观宴。其后可汗乃使蔡率其从者二十人,随征波斯,而使其余罗马人先归柯力亚忒(Choliatae),以待蔡等。辞别时,的柴白鲁斯厚赠送之,并赐蔡以所掳得美女克尔吉思[Kherkhis,音与《元史》上吉利吉斯(Kigrghis)相近]。蔡乃与的柴白鲁斯同行,以征波斯。军进至怛罗斯(Talos)时,波斯国使者来朝,可汗乃命与东罗马使者同席而食,坐罗马使者于上位,而待以隆体。数波斯人欺谩之罪,今此兴师,来问罪也。可汗语益厉,波斯使亦疾声辨护,语多不恭,举坐皆骇,不欢而散。可汗简搜军实,预备讨伐波斯。召见蔡马库斯及其从者,温语慰问,极言愿与罗马人修好。纵使者归回本国,复遣他使随蔡等往罗马。前次使印之领袖马尼亚克已卒,乃以次官塔格马(Tagma)代之。塔格马为突厥之答剌罕(Tarchan)爵,又以马尼亚克之子副之。马子年甚幼,袭父职位,仅在答剌罕塔格马之下。突厥诸部及邻国,闻罗马使将归国,亦群请可汗派遣数人随之,观光上国。可汗许之。罗马人偕突厥人西行,渡欧克河(Oech),复经长途而至大湖(阿拉尔海)。蔡马库斯停休三日,遣佐治(George)骑行先归,报告皇帝往突厥之大使已归也。佐治与突厥人十二名,取最短道,经沙漠无水之境,向比散丁姆。蔡马库斯沿大泽沙岸行十二日,道路崎岖,履危涉险而至亦克河[Ich,即按巴河(Emba)],又至得嶷黑河[Daich,今乌拉尔河(Ural)],再经沮洳地多日,至阿得拉河[Attila,即阿得尔(aul)之转音,今窝尔加河(Volga)也],再次而至乌苟尔国(Ugurs,即《隋书·铁勒传》之恩屈部),土人言有波斯人四千,伏柯彭河(Kophen)道中,欲捕罗马使者而甘心焉。蔡马库斯设计得逃至阿兰国(Alan),谒其酋长。次抵发锡斯城(Phaeis),又次至脱莱比松德城(Trebizond),由该城骑行而回比散丁姆。(见 H. Yule, *Cathay*,Ⅰ,pp.205-212)后十二年(即西五八〇,隋文帝受周禅之前一年),东罗马皇帝梯拜流斯二世(TiberiusⅡ)在位时,复遣瓦伦丁(Valentine)至西突厥。其纪行书,突厥可汗有 Tardu 及 Bochanos 二名。Tardu 即《新唐书·突厥传》之达头可汗,Bochanos 似即步迦之译音,达头之别号也。

# 隋唐时代中欧交通

## 第二十节 隋唐时代中国复兴

隋文帝统一南北,结束自汉末以来四百年之乱局,中原重光,汉人复兴。然隋唐时之汉人与两汉时之汉人,性质不同矣。两汉时之中原人民,由于中国本部内各小民族结合而成。隋唐时代之汉族,收容北方五胡,南方蛮獠后裔,溶合为一之新民族也。承袭前人之旧文化,而精神上则朝气勃勃,慓悍猛鸷,遇事进取。此隋唐时中国较之两汉时各事皆有进步之故也。

## 第二十一节 东罗马史家席摩喀塔（Theophylactus Simocatta）记隋文帝统一中国

第七世纪初叶,东罗马史家席摩喀塔著《莫利斯(Maurice)皇帝朝大事记》一书。莫利斯,以西历五百八十二年(隋文帝开皇二年)即位,崩于六百零二年(隋文帝仁寿二年)。席氏书中所记中国史事,大约得之于中央亚细亚突厥人也。席氏叙述中央亚细亚突厥民族诸国废兴极详,又谓中国先亦突厥之殖民地也,今则强盛无比,户口繁众,其大都城距印度一千五百迈耳(Mile)。复述他事,既乃专述中国,曰:

陶格司(Taugas)国主,号泰山(Taissan),犹言上帝之子也。国内宁谧,无乱事,因威权皆由国君一家世袭,无人争夺故也。崇拜偶像,法律严明,持正不阿。人性温和,技巧异常。物产丰富,善于营商，多有金银财帛。然国家法律，严禁男子衣服附金饰。陶格司中有大河，分国为二部。先代全境裂为二国，以河为界，时相攻伐。二国衣制不同。尚黑者号黑衣国，尚红者号红衣国。当今莫利斯皇帝君临罗马之际，黑衣国渡河，攻红衣国，克之。遂统一全境，盛权独揽。户口众庶，普天之下，遍地之面，难与为敌也。其大都城亦号陶格司。相传马其顿亚历山德大王战胜大夏（Bâctiua）、康居（Sogdiana），奴隶其民，烧杀野蛮人种十二万后，乃筑此城。王居其内，后妃出乘金车，以牛牵挽。盛饰金宝，牛缰皆镀金。国王妃嫔，凡七百人。贵族之妻乘银车。王死，妃嫔削发衣黑，终身守陵，不得稍离也。距都城数里，亚历山德尝别建一城，蛮人称之为库伯丹（Khubdan）。有巨川二，贯流城内。河畔松柏相连，荫枝倒垂。象甚多。与印度人通商甚繁。有谓其人亦印度种之一枝，面皙白，居于北方者也。国中有蚕，丝即由之吐出。蚕种甚多，各色皆有。蛮人畜养此蚕最为能巧。（见 Yule, Cathay, Ⅰ, pp.29－32)

法国窦桂内（Deguignes）最先指出谓陶格司即中国，其原音为汉文大魏二字。余意或为大汉二字也。古代亚洲西部诸国，以及波斯阿拉伯之著作家，多称中国为唐格司（Tamghaj）。《长春真人西游记》谓：九月二十七日，抵阿里马。土人"见中原汲器，喜曰桃花石诸事皆巧。桃花石谓汉人也"。桃花石亦唐格司之转音也。所言国中央之大河，即长江也。北为隋，南为陈。陈国上下惟风流词赋是务，陈叔宝淫纵放荡。隋文帝开皇八年，暴陈主二十恶，遣高颎、杨素、韩擒虎、贺若弼等分道渡江。九年正月陷建康，虏陈叔宝北去。隋兵掘陈主祖宗陵墓，投骨于江，夷建康城池。中国一统，全归隋家。当时，隋兵制衣或尚黑，陈兵尚红，故有黑衣国及红衣国之传说。《唐书·大食传》有白衣大食与黑衣大食，殆与此相类矣。隋文帝嫌古代长安湫隘，别筑大兴城，离古城不过数里。席氏谓距陶格司城不远，又有库伯丹城，或即指此而言也。古代突厥民族诸国，与亚洲西部等地，皆称中国旧京长安为克姆丹（Khumdan）。库伯丹与克姆丹同为一字，不过拼写略有不同而已。即此一端，已足证明席氏记载之陶格司为中国可无疑矣。克姆丹之名，见之于西安府《大秦景教流行中国碑》上叙利亚文中。阿拉伯地理名家书中皆得见之。其发音吾意以为自京都二字而来也。李好文《长安图》确载城中有二河,自渭水分出,在西北朱红门与启军门间入城。其西一河,经东都门、清明门、青门、下杜门而至芳林门之西。其东一河,经青门亭、大安宫东而至林芳门之东。宫殿在城东,所谓大明宫是也。东内苑与西内苑,皆在城之东部。陈继儒《群碎录》载:"三代两汉用马车,魏晋至梁陈用牛车。唐虽人主后妃,非乘马即步辇。自郊祀外,不乘车。"故席氏谓后妃出乘牛车,亦有据也。

## 第二十二节 裴矩《西域图记》

隋炀帝时,西域诸蕃多至张掖与中国交市,帝令矩掌其事。矩知帝方勤远略,诸商胡至者,矩诱令言其国俗山川险易,撰《西域图记》三卷,入朝奏之。其原书已失,仅有序存留,见之于《隋书》卷六十七《裴矩传》。兹将其序节录之于下:

序曰:"……发自敦煌,至于西海,凡为三道,各有襟带。北道从伊吾,经蒲类海、铁勒部,突厥可汗庭,度北流河水,至拂菻国,达于西海;其中道从高昌、焉耆、龟兹、疏勒,度葱岭,又经铍汗、苏对沙那国、康国、曹国、何国、大小安国、穆国,至波斯,达于西海;其南道从鄯善、于阗、朱俱波、喝槃陀,度葱岭,又经护密、吐火罗、挹怛、帆延、曹国,至北婆罗门,达于西海。其三道诸国,亦各自有路,南北交通。其东女国、南婆罗门国等,并随其所往,诸处得达。故知伊吾、高昌、鄯善,并西域之门户也。总凑敦煌,是其咽喉之地。……"裴矩此处所记通拂菻之道,即东罗马蔡马库斯奉使西突厥之道也。

## 第二十三节 《隋书·铁勒传》
## 记里海西北诸部落

铁勒之先,匈奴之苗裔也,种类最多。自西海之东,依据山谷,往往不绝。……康国北,傍阿得水,则有诃咥、曷截、拨忽、比干、具海、曷比悉、何嵯苏、拔也未渴达等,有三万许兵。得嶷海东西有苏路羯、三索咽、葰促、萨忽等姓八千余。拂菻东则有恩屈、阿兰、北褥九离、伏嗢昏等，近二万人。北海南则都波等。虽姓氏各别，总谓为铁勒。并无君长，分属东西两突厥。居无恒所，随水草流移。人性凶忍，善于骑射，贪婪尤甚，以寇抄而生。近西边者，颇为艺植。多牛羊而少马。……（见《隋书》卷八十四，又《北史》卷九十九）

《隋书》此节，记里海西北诸部落至为清晰。而东西学者注意及此者，则甚寥寥也。以前吾国学者，如何秋涛、洪钧、丁谦皆尝略有考证，然未能尽也。兹特就余所考得者，列之于下，亦足以觇隋时中国人之欧洲地理知识也。

### 阿得水即窝尔加河（Volga）考

突厥人称窝尔加河为阿得耳河，或亦得耳河（Atel，Idil），其义犹云江河也。回教著作家皆沿用突厥之名，而斯拉夫种（Slavic）诸国称之为窝尔加河。或由于古代博尔加耳（Bolghar）城之讹音也。阿得耳水之名，最古见于东罗马蔡马库斯（Zamarchus）《奉使西突厥纪行》书中。第十世纪时，阿拉伯地理家伊斯塔克里（Istakhri）书中，载可萨人（Khazars）居于阿得耳河畔，河贯流其国中。同时依宾·库达特拔（Ibn Khurdadbeh）书中有阿得耳城之名，或指今阿斯脱拉汗（Astrakhan）城也。元初，高僧勃拉奴·喀劈尼（Plano Carpini）之《纪行书》中，谓爱的耳河（Ethil）俄国人称之为窝尔加河。《元朝秘史》卷十三作亦得勒水。清图理琛《异域录》谓佛尔格（Volga），即额济勒河。

### 得嶷水即乌拉尔河（Ural）考

得嶷海，指里海东北部，得嶷水入海处而言也。得嶷水，今之乌拉尔河也。突厥人称之为伊牙克水（Iaik）或札牙克水（Djaik）。最初见之于东罗马蔡马库斯《奉使西突厥纪行书》中，作得嶷黑河（Daich）。东罗马史家孔士但丁氏（Constantine Porphyrogenitus）书中，称札牙克水为得嶷格司河（Teix）。《元朝秘史》卷十三作札牙黑水。

### 铁勒诸部考

《隋书·铁勒传》所记西方诸部之名，因中国文中，人名、地名无点逗分别之法,致多不可辨识究为何族也。然有数族,尚可辨识。吾姑就吾所知者,略为考焉。

曷藪。曷藪即《唐书》之可萨部(Khazars)。《新唐书》卷二百二十一下,火寻或曰货利习弥(Khwarizm),西北抵突厥曷萨。曷萨与曷藪音相近,曷藪即可萨也。

拨忽。拨忽似为布尔加儿(Bolghar)之讹音。布尔加儿族,初居窝尔加河左岸。西历一千二百二十五年时(元太祖二十年),其城为蒙古人所陷。《元史·地理志·西北地附录》作不里阿耳,蒙文《元秘史》作不合儿。

比干。比干似为裴奇内格族(Pecheneg),据东罗马史家孔士但丁之记载,谓"裴奇内格族初居乌拉河及窝尔加河流域,后为乌斯族(Us Ghuz)及可萨族所逐,西徙至尼亚泊河(Dnieper)及尼斯特河(Dniester)中间之地。裴奇内格人为突厥同族,而匈奴之裔,盘据北方,甚为可忧"云云。《隋书》亦言铁勒之先,匈奴之苗裔也。与孔士但丁之记载相合。西历第九世纪之末(唐昭宗时),裴奇内格人迫匈牙利人(Hungarians)使由高加索山附近,西徙至多脑河,今匈牙利国之地。比干名以下,有数字不可辨识。

拨也未渴达。拨也未渴达部即今之不儿塔斯施(Burtass)也。拨也未渴达,速读之即为不儿塔矣。阿剌伯地理家麻素提(Mas'udi)与伊思塔克里(Istakhri)二人书中,称之为巴儿塔斯(Bartas)或拜儿塔斯(Bertas)族。西历第十世纪时(五代时),居阿得耳(Atel)河畔,与可萨人为邻。波斯拉施特《史记》载,西历一千二百三十七年(元太宗九年),不儿塔斯族为蒙古人所征服。

三索咽。三索咽部即窝尔加河下流之萨格新族(Saksins)也。西历十二世纪时,回教著作家亦有言之者。俄国古史有萨格新族之名。窝尔加河下流有城,亦名萨格新,为其族之根据地。勃拉奴·喀劈尼(Plano Carpini)《纪行书》称之为萨格西(Saxi)。

蔑促。蔑促即今之莫克下族(Mokshas)也。此族为墨尔德文(Mordvins)民族之别支,与芬兰人(Finns)同种,居窝尔加河中流之西,俄国彭叉省(Penza)、新比尔斯克(Simbirsk)、撒拉托夫(Saratov)、撒马拉(Samara)诸省为最众。彭叉省有河，今尚名莫克夏，有城名莫克项克(Mokshank)，此族所遗留之纪念也。元初，其王及多半人民，皆为鞑靼人驱至日耳曼，被杀戮无有孑遗也。

恩屈。恩屈部即东罗马蔡马库斯《纪行书》中之乌苟尔国(Ugur)也。蔡马库斯记载简略，其详情吾人不得而知也。

阿兰。阿兰民族之名，见之于中国史书极早。《史记·大宛传》，康居西北可二千里，有行国曰奄蔡，与康居大同俗，控弦者十余万。临大泽，无崖。《前汉书·陈汤传》作阖苏。后汉时，改名为阿兰聊。三国时，一名阿兰，西与大秦，东南与康居接。元魏时，其国更名曰粟特，一名温那沙，所居仍在康居西北，去代一万六千里。先是，匈奴杀其王而有其国，至王忽倪已三世矣。其国商人先多诣凉土贩货，及克姑臧，悉见虏。高宗初，粟特王遣使请赎之，诏听焉。自后使朝献。德国人夏德(F. Hirth)考谓，忽倪已即西史上匈奴王阿提拉(Attila)之少子 Hernae 也。地位与时代皆相合，故夏德之说确可信也。前世纪法国之治东方学者克拉勃罗德(Klaproth)谓，今高加索山系间之俄粟特(Ossethe)民族，即古阿兰(Alans)或阿思(As)之苗裔也。《魏书》之粟特即俄桀特，遗略其首音也。周武帝保定四年（西五六四），其王遣使，献方物于周。《唐书》记西北民族甚详，唐与西北诸胡交通最繁。然唐时中国文记载中，竟不见有阿兰之名，甚可异也。里海以北诸民族，《唐书》总称之为突厥可萨部(Khazars)。唐时可萨部并合诸族为一国，或因此他族之名，皆不得闻也。至元代，阿兰民族于中国史上大放光明。《元史》上其名亦作阿苏，又作阿速，又作阿宿。《元史·地理志》阿兰、阿思两名共举。成吉思汗时，蒙古人已接触阿兰人于高加索山北。至元太宗时，全部投降于拔都汗(Batu Khan)。阿兰之军队在蒙古大帝国之陆军中，占重要职位，有左阿速卫、右阿速卫、降镇卫等，受元朝皇帝非常倚重。其人盖亦印度日耳曼系(Indo-Germanic Race)种类，故当时中国人称之为绿睛回回，精悍善骑射，阿兰名将见之于《元史》者甚多。其人皆崇奉基督教。

北褥九离。北褥九离(Basrhkir)即今匈牙利人之祖先也。铁勒他部或消灭，或式微，唯此一部唐末时迁入欧洲后，在欧洲历史舞台上，演重要职分。当今世界大战后，奥匈帝国解纽。然匈牙利民族自有特色，勇武忠信为欧洲白色族所倾仰，将来必可保存，维持其独立，有重兴之日，断不致陵夷也。中国《隋书》似为世界文明国最先记载此族者也。西方各国记此族者，以阿拉伯人依宾·福次兰(Ibn Fadlan)为最先。福次兰于西历第十世纪时(五代时)，奉阿拉伯哈里发(Caliph)之命，出使窝尔加河畔布尔加利国(Bulgars)，有《纪行》书流于后世。佛连恩(Fraehn)于一千八百二十二年(清道光二年)尝译成法文，题为《北褥九离记》(*De Bashkiris*)。福次兰时，北褥九离族居里海北，窝尔加河之东。其地至今仍有北褥九离族人也。其名古代著作家拼写法甚多，有作北褥九特(Bashkurd/Bashkerd/Bashghird)者，又有作巴斯喀梯尔(Pascatir)者。《回教世界征略家传记》(*Tarikh Djihan Kushai*)、拉施特《史记》，及其他古代回教著作家皆称匈牙利人为北褥九特人(Bashkerds)。中世纪欧洲及回教学问家，皆认定匈牙利人即北褥九特人之苗裔，突厥同种也。十三世纪，回教著作家依宾·赛德(lbn Said)先记"北褥九特族居裴奇内格族之北，不信宗教"，继又言"北褥九特族为突厥之裔，迁居秃纳河(Duna，匈牙利人多脑河之转音)畔，与日耳曼人(Allemande)为邻，崇奉回教"。又记"匈牙利人(Hongross)亦居秃纳河畔，为北褥九特族之兄弟，由日耳曼人而传入基督教"云。元初法国高僧勃拉奴·喀劈尼(Plano Carpini)《奉使鞑靼纪行书》中，称之为匈牙利(Hungaria)，此名沿用至今。其书中又记有巴斯喀特族(Bascart)，居近窝尔加河畔之大布尔加利国(Great Bulgaria)，称为大匈牙利(Major Hungaria)。匈牙利人于第九世纪之末，为裴奇内格族所驱，乃西徙至欧洲多脑河畔。俄国史家鼻祖纳斯脱尔(Nestor)书中，记其族于西历八百九十八年(唐昭宗光化元年)，经过俄国儿富城(Kiev)。纳斯脱尔称其人曰乌格里(Ugry)，而匈牙利人自称曰马札儿(Madjar/Magyar)。马札儿之名亦见于《元史》卷一百二十一《速不合传》，又卷一百三十四《阔里吉思传》。

### 拂菻原音考

拂菻之名，始自《隋书》卷六十七《裴矩传》、卷八十四《铁勒传》、卷八十三《波斯传》。新旧《唐书》皆有《拂菻传》，玄奘《大唐西域记》卷十一有拂懔国，慧超《五天竺国传》有拂临国。《宋史》亦作拂菻。《元史》则仅一见于卷一百三十四《爱薛传》。《元史·顺帝本纪》至正二年秋七月，佛郎国贡异马。《元史》卷一百四十九《郭侃传》，旭烈兀命侃西渡海，收富浪。各字写法虽不同，而其原音似皆同一源也。

东西学者研究拂菻原音，纷纷聚讼，莫衷一是。有谓为希腊语波林（Bolin）之译音者，希腊人称东罗马京城君士但丁堡为波林（Bolin）。波林，城市之义，犹之今伦敦人呼伦敦为 Town。又有谓自犹太国白脱雷海姆（Bethlehem）讹传者。白脱雷海姆，耶稣基督之诞生地也。又有谓自耶露撒冷（Jerusalem）转出者，又有谓实用罗马（Rom）转出。亚美尼亚人称罗马为 Hrom，伊兰人更由 Hrom 而改作 From，中国人之拂菻即由 From 译音也。亦有谓拂菻由欧西法兰克族（Franks）译音者。以余意观之，最后一说为最确近。拂字在唐时，其读音已如今音，例如阿拉伯之 Coliph Abu Dschafar，《唐书·大食传》译作阿蒲茶（原作恭字，实为误刊）拂也。隋时，自梵文译出之《佛本行集经》中，有耶寐尼之名，注云大秦国也。耶寐尼为日耳曼（Germania）之译音，毫无疑义。法兰克为日耳曼民族中之最强一枝，必皆同时由海道传入中国者也。

## 第二十四节　《旧唐书·拂菻国传》

唐太宗好大喜功之主也。即位以后，拓土四境。东则流鬼国〔今堪察加半岛（Kamchatka）〕，西则拂菻国（东罗马），北则骨利干（今西伯利贝加尔湖附近），南则尸利佛逝国（今苏门答腊岛）、阇婆国（今爪哇岛），遣使奉贶，赞武功之绩，美文德之盛。疆土之广，远跨两汉亚洲大陆，几尽奉正朔。罗马脱拉真（Trajan）皇帝最盛时之版图，亦莫能及也。幽荒殊域，咸以请得一官一职为荣。梯山航海，遣送子弟来华入学，皆自愿与我书同文、车同轨也。唐之西方领土既广，故与西方人接触最多，交通最繁。西国之僧侣商贾东来华夏者，接踵途间。中国人之西往者，亦以唐时为最众。中国人记载西域事情，亦以唐时为最夥。记载之人，或为天子辀轩专使，或为笃信宗教沙门，或为未出国境之好奇文人，而得与在华之蕃客为友者。新旧《唐书》皆有《拂菻传》，旧书所记，较新书为佳，吾今故择录旧书。自《后汉书》以下，各书多有大秦或拂菻传。然各史记载东罗马情形，清晰详尽无有过于《旧唐书》者，故特详为考证。比较当时东罗马情形，借可知当时交通之实情也。

拂菻国，一名大秦，在西海之上，东南与波斯接。地方万余里，列城四百，邑居连属。其宫宇柱栊，多以水晶琉璃为之。有贵臣十二人，共治国政……其王冠形如鸟举翼，冠及璎珞，皆缀以珠宝。着锦绣衣，前不开襟，坐金花床。有一鸟似鹅，其毛绿色，常在王边倚枕上坐。每进食，有毒，其鸟辄鸣。其都城叠石为之，尤绝高峻，凡有十万余户，南临大海。城东面有大门，其高二十余丈，自上及下饰以黄金，光辉灿烂，连曜数里。自外至王室，凡有大门三重，列异宝雕饰。第二门之楼中，悬一大金秤，以金丸十二枚属于衡端，以候日之十二时焉。为一金人，其大如人，立于侧。每至一时，其金丸辄落，铿然发声引唱，以纪日时，毫厘无失。其殿以瑟瑟为柱，黄金为地，象牙为门扇，香木为栋梁。其俗无瓦，捣白石为末，罗之涂屋上，其坚密光润，还如玉石。至于盛暑之节，人厌嚣热，乃引水潜流，上遍于屋宇，机制巧密，人莫之知。观者惟闻屋上泉鸣，俄见四檐飞溜，悬波如瀑，激气成凉风，其巧妙如此。风俗，男子剪发，披帔而右袒。妇人不开襟，锦为头巾。家资满亿，封以上位。有羊羔生于土中，其国人候其欲萌，乃筑墙以院之，防外兽所食也。然其脐与地连，割之则死，唯人着甲走马及击鼓以骇之，其羔惊鸣而脐绝，便逐水草。俗皆髡而衣绣。乘辎軿白盖小车，出入击鼓，建旌旗幡帜。土多金银奇宝，有夜光璧、明月珠、骇鸡犀、大贝、车渠、玛瑙、孔翠、珊瑚、琥珀。凡西域诸珍异，多出其国。隋炀帝常将通拂菻，竟不能致。贞观十七年，拂菻王波多力遣使献赤玻璃、绿金精等物，太宗降玺书答慰，赐以绫绮焉。自大食强盛，渐陵诸国，乃遣大将军摩栧伐其都城，因约为和好，请每岁输之金帛，遂臣属大食焉。乾封二年，遣使献底也伽。大足元年（即长安元年），复遣使来朝。开元七年正月，其主遣吐火罗大首领献狮子、羚羊各二。不数月，又遣大德僧来朝贡。（见《旧唐书》卷一百九十八）

抄录古史之外，其新有记载，皆与东罗马帝国情形相合也。隋末唐初之东罗马疆宇，包含埃及、犹太、叙利亚、亚美尼亚、小亚细亚、君士旦丁堡及多脑河南巴尔干半岛诸地。总合之，与《唐书》所记地方万里，列城四百，颇相合也。古代锡格儿塔王（King Sigurd）《君士旦丁堡游记》谓，船将近岸，见陆上堡垒、村落、城市，相连不绝，与《旧唐书》所记邑居连属者，情况相合也。东罗马全境分为十三道（Dioceses），而长官则仅有十二人。盖十三之数，人皆视为不祥之数，故仅有长官十二人，以符俗也。王冠形如鸟举翼。东罗马皇帝及亚美尼亚等地国王所载冠冕上之垂旒。其都城叠石为之，尤绝高峻，凡十万余户，南临大海等情，正合君士旦丁堡京城情形也。其城东南北三面皆滨海，古城叠石为之也。城东有大门，其高二十余丈，自上及下，饰以黄金，光辉灿烂，连曜数里。考君士旦丁堡西门为金门，东罗高皇帝梯窝独秀斯（Theodosius）所筑，门上有镌文。阿剌伯地理家麻素提（Mas'udi）之《黄金牧地》（Prairies d'or）书中，记君士旦丁堡城西面为陆地，有金门高峙，大门之内，复有无数小门，皆青铜为之。其门平时不开，仅于皇帝久离国都，归国时一开之；或皇帝远征，得胜凯旋时开之。金门在西城南角，《唐书》谓在东面者，误也。《唐书》载一金人，其大如人，立于侧，每至一时，其金丸辄落，铿然发声，引唱以记日时，毫厘无失，乃指君士旦丁堡市场之金钟（Golden Horologe）也。事见杜康健（Ducange）书中。《唐书》载男子剪发，披帔而右袒。此风俗正与古代罗马相合也。吾人今代见西国剧场台上，罗马人所衣之驼加衣（Toga），皆披帔而右袒也。又羊羔生于土中，其脐与地连，盖指窝尔加河畔诸国传言之羊羔草（Lamb Plant）也。刘郁《西使记》载垄种羊，出西海。以羊脐种土中，溉以水，闻雷而生，脐系地中，及长，惊以木，脐断，便行啮草，至秋可食，脐肉复有种。高僧鄂多立克（Odoric）《游记》载："喀得里国（Cadeli）甲斯便山（Caspean Mountains）产大瓜。成熟破裂，内有小羊，瓜羊并得。"其说不稽，然确有其事。犹之爱尔兰（Ireland）海滨之树有实，实落海内，变为小鸟。皆极可信之事也。十六世纪初叶，喀得奴斯（Hieron Cardanus）与斯喀理格（J.C.Scaliger）二人皆记载此事，称之为 Agnus Scythicus。产于窝尔加河东，实与瓜子无异，草长大，高三尺，与动物无异,有足、蹄、耳,唯无角,角处有丛毛二把而已。伤则流血,狼最喜嗜之。土人称曰巴罗买次(Barometz),俄国语羊草也。(参观 Yule, Cathay,Ⅱ,pp.240‐241;Bretschneider, Mediaeval Researches, Ⅰ,p.154,Note 413)《唐书》所指夜光璧,据古代记载,亦实有之。班哲明·土代拉(Benjamin of Tudela)记东罗马皇帝冕上之宝石,夜间可使全屋光明如昼云云。冯贽《南部烟花记》载,一士人娶得陈宫人,夜炷火,则恶煤气。士人易以蜡,复恶其影荡人。士人因诘之:"汝后宫何以照夜?"宫人曰:"仅室中悬珠一颗耳。"贞观十七年,拂菻王波多力遣使献赤玻璃、绿金精等物。波多力究为何人,至今西国学者尚无一定之说。查西史东罗马皇帝希拉克流斯(Heraclius)卒于西历六百四十一年二月(即贞观十五年),其子君士旦丁(Constantine)三月后亦卒。希拉克流那斯(Heracleonas)即帝位,不久被废。君士旦丁之子君士旦斯(Constans Ⅱ)年方十一岁,被推为帝。法国克拉勃罗德(Klaproth)谓遣使至中国者为希拉克流斯(Heraclius)之弟梯窝独罗斯(Theodorus),其音与《唐书》之波多力稍近。然查梯窝独罗斯已于西历六百三十八年(贞观十二年)被杀矣。法国鲍梯氏(Pauthier)谓,遣使者非希拉克流斯之弟梯窝独罗斯,乃罗马教皇梯窝独罗斯也。教皇即位于西历六百四十二年(贞观十六年)十一月,然学者多不以鲍梯氏之说为然。圣马丹(St. Martin)谓遣使者为瓦伦丁·该撒(Valentins Caesär)。瓦伦丁即推翻希拉克流那斯(Heracleonas)而拥立君士旦斯者也。夏德博士(Dr. Hirth)谓波多力即叙利亚之总主教 Patriach,阿拉伯语读之为拔脱力克(Bathric),与中国古代波多力三字之读音相近,并非人名也。回教徒于贞观十年后,频年与东罗马争战,尽夺叙利亚全境,又灭波斯。波斯王伊嗣侯(Yazdegerd)遣使求救于中国。是时唐太宗之威权达于拔汗那(Farghnah)、缚底野(Bactria)、阿富汗(Afghanistan)、呼罗珊(Khorassan)等地。英人亨利·玉尔(Henry Yule)以为东罗马之遣使中国,其性质亦与波斯王伊嗣侯之求救相等,兼引起中国皇帝注意于西方新兴大敌阿拉伯人也。(见 Yule, Cathay,Ⅰ,p.55)

《旧唐书》又记自大食强盛,渐陵诸国,乃遣大将军摩栧伐其都城。因约为和好,请每岁输之金帛,遂臣属大食焉。查阿拉伯哈里发摩维亚

(Khalifa Muawiyah)于西历六百七十一年（唐高宗咸亨二年）起始攻东罗马，欲取君士旦丁堡都城，继续七载之久，至西历六百七十八年（唐高宗仪凤三年），兵疲财尽，国力消耗，终不能得君士旦丁堡，不得已乃与东罗马皇帝君士旦丁第四世（Constantine Ⅳ Poyonatus）约和。帝遣伊育纳斯（Ioannes Petzigaudias）至大马斯克城（Damascus）议约。结果阿拉伯人承认三十年不侵扰东罗马，每年输东罗马金三千锭，奴仆五十名，良马五十匹。其后哈里发国内有难，罗马要求增加岁币。东罗马皇帝哲斯丁尼第二世（Justinian Ⅱ）时，哈里发阿伯塔尔马力克（Khalifa Abdulmaliq）即位，乃全废之。《唐书》所记结果，与西史相反，或为史官登记时误载。大食臣属于拂菻，而非拂菻臣属于大食也。然所记情形确实，可与东罗马史家席摩喀塔《莫利斯皇帝朝大事记》书中所记，中国隋文帝开皇八年遣兵渡江灭陈，统一中国，史实并相称也。亚美尼亚史哈里发摩维亚之名作 Maui，其音与《唐书》之摩栧尤相近也。《旧唐书》记高宗乾封二年（西六六七）、武后大足元年（西七〇一）、玄宗开元七年（西七一九）东罗马与中国皆有交通。开元七年，又有大德僧朝贡。据《册府元龟》卷睿宗景云二年（西七一一）十二月，拂菻国献方物。玄宗天宝元年（西七四二）五月，拂菻国王遣大德僧来朝。总计有唐全代，拂菻之通中国共凡七次。

# 唐时基督教之传入中国

## 第二十五节　西人记基督教之东传

基督教之传入中国,据西方记载,其期甚早。印度麻啰拔(Malabar)教堂所藏迦尔底文日课经谓,耶苏直接大弟子圣拖玛斯(St. Thomas)已传教至中国。斯说邈茫,不可尽信。盖圣拖玛斯究为何如人,生死年月,皆不可知。仅据寓言,谓因传教受难,死于印度麻啰拔。耶苏纪元三百九十四年(东晋孝武太元十九年),骸骨移葬小亚细亚爱代撒(Edessa)地方也。圣拖玛斯以外,又有圣徒巴拖罗谋(Bartholomew)者,亦传教至印度及最远之支那。第三世纪时(三国及西晋时代),有某基督教著作家,谓耶苏福音曾传播至赛里斯国(Seres,罗马人中国之名称)、波斯及米底国,皆收感化之效也。以上诸记载,仍不能使吾人完全信服也。第四世纪时(西晋末及东晋时代),基督教在美梭拍达米亚(Mesopotamia)及波斯全境,乃大兴。盖吾人查见宗教史上,有甚多主教(Bishop)及司祭者(Presbyter)之名,受波斯王撒泊儿(Sapor)之虐待,列于死义者(Martyrs)之中也。耶苏纪元三百三十四年(东晋成帝咸和九年),木鹿城(Marv/Maru,名见《后汉书》及《新唐书》,《元史·地理志·西北地附录》作麻里兀)及途思城(Tus,名见《元史·西北地附录》)二地,有主教驻所(Episcopal See)。四百二十年时(宋武帝永初元年),升为总主教驻所(Metropolitan See),可证明呼罗珊(Khorassan,名见《唐书》)境内,于甚早时期已有耶苏教堂矣。

耶苏纪元四百三十一年(宋文帝元嘉八年),爱佛速斯(Ephesus)地方会议决裂后,聂思脱里(Nestorius)被黜,而其教旨则甚流行于波斯及所有东方各教堂。四百九十八年（齐明帝永泰元年，魏孝文帝太和二十二年），与君士但丁堡正教（Orthodox Church）完全脱离关系。聂派之生存，多仰赖波斯王之恩眷，以后则多以医文侍阿拉伯之历代哈里发。其人尤多精岐黄术，在东方大显其名。第七、八两世纪时（唐代），其人传教精神颇盛。叙利亚某著作家谓聂派第二十代教务大总管赛里巴柴喀（Salibazacha）于耶苏纪元七百十四年（开元二年）至七百二十八年（开元十六年）间，建立哈烈（Hera）、撒麻耳干（Samarkand）及支那三处总主教驻所（Metropolitan See）。以前此三处必为主教驻所，依级递升，可无庸疑也。哈烈之主教驻所，约成立于西历四百十一年至四百十五年间（东晋安帝义熙七年至十一年）；撒麻耳干者，约成立于五百零三年（梁武帝天监二年）至五百二十年（普通元年）间；在中国者，其最早时期，不得在六百三十五年（唐太宗贞观九年）之前也。

## 第二十六节　中国方面之记载

　　西方所有宗教，如印度之佛教，波斯之火袄教（Zoroastrianism）、摩尼教（Manichaeism），大食之回回教（Islam）以及犹太教（Judaism）、基督教（Christianity），皆于唐时传入中国。兹特仅将今欧罗巴人所崇奉之基督教，初传入时之情形，列之于下焉。上节已言在东方之基督教为聂思脱里派（Nestorius）；其策源地在波斯。故唐时来中国者即该派。而传教之人亦皆波斯人，或居留波斯之叙利亚人（Syrians）也。

　　《唐会要》第四十九卷，贞观十二年（西六三八）七月，诏曰："道无常名，圣无常体。随方设教，密济群生。波斯僧阿罗本远将经教，来献上京。详其教旨，玄妙无为。生成立要，济物利人。宜行天下。所司即于义宁坊建寺一所，度僧二十一人。"又同书同卷，天宝四载（西七四五）九月，诏曰："波斯经教，出自大秦。传习而来，久行中国。爰初建寺，因以为名。将欲示人，必修其本。其两京波斯寺宜改为大秦寺。天下诸府郡置者，亦准此。"

　　仅此两条记载，不足以断定唐时之大秦寺即为基督教教堂，阿罗本所传之教即为基督教也。明天启五年（西一六二五），长安民锄地，得唐建中二年《大秦景教流行中国碑》。细绎其文，乃知所谓大秦景教者，即聂思托里派之基督教也。其碑颂并序全文，揭录于下，供参考焉。

## 大秦景教流行中国碑颂并序

### 大秦寺僧景净述

粤若常然真寂，先先而无元，窅然灵虚，后后而妙有。总玄枢而造化，妙众圣以元尊者，其唯我三一妙身，无元真主阿罗诃欤？判十字以定四方，鼓元风而生二气。暗空易而天地开，日月运而昼夜作。匠成万物，然立初人。别赐良和，令镇化海。浑元之性，虚而不盈。素荡之心，本无希嗜。洎乎娑殚施妄，钿饰纯精。间平大于此是之中，隙冥同于彼非之内。是以三百六十五种，肩随结辙，竞织法罗。或指物以托宗，或空有以沦二，或祷祀以邀福，或伐善以骄人。智虑营营，思情役役。茫然无得，煎迫转烧。积昧亡途，久迷休复。于是我三一分身，景尊弥施诃戢隐真威，同人出代。神天宣庆，室女诞圣于大秦。景宿告祥，波斯睹耀以来贡。圆廿四圣有说之旧法，理家国于大猷。设三一净风无言之新教，陶良用于正信。制八境之度，炼尘成真。启三常之门，开生灭死。悬景日以破暗府，魔妄于是悉摧。棹慈航以登明宫，含灵于是乎既济。能事斯毕，亭午升真。经留廿七部。张元化以发灵关，法浴水风，涤浮华而洁虚白。印持十字，融四照以合无拘。击木震仁惠之音，东礼趣生荣之路。存须所以有外行，削顶所以无内情。不畜臧获，均贵贱于人。不聚货财，示罄遗于我。斋以伏识而成，戒以静慎为固。七时礼赞，大庇存亡。七日一荐，洗心反素。真常之道，妙而难名。功用照彰，强称景教。惟道非圣不宏，圣非道不大。道圣符契，天下文明。太宗文皇帝光华启运，明圣临人。大秦国有上德，曰阿罗本，占青云而载真经，望风律以驰艰险。贞观九祀，至于长安。帝使宰臣房公玄龄总仗西郊，宾迎入内。翻经书殿，问道禁闱。深知正真，特令传授。贞观十有二年秋七月，诏曰：道无常名，圣无常体。随方设教，密济群生。大秦国大德阿罗本远将经像，来献上京。详其教旨，玄妙无为。观其元宗，生成立要。词无繁说，理有忘筌。济物利人，宜行天下。所司即于京义宁坊造大秦寺一所，度僧廿一人。宗周德丧，青驾西升。巨唐道光，景风东扇。旋令有司，将帝写真，转模寺壁。天姿泛彩，英朗景门，圣迹腾祥，永辉法界。按《西域图记》及汉魏史策，大秦国南统珊瑚之海，北极众宝之山，西望仙境花林，东接长风弱水。其土出火绒布、返魂香、明月珠、夜光璧。俗无寇盗，人有乐康。法非景不行，主非德不立。土宇广阔，文物昌明。高宗大帝克恭缵祖，润色真宗。而于诸州各置景寺，仍崇阿罗本为镇国大法主。法流十道，国富元休。寺满百城，家殷景福。圣历年，释子用壮，腾口于东周。先天末，下士大笑，讪谤于西镐。有若僧首罗含，大德及烈，并金方贵绪，物外高僧，共振玄纲，俱维绝纽。玄宗至道皇帝令宁国等五王，亲临福宇，建立坛场。法栋暂桡而更崇，道石时倾而复正。天宝初，令大将军高力士送五圣写真寺内安置，赐绢百匹，奉庆睿图。龙髯虽远，弓剑可攀。日角舒光，天颜咫尺。三载，大秦国有僧佶和，瞻星向化，望日朝尊。诏僧罗含、僧普论等一七人，与大德佶和于兴庆宫修功德。于是天题寺榜，额载龙书。宝装璀翠，灼烁丹霞。睿札宏空，腾凌激日。宠赉比南山峻极，沛泽与东海齐深。道无不可，所可可名。圣无不作，所作可述。肃宗文明皇帝于灵武等五郡，重立景寺。元善资而福祚开，大庆临而皇业建。代宗文武皇帝恢张圣运，从事无为。每于降诞之辰，锡天香以告成功，颁御馔以光景众。且乾以美利，故能广生。圣以体元，故能亭毒。我建中圣神文武皇帝披八政以黜陟幽明，阐九畴以惟新景命。化通玄理，祝无愧心。至于方大而虚，专静而恕，广慈救众苦，善贷被群生者，我修行之大猷，汲引之阶渐也。若使风雨时，天下静，人能理，物能清，存能昌，殁能乐，念生响应，情发自诚者，我景力能事之功用也。大施主金紫光禄大夫、同朔方节度副使、试殿中监、赐紫袈裟僧伊斯，和而好惠，闻道勤行。远自王舍之城，聿来中夏，术高三代，艺博十全。始效节于丹庭，及策名于王帐。中书令汾阳郡王郭公子仪，初总戎于朔方也，肃宗俾之从迈。虽见亲于卧内，不自异于行间。为公爪牙，作君耳目。能散禄赐，不积于家。献临恩之颇黎，布辞憩之金阘。或仍其旧寺,或重广法堂。崇饰廊宇,如翚斯飞。更效景门,依仁施利。每岁集四寺僧徒,虔事精供,备诸五旬。馁者来而饭之,寒者来而衣之,病者疗而起之,死者葬而安之。清节达娑,未闻斯美。白衣景士,今见其人。愿刻洪碑,以扬休烈。词曰:

真主无元,湛寂常然。权舆匠化,起地立天。分身出代,救度无边。日升暗灭,咸证真玄。赫赫文皇,道冠前王。乘时拨乱,乾廓坤张。明明景教,言归我唐。翻经建寺,存殁舟航。百福皆作,万邦之康。高宗纂祖,更筑精宇。和宫敞朗,遍满中土。真道宣明,式封法主。人有乐康,物无灾苦。玄宗启圣,克修真正。御榜扬辉,天书蔚映。皇图璀璨,率土高敬。庶绩咸熙,人赖其庆。肃宗来复,天威引驾。圣日舒晶,祥风扫夜。祚归皇室,祅氛永谢。止沸定尘,造我区夏。代宗孝义,德合天地。开贷生成,物资美利。香以报功,仁以作施。旸谷来威,月窟毕萃。建中统极,聿修明德。武肃四溟,文清万域。烛照人隐,镜观物色。六合昭苏,百蛮取则。道惟广兮应惟密,强名言兮演三一。主能作兮臣能述,建丰碑兮颂元吉。

大唐建中二年岁在作噩太蔟月七日大耀森文日建立。时法主僧宁恕知东方之景众也。

朝议郎前行台州司土参军吕秀岩书。

助检校试太常卿、赐叙袈裟寺主僧业利。

检校建立碑僧行通。

此碑全文,可分四段。第一段叙述基督教大义。第二段叙述自太宗时入中国后之蒙优待。第三段颂词。第四段诸僧署名,汉名及叙利亚名并列。余以叙利亚文不便录写,故阙之。此碑驰名世界,研究家不下数十。吾姑就碑文中外国名辞略释之也。景净述下,另有叙利亚文一行。吾人读之而知景净之西文教名,为亚当(Adam)也。阿罗诃乃译叙利亚文 Alaha,上帝之义也。弥施诃即 Messiah 之译音。叙利亚人、犹太人、阿拉伯人皆称耶稣基督以是名也。娑殚,乃 Satan 之译音,《圣经》上恶魔也。阿罗本乃 Rabban 之译音。汉文无 R 字母之相当译音,凡外国字前有 R 字母者,辄冠以"阿""曷"等字也。罗含乃 Luhe 之译音。及烈乃 Cyriaouus 或 Gabriel 之译音。佶和乃 George/Georgius 之译音。伊斯乃 Isaac 之译音。此处王舍城,非印度之王舍城,乃阿母河南岸巴里黑城(Balkh)。玄奘《西域记》谓之为小王舍城也。达娑乃梵文 Dasa 之译音,佛之役人之义也。施雷格尔(G. Schlegel)谓为波斯文 Tarsa 之译音者,误也。Tarsa,波斯文基督教徒之义也。宁恕乃 Hanan Ishu Ⅱ 之译音。聂思托里派是时之教务大总管(Patriarch)也。(参观 Saeki,*The Nestorian Monument*)

## 第二十七节　拉耶德(Layard)之新发现

晚近英人拉耶德在曲儿忒斯坦[Kurdistan,在卓支亚(Georgia)之南]丛山叶绿(Jelu)谷内,探访聂派古教堂一所。见屋顶悬挂中国古代磁碗甚多,满积尘垢。守屋者告之云,为古代聂派教士携自中国者。吾意此亦必唐代景教僧所为者也。(见 Yule,*Cathay*,Ⅰ,pp. 101-115)

## 第二十八节　景教僧译述事业之新发现

唐时,耶稣教新旧约以及其他颁圣诸书译成汉文者,究有若干,今虽不知,然以臆想测之,必有之也。景教碑文已言阿罗本受唐太宗之欢迎,"翻经书殿,问道禁闱"矣。西历一千九百零八年(清光绪三十四年),法国巴黎大学伯希和教授(Prof. Paul Pelliot)在敦煌鸣沙山石室中,发现聂思脱里派徒祈祷时,所用之《圣歌》一篇,题曰《景教三威蒙度赞》。威蒙度者,原音为 Emad,叙利亚文施洗之义也。又《尊经》一篇,亦其教中人所用以为该派法王及著经人祝福者也。伯希和教授之发明,为研究景教史者大增材料。吾人可借以断定唐时景教徒必曾翻译基督《圣经》若干篇。惜皆不传耳!

# 武宗时景教之被禁绝

## 第二十九节　中国人无宗教思想

自昔中国人对于宗教至为冷淡，随人自由信仰。为帝王者，甚至一日之间，能至孔庙献祭孔孟，又至佛寺顶礼释迦。其心中盖全无西洋人所谓宗教信仰，仅惟自己之利便是视而已。唐太宗之优礼景教，亦仅为政策而已，并非心中真迷信上帝与景尊弥施诃有万能也。其尊崇景教、火祆教等，盖与清朝之尊崇黄教相类，仅为招徕西域之一种政策耳。唐武宗时，唐室已衰，武宗非有太宗好大喜功之心者，徒见天下僧尼不可胜数，皆待农而食，待蚕而衣，深恶痛恨，亦纯为经济问题，并非为迷信孔孟或道教而斥异教也。

## 第三十节　《通鉴》记武宗废浮图法事

会昌五年（西八四五）秋七月，上恶僧尼耗蠹天下，欲去之，道士赵归真等复劝之，乃先毁山野招提、兰若，至是敕上都、东都两街各留二寺，每寺留僧三十人，天下节度、观察使治所及同、华、商、汝州各留一寺，分为三等：上等留二十人，中等留十人，下等五人。余僧及尼并大秦、穆护、袄僧皆勒归俗。寺非应留者，立期令所在毁撤，仍遣御史分道督之。财货田产并没官，寺材以葺公廨驿舍，铜像、钟磬以铸钱。（看《资治通鉴》卷二百四十八《唐纪》）

## 第三十一节　毁佛寺制

朕闻三代已前，未尝言佛。汉魏之后，佛教浸兴。是由季时传此异俗,因缘染习,蔓衍滋多。以至蠹耗国风而渐不觉,诱惑人意而众益迷。泊于九州山原,两京城阙,僧徒日广,佛寺日崇。劳人力于土木之功,夺人利于金宝之饰。遗君亲于师资之际,违配偶于戒律之间。坏法害人,无逾此道。且一夫不田,有受其饥者;一妇不蚕,有受其寒者。今天下僧尼,不可胜数,皆待农而食,待蚕而衣。寺宇招提,莫知纪极,皆云构藻饰,僭拟宫居。晋、宋、齐、梁,物力凋瘵,风俗浇诈,莫不由是而致。况我高祖、太宗以武定祸乱,以文理华夏。执此二柄,是以经邦。岂以区区西方之教,与我抗衡哉!贞观、开元,亦尝厘革,划除不尽,流衍转滋。朕博览前言,旁求舆议。弊之可革,断在不疑。而中外诸臣,协予至意。条疏至当,宜在必行。惩千古之蠹源,成百王之典法,济人利众,予何让焉。其天下所拆寺四千六百余所,还俗尼僧二十六万五千人,收充两税户。拆招提兰若四万余所,收膏腴上田数千万顷,收奴婢为两税户十五万人,隶僧尼,属主客,显明外国之教。勒大秦、穆护、祆(原作袯,误刊)三千余人还俗,不杂中华之风。於戏,前古未行,似将有待。及今尽去,岂谓无时。驱游惰不业之徒,已逾十万;废丹臒无用之室,何啻亿千。自此清净训人,慕无为之理。简易齐政,成一俗之功。将使六合黔黎,同归皇化。尚以革弊之始,日用不知。下制明廷,宜体予意。(见《全唐文》卷七十六,又《古文渊鉴》正集卷二十九)

由此制文观之,武宗所恨者为佛法,所欲毁者为佛寺。因毁佛寺,至牵连及于大秦、穆护、祆也。长安之大秦寺必见毁是时也。佛教最盛,他教皆瞠乎其后。舒元舆《重岩寺碑》谓:"杂夷而来者,有摩尼焉,大秦焉,祆神焉。合天下三夷寺,不足当吾释氏一小邑之数。"武宗时,大秦、穆护、祆之僧人,仅二千余而已。若非释氏之充盈天下,取憎于人之故,则当时大秦寺、祆寺皆可保存无疑也。穆护为波斯语 Magus 译音,有学僧人之义也。祆字有多书误刊为袯字。祆为唐人新造之字。祆神即拜火教之善神阿虎拉·马资达(Ahura Mazda)也。

## 第三十二节　李德裕《贺废毁诸寺德音表》

中国人淡于宗教思想,故数千年来无宗教战争,如西史上十字军之绵亘二百年(起于西一〇九六,止于西一二九〇),新旧教争达三十年(起于西一六一八,止于西一六四八)之久者,斯亦中国人之特色。宗教信仰自由,自古已然,无须战争以求之,约法以规定之也。中国本土不产宗教,后代所称之孔教、道教,实皆不过一派哲学。因外来宗教浸盈入下,本土士大夫疾其喧宾夺主,淆乱本土之风化礼教,故有著书立说以辟之者,有怂恿帝王以禁之者。韩文公之《谏佛骨表》、李德裕之《贺废毁诸寺德音表》,即皆此类宗教争辩之文章也。兹特将李德裕之《贺表》录出,俾可知古代中国人疾恶外教之理由,及唐末西来诸教之厄运也。

臣某等伏奉今日制,拆寺、兰若共四万六千六百余所,还俗僧尼并奴婢为两税户共约四十一万人。得良田约数千万顷,其僧尼令隶主客户。大秦、穆护、祆二千余人并令还俗者。臣闻仲尼祖述尧舜,宪章文武,大弘圣道,以黜异端。末季以来,斯道久废。不遇大圣,孰能拯之?臣某等中谢。伏以三王之前,皆垂拱而理,不可得而言也。厥后周美成康,汉称文景;至化深厚,大道和平。人自禀于孝慈,俗必臻于仁寿。岂尝有外夷之教,玷中夏之风。东汉楚王,始盛桑门之馔,沦于左道。桓帝更增犀盖之饰,归于乱政。魏之三祖,西晋太康,虽君非大圣,臣非上哲,然犹祖尚老庄,斯教未行。至东晋因吴人之佻薄,袭孙权之弊政,始建塔庙,乃译梵书。宋齐梁陈,其教浸盛。好大不经之说,陋乃《诗》《书》;因报拔济之谈,隆于仁孝。运祚浮促,篡夺相寻。二百年间,五变朝市。君无殷宗之福,臣靡卫武之年。感验寂寥,斯可明矣。高祖神尧皇帝方欲划除斯弊,扫刷中区。时属宰臣萧瑀,本梁氏之子孙,寻覆车之轨辙,废格明诏,以迄于今。遂使土木兴妖,山林增构。一岩之秀,必极雕镌;一川之腴,已布高刹。鬼功不可,人力宁堪?耗蠹生灵,侵减征税。国家大蠹,千有余年。伏惟仁圣文武章天成功神德明道大孝皇帝陛下明绍于天,粹合于道,黜霸图而功盛,入圣域而德优。常欲天下之动,咸贞于一。以一言〔之〕蔽,思必无邪。先定宸心,独发英断。破逃亡之薮,皆列齐人;收高壤之田,尽归王税。正群生之大惑,返六合之浇风。出前圣之谟,为后王之法。巍巍功德,焕炳图书。臣窃位枢衡,莫能裨益。愧无将明之效,徒怀彭舞之心。千古未逢,百生何幸!不任抃贺踊跃之至。(见《李文饶文集》卷二十)

## 第三十三节　五代及宋时在中国之基督教完全消灭

五代与北宋时,基督教在中国必已完全扫灭。盖是时中国史籍,无有道及大秦寺及大秦僧者也。同时阿拉伯人摩哈美德(Muhammad)别名阿伯尔法拉笈(Abulfaraj)者,有下方之记载,亦可以借知唐武宗禁绝之尽也。其言曰:

> 回教纪元三百七十年时(耶苏纪元九八七,宋太宗雍熙四年),在八吉打城(Baghdad)基督教徒居留地某教堂之后,余遇一基督教僧那及兰(Najran)者。其人年甚幼,面目可爱,静默寡言,不受问则绝不启口也。七年前(宋太宗太平兴国五年),尝受大总管之命,与僧五人往中国整顿其地基督教也。余访问其旅行情况,那告余云:中国之基督教已全亡。教徒皆遭横死,教堂毁坏。全国之中,彼一人外,无第二基督教徒矣。遍寻全境,竟无一人可以传道授教者。故急归回也。(见 H. Yule, *Cathay*, I, p.113)

宋初中国基督教情况,可以知矣。神宗时,赵清献抂有《蜀郡故事》之作,原书似已失传。南宋初,吴曾之《能改斋漫录》卷七尝征引之云:"石笋在衙西门外,二株双蹲,云真珠楼基也。昔有胡人于此立寺,为大秦寺。其门楼十间,皆以真珠翠碧贯之为帘。后摧毁坠地,至今基脚在。每有大雨,其前后人多拾得真珠、瑟瑟、金翠异物。则此石笋非为楼设,而楼之建,适当石笋附近耳。盖大秦国多璆琳、琅玕、明珠、夜光璧。水道通益州永昌郡,多出异物,则此寺大秦国人所建也。"查唐杜甫于肃宗上元元年(西七六〇),有《石笋行》诗之作(见《分门集注杜工部诗》卷十三),不言有大秦寺,是必蜀郡大秦法寺建于上元以后,或亦毁于唐武宗时,至赵清献则仅留遗迹耳。《大秦景教流行中国碑》谓"法流十道,国富元休,寺满百城,家殷景福"。成都之有大秦寺,亦无足异也。

# 宋代中欧交通

## 第三十四节　宋代中国衰弱及中欧交通总序

唐德既衰,黄巢作乱,四海鼎沸,远国商贾,多遭杀戮,外客由是裹足,海舶不至。中西交通因以暂绝。朱温篡逆,实启五代,分崩离析,更甚于前。战争者,败坏社会道德者也;内乱者,斫丧国家元气者也。自黄巢弄兵,迄于宋祖受命,其间几九十年,天地闭,贤人隐,干戈兴,学校废,礼□死,风俗坏,君子道消,天理几绝,乱之极矣!全社会之道德,亦落至最低潮矣。五代沦落之影响,虽经宋初之生养教训,而终未能恢复唐时之盛也。内力不充,则外交亦弱。赵宋膺图受箓,北则受制于辽,西则见陋于夏。中国与西方陆路交通几乎断绝,而代表中国与西方交通者,乃为契丹人。契丹人据有燕云十六州二百余年,其国文献,多已散佚,故详史不可得闻。《辽史》成于二百余年之后,虽稍资研究,而实不足也。然较之西夏之无史,固又胜矣。据《辽史》所载,太祖天赞二年,波斯来贡,似指布哈拉之萨漫朝也。天赞三年,大食来贡。圣宗开泰九年(西一〇二〇),大食遣使为子册割请婚。太平元年(西一〇二一),以公主可老嫁之。是大食与辽有姻娅之亲也。天祚之世,大石西奔,据其宣言,实欲西至大食也。叙利亚人阿伯尔法拉哲斯(Abulfaragius)记耶苏纪元一千零一年至一千零十二年(辽圣宗统和十九年至开泰元年)之间,外蒙古克烈部王崇奉基督教,遣使麻甫城(Marv)主教请基督教僧,往其国施洗礼。聂思托里派基督教此时已风行蒙古。至元初,则有克烈、蔑里乞(Merkit)、乃蛮(Naimans)、汪古(Onghuts)四部,皆奉基督教，其由来尚矣。大石西奔，建国于中央亚细亚几九十年。使中央亚细亚人得见东方文明者，大石之功也。契国立国于蓟北，行契丹之名，永留于蒙古及西域人口中。直至今日，昔时由陆道通中国者，尚称中国为契丹也。辽仆金继，与中央亚细亚尚时有交通，刺探消息，以防大石之反攻。远如康里部亦来求内附，金之威望不可谓不盛矣。北宋全期（自西历九百六十年起至一千一百二十六年止，凡一百六十六年），拂菻国行凡三至。初次为西历一千八十一年（宋神宗元丰四年）。其他二次皆在西历一千九十一年（宋哲宗元祐六年）也。《宋史》所记拂林国情形，多与前史相异，考据家疑非一国，马端临《文献通考》已为区别。今经德人夏德之解释，乃更觉马氏之言为确实也。《宋史》言其国地甚寒，每岁惟夏秋雨，似尤合于小亚细亚高原情形也。靖康以后，宋之国势较前更非。偏居江左，大河南北悉委之金人。陆路通西域之道全绝，海上贸易大兴，番人至者甚众。而中国人往海外者，亦不可胜数。沿海诸埠，有市舶司之设。市舶司者，犹之今代海关，专司海外市舶稽征之事者也。南宋之世，商埠著名者为泉州、广州及澉浦等。西人来市者，尤以阿拉伯人为最众。宋高宗时，西班牙之犹太教师班哲明·土代拉（Benjamin of Tudela）尝东游至波斯湾诸埠，自彼处得闻中国沿海情形。同时西锡利岛之阿拉伯人爱德利奚（Edrisi）著《地理书》，亦略言中国。南宋时，中国人著书言外国事者有周去非及赵汝适。去非之《岭外代答》为汝适《诸蕃志》之蓝本。二书所记，皆南宋时来广州、泉州二市贸易之诸蕃国也。赵、周二人，皆非亲往外国者，仅据之蕃客闻而已。所记诸国，在欧洲者有芦眉国及斯加里野国。而昔之大秦国，则指叙利亚而言，了如指掌也。在非洲者有木兰皮国、勿斯里国、遏根陀国、昆仑层期国、弼琶啰国、中理国、层拔国等。其在阿拉伯半岛者，有大食国、麻嘉国、瓮蛮国、记施国、白达国、弼斯啰国。其在伊兰境者，有吉慈尼国。其在印度者，有南毗国、胡茶辣国、麻啰华国、注辇国、天竺国、故临国。于如此早期而有若是详明记载，书诚可贵矣。

## 第三十五节 《宋史·拂菻国》

东南至灭力沙，北至海，皆四十程。西至海三十程，东自西大食及于阗、回纥、青唐,乃抵中国。历代未尝朝贡。元丰四年十月,其王灭力伊灵改撒始遣大首领你厮都令厮孟判来献鞍马、刀剑、真珠,言其国地甚寒,土屋无瓦。产金、银、珠、西锦、牛、羊、马、独峰驼、梨、杏、千年枣、巴榄、粟、麦,由葡萄酿酒。乐有箜篌、壶琴、小篳篥、遍鼓。王服红黄衣,以金线织丝布缠头。岁三月则诣佛寺,坐红床,使人昇之。贵臣如王之服,或青绿、绯白、粉红、黄紫,并缠头跨马。城市田野,皆有首领主之。每岁惟夏秋两得奉,给金、银、锦、壳、帛,以治事大小为差。刑罚杖轻者杖数十,重者至二百。大罪则盛以毛囊,投诸海。不尚斗战,邻国有小争,但以文字来往相诘问,事大亦出兵。铸金银为钱,无穿孔。面凿弥勒佛,背为王名,禁民私造。元祐六年,其使两至。诏别赐其王帛二百匹、白金瓶、袭衣、金束带。(见《宋史》卷四百九十)

《宋史》言拂菻国历代未朝贡,可谓谬甚。大秦(罗马)之通中国,汉时已然矣。晋唐二代,且数通中国也。《宋史》之灭力伊灵改撒,据法国克拉勃罗德(Klaproth)及鲍梯(Pauthier)二氏,以为即东罗马皇帝迈克尔(Michael Ducas)也。查西史,迈克尔于一千零七十八年(宋神宗元丰元年)被废,然其使者或早遣出。因亚洲大陆行旅不便,羁留途间;致延迟至一千零八十一年(元丰四年)始达汴京也。亨利·玉尔以为遣使者,非迈克尔即其政敌白里洋牛斯·改撒(Bryennius Caesar)也。其音亦与灭力伊灵改撒相近。德国人夏德博士以为《宋史》灭力伊灵改撒乃塞尔柱克突厥(Seljuk)副王之号(Maleki Rum Kaisar/Under King of Rum and Caesar),非东罗马皇帝也。查西史,突厥苏王烈曼(Soliman)之称号,实为罗马王(King of Rùm)也。突厥国都是时往小亚细亚伊柯牛姆城(Iconium)。(参 Yule, *Cathay*, Ⅰ, pp.56 - 57)

## 第三十六节　班哲明·土代拉之游记载中国事情

南宋时代,欧洲著作家言中国者,至为稀罕。有之仅西班牙国土代拉城犹太牧师班哲明(Benjamin of Tudela)一人而已。班哲明于一千一百五十九年(宋高宗绍兴二十九年)离乡里,经法国南部至意大利,又至君士坦丁堡、小亚细亚、叙利亚、犹太等国,更至波斯湾计施港(Kish,名见赵汝适《诸蕃志》),在其处得闻东方印度、中国各地事甚多。一千一百七十三年(宋孝宗乾道九年)归国,著有《游记》一书,书中叙述锡兰岛。叙中国曰:

> 由此(锡兰)往秦国(Sin),须航行四十日。其国在东方。外有尼克发海(Nikpha)绕之,海中有俄亮(Orion)星。风涛汹涌,操舟者失驾驭力,漂泊洋中,食物尽后悉饿死。然舟人甚巧,每航行时,船上预贮牛皮,遇风则将人身缝置皮内,投海中不没。有大鹰至,则口衔之至岸,因得获免焉。(见 Yule, Cathay, pp.144-145)

## 第三十七节　周去非记大秦国事情

孝宗时,有永嘉人周去非者,字直夫。曾官桂林。东归后,因有问岭外事者,倦于应酬,乃作《岭外代答》一书以示人,书凡十卷。据其自序,书成于淳熙戊戌冬十月五日,即淳熙五年,耶稣纪元一千一百七十八年也。卷二、卷三,关于海外诸蕃颇有记载。其言虽不若赵汝适《诸蕃志》之详,然为《诸蕃志》之蓝本也。有数节,两书文字几于相同。赵汝适引用此书,可无疑也。其所记大秦国事情如下:

> 大秦国者,西天诸国之都会,大食蕃商所萃之地也。其王号麻啰弗,以帛织出金字缠头。所坐之物则织以丝罽。有城郭居民,王所居舍,以石灰代瓦,多设帘帷。四围开七门,置守者各三十人。有他国进贡者,拜于阶之下,祝寿而退。屋下开地道,至礼拜堂一里许。王少出,惟诵经礼佛。遇七日,即由地道往礼拜堂拜佛,从五十人。国人罕识王面。若出游,骑马,打三檐青伞,马头项皆饰以金玉珠宝。递年,大食国王号素丹遣人进贡。如国内有警,即令大食措置兵甲,前来抚定。所食之物多饭饼肉,不饮酒,用金银器以匙挑入。食已,即以金盘贮水濯手。土产琉璃、珊瑚、生金、花锦、缦布、红马瑙、真珠。天竺国其属也。国有圣水,能止风涛。若海扬波,以琉璃瓶盛水,洒之即止。(见《岭外代答》卷三)

麻啰弗为叙利亚文 Mar Aba 之译音。Mar 译言可崇敬，Aba 译言父也。此乃古代聂思脱里派总主教之称呼也。素丹，乃 Sultan 之译音。哈里发赐给突酋长之称号也。

## 第三十八节　赵汝适《诸蕃志》记欧洲各国情形

赵汝适者，宋之宗室也。尝充泉州市舶司，就当时海外蕃人之来泉者，访其风俗，问其山川，作《诸蕃志》二卷，上卷记诸国，下卷记各国物产。兹将其所记欧洲诸地情形，摘录于下，以备考焉。

大秦国（一名犁靬），西天诸国之都会，大食番商所萃之地也。其王号麻啰弗，理安都城。以帛织出金字缠头。所坐之物，则织以丝罽。有城市里巷。王所居舍，以水精为柱，以石灰代瓦，多设帘帏。四闱开七门，置守者各三十人。有他国进贡者，拜于阶陛之下，祝寿而退。其人长大美皙，颇类中国，故谓之大秦。有官曹簿领，而文字习胡。人皆髡头，而衣文绣。亦有白盖小车旌旗之属，及十里一亭，三十里一属。地多狮子，遮害行旅。不百人持兵器偕行，易为所食。宫室下凿地，道通礼拜堂一里许。王少出，惟诵经礼佛。遇七日，即由地道往礼拜堂拜佛，从者五十余人。国人罕识王面，若出游则骑马用伞。马之头顶皆饰以金玉珠宝。递年，大食王有号素丹者，遣人进贡。如国内有警，即令大食措置兵甲抚定。所食之物，多饭饼肉，不饮酒。用金银器，以匙挑之。食已，即以金盘贮水濯手。土产琉璃、珊瑚、生金、花锦、缦布、红玛瑙、真珠，又出骇鸡犀，即通天犀也。汉延熹初，其国主遣使自日南徼外来献犀、象、瑇瑁，始通中国。其供无他珍异，或疑使人隐之。晋太康中，又来贡。或云其国西有弱水、流沙，近西王母所处，几于日所入也。按杜环《经行记》云，拂菻国在苫国西，亦名大秦。其人颜色红白，男子悉着素衣，妇人皆服珠锦。好饮酒，尚干饼。多工巧，善织络。地方千里，胜兵万余。与大食相御。西海中有市，客主同和，我往则彼去，彼来则我归。卖者陈之于前，买者酬之于后。

皆以其直置诸物旁,待领其直然后收物,名曰"鬼市"。(见《诸蕃志》卷上)

《诸蕃志》所言之大秦国,其为叙利亚一带地方可无疑也。安都城即 Antioch 之译音也。所谓佛,即指耶稣基督而言。赵汝适谓各教圣人皆为佛。例如大食国条及麻嘉国条,称麻霞勿(Mohammed),亦为佛也。杜环,杜佑族子也。天宝初,安西节度使高仙芝诈俘石国王子,斩阙下。西域皆怨,王子走大食,乞兵攻怛逻斯城(Talas),败仙芝军。是时,环亦从军,为众所虏,流离异域凡十余年。宝德初,因贾商船舶,由海道自广州而回。其著《经行记》,记述西域诸国情况。惜原本久佚,仅杜佑《通典》注中保存而已。其大秦国记事,见《通典》卷一百九十三。其国今高架索山南卓支亚(Georgia)也。杜环言大秦西有哑市,可参上方第七节白里内《博物志》所记中国人之哑市。东西两方记载皆误。中国与罗马皆无哑市法,唯非洲下等民族有之耳。

赵汝适又记斯加里野国云:"斯加里野国近芦眉国界,海屿阔一千里。衣服、风俗、语音与芦眉同。本国有山穴至深,四季出火。远望则朝烟暮火,近观则火势烈甚。国人相与扛昇大石,重五百斤或一千斤,抛掷穴中,须臾爆出,碎如浮石。每五年一次,火从石出,流转至海边复回,所过林木,皆不燃烧。遇石则焚爇如灰。"(见《诸蕃志》卷上)

斯加里野,意大利人西锡利岛(Sicily)之读音。意人拼作 Sicilia。西锡利岛有爱脱那火山(Mount Etna)。此节情况,虽至今日犹确也。艾儒略《职外方纪》卷二云:"意大里亚之名岛有三:一西齐里亚,地极丰厚,俗称国之仓之库之魂,皆美其富庶也。亦有名山,喷火不绝。百年前其火特异,火烬直飞逾海,达利米亚境。山四周多草木,积雪不消,常成晶石。亦有沸泉如醋,物入便黑。其国人最慧,善谈论,西土称为三舌人。最精天文,造日晷法,自此地始。"

赵汝适在远东中国关于西锡利岛略有记载,而宋高宗时居留西锡利岛阿拉伯人爱德利奚(Edrisi),受岛王罗哲二世(Roger Ⅱ)之命,著《地理学》一书,关于中国颇有记载也。宋孝宗时,西班牙之犹太人班哲明·土代拉(Benjamin of Tudela)尝东游至波斯湾上计施国(Kish),在其处得闻中国事情,记载于其游记中。赵汝适之《诸蕃志》亦据之传闻而非亲见者,三人可为遥遥相对矣。

赵汝适记芦眉国(Rum)云:"芦眉国自麻啰拔西陆行三百余程始到,亦名眉路骨国。其城屈曲七重,用黑光大石甃就。每城相去千步,有番塔三百余。内一塔高八十丈,容四马并驱而上,内有三百六十房。人皆缠头塌顶,以色毛段为衣,以肉面为食,以金银为钱。有四万户织绵为业。地产绞绡、金字越诺布、间金间丝织锦绮、摩娑石、无名异、蔷薇水、栀子花、苏合油、鹏砂及上等碾花琉璃。人家好畜驼马牛。"(见《诸蕃志》卷上)

芦眉国即《明史》之鲁迷国(Rum)之译音也,Rum 又由 Rome 而来,乃指东罗马而言。观上方所引斯加里野之位置,即了然矣。波斯人甚早即称罗马为 Rum。东西罗马分裂后,鲁迷之名乃专用之东罗马。十一世纪之末(宋哲宗时),塞尔柱克突厥人(Seljukian Turks)占领小亚细亚,因得袭用鲁迷之名。十三世纪之末,鄂多曼突厥人(Ottoman Turks,即今土耳其人)代塞尔柱克朝,鲁迷之名乃又用之于土耳其帝国。帖木儿时代,以及现今之回教徒,统称欧亚两洲之土耳其版图为鲁迷。《凯旋史》(Zafer‐Nameh)称小亚细亚阿那拖(Anatolia)全部为鲁迷。一千四百零二年(明建文四年),土耳其皇帝巴牙察特(Bayazed)为帖木儿所擒,歇里甫爱丁(Sheriffeddin)称巴为"鲁迷皇帝"(Kaiseri Rum)云。(见 Bretschneider, *Med. Researches*, Ⅱ, pp.306‐307)

# 元代中欧交通

## 第三十九节　元代中西交通总序

席摩喀塔以后,班哲明·土代拉一人以外,泰西著作家言中国者,无他人矣。迄有元代,混一欧亚,东起太平洋,西至多脑河、波罗的海、地中海,南至印度洋,北迄北冰洋,皆隶版图。幅员之广,古今未有。征服民族之众,难以数计。通蒙古语,即可由欧洲至中国,毫无阻障也。驿站遍于全国,故交通尤为便捷。借蒙古人之势力,中国人之军队得从征叙利亚。东方之商贾星卜,麕集于伊儿汗之国都。西欧之钦察、阿兰、斡罗思等军队,得驻扎太平洋滨。东罗马、西罗马及日耳曼之游历家、商贾、教士、工程师等皆得东来,贸易内地,自由传教,挂名仕版。东西两大文明,支那系(中国、高丽、日本、安南皆属此系)与希腊、罗马系(今欧美各国背属此系)以前皆独立发生,不相闻问,彼此无关者,至此乃实行接触。由元至今,演而成今日之文明状况。法国前世纪之东方学者莱麦撒(Abel Rémusat)论元代世界大通,东西文明接触所发生影响,最为洞彻。吾节录之如下:

  蒙古人西征,将以前闭塞之路途,完全洞开,将各民族集聚一处。西征最大结果,即将全体民族,使之互换迁徙也。不独堂皇命使东西往来如织,其不知名之商贾教士,以及随从军队者,尚不知凡几也。王公大人往亚洲中心者,有仙拍德(Sempad)、小亚美尼亚王海敦(Hayton)、卓支亚国两大辟(David)王、俄国大公爵雅罗斯拉甫(Yaroslav)等。意大利人、法兰西人、福雷铭人(Flemings,法国西北部),皆有充大使往蒙古大汗都城者。蒙古之贵人有至罗马（意国京城）、巴塞罗那（Barcelona）、瓦伦西亚（Valencia，以上二城，皆在西班牙国东境）、里昂（Lyon，法国东方大城）、伦敦（英国京城）及脑桑姆敦（Northampton）者。那坡利港（Naples，意大利南方商港）方济各会士（Franciscan）有充北京总主教者。其人死后，有法国巴黎大学宗教学教授继其任。以上皆有名人物，见于记载者也。其他不知名之人，为谋利或好奇而往东方者，其数岂可胜计乎？历史上偶尔留数名，尚可举出也。英国人某在本国犯罪，流至亚洲执役于蒙古军中，尝充鞑靼大使往匈牙利王庭矣。福雷铭地方之方济各僧人（指卢白鲁克）在蒙古和林都城，见梅次（Metz，德国西南罗伦省城）地方妇人拍开脱（Paquette），匈牙利战役之捕掳也。又见有巴黎之金匠某，其兄在巴黎大桥侧有店铺。又见有卢汪（Rouen，法国巴黎西北大城）少年一人，拜尔格拉德城（Belgrade）陷时之捕掳也。此外，该僧又见俄罗斯人、匈牙利人、福雷铭人于和林。有善歌者罗伯脱（Robert）漫游东亚后，归而卒于查脱（Chartres，巴黎附近）地方大教堂内。勃拉奴·喀劈尼（Plano Carpini）记赉由大汗（Küyük Khan）廷中，有俄国人一名充翻译。往时途间，伯莱斯听（Breslau，德国东方大城）、波兰及奥地利之商人伴行。由俄国归回时，复有基奴亚（Genoese）、皮撒（Pisa）及威尼斯（Venice）商人相伴。威尼斯市有二商人，偶因事逗留布哈拉城（Bukhara），遇波斯旭烈兀大王遣往中国忽必烈大汗朝廷之大使。随之往东方朝见忽必烈。受命持国书，通聘罗马教皇。同归时，携其幼子同往，即驰名世界之马哥·孛罗（Marco Polo）也。其游记为研究东方史地不可缺之书。父子叔侄皆得生归威尼斯。次世纪，往东方者更不乏人。读曼德维（Sir John Mandeville）、鄂多立克（Odorico）、裴哥罗梯（Pegolotti）、威廉·包德赛尔（William de Bouldeselle）诸人之书，即可知矣。甚多冒险家久留东方，死于东方，可无疑也。更有多人，往东方时无声名于世，归后亦不求闻达于人。然在教堂内及各地侯王宫廷中受人欢迎，演讲极多东方之奇事异闻也。此等游历家归回时，皆携带东方各种技术及珍品。中国、印度之丝及磁器，自罗马衰后，往东道塞，久已不见,至是乃又成为西欧之罕见品矣。好奇探险之心,于斯大动。好奇探险者,进化之母也。巴黎大学尝建议设教授鞑靼语言文字事情一席矣。其结果如何重大,观于科伦布为欲至马哥·孛罗所言之大汗国,不期而得美洲新世界者,即可知矣。不宁惟是,回回历法由蒙古人而传入中国,印度数目字或亦于此时输入中国。耶稣教《圣经·新约》及《圣歌》,由汗八里之拉丁总教主译成蒙古文矣(吾意以为汉文而非蒙古文。参观下文)。西藏喇嘛教之教主,实创自蒙古人。其教乃合佛教规训及聂思脱里派督教之仪礼而成。中国人发明之航海罗盘针,亦由蒙古人而输入欧洲。印度及中国人用火药由来已久,而欧洲人则于蒙古西征后,始得知之。其为蒙古人输入毫无疑义。[一千三百四十六年,即元顺帝至正六年,英法两国战于克莱细(Crecy)地方。英军用火药炮进攻,以致法军大败,精锐丧尽。此为欧人用火药之始。]

钞币亦为中国人之发明,由蒙古人而输入波斯。一千四百五十年时,明景泰帝元年,意大利游历家巴巴罗(Josephus Barbaro)在阿索甫(Azov)得遇鞑靼人某。其人尝奉使中国,告巴巴罗,中国每年印刷钞币甚多也。戏赌纸牌,中国人于一千一百二十年(宋徽宗宣和二年)时,已发明之。最初皆以木版印成。欧洲人最初所玩之纸牌(Jeu de tarot),其形状、图式、大小及数目,皆与中国人所用者相同,或亦为蒙古人输入欧洲者也(今代麻雀牌大兴于美国事,亦类此)。活字版印刷术,同时亦由远东而输入欧洲。中国人之算盘,亦由蒙古人输入欧洲东部。至今,俄国及波兰两地不识字之妇女,尚用以计算钱财账目也。东西两文明策源地之思想制造,由鞑靼人互相交换,至为有益。中世纪雨天墨云,使人不得望见天日。至是乃因蒙古远征,而重现光明。当时战争杀人,盈野盈城,似为人类惨祸,而不知实如天空霹雳,将数百年之酣睡懒病,自梦中惊醒。二十帝国之灭亡,乃上帝自欧洲所取之代价,为今世人享受灿烂文明之福也。(见 *Memoirs French Academy*,Ⅶ, pp. 409-419)

至于今日,则青出于蓝而深于蓝,冰出于水而寒于水。中国反遣人至欧洲学习印刷术、制造火药矣。欲知当时交通之详情,不可不先知蒙古人在欧洲之武功。言蒙古人在欧洲之历史者,有洪钧《元史译文证补》、屠寄之《蒙兀儿史》、柯劭忞之《新元史》等书,皆经多年之研究而始成,可供考史者之参证。吾今所述,仅其略情而已。至于详细,则非本书范围之所宜及。东方军队与埃及人角战疆场者,以蒙古人为始,迄于今尚未重见也。摩洛哥国人伊宾·拔都他由大西洋滨发展转而来中国,观光泉州、杭州,归留记载,亦于是时焉。

# 蒙古人在欧洲之武功

## 第四十节　钦察国之征服

钦察国（Kipchak），《元史》上又作可弗叉国（Kifchak，见《元史》卷一百四十九《郭宝玉传》），《元秘史》作乞卜察。其先本武平北哲林川按答罕山部族（以上地名皆不可考），库春出徙居北玉黎北里山（以上见《元史》卷一百二十八《土土哈传》）。回教历史家称，其地曰戴胥脱乞卜察（Desht Kipchak），今俄国南部黑海、里海以北诸地皆是也。其地去中国三万余里（据《元史·土土哈传》）。蒙古人征服钦察全境，用兵二次。初为太祖时速不台（Subutai）之远征，第二次为太宗时拔都（Batu Khan）之用兵。当时蒙古人尚无文字，故两次战功皆无详细记载，良可慨也。《元史》各篇所载，简陋不堪。兹特将回教著作家之记载，撮录于下。

西历一千二百二十年时（元太祖十五年庚辰岁，宋宁宗嘉定十三年），速不台与哲伯（Chebe）率蒙古军二队，追花剌子模国王摩哈美德，抄掠波斯北境，直抵塔伯里资城（Tabriz）。一千二百二十一年初，进军至卓支亚境内梯富里斯城（Tiflis），击败卓支亚之兵，复回塔伯里资。波斯南境哈玛丹城（Hamadan）人杀蒙古官吏，因往平之，毁其城。又回至塔伯里资，集大军攻卓支亚，戮其军三万人。移军攻灭儿湾国（Shirvan），陷其都沙买喀（Shamakha）。其国王称号曰沙（Shah），名拉施特（Rashid）。王走至打耳班（Derbend），固守寨岩。蒙古人陷其城，终未得获其沙。移军北向，欲涉高加索山，而山路崎岖不易行，乃强迫拉施特使者为引导，遂得过山。山之北，有阿兰人（Alans），又名阿速人（Ases），雷斯其（Lezghis）、撒耳柯思人（Circassians）、钦察人（Kipchaks）皆联合以拒蒙古人。两军激战，无胜负。蒙古人用计离间钦察人，使弃其旧同盟。蒙古人复攻诸部，悉克之。既陷脱尔奇城（Terki），再进军，侵钦察国。钦察部众不战而溃，其人多奔至俄罗斯国。蒙古人尽得其土地，进军至克里米亚（Crimea）半岛东南海滨苏塔克城（Sudak）。城极富庶，中世纪时代黑海沿岸重要商埠也，当时亦为钦察国土。一千二百二十三年（元太祖十八年癸未岁，宋宁宗嘉定十六年），蒙古军征俄罗斯，俄罗斯人与钦察人合军前进以拒之。蒙古人设计先退军十二日，俄罗斯与钦察之联军尾随追之，蒙古伏军四起围击之，血战数日，俄罗斯与钦察之联军大败。蒙古军既获大胜，侵入俄国诸部，屠杀极惨。此即世界史上有名之喀尔喀河（Kalka）畔大战也。

俄国史载蒙古人侵伐俄国事迹，较之回教著作家之记载更为详细。俄国当时分为数部，最要者为苏斯大尔部（Suzdal），一名乌拉的迷尔（Vladimir）。其国主为大公爵，诸部皆认之为盟主。乌拉的迷尔大公爵初居几富城（Kiev）。至一千一百六十九年（宋孝宗乾道五年）后，迁居乌拉的迷尔城。钦察逃亡诸酋长中，有柯梯案［Kotian，匈牙利史作科坦（Kutan)］者，其婿为俄国格里枢（Galich）城之王。柯梯案劝之设法抗拒蒙古。格里枢王檄召南部俄罗斯诸王至几富城，相约与钦察人联合以抗蒙古人。几富、乞尔尼柯夫（Chernigov）、里格枢三王，皆名密赤思老（Mstislav，《元史·速不台传》有大小密赤思老之语，必此故也）。三王集军于尼尔伯河（Dnieper）畔。蒙古遣使者十人至，皆被杀。俄国诸军出发，初遇蒙古人于柯尔梯槎河［Khortitsa，尼尔白河之支流，南距爱喀脱利诺斯拉夫城（Ekaterinoslav）五十英里］附近胜之。俄国军渡尼尔白河，追蒙古人九日，至喀尔喀河（Kalka）。格里枢王密赤思老率钦察人渡河击蒙古大队，为其所取。蒙古军进击俄国余军，悉歼之。俄国史称为喀尔喀河之大战，时为西历一千二百二十三年（元太祖十八年）夏季也。蒙古军既胜，追俄国人至尼尔白河。俄国诸王被擒者，蒙古人缚置两板之间，坐于其上，饮酒高会。（参观 Bretsdneider, *Mediaeval Researches*，Ⅰ，pp.209－297）

## 第四十一节　俄　罗　斯

元太宗窝阔台(Öoedei)皇帝即位之第八年,即西历一千二百三十六年(宋理宗端平三年),召集第二次库里尔泰(Kuriltai)大会,决议派遣大军征服拔都封地邻境,如阿速(Asi)、不里阿耳(Bulgar)、钦察(Kipchaks)、俄罗斯(Russia)等国。窝阔台皇帝命皇子贵由(Küyük)、阔端(Kadan)、拖雷(Touli)之子蒙哥(Mangu)、拨绰(Butjek)、察合台之子不里(Buri)、拜答儿(Baidar)、拔都之兄弟斡儿达(Orda)、唐古忒(Tangut)、昔班(Shiban)各率大军助拔都。速不台亦与其列,全军于是年二月向西移动,先灭俄国东之布尔加利国(Bulgaria,非今布尔加利国,乃窝尔加河畔旧壤也)。翌年之末,进军至俄国边境,陷拨伦斯克(Pronsk)、秘尔哥落德(Belgorod)、亦吉思拉未资(Ijeslavets)诸城,抵烈也赞城(Ryazan)。其王玉里(Yury)据城固守,蒙古兵攻之。十二月二十一日,城陷,蒙古军屠其民,玉里王与其家族悉死之。玉里之弟罗曼(Roman)守哥罗那城(Koloman)亦被陷,与烈也赞受同样之命运。乌拉的迷尔大公爵玉里(Grand Duke Yury of Vladimir)之子,名乌拉的迷尔者,受命守莫斯科(Moscow)城,兵败被擒。大公爵玉里闻之大惊,乃去乌拉的迷尔城而至锡梯河(Siti)畔督军,所待其弟几富城(Kiev)王耶罗斯拉夫(Yaroslav)及斯维耶陀斯拉夫(Sviatoslav)之援军。其子乌萨乌落脱(Vsevolod)及密赤思老(Mstislav)二人留守国都乌拉的迷尔城。一千二百三十八年(元太宗十年戊戌岁,宋理宗嘉熙二年)二月二日,蒙古军围乌拉的迷尔城,命之降。蒙古军别队至苏斯大尔(Suzdal)者,获胜,掠其地。还与乌拉的迷尔城下,大军合。二月八日,城内人开门降,蒙古军屠之,大公爵全家死难。以后蒙古军分为数队,游行四方,抄掠城邑。佛尔吉思奇(Voljsky)、郭罗特资(Gorodets)、阔思脱罗姆思阔爱·格里枢(Kostromskoi Galich)、拍莱斯拉夫(Pereslavl)、罗斯拖夫(Rostov)、耶罗斯拉夫(Yaroslav)、于利夫(Yurief)、德密秃罗夫(Dmitrov)诸城悉被劫掠,或焚毁。大公爵玉里仍在锡梯河畔,待诸弟之救。三月四日,蒙古军击杀之,其军士亦多被戮。蒙古军别队进向诺夫哥罗特城(Novgorod)，又攻陷佛落克·兰斯奇(Volok Lamsky)及塔维尔(Twer)二城。围脱尔脚克城(Torjok)两星期，至三月五日亦下之。拔都进至距诺夫哥罗特约一百俄里，无故忽旋旆回攻喀鲁加省(Kaluga)科蔡尔斯克城(Kozelsk)。城虽小，居民奋勇拒守，攻之七星期乃陷。蒙古军屠之。拔都屠城后，名其地曰"恶城"(The Bad City)。蒙古军还钦察，玉里大公爵之弟几富王耶罗斯拉夫至乌拉的迷尔城，代其兄为大公爵。

回教著作家记蒙古人征服俄罗斯诸部云："布尔加利城既下，蒙古军侵俄罗斯。所至皆胜。抵莫科斯城(Mocoss)，其地富庶无比，肩背相摩，人民之众，几如蚁蝗。蒙古军经深林中，树木丛生，全无道径，虽蛇亦难通行也。蒙古诸王命士卒斩木凿道，宽广可三车并行。既过，抵莫科斯城下，架炮攻之，坏其城堞。围之数日，城中人乃开门降。蒙古人纵兵大掠，屠其民。拔都命割死尸右耳数之，总计被杀者凡二十七万人。"莫科斯，即莫斯科(Moscow)也。

俄国史记蒙古人征服俄国南部如下：乌拉的迷尔大公爵玉里与其诸子，皆为蒙古人所杀。蒙古人退兵后，玉里之弟几富王耶耶拉夫代其兄为乌拉的迷尔之大公爵，而让几富王位于乞尔尼柯夫王迈克尔(Michael of Chernigov)。拔都既平钦察诸部，举兵复伐俄罗斯。掠毛答文部(Mordvins)及莫罗姆(Murom)、哥罗科未资(Gorokhovets)二城。乌拉的迷尔大公国复陷于危险之状。拔都忽旋兵南向，征伐俄国南方诸部，毁拍莱拉夫(Pereslavl)城。蒙古军一队进向乞尔尼柯夫城，几富王之从弟密赤思老·格莱波未趣(Mstislav Glebovich)守之，然卒不敌，城陷被毁，密赤思老子身奔匈牙利。蒙古军先遣蒙哥率轻骑探几富城。蒙哥至尼尔白河畔披锁乞尼城(Piessochny)，得望几富大城。蒙古军遣使招降，城中人杀之。拔都进军至城下围之，几富王迈克尔(Michael)奔匈牙利。府尹狄迷脱里(Dmitry)为众所推，下令守城。蒙古军攻之多日，城陷被毁，居民多为屠戮。狄迷脱里被执，拔都惜其勇赦之，使随左右。狄迷脱里说拔都攻匈牙利，时为一千二百四十年(蒙古太宗十二年庚子岁也)。俄国史家鄂斯克莱圣斯克(Woskressensk)记当时几富城陷落状况云：拔都大军如密云飞奔而来。围城数匝，车声辚辚,驼牛高鸣,战马远嘶,兵人呼声震天地。城中人对面听语,不能相闻。鞑靼人达甫路耳(Tavrul)为城中人所擒,告众曰:"拔都亲督大军攻城,其诸兄弟斡儿达(Orda)、拜答儿(Baidar)、不里(Buri)、阔端(Kadan)、拨绰(Butjek)、蒙哥(Mangu)、贵由(Küyük)皆一时勇将,悉隶麾下。"城中人闻之益惧,然皆决心奋勇抵抗,冀免于难。死守多日,几富大城卒被攻破。后六年,高僧勃拉奴·喀劈尼奉使往鞑靼,过几富城附近,见枯骨触骇,遍街皆是,伤心惨目。几富城初烟火万家,至此所余不满二百户,困苦万状,皆为鞑靼人执役也。

## 第四十二节　波兰与德意志境内之战争

一千一百三十九年(宋高宗绍兴九年),波兰王博雷斯老斯第三世(Boleslaw Ⅲ)卒后,其国为四子所分。蒙古人由俄罗斯向西进兵时,波兰境内有四国。博雷斯老斯第四世君临可拉靠(Krakow)与散多迷尔(Sandomir)二城,孔拉德(Conrad)君临马差维亚(Mazovia)与科耶维亚(Kuyavia)二地,建都于拨落资克城(Plotsk)。亨利第二世(Henry Ⅱ)君临下西雷希亚(Lower Silesia)、格内生省(Gelsen)、波斯那尼亚省(Posnania)及喀烈胥省(Kalish),都于扶拉提斯夫城(Vratislav)或驻白雷斯老城(Breslau)。迷西斯拉夫(Miecislav)君临俄彭思(Oppeln)与拉梯博(Ratibor)两公爵所辖之地。鞑靼人于一千二百四十年(蒙古太宗十二年庚子岁)初至波兰,掠罗白林省(Lublin),后退军至格利西亚(Galicia)。次冬,一千二百四十年至四十一年之间,蒙古兵履冰渡维斯拖拉河(Vistula),掠散多迷尔,进军至克拉靠。距城尚七英里,忽退而归格利西亚。克拉靠府尹乌拉的迷尔(Vladimir)追之,救回捕据甚众,夺回所掠之物无算。稍后,蒙古兵再至,毁散多迷尔及伦锡斯克(Lencisc),与科耶维亚三城。波兰之军拒之。一千二百四十一年(蒙古太宗十三年辛丑岁)三月十八日,两军战于锡德路(Szydlow),波兰军败绩。博雷斯老斯与诸贵族皆奔至摩雷维亚(Morovia)、匈牙利、日耳曼三国。蒙古军抵克拉靠时,所见者空城而已。蒙古人进兵至西雷希亚(Silesia)。俄窦河(Oder)桥梁已为土人所毁。蒙古人于拉梯博尔地方，或泳水，或由临时浮桥渡河。迷西斯拉退至离格尼资城（Liegnitz）。其从兄亨利于其处集军，作拒敌之计。蒙古人先进至白雷斯老城（Breslau）。居民焚城市，聚于河洲卫城中，闭门坚守。蒙古军去而至离格尼资。西雷希亚王亨利已集有波兰日耳曼之军三万余人。条顿勇士（Teutonic Knights）最号勇悍善战，皆投麾下，推博颇·俄斯头脑（Poppo von Osternau）为其首领。鞑靼军主将名排达（Peta，即拜答儿之转音）。蒙古军人数多于其敌。一千二百四十一年（宋理宗淳祐元年，蒙古太宗十三年辛丑岁）四月九日，两军战于离格尼资并近华尔斯达脱（Wahlstatt）大平原上，德波联军大败。亨利王中矛坠马被杀，蒙古人枭其首，以徇诸地，纵兵屠杀，伏尸盈野。割敌尸之耳数之，凡九巨捆。世界史上有名战争此为其一。德波联军全师覆没，四境之人恐慌，难以笔述。蒙古人驻兵战场不久，即进向摩雷维亚（Moravia），其地隶博希迷亚王文催斯拉夫（Venceslav of Bohemia）。王遣耶罗斯拉夫·斯敦白格（Yaroslav von Sternberg）率军五千人守俄尔迷资城（Olmütz）。蒙古人围之，不能下。耶罗斯拉夫突围攻蒙古人，杀伤甚众。稍后，蒙古人退兵至匈牙利与拔都大军合。（见 E. Bretschneider, *Med. Res.*, Ⅰ, P, T, 2a, 322）

《元史》记蒙古人用兵波兰日耳曼事极为简略。《元史》卷一百二十一《兀良合台传》云："从诸王拔都，征钦察及兀鲁恩、孛烈儿诸部。丙午（西一二四六），又从拔都讨孛烈儿及捏迷斯诸部，平之。"兀鲁思今译作俄罗斯，孛烈儿今译作波兰，捏迷斯即日耳曼。古代俄国史书皆称德国人为捏姆齐（Niemtsy）。其他斯拉夫种诸国，亦多称德国人以是名。今代土耳其人尚称德国人为捏迷斯（Niemesi）。匈牙利人称之为捏迷脱（Nemet）。考其由来，俄国言语学家起于俄字之 Nemoi，瘖哑之义也。日耳曼人与斯拉夫人交际时，不能讲斯拉夫语，因之斯拉夫人加之以此名也。

## 第四十三节　匈牙利与奥地利境内之战争

一千二百四十年（宋理宗嘉熙四年，元太宗十二年庚子岁），拔都既征服俄国南部,屠几富(Kiev)大城后,重组军队,分三军西征。阔端将南军,取道今罗马尼亚国之莫尔达维省(Moldavia)。拜答儿(Baidar)将北军,取道波兰。拔都自将中军,直冲匈牙利国都。三军翼行而进,势将一举而荡平全欧洲矣。是时,君临匈牙利者为拜拉第四世(Bela Ⅳ)。其国北界喀拍吞山(Carpathian Mountain),南至阿德利亚帖克海(Adriatic Sea)。西历一千二百三十九年(元太宗十一年己亥岁),钦察国汗库丹(Kutan)率其国人四万家,奔难至匈牙利,匈王优待之。俄罗斯、波兰等部国王,其得免蒙古人刀锋杀戮者,皆逃至匈牙利。库丹汗改信基督教。其部下天性抄掠骚扰,匈牙利人恶之,且疑其与鞑靼人暗通。一千二百四十一年,匈牙利暴民聚众击杀库丹汗,由是钦察人与匈牙利人构怨,退至达牛伯河南岸布尔加利国(Bulgaria)骚扰。蒙古北军经波兰、西雷希亚(Silesia)、摩雷维亚(Moravia),所过克捷。拔都自将大军,于西历一千二百四十一年(元太宗十三年辛丑岁),进向匈牙利。先谴英国亡命某氏招降拜拉王。某氏是时亦在蒙古军中效力也。一千二百四十一年三月,拔都军由喀拍吞山俄国关(Russian Gate)入匈牙利国境。拜答儿北军稍后由摩雷维亚经匈牙利关(Hungarian Gate)入匈牙利境。阔端与速不台率兵经莫尔达维入匈牙利境。拜拉王遣其妻子至奥国边境,自留守国都。拔都军所过皆捷,直抵派斯德(Pesth)都城。既至,而匈牙利人尚未预备战斗也。阔罗察(Kolocha)地方总主教率众由派斯德都城突围,犯蒙古军。兵败,只身而走。瓦拉丁(Varadin)地方总主教救兵至,亦决意攻蒙古军。蒙古人设计,由来道退兵。匈牙利人倾而出,逐之至萨约河(Sayo)。拜拉王驻营于河之西岸,其进处有桥,地多沮洳,以为蒙古人仅能由此桥过河,故遣军一千人守之。蒙古人驻营于距离五里之地。其一队夜间泳水而过,别队以弩炮攻桥。黎明,匈牙利人腹背受敌,大败,死伤过半。拜拉王逃至喀拍吞山中拖录资(Thurocz)寨堡。数日后,蒙古军陷派斯德都城,屠之。当拔都大军激战于匈牙利腹地时,阔端南军经脱兰西维尼亚(Transylvania)森林中,行三日而至罗丹城(Rudan),攻陷之。阿利斯喀代(Ariscalde)伯爵与日耳曼守兵六百人皆被擒。阔端进向瓦拉丁(Varadin),取而毁之,兵不劳力。然当攻卫城时,杀伤颇众。再进至圣拖买斯(St. Thomas),继至配尔格(Perg)大城,围之七日乃降。蒙古人强迫俄罗斯、匈牙利、钦察诸国捕掳,从事战阵。越数日,阔端取爱格拉胥(Egresh)大寺,乃与拔都大军合。一千二百四十一年夏秋二季,蒙古人驻兵匈牙利,无军事动作。冬季,多脑河结冰,蒙古人履冰渡河,攻陷格兰城(Gran)。西门伯爵(Count Simeon)守卫城,蒙古人攻之不下。冰溶,乃退师。继当攻圣马丁(St. Martin)要塞之际,驿骑由蒙古至,宣告窝阔台皇帝崩殂消息,并令诸军归回蒙古。一千二百四十二年(六皇后称制元年壬寅岁),蒙古人由匈牙利班师,留阔端一军,追拜拉王。拜拉王离拖雷资寨堡,奔奥地利与其妻子合,至察格拉(Zagab)城度夏。闻阔端军至,奔大尔麦梯亚(Dalmatia)。先至斯白拉脱罗城(Spalatro),继至脱老城(Trau),终匿于近旁海岛中。阔端军经史克拉维尼亚(Slovenia)、克罗梯亚(Croatia),至斯白拉脱罗城,围克利沙(Clissa)要塞,坐守拜拉王所逃海岛对岸,三全月乃退师。掠喀他罗城(Cattaro)、苏阿钩城(Suagio)、德利瓦斯拖城(Drivasto)。阔端取道塞尔维亚(Servia),与拔都大军合。

《元史》卷一百二十一《速不台传》载:"经哈咂里山(Carpathian Mountain),攻马札儿部(Madjars)主怯连。速不台为先锋。与诸王拔都(Batu)、吁里兀、昔班(Shiban)、阔端(Kadan),五道分进。众曰:'怯连军势盛。未可轻进。'速不台出奇计,诱之至漷宁河。诸王军于上流,水浅,马可涉,中复有桥。下流水深,速不台欲结筏潜渡,绕出敌后。未渡,诸王先涉河与战。拔都军争桥,反为所乘,没甲士三十人,并亡其麾下将八哈秃(Bahadur)。既渡,诸王以敌尚众,欲要速不台还,徐图之。速不台曰:'王欲归自归,我不至秃纳河[Duna,匈牙利人称秃纳。日耳曼人称多脑河(Donau)。英文称达半伯河(Danube)]马茶城(匈牙利京城 Budapest 也)不还也。'乃驰至马茶,诸王亦至,遂拔而还。诸王来会,拔都曰:'漷宁河战时,速不台救迟,杀我八哈秃。'速不台曰:'诸王惟知上流水浅,且有桥,遂渡而与战,不知我于下流结筏未成。今但言我迟,当思其故。'于是拔都亦悟。后大会,饮以马乳及葡萄酒,言征怯怜时事曰:'当时所获,速不台之功也。'是岁,太宗崩。癸卯,诸王大会,拔都欲不往,速不台曰:'大王于族属为兄,安得不往?'"

# 欧洲人东来请愿

## 第四十四节　高僧勃拉奴·喀劈尼(Plano Carpini)之奉使蒙古

勃拉奴·喀劈尼以一千二百四十五年(宋理宗淳祐五年,蒙古六皇后摄政四年)四月十六日,离法国里昂(Lyon),奉教皇使命,请蒙古人在欧洲境内止事杀戮。同行者有博希米亚(Bohemia,今属捷克国)人斯德芬(Stephen),亦僧人也。行不久,斯德芬病,乃独行至白雷斯老(Breslau,今德境)。有波兰僧人班尼狄克脱(Benedict)充其舌人,偕之同行。以一千二百四十六年(蒙古定宗元年)二月,抵窝尔加河畔拔都大王之廷幕。稍留,即被遣至蒙古哈喇和琳,觐见大汗。途中行三月半,疲困万分。以七月二十二日,抵和琳,亲临贵由大汗(Küyük Khan)登极之礼。至十一月十三日,离和琳西归。以一千二百四十七年(蒙古定宗二年)秋,抵教皇之廷复命。蒙古大汗覆教皇之书,辞至傲慢,答书附有贵由大汗玺文云:"上帝在天,贵由汗在地,上帝威稜,众生之主之印。"(God in heaven and Küyük Khan upon earth, the power of God; the seal of the emperor of all men)勃拉奴·喀劈尼游记第九章,记契丹(Kathay)之事曰:

蒙古人归国后(征哈喇契丹后),预备征伐契丹人。契丹皇帝闻之,先率军征蒙古。两军相遇,激战后,蒙古人大败。军中贵人皆死,其得免者仅七人而已。蒙古人至今远征异域,军败之后,辄自慰云:"古代吾之祖先,尝全军覆没,仅余七人。其后休养生息,仍能繁盛,故军败不足为虑。"成吉斯汗及所余残众逃归国后,少事休息,整备军队,征伐回纥国(《元史》又作畏吾儿或高昌)。回纥人奉聂思脱里派之基督教。蒙古人克服后,自其人学习文字。以前蒙古人无文字。今有字,即称蒙古字云。不久,又进征撒里畏吾儿(Saruyur,即黄头回纥)、哈喇尼忒(Karanites,不可考)、胡第忒(Hudirat,不可考),皆胜之。次归国休养。集军征契丹,军心齐一,经久苦斗,乃得征服其国之大部。围其帝于国都甚久,致军粮缺乏。成吉斯汗命于每十人中,取其一杀而食之。城中之人防守甚勇,机炮飞石,弩弓强箭,无不毕俱。弓折矢尽以后,复取银熔之,飞掷蒙古军阵。盖其城内,至为富裕也。蒙古人围攻既久,不能克,乃自军中掘地道,通至城之中央,由地下出与城中人战。围城之军同时自外攻之,经久始破其门。进执其帝,杀之。复纵兵屠城,死者甚众。蒙古人掠其金银财宝,置官治之,旋军回国。此为成吉斯汗初次征服契丹国,戮其皇帝之情形也。契丹国之一部,以在海中,负险自守,故至今尚未得征服(似指南宋)。契丹人崇信异端,自有文字。据云,亦有耶苏教《新》《旧约》。其国历史记其祖先之传记。国中有隐士,遁居山林之中。有专舍,类于吾国之教堂,备祈祷之用。自有圣人甚多,深信世间仅有一上帝而已。亦礼拜崇敬吾教中之圣人耶苏基督也。又信灵魂不死之说,皆与吾人相同,唯无洗礼而已。吾教《圣经》其人亦敬信之,礼爱基督教徒,好施舍以济贫乏。礼俗谦让,为人温恭,无胡须,面貌与蒙古人相同,唯不若其宽。自有言语。精于工艺,其巧世界无比也。地极富饶,丰产五谷、酒、金、银、丝及各种养生之物。(见 The Voyage of Johannes de Plano Carpini)

## 第四十五节　高僧卢白鲁克之奉使蒙古

卢白鲁克(William of Rubruck),法国北部佛兰窦斯省(Flanders)人也。受法兰西国王圣鲁易之命,出使鞑靼诸王之廷。其目的为何,书中秘不宣布,托言传教东行。其《纪行书》最有兴味,表示著者为人聪慧多识,眼光过人。书之文章,亦极有条理也。卢白鲁克以一千二百五十三年(宋理宗宝祐元年,蒙古宪宗三年)五月七日进入黑海(记载起始于此也)。六月十二日,抵索尔对亚(Soldaia)。八月二日,抵撒里答(Sartack,拔都之子,名见《元史》)之帐幕。次至窝尔加河畔,见拔都大王。九月十六日,离拔都之廷,东行至和琳,见蒙哥大汗。一千二百五十四年秋,西归,绕道里海西岸南行。以一千二百五十五年六月,抵叙利亚安都港(Antioch)。卢白鲁克纪行书亦有一章载中国之事。其言曰:

> 过此有大契丹国(Great Cathay),余意即古代赛里斯国(Land of the Seres)也。盖其地今代仍产丝,品质之佳,世界无匹。其人称丝为赛里克(Sirkek)。其地有城市名赛里斯,因而国亦名赛里斯。有人告余,其国有一市,城墙为银所建筑,城堞为金所建成。国境分划多省,有数省至今尚未为蒙古人所征服。契丹、印度之间,有海介之。契丹人身躯短小,言语中鼻音甚多,两眼上下甚狭。东方之人大概如是。精于各种工艺,医士深知本草性质,余亲见治病以按脉诊断,妙不可言。从不检病人之尿,亦绝不知有其事。喀喇和琳城(Karakorum)中,契丹人甚众。其人风俗,子必承继父之职业。契丹人赋税甚重,计每日须付蒙古人一千五百雅斯阔忒(Iascot)或名科斯米(Cosmi)。雅斯阔忒为银币,每块重十马克(非今德所用之马克),每日之数已达一万五千马克矣(古代马克每枚值今英金镑三分之二,英镑又合华币十元左右,故每马克合六元六角余,一万五千马克总合九万九千余元)。

卢白鲁克此节所记不知仅指和琳,抑指契丹全国而言。余意和琳一城,不能纳此重税。盖其全人口,恐尚不及数万,何能每人每日付以二三元之税乎?故必指契丹全国也。

此外更须贡丝、贡食及各种役也。……有僧人来自契丹国,余得遇之。访问后,得悉由和琳城往契丹国,须东南行二十日即可至……一日,有契丹僧人某,衣深红色之袍,光彩鲜明,与余同座。余问其衣上红色颜料何自而得。某僧答云,契丹国东方有高山,山中有动物,极类人,唯不能屈膝,仅跳跃而行。其高仅一骨尺(Cubit,尺度之名,自肘至中指之端末为一骨尺),全身皆毛,居岩穴中,人迹罕至之地。猎人携烈酒至山边，凿洞石中，洞形似酒杯。倾酒洞内，猎人藏匿其旁守伺之。兽由穴出，饮酒而叫号曰"请请"（Chin Chin），因而人名之为"请请兽"（Chin Chin）也（案即猩猩）。他兽闻声皆来，共相饮之。饮毕大醉，群兽倒卧。猎人出而捕缚其手足，以小刀剖其颈上血管，取血三四点，即纵之去。此血即其衣上之颜料也，宝贵非凡云。（案，此节纪事，见于《文献通考》第三百二十九卷"哀牢夷"条附注中。又见于段成式《酉阳杂俎》卷十六。）

契丹国无酒，其饮料皆制自米。现今其人虽亦种植葡萄，然不以制酒也。其人又告余一事，言之似确凿有证，然余绝不信有其事也。其言云，过契丹国有一地，人入其境，不论年纪若干，皆不致老也。契丹国滨大洋海。……契丹国通用之钱币，皆为棉纸制成，宽长皆约一掌。其上盖印纹，印类蒙哥大汗之玉玺。其人写字用毛刷，犹之吾国画工所用之刷也。每一字合数字而成全字。（见 Yule, *Cathay*, I, pp. 161－185）

## 第四十六节　小亚美尼亚王海敦入朝蒙古

与卢白鲁克司时至蒙古和琳者，有小亚美尼亚亲王仙拍德（Sempad）及国王海敦。仙拍德有一信致锡勃罗斯岛王后者，今尚存留。海敦有《纪行书》。

# 欧洲人入仕中国

## 第四十七节　孛罗氏

海敦稍后,来东方者,则为威尼斯市孛罗氏三人最为显赫。比之其他古代游历家,犹之丽天皓月之于各星宿也。一千二百六十年(宋理宗景定元年,元世祖中统元年),尼哥罗孛罗及马飞孛弟罗兄之人至黑海北岸之克里米亚(Crimea)营商。后向北行,至窝尔加河畔伯忽汗之廷。次由该处至布拉哈,由布拉哈而至远东忽必烈大汗之廷。大汗见二人大喜,乃遣之西归,通聘罗马教皇。第二次东来时,尼哥罗偕其幼子马哥与俱。三人经阿扣港(Acre)、阿雅斯港(Ayas)、锡瓦斯港(Sivas)、马丁(Mardin)、毛夕里(Mosul)、八吉打(Baghdad),而至忽里模子(Hormuz),欲由此航海往中国。唯船舶不堪航海之用,因弃前计,转向北,经起儿曼(Kerman)、呼罗珊(Khorassan)、巴里黑(Balkh)、巴达克山(Badakshan),而登帕米尔高原。更东下至喀什噶尔,由是复经叶尔羌、和阗、罗布泊而入西夏境。绕中国北部而至开平府,朝见世祖。年幼之马哥,在中国甚得元世祖之宠用。初奉命出使缅甸,经由山西、陕西、四川、云南等地。后又奉使至印度诸国,经山东、江苏、浙江、福建等地。尝充扬州长官三年,枢密副使数年。参预戎机,助元人平定江南,征讨日本。又尝告发奸臣阿舍马之罪,不失为正人君子。后护送蒙古伯岳吾公主至波斯,由福建泉州放洋至苏门塔腊,横渡孟加拉海湾,至锡兰岛,绕印度半岛至俱蓝(Coilum),沿印度西海岸至卑鲁芝,而入波斯湾至忽里模子登。护公主至波斯北部,嫁于合赞汗(Ghazan Khan)。马哥·孛罗在波斯得与合赞汗为友,逗留波斯九月,乃西归。

离故乡二十六年,至是始归里,亲戚友朋,已多有不识之者。一千二百九十八年(元成宗元贞四年),威尼斯与基奴亚两市战争,马哥·孛罗亦与其役,军败被擒。在基奴亚狱中时,与皮撒市(Pisa)囚掳罗斯梯谢奴(Rusticiano)共著《东方游记》,记载中国事甚详。其书影响于后代中欧交通史甚巨。明中叶科伦布实即受马哥·孛罗之诱计,立志东游,不期而抵美洲者也。

与孛罗氏同时至中国之欧人,尚不可胜数。例如马哥·孛罗书所记之日耳曼工程师,攻陷襄阳府时,亦与有功。然皆无记载以留后世也。

## 第四十八节　爱　薛

爱薛,西域弗林人。通西域诸部语,工星历、医药。初事定宗,直言敢谏,时世祖在藩邸,器之。中统四年(西一二六三),命掌西域星历、医药二司事。后改广惠司,仍命领之。世祖尝诏都城大作佛事,集教坊妓乐,及仪仗以迎导。爱薛奏曰:"高丽新附,山东初定,江南未下,天下疲弊,此无益之费甚无谓也。"帝嘉纳之。至元五年(西一二六八),从猎保定,日且久,乃从容于帝前,语供给之民曰:"得无妨尔耕乎?"帝为罢猎。至元十三年,丞相伯颜平江南还,奸臣以飞语谗之。爱薛叩头谏,得解。寻奉诏使西北宗王阿鲁浑所。既还,拜平章政事,固辞。擢秘书监,领崇福使,迁翰林学士承旨,兼修国史。大德元年(西一二九七),授平章政事。八年,京师地震,上弗豫。中宫召问:"灾异殆下民所致耶?"对曰:"天地示警,民何与焉。"成宗崩,内旨索星历秘文,爱薛厉色拒之。仁宗时,封秦国公。卒,追封太师、开府仪同三司、上柱国、拂林忠献王。子五人,也里牙,秦国公、崇福使;腆合,翰林学士承旨;黑斯,光禄卿;阔里吉思,同知泉府院事;鲁合,广惠司提举。(见《元史》卷一百三十四)

案,元时欧洲人入仕中国者甚众。而在《元史》上留芳名者,仅一爱薛而已。爱薛似已略领中国文化风味,故得官翰林学士,兼修国史也。爱薛之名,其原音似即 Joseph(Jose),今人译作约瑟者。爱薛为基督教徒，可于其五子名见之也。也里牙即 Elias 之译音，腆合即 Tekoah，黑厮即 Hosea，阔里吉思即 Gorigos，英文音读作佐治（George），鲁合即 Luke 之译音。五名皆基督教徒常用之名。崇福司掌领马儿哈、昔列班、也里可温、十字寺祭享等事。阿鲁浑即 Arghun，《元史》卷一百七《宗室世系表》，旭烈兀大王位下作阿鲁大王。

# 元时基督教在中国之状况

## 第四十九节　成吉斯汗未兴以前，中央亚细亚及蒙古等地基督教状况

据隋时东罗马史家席摩喀塔（Theophylactus Simocatta）、梯俄方内斯（Theophanes）二人之记载，当第六世纪末叶（隋文帝时），东罗马皇帝莫利斯（Maurice）遣兵助波斯王柯斯第二世（Chosroes Ⅱ），攻至突厥时，波斯人将俘虏中突厥人数名，送至君士旦丁堡。俘虏额上皆黥有十字架形。莫利斯皇帝见而异之，因问其故。俘虏云，幼时突厥诸部遭瘟疫，死者累累。适有基督教徒至其地，劝幼童之母，将童子额上黥十字以避疫。母从其言，故至壮仍有之也。唐宪宗时，景教盛行于里海附近各部，有突厥可汗及部下酋长多人，皆崇奉宗教。

唐武宗以后，景教在中国本部者，势力大衰。然沿边各地，固仍盛行也。叙利亚之基督教著作家阿伯尔法拉哲斯（Abulfaragius）记一千零一年（宋真宗咸平四年）至一千零十二年（大中祥符五年）间，八吉打（Baghdad，即报达城）教务大总管（Patriarch）接呼罗珊麻甫城（Merv）主教书，谓远在东北突厥内地，有克烈部王受洗礼，信基督教。王遣使至麻甫城请一基督教僧，往其国，俾施洗礼。彼之部下臣民二十万众，将悉永奉基督教也。大总管应其请，派僧侣教师多人往其国。故克烈部之奉基督教在北宋初，辽人统治蒙古时，已然矣。耶律大石西征，叙利亚人即有谓其信基督教，称之为僧主约翰王（Prester John）者。成吉斯汗初兴时，外蒙古有克烈部（Keraite）、蔑里乞部（Merkit）、乃蛮部（Naiman），内蒙古之汪古部（Onghuts）皆信聂思脱里派基督教。叙利

亚著作家阿伯尔法拉哲斯特记玛力克·岳忽难(Malik Yuhanna,约翰王之义),托里王汗(Tuli Wang Khan)之称号也。《马哥·孛罗游记》亦明载温克汗(Unc Cham,王汗之讹)者,即僧王约翰(Prester John)也。成吉斯汗未兴前,王汗及其部下皆虔奉基督教,毫无可疑。王汗有侄女三：长曰亦巴哈(Abika),成吉斯汗自娶之,后嫁乌鲁特部长；次女别土出迷失(Bekutemish,名见《元史》卷七十四《宗庙上》,至元三年定为八室,第三室皇伯求赤,皇伯妣别土出迷失)嫁尤赤(Djuchi,钦察汗之始祖)；三女唆鲁忽帖尼(Siurkukteni,名见《元史》卷一百六《后妃表》)嫁拖雷(Touli)(此事亦见《元秘史》,惟《秘史》未言其次女)。唆鲁忽帖尼即元宪宗、元世祖、旭烈兀及阿里不哥之生母,以后追谥为显懿庄圣皇后。元时,基督教徒人物中,有后妃,有贵戚,有将相。其在元朝历史上,居若何地位,亦可以臆想矣。元朝人名,如岳忽难(Yuhanna)、阔里吉斯(Georgius)、昔里吉斯(Sergius)、雅古(Jacob)等,多至难以胜数者,其故亦可以推测矣。西方人姓氏种类无量数,且可随意更改。至若名字,则取诸新旧约经典,有限数也。中国及受中国文明薰浴诸国,则正相反,名字无量数且可任意更改。至若姓氏,则世世相传,不轻更易,且极有限数。西方人同名者,十人中必有二三也。

内外蒙古诸部以外,又有新疆东部之畏吾儿国(Uighurs),唐所称为回纥或回鹘。在唐时摩尼教(Manichaeism)盛行其地,几成国教。十三世纪,蒙古隆盛时,摩尼教日渐渐灭。代兴者则聂思脱里派之基督教也。小亚美尼亚亲王海敦(Hayton)著《亚洲诸国记》,谓畏吾儿国(Uighurs)亦名达尔赛国(Tarse)。玛黎奴·萨奴拖(Marino Sanudo)谓鞑靼人文字、宗教,皆学自达尔赛国。《长春西游记》有"迭屑头目来迎"。俄国研究东方学者拍雷狄斯(Palladius)云,达尔西与迭屑,皆为波斯文 Tersa 之译音。自萨珊王朝(Sassanides)时(由三国魏文帝黄初七年,至唐高宗永徽三年),波斯人即称基督教徒为迭尔沙(Tersa)。明末,西国在中国教士金尼阁(Nicolas Trigault)谓彼在中国时,尚得闻中国之回教徒称基督教徒为迭尔赛(Terzai)也。蒙古初兴,无文字,借用畏吾儿文发号施令。而畏吾儿文则仿之叙利亚文,盖为第八、第九世纪(唐时),景教先辈牧师所传至东土耳其斯坦者也。元世祖时,蒙古又仿畏吾文或自制国文。清太宗时，满洲上人又仿蒙古文制造满洲文。其递嬗变化之迹，至为明了。聂派在东方文化史上之影响，亦可谓巨矣。

## 第五十节　元时中国史书所记基督教情况

阿拉伯人及亚美尼亚人皆称基督教徒为 Arkaiun 或 Erkeun。蒙古西征，兵戈先及于亚洲西部，而后达欧洲。欧洲为奉行基督教之地。蒙古人征欧洲时，军队中已有阿拉伯人及亚美尼亚人为通译，故蒙古人亦用此二国人基督教徒名称也。汉文书籍又自蒙古人口中得其名，而书为也里可温，即 Erkeun 或 Arkaiun 之译音也。元时中国史书记也里可温事迹甚夥，新会陈垣尝费数年之光阴，搜集元时关于也里可温之记载，纂辑《元也里可温考》一书，甚有价值。兹特将《元史》上有兴味数条，摘录于下，以备参考，兼足以知当时基督教在中国情形焉。

《元史》卷五《世祖本记》中统三年（西一二六二）三月己未，括木速蛮、畏吾儿、也里可温、答失蛮第等户丁为兵。

木速蛮为回教徒，阿拉伯语 Mussulman 之译音，犹言奉正教者。畏吾儿（Uighur）即唐时回纥。答失蛮为波斯语 Danishmend 之译音，有学者之义。回教中之僧侣也。此条记元时中央政府利用西方各种教徒充兵也。

中统四年（西一二六三）十二月甲戌，敕也里可温、答失蛮、僧、道种田入租，贸易输税。

至元元年（西一二六四）春癸卯，命儒、释、道、也里可温、答失蛮等户，旧免租税，今并征之。

七年（西一二七〇）九月庚子，敕僧、道、也里可温有家室不持戒律者，占籍为民。

卷九，至元十三年（西一二七六）六月庚午，敕西京僧、道、也里可温、答失蛮等有室家者，与民一体输赋。

卷十二，至元十九年（西一二八二）冬十月己丑，敕河西道僧、道、也里可温有妻室者，同民纳税。

卷十七，至元二十九年（西一二九二）秋七月癸亥，也里鬼里、沙沙尝签僧、道、儒、也里可温、答赤蛮为军,诏令止隶军籍。

卷二十四《仁宗本纪》,至大四年(西一三一一)四月,罢僧、道、也里可温、答失蛮、头陀、白云宗诸司。

卷二十九《泰定帝本纪》,泰定元年(西一三二四)二月癸未,谕也里可温各如教具戒。十一月己酉,诏免也里可温、答失蛮差役。

卷三十二《文宗本纪》,天历元年(西一三二八),命高昌僧作佛事于延春阁。又命也里可温于显懿庄圣皇后神御殿作佛事。

卷三十三,天历二年(西一三二九)三月丁丑,僧、道、也里可温、朮忽、答失蛮为商者,仍旧制纳税。

阿拉伯人称犹太人为朱呼特(Djuhud),朮忽即朱呼特之别译。《元史》为中国史书中最早记犹太人者。据阿拉伯人记载,唐时犹太人来中国者颇众,然在唐人著作中,至今尚未发现关于犹太人之记载。

卷四十三,至正十四年(西一三五四)五月,募宁夏善射者及各处回回、朮忽殷富者,赴京师从军。

以上《元史》区区数条,已足觇元代基督教徒在中国所受之待遇如何矣。《元史》以外,他书亦有记载,兹更录出数种于下。

至元三十年(西一二九三)八月,施行《市舶则法》二十三条,其中一条云:"议得和尚、先生、也里可温、答失蛮人口,多是夹带俗人,过番买卖,避免抽分。今后和尚、先生、也里可温、答失蛮人口等过番兴贩,如无执把圣旨许免抽分明文,市舶市司依例抽分。"(见《元典章》卷二十二)

此条记明有基督教徒往海外贸易者,无政府免税明文,皆须照章纳税。

崇福司秩二品,掌领马儿哈、昔列班、也里可温十字寺祭享等事。至元二十六年(西一二八九)置,延祐二年改为院,省并天下也里可温掌教司七十二所,悉以其事归之。七年,复为司。(见《元史》卷八十九《百官志》)

此条记元时有专管基督徒衙门。亨利·玉尔(Henry Yule)谓马儿哈即亚美尼亚教,昔列班即叙利亚教也。(见玉尔氏第三版《马哥·孛罗游记》卷一,第二百九十页Footnote,大德八年)西一三〇四,江浙行省准中书省咨,礼部呈:"奉省判:'集贤院呈:江南诸路道教所呈:温州路有也里可温创立掌教司衙,招收民户,充本教户计,及行将法。篆先生(元人称道士为先生)诱化,侵夺管领;及于祝圣处、祈祷去处,必欲班立于先生之上,动致争竞,将先生人等殴打,深为不便,申乞转呈上司禁约事。得此,照得江南自前至今,止有僧道二教,各令管领,别无也里可温教门。近年以来,因随路有一等规避差役之人,投充本教户计,遂于各处再设衙门,又将道教法篆先生侵夺管领,实为不应。呈乞照验。得此,奉都堂钧旨,送礼部照拟。'议得:即日随朝庆贺班次;和尚、先生祝赞之后,方至也里可温人等,拟令依例照会外,据擅自招收户计,并挈管法篆先生事理,移咨本道行省,严加禁治。相应具呈照详。得此,都省咨请照验,依上禁治施行外,行移合属并僧道篆司、也里可温掌教司,依上施行。(见《元典章》卷三十三)

延祐四年(西一三一七)七月,行省准中书省咨:御史台呈:"淮东廉访司申:'延祐四年正月三十日,有御位下彻彻都苦思丁起马四匹,前来扬州也里可温十字寺降御香,赐与功德酒段等。照得崇福院奏奉圣旨,奥剌憨、驴驴,各与一表里段子,别无御赐酒醴。彼奥剌憨者,也阿温氏(此照原本,当作也里可温人),素无文艺,亦无武功,系扬州之豪富,市井之编民。乃父虽有建寺之名,年已久矣。今崇福院传奉圣旨,差苦思丁等起马四匹,赍酒醴二瓶,前来扬州。传奉圣旨恩赐,是乃无功受赏。为此,本司今抄崇福院差札在前申乞照详。'得此,据见申本台看详:崇福院官当元止是奏奉御香,别无所赐奥剌憨酒醴,又不经由院宣徽院(掌酒醴),有违定例。后如有似此违例者,拟合钦依圣旨懿旨事意施行。仍令合干部分再行照会,相应具呈照详。"得此,都省咨请依上施行。(见《元典章》卷三十六)

奥剌憨为扬州之富人,淮东廉访司之故与为难者,是否别有用意,不可知。然所谓素无文艺,亦无武功,市井编民云者,固不足为辱也。得此一劾,而当时政府御香于也里可温十字寺,及赐段子与也里可温掌教之故事,反借此以传也。

大兴国寺在夹道巷。至元十八年(西一二八一),本路副达鲁花赤马·薛里吉思建,儒学教授梁相记。其略曰:

　　薛迷思贤(应作坚),在中原西北十万余里,乃也里可温行教之地。愚问其所谓教者,云天地有十字寺十二,内一寺,佛殿四柱高四十尺,皆巨木,一柱悬虚尺余。祖师麻儿也里牙(马利亚)灵迹,千五(当是三之误)百余岁,今马·薛里吉思是其徒也。教以礼东方为主,与天竺寂灭之教不同。且大明出于东,四时始于东,万物生于东。东属木,主生,故混沌既分,乾坤之所以不息,日月之所以运行,人物之所以蕃盛,一生生之道也,故谓之长生天。十字者取像人身,揭于屋,绘于殿,冠于首,佩于胸。四方上下,以是为准。薛迷思贤,地名也。也里可温,教名也。公之大父可里吉思,父灭里;外祖撒必,为太医。太祖皇帝初得其地,太子也可那延病,公外祖舍里八马里哈昔牙徒众祈祷,始愈。充御位舍里八赤,本处也里可温答剌罕。至元五年,世祖皇帝召公,驰驿进入舍里八,赏赉甚侈。舍里八,煎诸香果,泉调蜜和而成。舍里八赤,职名也。公世精其法,且有验,特降金牌以专职。九年,同赛典赤平章往云南。十二年,往闽浙,皆为造舍里八。十四年,钦受宣命虎符怀远大将军,镇江府路总管副达鲁花赤。虽登荣显,持教犹谨。常有志于推广教法。一夕梦中天门开七重,二神人告云"汝当兴寺七所",赠以白物为记。觉而有感,遂休官务建寺。首于铁瓮门舍宅建八世忽木剌大兴国寺;次得西津竖土山,并建答石忽木剌云山寺、都打吾儿忽木剌聚明寺;二寺之下,创为也里可温义阡;又于丹徒县开沙,建打雷忽木剌四渎安寺;登云门外黄山,建的廉海牙忽木剌高安寺;大兴国寺侧,又建马里结瓦里吉思忽木剌甘泉寺;杭州荐桥门,建样宜忽木剌大普兴寺。此七寺实起于公之心。公忠君爱国,无以自见,而见之寺耳。完泽丞相谓公以好心建七寺,奏闻玺书护持,仍拨赐江南官田三十顷,又益置浙西民田三十四顷,为七寺常住。公任镇江五年,连兴土木之役,秋毫无扰于民。家之人口受戒者,悉为也里可温,迎礼佛国。马里哈昔牙、麻儿失理河、必思忽八,阐扬妙义,安奉经文。而七寺道场始为大备。且教子孙流水住持,舍利八,世业也,谨不可废。条示训诫,为似续无穷计,益可见公之用心矣。因辑其所闻为记。(见《至顺镇江志》卷九)

薛迷思坚即《元史》卷一之邪米思干(Semiscant),又作撒麻耳干

(Samarkand)。薛迷思贤,基督教寺一柱悬虚尺余,亦见《马哥·孛罗游记》卷一第三十四章。马·薛里吉思即《孛罗游记》卷二第七十三章之 Man Sarghis。镇江有聂思脱里派教堂,亦见于该章。

《至顺镇江志》道观类:般若院,在竖土山巅。至元十六年本路副达鲁花赤马·薛里吉思即金山地建二寺,一曰云山寺,一曰聚明寺;至大四年改为金山下院,赐今名。集贤学士赵孟頫奉敕撰碑。其略曰:

> 皇帝登极之岁,五月甲申,诞降玺书,遣宣政院断事官波间、都功德使司丞臣答失帖木儿,乘驿驰谕江浙等处行中书省曰:"也里可温擅作十字寺于金山地,其毁拆十字,命前画塑白塔寺工刘高,往改作寺殿屋壁佛菩萨天龙图像,官具给需用物,以还金山。庚辰,洊降玺书,护持金山,也里可温子子孙孙勿争,争者坐罪以重论。"十有一月庚戌,都功德使臣海音都特奉玉音:金山地外道也里可温,倚势修盖十字寺,既除拆所塑,其重作佛像,绘画寺壁,永以为金山下院。命臣孟頫为文,立碑金山,传示无极。臣孟頫不佞,谨拜手稽首为文。(见卷九)

翰林学士潘昂霄又奉敕撰碑。略曰:"佛大矣!法门不二,如虚空无来去。大千刹土,应缘而现,而其法门则一而已,宁有二乎?外此以为法,非吾佛所谓法也。金山古名刹,屹乎大江中流,胜绝天下。江南□(原阙)诸山南来,抵江而止,巉岩对峙,视中流之峰,脉理融贯,倾耸揖顾,若外护然。至元十六年,也里可温马·薛里吉思者,绾监郡符,势张甚。掇危峰秀绝之所,屋其颠,祠彼教,曰银山寺,营隙为侪类葬区。噫!西竺之道,九十有六,唯吾佛为正法。以法之正,容有邪有外耶!今皇践阼,敕宣政臣婆间等,即寺故像撤去之,仿京刹梵相,朱金绀碧,一新清供,付金山住持佛海应声长老,赐名金山寺般若禅院。举域一辞,归诚赞美。集贤大学士臣李邦宁奏,宜文坚珉示永远。翰林学士承旨臣旦牙答思,承诏臣昂霄属笔。"云云。(见卷十)

上方二条,皆记镇江银山基督教堂被毁为佛寺事。赵孟頫、潘昂霄之般若院原碑,不可得见,仅见其文于书志耳。惟北京西城护国寺大殿西有元至正十四年圣旨碑。其石岿然独存,字画完整,中有关于也里可温之语,录之亦可为考古家之助也。

刘侗《帝京景物略》崇国寺条,言大隆善护国寺,都人呼崇国寺者,寺初名也。元遗碑三,至正十四年皇帝敕谕碑其一,学中国字而手未忘乎笔,波画弱硬,其排置甚难也,译为中国语而舌未伸于齿,期期支支,笑且读之。附碑。碑曰:

> 长生天气力里,大福荫护助里皇帝圣旨。军官每根底,军人每根底,管城子达鲁花赤官人每根底,往来使臣每根底,宣谕的圣旨。成吉思皇帝(太祖)、窝阔台皇帝(太宗)、薛禅皇帝(世祖)、完泽笃皇帝(成宗)、曲律皇帝(武宗)、普颜笃皇帝(仁宗)、格坚皇帝(英宗)、忽都笃皇帝(明宗)、亦怜真班皇帝(宁宗)圣旨里,和尚、也里可温、先生每不拣甚么差发休当,告天祈祷寿者说来。如今依在先圣旨体例,不拣甚么差发休当,告天祈福祝寿者说来。大都里有的南北两崇国寺、天寿寺、香河隆安寺、三河延福寺、顺州龙云寺、遵化般若寺等寺院里住持佛日普明净慧大师孤峰讲主学吉祥众和尚每根底为头执把的圣旨与了也。这儿的每寺院里房舍,使臣休安下者。铺马只应休着者。税粮商税休纳者。但属寺家的水土、园林、碾磨、店铺、解典库、浴堂、人口头匹,不拣甚么,不拣是谁,休倚气力夺要者。这佛日普明净慧大师孤峰讲主学吉祥为头和尚每,依着在先老讲主体例里行者。别了的和尚每有呵,遣赴出寺者。更这学吉祥等和尚每,倚有圣旨么道,无体例勾当休做者,若做呵,他每不怕那圣旨。至正十四年七月十四日,上都有时分写来。(卷一)

碑二十四行,行五十六字,碑额已圮。(音痞)

## 第五十一节　元时在中国之基督教分两派

元代基督教徒在中国者,有二派:一为聂思脱里派(Nestorians),即唐时之景教徒;一为圣方济各派(Franciscans),即明代天主教之先河。《元史》之也里可温,乃其总名也。二派互相攻击。聂思脱里派势力较盛,时加害于新来之圣方济各派。吾人读约翰·孟德高维奴(John of Montecorvino)第一遗札,可以知其情形矣。

## 第五十二节　元时在中国景教僧侣
## 　　　　　之生活状态

关于景教僧在东方之生活情况，汉文及其他亚洲诸国文，皆无记载。吾人仅能于元初西欧东来人士之笔记中，借悉略情。然犹须除去若干折扣也，盖元时西欧人东来者，如卢白鲁克（Rubruck）、仙拍德（Sempad）、海敦（Hayton）、马哥·孛罗（Marco Polo）、约翰·孟德高维奴，无不攻击聂派。党同伐异之见，究不能免，犹之以今代天主教徒记耶苏教情形，岂能悉传为信史乎？

卢白鲁克《游记》记远东聂派如下：

> 其处聂派教徒，皆愚而无知。其《圣经》皆为叙利亚文，祈祷时亦能诵之，惟皆不解其义。犹之吾国僧侣之不知文法也。其人皆腐败不堪，好放债，收重利，沉湎酒色。与鞑靼人杂处者，沾染鞑靼风俗，甚至亦有一夫而娶数妻者。入教堂亦效法回教徒之所为，洗涤下身。星期五日，举行祝祭，茹荤食肉，一切皆效仿回教徒。其主教极罕往该处视察，甚至五十年中，不见主教之足迹。偶一莅临，则预先将所有男童，以及尚在襁褓中者，悉行落发，全户口中男丁皆为僧人，主教去，则又还俗娶妻。凡此种种，皆违背教规，不合先圣之训言。其派僧侣不独娶妻，且行重婚。妻死，又可娶第二妻。僧官皆买卖而成，无报酬不为他人举行圣礼。其人皆恋爱妻子，贪财好货之心，炽于宗教信仰。蒙古贵族子弟多就学于彼，以福音信条教授。然己身既罪恶盈满，贪婪无厌，尚何能教人耶？不但未使其人窥见圣道，实使之愈走愈远也。聂派教士之罪，实浮于蒙古人及拜偶像者。（见 Rockhill's *Rubruck*, pp.158-159）

就卢白鲁克记载观之，更证以《元史》诸条法令，聂派教士在东方传教，放弃教规，而迁就东方人之风俗者，必甚多也。东方人一夫多妻之制，聂派教士必屈从其俗。拜帝王，拜祖先，聂派教士必不能肆言禁止。盖东方人对于祖先心理，有非西方人所能明者。至于帝王，则生命赖其赡养，一切唯命是从，更不敢言不拜。大汗令基督教僧在浮图寺内祈祷,犹不得不为之,况其他俗乎?［见孙丹尼牙(Sddania)总主教《大汗国记》］明末,利玛窦(Matteo Ricci)亦主不易中土风,仅求中国人奉耶稣如奉孔子者,即足矣。卢书言放债收重利,事亦诚有之。《元史》中统四年十二月甲戌,敕也里可温种田入租,贸易输税。既种田贸易,即不能不放债收利矣。至元七年九月庚子,敕也里可温有家室不持戒者,占籍为民。至元十三年六月庚午,敕西京也里可温有室家者,与民一体输赋。可见教徒多娶妻者。聂派教士茹荤食肉,以屈从土人风俗,亦必有之事。故《元史》泰定元年,有谕也里可温各如教具戒之文。至元七年,敕不持戒律者,占籍为民。至谓沉湎酒色,以及各种贬辞,皆无谓之攻击也。

## 第五十三节　元初中国景教徒中之玄奘、法显

元初,有汗八里(Khanbalik,即北京)之畏吾儿人拉班·把·扫马(Rabban Bar Sauma)者,尝自汗八里聂思脱里派总主教马贵哇桂斯(Mar Guiwarguis)受洗礼。又裴尼尔(Bainiel)之子麻可斯(Marcos)生于西历一千二百四十五年(六皇后乃马真聂政第四年,乙巳岁),山西霍山(在今霍州)人也。与把·扫马为友,因亦自总主教马聂思脱里(Mar Nestorius)受洗礼,为基督教徒。马聂思脱里乃继马贵哇桂斯之任者也。二人于世祖至元十五年(西一二七八)决意西游,往耶路撒冷城瞻仰圣地,经霍山、唐古忒、和阗、喀什噶尔、呼罗珊(Khorassan)、途思(Tus)、阿错贝奖(Azerbaijan)等地,往八吉打城(Baghdad)。至马拉加城(Máraga)时,遇大总管马屯哈(Mar Denha)。屯哈给以介绍书,俾往拍莱斯丁(Palestine)圣地。二人先至八吉打城,再至阿斐(Arbela)、毛夕里(Mosul)、尼锡必斯(Nisibis)、麻丁(Mardin)、个察塔(Gozart),后居阿斐拉城附近塔莱尔(Tarel)地方圣马迈克尔(St. Mar Michael)教堂。初,至元五年时,屯哈被迫离八吉打,退居阿裴拉,又退至阿错贝奖省吴胥纳基城(Ushnej)。至此时,欲求波斯国王阿八哈(Abaka,名见《元史》卷一百七《宗室世系表》),允许其归回八吉打。故畏吾儿二游客居圣马迈克尔教堂不久,即被屯哈招回,使之赴阿八哈之廷请愿。一千二百七十九年(至元十六年),屯哈尝命呼罗珊途思城主教把·喀力克

(Bar Kaliq)为中国总主教。把·喀力克为人傲慢不逊，屯哈下之狱中，死焉。一千二百八十年（至元十七年），屯哈命畏吾儿人麻可斯为契丹总主教，改其名为雅八拉哈（Jabalaha）。麻可斯时年三十五。屯哈又命其友把·扫马为巡察总监。一千二百八十一年（至元十八年）二月二十四日，屯哈卒于八吉打城。雅八拉哈是时尚未起行回中国。派徒以雅八拉哈深通蒙古语，故公举之为大总管以总屯哈。一千二百八十一年十一月，行就职礼。阿八哈颇赞成之，是为雅八拉哈三世，驻八吉打城，兼管理赛流西亚（Seleucia）及克泰锡彭（Ktesiphon）二城教务。阿八哈大王卒于一千二百八十二年（至元十九年）四月一日。其弟阿合马（Ahmed）篡位，与雅八拉哈第三世颇不洽。然至一千二百八十四年（至元二十一年）八月十日，阿合马被杀。阿八哈长子阿鲁（Arghun）大王即位于八月十一日，优待雅八拉哈，礼貌有加。阿鲁巧慧多才，是时方图征服拍莱斯丁、叙利亚二地，欲结欢于基督教诸王，以把·扫马能通欧语，故于一千二百八十七年（至元二十四年）派充欧洲诸国大使。把·扫马至君士旦丁堡受东罗马皇帝安持罗尼库斯第二世（Andronicus Ⅱ）之优遇，次至义大利国那颇利港。至罗马而教皇和奴流斯第四世（Honorius Ⅳ）已于一千二百八十七年四月三日崩殂。既抵罗马，与诸僧正哲罗姆（Cardinal Jerome）等行教义上之讨论。哲罗姆尝充阿斯柯利（Ascoli）地方僧正、拍莱斯秃利那（Palestrina）地方主教、小级僧人（Minor Friars）总监督。一千二百八十八年（至元二十五年）被举为教皇，继和奴流斯之任。把·扫马次经秃斯坑尼（Tuscany）、基奴亚城（Genoa）而至法国巴黎城。法国国王斐律（Philip the Fair）优遇之。次由巴黎往格斯柯尼（Gascony）见英国国王。后回罗马，谒见教皇尼古拉斯第四世（Nicholas Ⅳ），复由故道回阿鲁大王之廷。一千二百九十四年（至元三十一年）正月十日，把·扫马卒于八吉打城。雅八拉哈以一千三百十七年（元仁宗延祐四年）十一月十三日，卒于马拉加城（Máraga），享寿七十二岁，时当阿布·赛德（Abu Zaid）大王（《元史》作不赛因）君临波斯也。（参观 Yule, *Cathay*, pp.119－121）

把·扫马与麻可斯二人可谓为景教中之玄奘、法显，唯其不回汉土，宏布其教，故其功业不如玄奘、法显之盛，而知之者亦少也。元代景教之盛，借此可觇一斑。

## 第五十四节　罗马教皇遣使忽必烈大汗

一千二百七十八年时（元世祖至元十五年），教皇尼古拉斯第三世（Nicholas Ⅲ）闻忽必烈已受洗礼，崇奉基督教（此实谣言），乃于该年四月，遣高僧哲拉尔德（Gerard of Prato）、安通尼（Antony of Parma）、约翰（John of St. Agatha）、安得鲁（Andrew of Florence）、马宠（Matthew of Arezzo）等五人，持拉丁文长书，往远东赍之。书中元世祖之徽号为"至尊至显全世界鞑靼人之大汗、皇帝、议长、忽必烈汗"（Quolibey, Magnus Cham, Imperator et Moderator Qmnium Tartarorum illustris）。哲拉尔德等五人，皆小级僧人（Minorites）也。此五人者，似皆于途中死亡，未达中国目的地，盖以后总主教约翰·孟德高维奴第一遗札未言及之也。（见 Yule, *Cathay*, Ⅲ, p.5）

## 第五十五节　北京最初总主教约翰·孟德高维奴

约翰，意大利人，生于一千二百四十七年（宋理宗淳祐七年，蒙古定宗二年）。一千二百七十二年（宋度宗咸淳八年，元世祖至元九年）东罗马皇帝迈克耳为欲连合希腊与罗马两教派事，遣约翰·孟德高维奴使罗马教皇格利高雷第十世（Gregory Ⅹ）之廷。约翰是时已为圣方济各会（Franciscan）僧矣。事未成，约翰受命复往东方。至一千二百八十九年（元世祖至元二十六年）复归罗马，报告基督教在亚洲西部盛况，其地君主及人民皆愿崇奉基督教，乐闻圣道。旭烈兀（Hulagu）之孙阿鲁大王待基督教徒之宽厚，尤侈言之。教后尼古拉斯第四世（Nicholas Ⅳ）闻之，乃派约翰往东方宣教，给介绍书与阿鲁大王、小亚美尼亚王后、雅各会（Jacobites）之教务大总管、讨来思城（Tauris）主教、忽必烈大汗及海都大王（Kaidu）等，皆请善遇约翰。

约翰东行至塔伯利资城（即讨来思），至一千二百九十一年（至元二十八年),始由该处起身往远东,投递国书于忽必烈大汗。据其第一遗札,约翰乃由海道东来,在印度马八儿国(Maabar)逗留甚久。第一遗札书成日期为一千三百零五年正月八日(元成宗大德八年冬或九年春),书有"余居此布教,无人辅助,几十一年。前二年始有日耳曼科龙城僧人阿尔奴特(Arnold)来此相助"。由此推之,约翰居中国已十三年。其抵中国日期,当在一千二百九十二年(至元二十九年)也。书中又谓彼于一千二百九十一年离讨来思往印度,在印度勾留十三月。即使彼于一千二百九十一年底离讨来思,阅十三月,当在一千二百九十三年正月或二月,仍当元世祖未崩前,故约翰必得见世祖也。

约翰来远东后,尝三致书于西方友人报告情形。三书今仍存在。最早者为一千二百九十二年,在印度马八儿国所发,报告印度情形。抵燕京后,于一千三百零五年正月八日(大德八年)有书致可萨利亚(Gazaria,今克里米亚半岛古代突厥可萨部)省牧师及僧侣,书托波斯合赞汗之使者转交。一千三百零六年二月,复活祭前五十日,星期日,又有一书由拖伦梯奴(Tolentino)人拖玛斯(Thomas)大僧携归罗马。拖玛斯在鞑靼充牧师多年。教皇闻约翰在东方勋绩卓著,乃于一千三百零七年(大德十一年)春,特设汗八里(Cambalec,即北京)总主教务大总管,统辖各处副主教及高僧。琐事不须问教皇,仅圣职传授须得教皇允许,承认教皇为宗师而已。一千三百二十八年(元文宗天历元年),约翰卒,春秋八十有一。基督教徒以及信他教者皆深致哀悼,随送葬地,以表敬爱。(见 H. Yule, *Cathay*, Ⅲ, pp.3-11)

## 第五十六节　罗马教皇遣主教至中国襄助约翰

一千三百零七年春(元成宗大德十一年),罗马教皇得悉约翰在东方劳功高,乃特设汗八里(即北京)总主教一席,即以约翰充之,同时复派主教哲拉德(Gerard)、裴莱格林(Peregrine of Castello)、安德鲁(Andrew of Perugia)、尼古拉斯(Nicholas of Bantra)、安德鲁梯斯(Andrutius of Assisi)、赛福斯托德(Ulrich Sayfustordt)及威廉

（William of Villeneuve）等七人携教皇诏书，往契丹传教皇命，兼驻该地襄助约翰。七人中仅安德鲁有一遗札至今保留。据其遗札，则七人中仅哲拉德、裴莱格林及安德鲁三人得达目的地，传教皇命旨，授约翰主教之职。三人以后相继为刺桐港（Zayton，福建泉州，以昔时城下都植刺桐树，故又名刺桐城）之主教。尼古拉斯等三人行至印度，因不惯天气，皆病死。威廉未曾起程。相传吐斯干省（Tuscany）有女圣徒某，善观相，尝于七人未起程时，皆为相之，中有一人谓起程必死。威廉或即为此言所阻，故不东行也。一千三百二十三年（元英宗至治三年）二月十九日，威廉被任为考锡喀岛（Corsica）、萨贡（Sagone）教区之主教。一千三百二十七年（元泰定帝四年），转调特里爱斯脱（Trieste）主教。一千三百三十一年（元文宗至顺二年），卒于任。其墓至十七世纪时（明末清初）尚可见。

　　一千三百十一年（元武宗至大四年），教皇克莱孟第五世（Clement V）复派拖玛斯（Thomas）、哲罗姆（Jerome）及佛罗伦斯市（Florence）人彼得（Peter）为主教，往远东佐约翰。据《大可汗国记》，彼得亦充泉州主教，与四年前所派之安德鲁同居泉州，惟各主一寺也。（见 H. Yule's *Cathay*，Ⅲ，pp.9‐11）

## 第五十七节　刺桐城主教安德鲁

　　安德鲁，义大利国排路几亚城（Perugia）人也。一千三百二十六年（泰定帝三年）尝自泉州致书于其故乡瓦尔敦（Friar Warden）大僧，叙述东方情形。其书与约翰前二札，今皆存于巴黎国立图书馆。读其书，吾人乃悉安德鲁或与总主教约翰不甚相得，故以后往中国南方泉州也。安德鲁似不能专心传教，不惯中国生活，年迈思归故乡。一千三百三十六年（元顺帝至元二年），复随元朝大使，由陆道西归故里（见下文元顺帝给罗马教皇谕旨）。综计其行程，由罗马东行，经印度洋，抵泉州，入燕京，由燕京回泉州，复由泉至燕京，扈从蒙古大使，由陆道归义大利，其道里数目，亦不下马哥·孛罗。惜无详细记载，仅留数百字书札一篇而已。安德鲁回至欧洲后，似未随蒙古大使东归，盖马黎诺里《奉使东方记》未言及之也。安德鲁离中国后,其泉州主教之继任人,据瓦丁(Wadding)之记载,仅有佛罗伦斯市人哲姆斯(Friar James of Florence)一名遗留后世。瓦丁记一千三百六十二年(元顺帝至正二十二年),"刺桐港总主教佛罗伦斯市哲姆斯与甘勃尼(Campanian)人威廉,皆为小级僧(Minorites),在中央帝国(Empire of the Medes,中世纪欧洲游历家称察合台汗国为中央帝国 Middle Empire,或 Empire of the Medes。盖以在钦察汗国及东方大汗国之中途也)为基督教信守而死义焉"。考其死义之年,中国南方已大乱,元人失驭,张士诚、陈友谅、朱元璋、方国珍、陈友定、明玉珍等,群雄纷起。哲姆斯在泉州已无大汗之资助,不能再事传教,故西走中央亚细亚之察合台汗国,以便回欧洲也。《明史》卷三百二十六《拂菻传》谓元末,其国人捏古伦入市中国。元亡,不能归。哲姆斯较之捏古伦,似有先见之明也。(参观 H. Yule, Cathay, Ⅱ, pp.9,10,11,28)

## 第五十八节　高僧鄂多立克之东游

鄂多立克(Odoric),义大利福柳利(Friuli)州颇代侬城(Pordenone)人也。生于一千二百八十六年(元世祖至元二十三年)。元时,义大利北部属日耳曼,其人民亦皆属古日耳曼兰巴特族(Lombards),民心尽向日耳曼,而今代则属义大利。鄂多立克,即日耳曼戍卒之苗裔也。在义大利者称鄂多立克(Odoric),在日耳曼者称乌尔立克(Ulric),实同一族。鄂多立克少时即入圣方济各会,在乌丁寺内修道,以能节欲苦行著名。一千三百十六年(元仁宗延祐三年),即起始旅行。一千三百二十一年(元英宗至治元年),居留印度西部。后来中国,居北京三年。考其时间,当在一千三百二十二年(至治二年)至一千三百二十八年(元文宗天历元年)之间。一千三百三十一年(元文宗至顺二年)卒于里第。

鄂多立克之纪程,起始于君士坦丁堡。由是而至脱莱必松德(Trebizond)、爱才罗姆(Erzurum)、塔伯利资(Tabriz)、孙丹尼牙(Soldania)、柯伤(Kashan)、八吉打(Bahdad)、忽里模子(Hormuz),更由忽里模子乘船泛洋,抵印度西岸塔纳亚(Tana),更至俱蓝(Kulam)、锡兰岛及圣托玛斯墓地(今玛达拉斯)。由是而再东至苏门答腊、爪哇、婆罗洲、占婆(即真腊),终乃于广州登陆。再至泉州,由泉州至福州,由福州经仙霞岭,下钱塘江至杭州、金陵,更渡江,由扬州沿运河北上而达汗八里(即北京)。在汗八里居住三年之久。是时,约翰·孟德高维奴尚生存,惟年已几八十矣。后离北京西行,经天德军(今河套)、陕西、甘肃而至西藏首府拉萨。过拉萨以西,鄂多立克之行踪不能明了。然由各种情形推测之,必经阿富汗迦布罗城(Kabul)、呼罗珊(Khorassan)、里海南岸而更抵塔伯利资城。由该处取十三四年前东行旧道,以归威尼斯市(颇代农城近威尼斯市)。

鄂多立克为中世纪西方四大游历家之一。四大家者,马哥·孛罗、鄂多立克、依宾·拔都他(Ibn Battuta)、尼哥罗·康梯(Nicolo de Conti,明时人)也。四家皆亲至中国,而旅行记则皆归故乡后求人代书者也。鄂多立克之记载篇页甚多,不能录之于此。清光绪十五年,圣家会士郭栋臣尝将此书译成汉文,题曰《真福和德理传》。鄂省崇正书院有刊本,惜已绝版。余幸获一本。郭氏译述颇为精审,不同于今代新人物之率尔操觚也。今将其记载中国特异之点,为他书所无者,略述于下:

鄂多立克在钱塘江上流,见渔人用鸬鹚捕鱼。在杭州见妇人缠小足,富贵之家喜留长指甲。大汗国全境划分十二省,每省有瓦细儿(Wazir,首相之义)四人管辖。皆为中国确情。中世纪欧洲东来旅行家无有言之者,即《马哥·孛罗游记》号称最详,亦无此等记载也。

随鄂多立克同行者,有爱尔兰人大僧哲姆斯(James)。哲姆斯随伴路程究有若干,不可得知。乌丁有书记鄂多立克卒年之四月五日(鄂卒于一千三百三十一年正月十三日),有遗命,赠同旅行者哲姆斯二马克。哲姆斯之名,不见游记书中,必疏略之故也。有英国人胡子约翰(John the Beard)者,托名曼德维,亦诡称尝从鄂多立克东游,自著《曼德维游记》(The Travels of Sir John Mandeville),卷帙甚多,而其实则窃取鄂多立克之记载,及古代希腊地理家拖雷美诸说,混合而虚构一书。昔时欧洲人以为,中世纪确有英国奈脱爵约翰·曼德维游历至中国。直至晚近,考据家详细考察,始断定为伪书。鱼目混珠始有分辨。

(见 H. Yule, *Cathay*, Ⅱ)

## 第五十九节　北京第二任总主教尼古拉斯

约翰·孟德高维奴卒于一千三百二十八年(文宗天历元年)。一千三百三十三年(顺帝元统元年)，约翰卒，信得达阿维南(Avignon)教皇之廷，教皇乃于是年九月十八日，新任法国巴黎大学宗教学教授尼古拉斯(Nicholas)为汗八里总主教。同行者有僧人二十名，平民六名。东行至阿力麻里，受察合台国汗之优遇。教皇班尼狄德十二世(Benedict Ⅻ)尝有国书申谢之。后此，尼古拉斯及其同行者皆不知所往，或皆未抵北京。盖一千三百六十九年(明太祖洪武二年)，教皇有旨，调汗八里主教科斯麻士(Cosmas)充驻钦察国撒雷城主教，而以僧威廉·柏拉拖(William of Prato)代之。旨中少见尼古拉斯之名。一千三百三十八年(顺帝至元四年)，马黎诺里奉使东方，至北京时，其《纪行书》明言北京无主教。俄国白莱脱胥那窦博士(Bretschneider)谓马黎诺里抵北京时，总主教尼古拉斯或仍逗留途间，尚未至北京也。《明史》卷三二六《拂菻传》谓元末，其国人捏古伦入市中国。元亡不能归。太祖于洪武四年(一三七一)八月召见，命赍诏书，还谕其王。《明史》之捏古伦或即失踪之总教尼古拉斯也。德国夏德博士及其他学人皆然其说，尼古拉斯或尝实经商，或有不得不冒商人之理也。明太祖给捏古伦之诏书曰："自有宋失驭，天绝其祀。元兴沙漠，入主中国百有余年。天厌其昏淫，亦用陨绝其命。中原扰乱，十有八年。当群雄初起，时朕为淮右布衣，起义救民。荷天之灵，授以文武诸臣。东渡江左，练兵养士，十有四年。西平汉王陈友谅，东缚吴王张士诚，南平闽粤，戡定巴蜀，北定幽燕。奠安方夏，复我中国之旧疆。朕为臣民推戴，即皇帝位，定有天下之号曰大明，建元洪武，于今四年矣。凡四夷诸邦，皆遣官告谕。惟尔拂菻，隔越西海，未及报知。今遣尔国之民捏古伦，赍诏往谕。朕虽未及古先哲王，俾万方怀德，然不可不使天下知朕平定四海之意。故兹诏告。"明太祖诏书，显然未达教皇。捏古伦以后亦失踪，不知所在。(参观 Yule, *Cathay*, Ⅲ, pp.11-13)

## 第六十节　元顺帝给罗马教皇谕旨

约翰·孟德高维奴既卒，而新总主教尼古拉斯久不至北京。西历一千三百三十六年（顺帝至元二年），在中国之阿兰人皆为基督信徒，乃上书于罗马教皇请主教。元顺帝同时亦颁给教皇谕旨一道。使者共十六人，以法兰克人安德鲁（Andrew of Frank）及日耳曼那梭人威廉（William of Nassau）、契丹国阿兰人拖该（Thogay）为领袖，由陆道西行，于一千三百三十八年（顺帝至元四年）抵义大利阿维南城。安德鲁尝在中国南方泉州充主教者也。元顺帝之谕旨云："长生天气力里，皇帝之皇帝圣旨。咨尔西方日没处，七海之外，法兰克国基督教徒主人罗马教皇。朕遣法兰克人安德鲁及从者十五人于尔教皇之廷，设法修好，俾以后时得通聘。仰尔教皇赐福于朕，每日祈祷时不忘朕之名也。朕之侍人阿兰人，皆基督之孝子顺孙。朕今介绍之于尔教皇。朕使人归时，仰尔教皇为朕购求西方良马，及日没处之珍宝，不可空回也。准此。鼠儿年（即顺帝至元二年）六月三日，书自汗八里城（Cambalec）。"（见 Yule, *Cathay*, Ⅲ, pp. 177 - 183）

## 第六十一节　阿兰人上罗马教皇书

阿兰人上罗马教皇书曰：

敬祷上帝，赐福吾主皇帝大汗，万寿无疆。福定·琼斯（Futim Joens）、香山·董琪（Chyansam Tungii）、者燕不花·爱文奇（Gemboga Evenzi）、嘉珲·俞乔（Joannes Yuchoy）、鲁比士·平则奴斯（Rubeus Pinzanus）等，谨泥首上书于圣父教皇法座曰：……下走福定等自昔受法座使约翰·孟德高维奴之教诲养育，崇奉天主教，于是举止有方，心神藉慰。约翰大师才学高超，德行逾俗，出言为重于当世，行措为则于后人。不幸八年前，竟离下走等而仙逝。下走等生者居世无教师，死者魂魄无抚慰。下走等久闻法座已遣主教东来，然至今尚未抵此也。下走等敬请法座早日任命聪明才能、道学高超使人来东，以慰下走等之望也，并请催使人即束装就道。盖下走等居此，犹之群羊而无牧人，无教诲无抚慰也。……法座使者来至皇帝大汗之廷，盖不下三四次矣，皆蒙待遇优渥，赏赉有加，使者皆交口应承。回西之后，携来法座国书。然至今杳如黄鹤，未闻有尊使者至此。今此之役，敬乞法座注意，报聘之书不可不答，通好之使不可不遣也。此间基督信徒屡告他人，法座之使不久即至。若终无专使，岂不遗羞他人，使之讥基督教徒播谎言耶？故下走福定等待法座使者之来，不胜其翘首西望也。鼠儿年六月三日，谨上自汗八里城。

## 第六十二节　阿兰人上教皇书之考证

多森（Dohsson）《蒙古史》谓此使节亦为商人冒充，欧洲各国朝廷见之屡矣。（见 *Hist. des Mongols*，Ⅱ，p.607）多森盖未得读马黎诺里《奉使东方追想录》也。阿兰人上罗马教皇书中诸人名，亨利·玉尔略为注释。玉尔谓 Futim 为中国人抚台二字之变音。Chyansam 为丞相二字之变音。Pinzanus 为平章二字之变音。玉尔氏之注，盖亦非也。余尝详考之《元史》中诸阿速（即阿兰）名将列传，乃知以上诸名字，并非抚台、丞相、平章之变音，乃为当时确实人名之拼音也。Futim 即福定，名见于《元史》卷一百三十二《杭忽思传》，杭忽思（Hans）是伯答儿之次子。成宗大德四年（西历一千三百年），伯答儿卒，福定袭职，官怀远大将军，寻改右阿速卫达鲁花赤，兼管后卫军。武宗至大四年（西历一千三百十一年），福定升枢密同签，命领军一千，守迁民镇。寻授定远大将军，签枢密院事，后卫亲军都指挥使，提调右卫阿速达鲁花赤。二年，进资善大夫，同知枢密院事。后至元间，进知枢密院事。Chyansam 即香山，名见于《元史》卷一百三十五《口儿吉传》，为口儿吉（George）之子，事武宗、仁宗直宿卫。天历元年（西历一三二八）九月，兵兴，从战宜兴，击杀敌兵七人，自旦至暮却敌兵凡一十三处。以功赐金带一，授左阿速卫都指挥使。Gemboga 即者燕不花，名见《元史》卷一百二十三《捏古剌传》，为捏古剌

(Nicholas)之孙,阿塔赤之子也。英宗时,进酒宝儿赤。天历元年(西历一三二八)迎文宗于河南,授兵部郎中。招阿速军四百余人,进兵部尚书,双珠虎符,后迁大司农丞。后至元初,充同知枢密院事。二年西历一三三六(即发信教皇之年也)冬十一月壬戌,命兼宫相都总营府达鲁花赤,领隆镇卫左阿速卫诸军。Joannes 即嘉珲,名见《元史》卷一百二十三《捏古剌传》,者燕不花之兄,亦捏古剌(Nicholas)之孙也。仁宗时,父阿塔赤卒,继袭文职,充左阿速卫千户。天历元年,从丞相燕帖木儿战居庸北,有功,进拱卫直都指挥使,寻迁章佩卿。Rubeus 名字,在阿速诸传中,不可查得,然其为真确,可无疑也。

## 第六十三节　教皇之回报元朝国书

关于一千三百三十八年(元顺帝至元四年)之使节,吾人复有下方之记载。教皇班尼狄德十二世(Benedict XII)接待诸使,极为优渥,下令授蒙古使者一人为警保吏(Sergeant at arms),随从左右。不久,即回答蒙古大汗国书,任命专使东往汗八里朝廷。教皇回答大汗及阿兰诸人之函,竟未道及以前使节,至为可异。其书无甚兴味,可不必录也。同时,复有致钦察汗、察合台汗之函。又察合台国两大臣皆信基督教者,亦有书给之,言教皇不久亦将有专使至二国也。又威尼斯市长 Doge 及议会,匈牙利、西锡利(Sicily)诸国王,亦有介绍书,请招待诸使。各使怀此诸函,于一千三百三十八年(元顺帝至元四年)七月离阿维南起行。阅数月,教皇任命专使尼古拉斯·孛内(Nicholas Bonet S.T.P.)、尼古拉斯·麻兰诺(Nicholas Molano)、佛维伦斯市约翰(John of Florence)、匈牙利人格利哥雷(Gregory of Hungary)等携教皇国书东行,时为一千三百三十八年十月三十一日,即教皇班尼狄德即位之第四年,旧历十一月十一日也。同行者若干人,无详细记载。推想之,同行之传教僧人必甚众也。当时日耳曼历史家某氏,谓有小级僧五十名同行,然不知何所据也。马黎诺里《奉使东方追想记》载在汗八里(Cambalec)都城时,同僚者共有三十二人,使者中以何人为领袖似无明文。教皇国书中,马黎诺里之名列在第三。然读马黎诺里《奉使东方追想记》全书,则著者似即其领袖也。瓦丁《史记》关于此次使节,仅有马黎诺里一人之名。教皇四专使之一,尼古拉斯·孛内不久即折回。一千三百四十二年(顺帝至正二年)五月,教皇克莱孟第六世(Clement VI)有命令任之麻尔塔岛(Malta)主教也。

## 第六十四节　元代基督教二文豪传

元代版图辽阔,文轨大同,西域人同化于华人者甚众。而以汉文文章著声名于禹域者,当首推汪古部之基督教世家马祖常及赵世延二人矣。《元史》卷一百四十三有马祖常专传,卷一百三十四有祖常先祖月合乃专传。《元文类》卷六十七有祖常所作《礼部尚书马公神道碑》,自叙其家世。其中仅有曾祖帖穆尔越哥一名为蒙古人之名,汉式之名二十五人,余十四名悉基督教徒之名也。而多半则皆为通用之名,余则亦见之于《圣经》也。把造马野礼属之名,聂思脱里派之基督教徒中尤多见之,吾故断定马祖常奉基督教也。民国十二年,陈援庵著《元西域人华化考》时,乃发现更有力之证据五,可以证明余说之不诬,余实乐不可言也。(一)杨维桢《西湖竹枝集·马祖常小传》云:马雍古祖常字伯庸,浚仪可温氏。浚仪者,开封;可温者,也里可温之省文或脱文无疑也。(二)黄溍《金华文集》卷四三《马氏世谱》云:"马氏之先,出西域聂思脱里贵族。始来中国者,和禄采思。"聂思脱里即 Nestorius 之译音,和禄采思即《圣经》中 Horam Mishech 之译音也。(三)《马氏世谱》云:祖常有族祖奥剌罕,杨子县达鲁花赤。据《至顺镇江志》卷十六,丹徒县达鲁花赤马奥剌憨,也里可温人。元贞二年六月至。其与奥剌罕同为一人,先后为杨子、丹徒两县达鲁花赤无疑也。奥剌罕为也里可温,祖常当然为也里可温。奥剌罕即 Abraham 之译音。(四)据《马氏世谱》,祖常又有从诸父名世德,以国子生擢进士第,由监察御史迁中书检校官。据余阙《青阳集》卷三《合肥修城记》云:马世德字元臣,也里可温人。由进士第历官中书检校,同一人也。世德为也里可温,祖常当然为也里可温。(五)元好问《遗山集》卷二十七《恒州刺史马君神道碑》记金太宗尝出猎,恍惚间,见金人挟日而行,心悸不定,莫敢仰观,因罢猎而还。金太宗所遇与《新约·使徒行传》九章三节保罗所遇相类。故由各种证据观之,马祖常之奉基督教,毫无疑义。

赵世延亦雍古部人,曾祖黜公(Tekoah)、祖按竺迩(Anthony)、父黑梓(Hosea)、叔彻里(Charles)子□□(Julius),皆基督教徒之名也。世延之奉基督教可与马祖常相等,毫无疑义。《元史》卷一百八十有世延专传。

《元史》卷一百四十三《马祖常传》谓:"祖常工于文章,宏赡而精核,务去陈言,专以先秦两汉为法,而自成一家之言。尤致力于诗,圆密清丽,大篇短章,无不可传者。有文集行于世。尝预修《英宗实录》,又译润《皇图大训》《承华事略》,又编修《列后金鉴》《千秋记略》以进。受赐优渥。文宗尝驻跸龙虎台,祖常应制赋诗,尤被叹赏,谓中原硕儒,唯祖常云。"祖常《石田集》新近上海有刊本,《四库全书简明目录·石田集》下注云:"祖常才力富健,以博赡鸿丽之文倡导海内。南宋来猥琐庸沓之习,殆尽湔除。苏天爵序称'后生效慕,文体为之一变',盖不虚矣。"《礼部尚书马公神道碑》祖常自夸谓:"世非出于中国,而学问文献过于邹鲁之士。"吾亦许其言虚夸。邹鲁之士,诚有愧色矣。

《元史》卷一百八十《赵世延传》云:"世延天资秀发,喜读书,究心儒者体用之学。……至顺元年,诏世延与虞集等纂修《皇朝经世大典》。……世延历事凡九朝,扬历省台五十余年,负经济之资,而将之以忠义,守之以清介,饰之以文学。凡军国利病,生民休戚,知无不言。而于儒者名教,尤拳拳焉。为文章,波澜浩瀚,一根于理。尝较定律令,汇次《风宪宏纲》行于世。"世延文章,传者甚少。据陈援庵所见,有《南唐书序》《京师东岳庙昭德殿碑》、《鳌㞢轻重阳宫敕藏德御服碑》(延祐二年赵孟頫书)。据《寰宇访碑录》尚有《长安加封圣号诏碑》(皇庆元年)、《句容白云崇福观碑》(元统元年)、《济南任城郡公札思忽儿觯墓碣》(至元三年三月),亦皆世延手笔也。(见《元西域人华化考》上册,第三《佛老篇》三、第四《文学篇》四)

世延有女,讳鸾,字善应。朗惠而厚静,幼时古文歌诗,入耳辄能记。七岁,背诵《周易》,(书)〔善〕属对(中)。九岁,使专学女事,则《论语》《孟子》、小学书,皆成诵矣。长,善卜筮,能琴,善笔札。中书参知政事许有壬之继室,前赵夫人有子曰燕山,抚育如己出。生长将相家,而服食约素,遇亲旧不择贵贱,一巽抑若寒门女,其积行盖有不可殚言者。(见《元西域人华化考》下册,第七《女学篇》)

## 第六十五节　在中国内地各处教堂数目考

元时在中国基督教人物,已详于上方各节矣。其散在各处之教堂数目,亦可于中西文书籍中略查悉之也。基督教为欧西人所奉之教,其来中国之人士,皆注意及之。故欲悉元时内书基督教堂情形,须于其时来华人士之记载中求之,而证以汉文书籍中发现诸片章记载而已。

元时西方人士记载之最要者,为《马哥·孛罗游记》、高僧《鄂多立克游记》及马黎诺里《奉使东方记》与诸高僧之遗札而已。

直隶北京城内,聂思脱里派教堂教目,无记载可考。惟据各种情形观之,当不少也。

新来之加特力派圣方济各会(Franciscans)于一千三百零六年(元成宗大德十年)有教堂二所。至一千三百三十年左右,元文宗至顺元年增至三所,教徒六七千人。(据孟德高维奴遗札及孙丹尼牙总主教之《大可汗国记》)

直隶长芦镇(《新唐书》卷三十九《地理志》沧州景城郡属,县七中有长芦县。附近有盐山县。《金史》卷二十五《地理志》沧州清池县领镇五,长芦其一也。)有基督教堂一所,教徒若干人,派别不明。(据《马哥·孛罗游记》卷二第六十章)

山西大同(辽金时皆称西京,元初亦仍之),聂思脱里派有主教驻其地。(据《卢白鲁克游记》)元成宗大德时,加特力派有大教堂一所,壮丽比于王宫,为高唐王阔里吉思所建。(据约翰·孟德高维奴第一遗札)大同以西为汪古部旧壤,聂思脱里派最盛之地。《元史》卷九《世祖本纪》,至元十三年六月,敕西京僧道也里可温、答失蛮等有室家者,与民一体输赋。大同之有基督教徒,《元史》亦明言之矣。

甘肃沙州(今名敦煌县),户口中大半为拜偶像者。唯亦有聂思脱里派基督教徒及回教徒。(见《马哥·孛罗游记》卷一第四十章)教堂数目不详。

甘肃肃州,据马哥·孛罗之记载(见《游记》卷一第四十三章),人民半为偶像教徒,半为基督教徒。其数之众可以知矣。孛罗未详言其派别,然其为聂思脱里派可无庸疑。教堂数目不详。

甘肃甘州,人民有拜偶像者,有回教徒,有基督教徒。基督教徒在城内有教堂三所,建筑极为华丽。(见《马哥·孛罗游记》卷一第四十四章)甘州有基督教堂,亦见于《元史》卷三十八《顺帝本纪》。至元元年三月,中书省臣言,甘肃甘州路十字寺奉安世祖皇帝母别吉太后于内,请定祭礼。从之。《甘州府志》卷四古迹云:"十字寺,元世祖祀其母别吉太后处,夏建,今大寺也。"大寺即大佛寺,在甘州城南门内进口西首。《甘州志》卷二云:"初,世祖定甘州,太后与在军中。后没,世祖使于十字寺祀之。至是岁久,祀事不肃,故议定之。其礼未详。盖太后亦在甘州殂者。"(见《甘州志》卷十六《杂纂》)世祖皇帝母即睿宗(拖雷)之元妃,据《元史》卷一百六《后妃表》,名唆鲁忽帖尼,怯烈氏(Keragte,又名克烈)。至元二年,追上尊谥曰庄圣皇后。至大三年,加谥曰显懿庄圣皇后(又见卷一百十六《后妃列传》)。《元史》卷三十二《文宗本纪》:"天历元年九月,命高昌僧作佛事于延春阁,又命也里可温于显懿庄圣皇后神御殿作佛事。"所谓佛事,祈祷而已。据西方人记载,克烈部于北宋时即崇奉聂思脱里派基督教。(见第九十四节)世祖之母为怯烈氏。《文宗本纪》及《顺帝本纪》皆记后与也里可温及十字寺有关系。唆鲁忽帖尼似为后之蒙古式原名,而别吉则为基督教中妇人之名,其相当之西字原音为 Beatrice 或 Bertha 也。据回教著作家之记载,定宗生母及旭烈兀大王之妃,托古思·可敦(Dokuz Khatun)皆克烈部人,且皆奉基督。故世祖之母别吉太后之奉基督教可无疑也。稽之西史,吾所言者确不诬也。霍渥儿德《蒙古史》第三部第二百零六面,旭烈兀尝与瓦儿丹(Vartan)私语云:"吾母亦基督教徒,吾心中亦最爱基督教徒也。"旭烈兀与元世祖乃同胞兄弟也。(参观 H. H. Howorth, *History of the Mongols*, Part Ⅳ, p.206)

甘肃额里折(名见《元秘史》续二),即凉州也。《马哥·孛罗游记》卷一第五十七章作 Erginul。蒙民古民族发音无 L 字母,凡有 L 字母者,皆由 r 字母代之,而对于 r 字母发音前,辄加一有音字母,加 a 或 e 或 o 或 u 等,故汉人之凉州(Liang Chow),依蒙人读法,应作 Erichew。至马哥·孛罗之 Erginul,则意大利人之拼法也。(参观第八十四节《俄罗斯译名之由来》)其地有聂思脱里派基督教徒。(据《马哥·孛罗游记》卷一第五十七章)教堂数目不详。

甘肃鄜州,今(西宁)其地有聂思脱里派基督教徒。(据《马哥·孛罗游记》卷一第五十七章)甘肃额里合牙(名见《元秘史》续二),即宁夏也。《马哥·孛罗游记》卷一第五十八章作 Egrigaia。汉人宁夏蒙古人读音应作如是也。今代阿拉善之额鲁特人,仍称宁夏为押里该亚,即额里合牙之转音也。古人仍称之为亦里该·可屯(Irge Khotun)。其地人民大半为拜偶像者,亦有聂思脱里派基督教徒。有教堂数处,皆建筑华丽。(据《马哥·孛罗游记》卷一第五十八章)宁夏,昔时西夏国之都城也。西夏又名唐兀,又名河西。《马哥·孛罗游记》载唐兀国各处有基督教徒,《元史》亦载之也。《元史》卷十二,至元十九年十月,"敕河西僧、道、也里可温有妻室者,同民纳税"。小亚美尼亚亲王仙拍德(Sempad)致锡勃罗岛王及后书,谓唐兀人多信基督教。仙拍德尝亲入其地教堂,访观情形云。

外套。外套在今鄂尔多斯北,黄河北岸诸地是也。唐时,其地为天德军,金元间为汪古部牧地。《马哥·孛罗游记》卷一第五十九章作 Tenduc,即天德军之译音也。汪古部崇奉聂思脱里派基督教,已于上方言之矣。其地人民似全奉基督教。汪古部名人见于《元史》者有三族:一为部长高唐王阔里吉思之族,二为文豪马祖常之族,三为文豪赵世延之族。此三族者,皆奉基督教也。

新疆喀什噶尔。其地聂思脱里派基督教徒甚众,亦有教堂,唯数目不详。(见《马哥·孛罗游记》卷一第三十三章)十三世纪中叶宋理宗时代,景教主教驻节为第十九区,即喀什噶尔。

新疆叶尔羌。其地有聂思脱里派及雅各派(Jacobite)基督教徒。(《马哥·孛罗游记》卷一第三十五章)

新疆赤斤塔拉思(Chingintalas,约为畏吾儿诸地)。其地有聂思脱里派基督教徒。(见《马哥·孛罗游记》卷一第四十二章)畏吾儿国基督教之兴旺,已于上方言之矣。

新疆伊犁。伊犁一带有圣方济各会天主教牧师驻扎,见巴斯喀尔遗札。

东三省。元世祖时,东三省为宗王乃颜之封地。乃颜为基督教徒,《马哥·孛罗游记》卷二第四章及第五章曾详言之。乃颜为强藩,全境内可征集人马至三十万众。马哥言:"乃颜曾受洗礼,为基督教徒。帅旗上有十字架,以为标识。"乃颜败后,世祖仍慰问基督教徒,不加谴责。乃颜既奉基督教,其部下亦必皆从其主也。马哥·孛罗在中国时,约翰·孟德高维奴尚未抵燕京,罗马加特力派之基督教亦尚未输入中国,故乃颜以及所有同时之其他基督教徒,必皆聂思脱里派也。

山东临清州。清光绪十八年,在该处发现圣方济各会主教古冢。有墓石,谓葬于明太祖洪武二十年云。既有主教古冢,必有教堂也。

江苏扬州。马哥·孛罗官扬州三年,而其《游记》未记扬州有基督教堂,盖当彼时扬州必无教堂也。三十余年后,鄂多立克记扬州有圣方济各会小级僧人之教堂一所,聂思脱里派教堂三所。三十年间之进步,可以想见矣。《元典章》卷三十六,延祐四年七月,行省准中书省咨,御史台呈,淮东廉访司延祐四年正月三十日,有御位下彻彻都苦思丁起马四匹,前来扬州也里可温十字寺降御香,赐与功德酒醴等,照得崇福院奏,奉圣旨奥剌憨驴各与一表里段子,别无御赐酒醴。彼奥剌憨者,阿温氏(此照原本,当作也里可温)人。素无文艺,亦无武功,系扬州之豪富,市井之编民。乃父虽有建寺之名,年已久矣。今崇福院传奉圣旨,差苦思丁等起马四匹,赍酒醴二瓶,前来扬州传奉圣旨恩赐。是乃无功受赏,为此本司今抄崇福院差札在前申讫照详。得此,据见申本台有详崇福院官当元止是奏奉御香,别无所赐奥剌憨酒醴。又不经田院宣徽院(掌酒醴),有违定例。后如有似此违例者,拟合钦依圣旨懿旨事意施行,仍令合干部分再行照会,相应具呈照详。得此,部省咨请依上照施行。转录陈援庵增订三版《元也里可温考》。法国巴黎大学伯希和教授(Prof. Paul Pelliot)亦曾发见之。(见 H. Yule, *Cathay*, II, p.210, note 2)

奥剌憨即 Abraham 之译音,基督教徒常用之名也。《至顺镇江志》

卷十六,丹徒县达鲁花赤马奥剌憨,也里可温人,忠翊校尉。元贞二年六月至。《镇江志》所载者与《元典章》所载者实同一名,仅多一马字冠于名之前耳。聂思脱里派徒人名冠马(Mar)字者甚多,故《元典章》之奥剌憨似为聂派教徒。《鄂多立克游记》所载聂派教堂三所,或即奥剌憨之父所建者。

江苏镇江。《马哥·孛罗游记》卷二第七十三章《镇江府记》谓此城有聂思脱里派教堂二所,建于耶稣降生一千二百七十八年(至元十五年),是年大可汗遗其臣名马·薛里吉思(Mar Sarghis)者,来宰是邦。马为聂思脱里派徒,治理此城凡三年。于此三年中,马在此城建基督教堂二所,至今犹存。马氏之前,此城无教堂,亦无基督教徒也。马·薛里吉思为聂派教徒通用之名,西安《大秦景教流行中国碑》上叙利亚文亦见此名也。《孛罗游记》之马·薛里吉思事迹,见于汉文书籍者甚多,其详可查陈援庵《元也里可温考》。余今仅转录《至顺镇江志》关于马氏建寺之记载于左。

《至顺镇江志》卷十五,元镇江府路总管府马·薛里吉思,也里可温人,虎符怀远大将军。至元十五年正月二十五日至。八月一日,再降金牌改授明威将军,副达鲁花赤。

同志卷八十《侨寓》类,马·薛里吉思,也里可温人。至元十五年,授明威将军镇江路总管府,副达鲁花赤,因家焉。造七寺,见《僧寺》类。每岁贡舍里八,见《土贡》类。

同志卷九,大兴国寺在夹道巷。至元十八年,本路副达鲁花赤薛里吉思建。儒学教授梁相记其略曰:"薛迷思贤在中原西北十万余里,乃也里可温行教之地。愚问其所谓教者,云天地有十字寺十二。内一寺佛殿四柱,高四十尺,皆巨木。一柱悬虚尺余,祖师麻儿也里牙(马利亚)灵迹,千五(当是三之误)百余岁。今马·薛里吉思是其徒也。教以礼东方为主,与天竺寂灭之教不同。且大明出于东,四时始于东,万物生于东。东属木,主生。故混沌既分,乾坤之所以不息,日月之所以运行,人物之所以蕃盛,一生生之道也。故谓之长生天。十字者,取像人身,揭于屋,绘于殿,冠于首,佩于胸。四方上下,以是为准。薛迷思贤,地名也;也里可温,教名也。公之大父可里吉思,父灭里,外祖撒必为大医。太祖皇帝初得其地，太子也可那延病。公外祖舍里八马里哈昔牙徒众祈祷始愈，充御位舍里八赤，本处也里可温答剌罕。至元五年，世祖皇帝召公驰驿进入舍里八，赏赉甚侈。舍里八煎诸香果，泉调密和而成。舍里八赤，职名也。公世精其法，且有验，特降金牌以专职。九年，同赛典赤平章往云南。十二年，往闽浙，皆为造舍里八。十四年，钦受宣命虎符怀远大将军，镇江府路总管府副达鲁花赤。虽登荣显，持教尤谨。常有志于推广教法。一夕，梦中天门开七重。二神人告云，汝当兴寺七所，赠以白物为记。觉而有感，遂休官，务建寺。首于铁瓮门舍宅，建八世忽木剌大兴国寺；次得西津竖土山，并建答石忽木剌云山寺、都打吾儿忽木剌聚明寺。二寺之下，创为也里可温义阡。又于丹徒县开沙，建打雷忽木剌四卿安寺。登云门外黄山，建的廉海牙忽木剌高安寺。大兴国寺侧，又建马里瓦结里吉思忽木剌甘泉寺。杭州荐桥门建样宜忽木剌大普兴寺。此七寺实起于公之心。公忠君爱国，无以自见而见之寺耳。完泽丞相谓公以好心建七寺奏闻。玺书护持，仍拨赐江南官田三十顷，又益置浙西民田三十四顷，为七寺常住。公任镇江五年，连兴土木之役，秋毫无扰于民。家之人口受戒者，悉为也里可温，迎礼佛国。马里哈昔牙、麻儿失理河、必思忽八，阐扬妙义，安奉经文。而七寺道场始为大备。且敕子孙流水住持。舍利八，世业也。谨不可废。条示训诫，为似续无穷计，益可见公之用心矣。因缉其所闻为记。"

同志卷九《寺观》类。丹徒县龙游寺在金山，旧名泽心。阁五，曰万佛。翰林侍讲虞集为记，其文曰："山有佛祠，始建于晋明帝时。梁武帝著水陆斋仪，亲至其寺行之。至宋真宗赐名龙游禅寺。国朝至大己酉，僧应深以天子之命主之，兼畀以马·薛里吉思所据银山东西二院，且敕使修水陆大会，如梁之仪。延祐至治间，又两敕建会，如至大故事。于是应深以辛酉之岁，即寺之右，建大阁焉。上严万佛之像，下肖罗汉之容，为位五百。"

同志卷十《道观》类。般若院在竖土山巅。至元十六年，本路副达鲁花赤马·薛里吉思即金山地建二寺：一曰云山寺，一曰聚明寺。至大四年，改为金山下院，赐今名。集贤学士赵孟頫奉敕撰碑，其略曰："皇帝登极之岁，五月，甲申，诞降玺书，遣宣政院继事官泼间、都功德使司丞臣答失帖木儿,乘驿驰喻江浙等处行中书省曰:也里可温擅作十字寺于金山地,其毁拆十字。命前画塑白塔寺工刘高,往改作寺殿屋壁佛菩萨天龙图像,官具给需日用物,以还金山。庚辰,洊降玺书护持。金山也里可温子子孙孙勿争,争者坐罪以重论。十有一月庚戌,都功德使臣海音都特奉玉旨,金山地外道也里可温,倚势修盖十字寺,既除拆所塑,其重作佛像绘画寺壁,永以为金山下院。命臣孟頫为文,立碑金山,传示无极。臣孟頫不佞,谨拜手稽首为文。"云云。

同志卷十,原按,金山晋建武始立寺,名泽心。梁天监水陆法式成,即寺营斋。宋大中祥符改龙游,赐江南西津田及地山。皇朝至元十六年,也里可温马·薛里吉思任镇江路总管府达鲁花赤,建两十字寺西津冈颠。金山田地,为也里可温所夺。二十有七年,乃复得二寺为下院。三方辉照,一峰中流,益以壮伟,乃作颂云云。

翰林学士潘昂霄又奉敕撰碑,略曰:"佛大矣,法门不二,如虚空,无来去。大千刹土,应缘而现,而其法门则一而已,宁有二乎?外此以为法,非吾佛所谓法也。金山古名刹,屹乎大江中流,胜绝天下。江南□(原阙)诸山南来,抵江而止。巉岩对峙,视中流之峰,脉理融贯,倾笔揖顾,若外护然。至元十六年,也里可温马薛里思吉者,绾监郡符,势张甚。掇危峰秀绝之所,屋其颠,祠彼教,曰银山寺。营隙为侪类葬区。噫!西竺之道,九十有六,唯吾佛为正法也。以法之正,容有邪有外耶?今皇践祚,敕宣政臣婆闾等,即寺故像撤去之,仿京刹梵相,朱金绀碧,一新清供。付金山住持佛海应声长老,赐名金山寺般若禅院。举城一辞,归诚赞美。集贤大学士臣李邦宁奏,宜文坚珉,示永远。翰林学士承旨臣旦牙答思,承臣昂霄属笔。"云云。[以上《至顺镇江志》诸条,同治时,俄国总主教拍雷狄斯(Palladius)亦曾发现之,译刊于 *Chinese Recorder*,Ⅵ,p.108]《元通志条格》卷二十九:元贞元年七月二十三日,中书省奏也里可温马昔思(当是里之误)乞思,江南自己气力里盖寺来,系官地内要了合纳的租子,并买来的田地的税不纳官。寺里做香烛么道,教爱薛那的每奏啊,教俺商量了奏者么道。圣旨有来,商量来,为和尚、先生每,也里可温、答失蛮每的商税地税,久远定体行的上头。皇帝根底奏了,一概遍行圣旨来,若免了他的呵,此那遍行的圣旨相违者,有别个人每指例去，也依体例，教纳粮者，若他之气力不敷呵，别对付着奏也者，奏呵是也那般者，圣旨了也。钦此。

《至顺镇江志》卷三户口类，侨富户三千八百四十五，也里可温二十三。（录事司一十九，丹徒县三，金坛县一）口一万五百五十五，也里可温一百六。（录事司九十二，丹徒县七，金坛县亦七）躯二千九百四十八，也里可温一百九。（录事司一百二，金坛县七）躯者，孑身无家，寄居于人者也。侨寓者，他郡人寄居此郡者也。（解说据陈援庵《也里可温考》）

浙江杭州。《马哥·孛罗游记》卷二第七十六章，记杭州有聂思脱里派教堂一所。《鄂多立克游记》第三十二章，亦记杭州有基督教，惟未言教堂数目，并谓教徒仅路过者耳。上方《至顺镇江志》梁相《大兴国寺记》谓，马·薛里吉思并在杭州荐桥门建样宜忽木剌大普兴寺。马哥·孛罗所志之教堂一所，必即大普兴寺也。田汝成《西湖游览志》卷十六城内胜迹三，太傅祠，在荐桥东，旧十方（应作十字）寺基也。当熙春桥西，元僧也里可温建。久废。嘉靖二十一年，吏部侍郎谢丕建祠以奉晋赠太傅谢安、宋赠太傅谢深甫、皇明赠太傅谢迁者。《康熙钱塘志》卷十三祠庙，谢三太傅祠，在荐桥东，旧十方寺址。嘉靖间，吏部侍郎余姚谢丕建。祠址旧颇广阔，规模宏敞。明末兵燹后，没归他姓。同州裔孙谢秉公捐资赎还。虽不敌昔时什一，而榱桷聿新，时论称之。中有题额，长洲文徵明书。今谢祠亦久废矣，近且改建为菜场。场有纪念塔，题曰谢三太傅祠故址。中华民国七年九月，省会警察厅立。

浙江温州。《元典章》卷三十三，大德八年，江浙行省准中书省咨，礼部呈奉省判集院呈，江南诸路过教所呈，温州路有也里可温创立掌教司衙门。招收民户充教户，计及行将法箓先生诱化。此节所谓掌教司衙门者，必主教（Bishop）或总主教（Archbishop）驻节所也。何以必于温州立主教者，盖温州为元时通商七港之一（杭州、上海、澉浦、温州、庆元、广东、泉州凡七市舶司），番人荟萃之地也。

福建泉州。《马哥·孛罗游记》未记泉州有教堂及基督教徒。盖元世祖时，泉州尚无其人故也。泰定帝时，鄂多立克过泉州，记其地有小级僧人教堂二所。一千三百二十六年（泰定三年），泉州主教安德鲁遗札，亦谓泉州当时有加特力派教堂二所。至正六年时，马黎诺里过泉州，则记其地有加特力派教堂三所。盖于二十余年间，在泉州之教务必大盛也。

云南省城。《马哥·孛罗游记》卷二第四十八章，谓云南户口亦有少许聂派基督教徒，惟有否教堂，则未明言。《至顺镇江志》梁相《大兴国寺记》，马·薛里吉思至元九年，同赛典赤平章往云南。马·薛里吉思常有志于推广教法。镇江既有所建寺二所，则云南之有聂派教徒，或亦彼之功也。

以上所言诸地，或在由北京出居庸关经大同、河套、宁夏、凉州、甘州、肃州、嘉峪关往西域之路途间，或在由北京沿运河南下，溯钱塘江，过仙霞岭，下闽江，经福州而至泉州，由泉州泛洋往海外诸国之路途间，欧洲人元时来中国，或返欧洲，皆必经此二道也。元时中国内地教堂数目必不仅此，特以当时欧人无记载，而中国各地志书汗牛充栋，考古家尚未能一一查阅而已。

## 第六十六节　近代发现古时基督教之余韵及遗物

十五世纪时（明初），中国本部及沿边，仍有聂思脱里派基督教，可于教皇欧格奴斯第四世（Engenius Ⅳ）时（即位于一千四百三十一年，即明宣宗宣德六年，卒于一千四百四十七年，即明英宗正统十二年也）之东方某使国节见之也。（参见下方博嘉记东国使托斯加内里致科伦布第一书）十五世纪之末（明孝宗时代），聂派各地主教中，仍有中国主教名目，惟不悉其是否驻中国也。一千四百九十年时（明孝宗弘治三年），有约翰（John）者，被任为马秦（Machin）之主教。马秦者，梵语摩诃至那（Mahachin）之讹音，其义犹云大秦，印度人称中国以是名也。此时之马秦主教，似尚兼管印度之教务。约翰曾否亲至中国，更无他方记载以证实之也。元明基督教在中国如是之盛，而入明以后，仅存死灰余烬，西方既缺记载，而在中国则更无人挂齿。十六世纪之末（明神宗万历初），耶苏会（Jésuit）教士利玛窦（Matteo Ricci）等复入中国，初亦皆以为中国乃自古即无基督教踪迹之地,利等实为最初欧人入中国者。稍后,当利玛窦承认支那即为《马哥·孛罗游记》之契丹时,或者已改其初时之误信。不独此也,利子未卒前,乃亲见聂派有死灰复燃之势。中国北方聂派教师,据彼所闻仍甚多。有以军功显身者,亦有以文章扬名者。一千五百四十年左右(明世宗嘉靖十九年),忽被横摧严禁,其徒乃皆改信他宗,或匿不宣言也。稍后,耶稣会乃遣专员往有聂派教徒各城调查,颇见其人。各姓之名,皆甚明也。惟与之言教,则皆渺茫不知云,事详教士金尼阁(N. Trigault)所著《支那传教录》(*De Christiana Expeditione apud Sinas*, Book 1, ch. Ⅱ)。又教士曾德昭(Semedo)在江西南昌府附近,亦有遇旧时基督教遗迹云。(见 Semedo, *Rel. della Cina*, 1643, p.165)一千五百四十三年(明世宗嘉靖二十二年),有葡人平托(Fernão Mendez Pinto)者,剽掠中国沿海诸地,被捕,罚戍陕西,充苦力。当过南京沿运河北上时,在某处宿一村中,村民皆奉基督教,出示平托刊本书一册。书中辞言一百四十二年前,即当耶稣降生一千四百年左右(明建文帝时),有匈牙利国京城布达市(Buda)人玛窦·爱斯干德尔(Matthew Escandel)者,尝履于西奈山(Mount Sinai),后来至中国,寓于该村,感化村民使崇基督。今村民皆昔时信徒之苗裔也。清宗光绪十八年,西人在山东临清州附近,发现天主教古冢二处。其一冢为圣方济各会某主教之冢,有墓石,谓葬于一千三百八十七年,即明太祖洪武二十年也。

十七世纪时(明末清初),在中国天主教士获得钟一具,上镌十字架及希腊之铭。又于福建漳州得圣母玛利石像、大理石十字架等物。又耶稣会教士柏应理(Philippe Couplet)在南京某中国人处得有十一世纪(北宋时)之写本拉丁文《圣经》一册,今藏意大利佛罗伦斯市劳伦湘图书馆(Laurentian Library)。此外又获中世纪拉丁文写本《圣经》数种,盖必皆圣方济各会约翰·孟德高维奴等所遗留者。聂派部用叙利亚文或希腊文也。

一千九百十二年(民国元年),拍德森(B. C. Patterson)尝游江苏北部,指出证据,谓其地昔时必有聂派古教堂云。(见 *The Journal of the North China North Branch of the R. A. Soc.*, 1912, pp.118-119)

# 元代中欧通商状况

## 第六十七节 海上与陆道商务

　　元时,中国与欧洲之交通,宗教上信使往还以外,商人之贸迁亦不可忽也。中欧是时商业,似仅于十四世纪开幕后(元世祖卒后),各地蒙古君长弃干戈而登玉帛时,始逐渐兴旺也。一千三百零五年(元成宗大德九年)孟德高维奴第一遗书云,彼在北京十二年,未得闻罗马教皇廷中事,及欧洲各国政治。于此长期时间,彼所遇之欧洲人,仅义国北部兰巴特(Lombard)某外科医师一人而已。可见其时欧洲商人东来者,尚不众也。然据其第二书,则谓当彼由波斯塔伯利资(Tabriz)京城起身东来时,即有鲁喀龙哥(Lucalongo)人彼得(Peter)者随之东来。彼得虔信宗教,善经商,在北京捐巨资建教堂一所云。又刺桐港(泉州)主教安得鲁(Andrew)致排鲁几亚(Perugia)寺僧瓦尔敦(Warden)遗书,有据彼所知该港之基奴亚商人计算,大汗给彼年俸,依当时汇价,可值一百金佛罗林(Florin)云。一千三百零六年时(元成宗大德十年),威尼斯市人玛黎奴·萨奴拖(Marino Sanudo)作倾灭回教诸国策,书中偶言及当时商人往印度购采货物者甚众,皆能平安回里去。一千三百二十二年(元英宗至治二年),多密尼根会(Dominican)僧徒觉达奴斯(Jordanus)在印度孟买附近塔那港(Tana)受回教徒之侮辱,同事者四人皆遭惨死,幸有一幼壮基奴亚人救免之云。又觉达奴斯自胡茶辣(Gujarat,名见赵汝适《诸番志》)地方遗书友人,有消息"闻自拉丁商人"之语。又记皮撒市(Pisa)商人某君有航行印度洋内云。《曼德维尔(Mandeville)游记》载威尼斯及基奴亚两市商人,常至忽里模子

(Hormuz,名见《元史·地理志·西北地附录》)购采货物云。一千三百三十年(元文宗至顺元年),高僧鄂多立克(Odoric)口述京师(Cansay,即杭州)大城各种奇事时,谓请威尼斯市甚多商人曾至该地者,证实其言之不虚也。一千三百三十九年(元顺帝至元五年),有意大利国摩德那省(Modena)商人威廉(William)与传教师数人在伊犁河畔阿力麻里城(Almalik)为宗教信守而死义不屈焉。据马黎诺里《奉使》记载,一千三百四十七年至一千三百四十八年(元顺帝至正七年—八年),当彼在印度嘛罗拔(Malabar)时,其人舌某,年甚少,在印度洋中曾遇盗,有基奴亚商人救活之云。马黎诺里又记刺桐港圣方济各会教堂附设工厂及货栈一所,专备基督教商人贮货之用云。由上方各种片断记载,吾人可知十四世纪初半,欧洲商人来远东者实甚众也。二百年后,葡萄牙人重起交通,远东诸地几如新发明,自古无人至者。情事变迁,诚有令人不可思议者矣。(参观 H. Yule, *Cathay*, I, pp.170-171)

## 第六十八节　汪大渊记印度与欧洲通商状况

甘埋里国,居西洋之地,与佛朗相近。乘风张帆,第二月可至小唄喃。其地造舟为马船,大于商舶,不使钉灰,用椰索板底成片。每船二三层,用板横栈,渗漏不胜,梢人日夜轮戽水不竭。下以乳香压重,上载马数百匹,头小尾轻,鹿身吊肚,四蹄削铁,高七尺许,日夜可行千里。所有木香、琥珀之类,均产自佛朗国,来商贩于西洋互易。去货丁香、豆蔻、青缎、麝香、红色烧珠、苏杭色缎、苏木、青白花器、瓷瓶、铁条,以胡椒载而返。椒之所以贵者,皆因此船运去尤多,较商舶之取,十不及其一焉。

古里佛,当巨海之要冲,去僧加剌密迩,亦西洋诸国马头也。……珊瑚、乳香诸等货物,皆由甘埋里、佛朗来也。去货与小唄喃国同。蓄好马,自西极来,故以舶载至此国。每匹互易,动金钱千百,或至四千为率,否则番人议其国空乏也。(见《岛夷志略》卷下)

案,汪大渊,字焕章,江西南昌人。所著《岛夷志略》上下二卷,成于元顺帝至正十年,即西历一千三百五十年也。大渊当冠年,尝两附舶东西洋,盖为好奇而游。书中所言,盖皆其亲见者。此节所记,乃印度西海岸与欧洲当时贸易之情况也。

甘埋里即《马哥·孛罗游记》卷三第二十八章之 Cambaet,印度人又写作 Khambativa,或作 Kambayat。马黎奴·萨奴拖(Marino Sanudo)作 Cambeth,今西人皆拼作 Cambay 或 Cambaia。赵汝适《诸蕃志》卷上"南毗国"条作甘琶逸。西历九百十五年(后梁末帝贞明元年),阿拉伯地理家麻素提(Mas'udi)尝至其地,谓商业繁盛。马哥·孛罗亦谓"商业甚旺,产蓝靛极多。善制胶布皮革。又由此国运出棉花甚多。其余货物种类,难以一一述之也。外国商人航船至此者极众,带来货物亦夥,以金、银、铜及铅粉为大宗。国无海盗,民人良善,以贸易及制造为业"。马哥·孛罗同时人马黎奴·萨奴拖谓其地为印度通商二大港之一。汪大渊同时人,摩洛哥之游历家伊宾·拔都他(Ibn Battuta)谓:"市极繁华。市内回教寺构造坚固,美丽异常。外国富商所建居房,亦皆悦目。"十五世纪时(明初),康梯(Conti)谓市之四周有十四迈耳。十六世纪初(明中叶),其地仍甚繁盛,为印度最大埠头之一。今其地已荒芜无人烟。商务皆移于附近阔哥市(Gogo,即觉达奴斯第一遗札之喀加市也)及孟买大港。此节之唄喃即《元史》之俱蓝。泉州及粤地人读喃如蓝(Lam),例如《诸蕃志》之南无里,《元史》皆作南无里,《明史》作南巫里,实皆为 Lambri(见《孛罗游记》卷三第十一章),或 Lamori(见《鄂多立克游记》第二十章)之译音也。

大渊此节所言之马船,可参观《马哥·孛罗游记》卷一第十九章。

佛郎即《元史》卷四十《顺帝本纪》至正二年来贡异马之佛郎国,《元史》卷一百四十九《郭侃传》及刘郁《西使记》之富浪国。诸名皆为波斯语 Farang 之译音,欧洲之称谓也。《岛夷志略》此节所言,实即一千一百余年前之《后汉书》所诵"天竺西与大秦通,有大秦珍物"诸语之再述而已。较汪大渊早数十年之马哥·孛罗记印度西海岸各港与波斯、埃及、叙利亚各地通商情况甚详。余特摘录数处于下,俾与《岛夷志略》所记者互证焉。

《孛罗游记》卷三第二十二章,俱蓝图云:"蛮子(中国南部)阿拉伯及雷万脱(Levant,小亚细亚及叙利亚犹太等地)等地商人皆行船带货至此。作进出口贸易,无不获大利也。"卷三第二十五章麻罗拔国记云:"各国船舶,皆麇集于此,尤以蛮子大省来者为多。粗香料,有运至蛮子及西方各国者,其运至亚丁(Aden)者,则更转运至阿历山德港(Alexandria,埃及)。惟往西船舶之数,较之往东者,不及十分之一。"(案,今日贸易情形,正与此处相反,中国往印度之船已无一只矣。)欧洲基奴亚商人远至印度、中国贸易已见上节。此方所谓西洋,非今吾人所谓之西洋,乃明初郑和时代之西洋。(俗语三宝太监下西洋)新加坡以西,印度洋沿岸诸港是也。(详明张燮《东西洋考》)苏杭色缎,为贸易品之一,吾人尤可注意也。

汪大渊之古里佛即马黎诺里之 Columbum 之译音,俱蓝之别音也。自西极运马,其详可参观《马哥·孛罗游记》卷三第十七章及其附注。又波斯瓦萨甫(Wassaf)及拉施特二史家,亦记由波斯计施(Kish)运马至印度、马八儿、甘琶逸及附近诸港情形。

## 第六十九节　元时中国海外贸易状况及征税方法

《元史》卷九十四《食货志》"市舶"条下云:元自世祖定江南,凡邻海诸郡与番国往还互易舶货者,其货以十分取一,粗者十五分取一,以市舶官主之。其发舶回帆,必着其所至之地,验其所易之物,给以公文,为之期日,大抵皆因宋旧制而为之法焉。于是至元十四年,立市舶司一于泉州,令忙古䚟领之,立市舶司三于庆元、上海、澉浦,令福建安抚使杨发督之。每岁招集舶商,于番邦博易珠翠、香货等物。及次年回帆,依例抽解,然后听其货卖。时客船自泉、福贩土产之物者,其所征亦与番货等。上海市舶司提控王楠以为言。于是定双抽、单抽之制。双抽者番货也,单抽者土货也。十九年,又用耿左丞言,以钞易铜钱,令市舶司以钱易海外金珠货物,仍听舶户通贩抽分。二十年,遂定抽分之法。是年十月,忙古䚟言,舶商皆以金银易香木,于是下令禁之,唯铁不禁。二十一年,设市舶都转运司于杭、泉二州,官自具船、给本,选人入番,贸易诸货。其所获之息，以十分为率，官取其七，所易人得其三。凡权势之家，皆不得用己钱入番为贾。犯者罪之，仍籍其家产之半。其诸番客旅，就官船买卖者，依例抽之。二十二年，并福建市舶司入盐运司，改曰都转运司，领福建漳、泉盐货市舶。二十三年，禁海外博易者，毋用铜钱。二十五年，又禁广州官民毋得运米至占城诸出番出粜。二十九年，命市舶验货抽分。是年十一月，中书省定抽分之数及漏税之法。凡商旅贩泉、福等处已抽之物，于本省有市舶司之地卖者，细色于二十五分之中取一，粗色于三十分之中取一，免其输税。其就市舶司买者，止于卖处收税，而不再抽。漏舶物货，依例断没。三十年，又定市舶抽分杂禁，凡二十一条。条多不能尽载，择其要者录焉。泉州、上海、澉浦、温州、广东、杭州、庆元市舶司凡七所，独泉州于抽分之外，又取三十分之一以为税。自今诸处悉依泉州例取之，仍以温州市舶司并入庆元，杭州市舶司并入税务。凡金银、铜铁、男女，并不许私贩入番。行省行泉府司市舶司官，每年于回帆之时，皆前期至抽解之所，以待舶船之至。先封其堵，以次抽分，违期及作弊者罪之。三十一年，成宗诏有司勿拘海舶，听其自便。元贞元年，以舶船至岸，隐漏货物者多，命就海中逆而阅之。二年，禁海商以细货于马八儿、呗喃（原作呗喃。呗字必唄字之误刊也，唄喃已见上方《岛夷志略》，即俱蓝也）、梵答剌亦纳（Fandaraina）三番国交易。别出钞五万锭，令沙不丁等议规运之法。大德元年，罢行泉府司。二年，并澉浦、上海入庆元市舶提举司，直隶中书省。是年，又置制用院。七年，以禁商下海罢之。至大元年，复立泉府院，整治市舶司事。二年，罢行泉府院，以市舶提举司隶行省。四年，又罢之。延祐元年，复立市舶提举司，仍禁人下番。官自发船贸易，回帆之日，细货十分抽二，粗物十五分抽二。七年，以下番之人，将丝银细物易于外国。又并提举司罢之。至治二年，复立泉州、庆元、广东三处提举司，申严市舶之禁。三年，听海商贸易，归征其税。泰定元年，诸海舶至者，止令行省抽分。其大略如此。若夫中买宝货之制，泰定三年，命省臣依累朝呈献例给价。天历元年，以其蠹耗国财，诏加禁止。凡中献者，以违制论云。

案，《元史》记当时市舶司如是。元顺帝时，摩洛哥人伊宾·拔都他亦略记中国市舶,且有评论。吾今并录于此,备参证焉。其言曰:"中国法例,凡船欲开往至外洋者,水上巡官及书记,必登舟来查。凡船上之弓手、仆役及水手,皆逐一簿记后,方许放行。船归中国,巡官复来盘查,对证前记。若查有与簿记不符,或有失落者,则例须船主负责。船主须证明失者已死亡或逃走,或因他故不在船中之理由。不然,则关吏捕之入狱。若无疏失,则关吏命船长开具详单,船上载有何货,价值共有若干。问毕,搭客方许登岸。至岸,关吏查验所有。若查有不报关私藏之货,则关吏将一切货物及船舶概行充公没收。天下不平之事,莫逾于此。余足迹遍天下,信异教之国,以至奉回教之国,仅于中国见有此不平之事。在印度亦稍有此事,然私货被查出之后,亦仅科以十一倍之罚而已。摩哈美德帝在位时除苛税,并此亦废之矣。"(见 Yule, *Cathay*, Ⅳ, pp.115 - 116; Hans von Mžik, *Reise des Arabers Ibn Batuta*, S.420)

海口设关,三十取一意至美,而税至轻,较之今代欧美各国之抽取,其轻不可以道里计。然行之既久,国库受益者甚少,仅使关吏私囊满载而已,犹之今代内地常关厘卡也。元至正二十三年(西历一千三百六十三年),桐江姚桐寿之《乐郊私语》记当时阃吏之苛索一则,摘录如下:

  澉浦市舶司,前代不设。惟宋嘉定间,置有骑都尉监本镇及鲍郎盐课耳。国朝至元三十年,以留梦炎议置市舶司。初议番舶货物十五抽一,惟泉州三十取一,用为定制。然近年长吏巡徼,上下求索,孔窦百出。每番船一至,则众皆欢呼曰:"巫治!厢廪家当来矣。"至什一取之,犹为未足。昨年番人愤愤,至露刃相杀,市舶勾当死者三人。主者隐匿不敢以闻。射利无厌,开衅海外。此最为本州一大后患也。

## 第七十节　元时著名海外航业大商

（一）蒲寿庚。初,蒲寿庚提举泉州舶司,擅番舶利者三十年。是(景炎帝)舟至泉州,蒲寿庚来请驻跸,张世杰不可,或劝世杰留寿庚,则凡海舶不令自随。世杰不从,纵之归。继而舟不足,乃掠其舟,并没其

资。寿庚乃怒,杀诸宗室及士大夫与淮兵之在泉者。(见《宋史·瀛国公本纪》景定元年十一月)

寿庚自有船往来海上,于此可见。《八闽通志》卷七十三云:"海云楼在泉州府城东北,三十六都海岸,宋季蒲寿庚建以望海舶。后废。"

(二)蔡起莘、陈壁。永嘉有蔡起莘,尝为海上市舶。德祐之末,朝廷尝令本处部集舟楫,以为防招之用。其处有张、曾二者,颇黠健,蔡委以为部辖。既而本州点撞所部船有违阙,即欲置张于极刑。蔡力为祈祷,事从减。明年,张宣使部舟欲入广,又以张不能应办,欲从军法施行。蔡又祈免之,遂命部舟入广以赎罪。未几,厓山之败,张尽有舟中所遗而归觐,骤至贵显。蔡既归温,遂遭北军所掳,家遂破焉。因挈家欲入杭,谒亲故,道由张家滨。偶怀张、曾二部辖者居此,今不知何如。漫扣之酒家,云:"此处止有张相公耳。"因同酒家往谒之,张见蔡,即下拜称为恩府,延之入中堂,令儿女妻妾罗拜,白曰:"我非此官人,无今日矣。"遂为造宅置田,造酒营运,遂成富人。张即今宣慰也,名瑄。同时继蔡为市舶者,姓陈名壁,天台人。有方元者,世居上海,谨徒也。因事至官,陈遂槌折方手足,弃之于沙岸,后医治复全。革世后,隶张万下为头目。因部粮船往泉南,至台境,值大风不行,遂泊舟山下。因取薪水登岸,望数里外有聚屋,扣之土人则云:"前上海陈市舶家也。"方生意疑为向所见杀者,即携酒往访之。陈出迎,已忘其为人,扣所从来,方以阻风告。陈遂置酒,酒半酣,方笑曰:"市舶还记某否?某即向遭折手足方元也。"陈方愕然,逊谢。三鼓后,方哨百人秉炬挟刃而来,陈氏一家皆不得免焉。此二事,一为报恩,一有复怨,皆得之于天。(见《癸辛杂识续集》下)

(三)朱清、张瑄。宋季年,群亡赖子相聚,乘舟抄掠海上。朱清、张瑄最为雄长,阴部曲曹伍之。当时海滨沙民富家以为苦,崇明镇特甚。尝佣杨氏,夜杀杨氏,盗妻子货财去。若捕急,辄引舟东行三日夜,到沙门岛。又东北过高句丽水口,见文登、夷维诸山,又北见燕山与碣石,往来若风与鬼,影迹不可得。稍息则复来,亡虑十五六返。私念南北海道此固径,且不逢浅角,识之。(杭、吴、明、越、杨、楚与幽、莱、解、密、辽、鲜俱岸大海,固舟航可通。相传朐山海门水中,流积堆于江沙,其长无际,浮海者以竿料深浅,此浅生角,故曰料角,明不可度越云。)廷议,兵方兴,请事招怀。奏可。清、瑄即日来,以吏部侍郎左选七资最下等授之。令部其徒属,为防海民义,隶提刑之节制水军。江南既内附,二人者从宰相入见,授金符千户。时方挽漕东南,供京师。运河隘浅,不容大舟,不能百里。五十里辄为堰潴水,又绝江淮,溯泗水。吕梁彭城,古称险处,会通河未凿,东阿茌平道中,车运三百里,转输艰而糜费重。二人者建言海漕事,试之,良便。(至元十九年也。)上方注意向之。初,年不过百万石,后乃至三百万石。二人者,父子致位宰相,弟侄甥婿皆大官,田园宅馆遍天下,库藏仓庾相望,巨艘大舶帆交蕃夷中,舆骑塞隘门巷,左右仆从佩於菟金符,为万户、千户,累爵积资,气意自得。二人者既满盈,父子同时夷戮殆尽,没资产县官,党与家破禁锢,大德六年冬也。(见《辍耕录》第五卷)

大德六年春正月,中书臣以朱清、张瑄屡致人言,乞罢其职,徙其诸子官江南者于京。江南僧石祖进告朱清、张瑄不法十事,命御史台诘问之。(见《元史》卷二十《成宗本纪》)

大德七年正月,命御史台宗正委官遣发朱清、张瑄妻子来京师,仍封籍其家资,拘收其军器、海舶等。夏四月辛未,流朱清、张瑄子孙于远方,仍给行费。五月癸未,命江浙行省右丞董士选,发所籍朱清、张瑄货财赴京师,其海未还商舶,至则依例籍没。(见《元史》卷二十一《成宗本纪》)

(四)回回佛莲。泉南有巨贾南番回回佛莲者,蒲氏之婿也。其家富甚,凡发海舶八十艘。癸巳岁殂。女少无子,官没其家资,见在珍珠一百三十石,他物称是。省中有榜,许人首告隐寄债负等。(见《癸辛杂识续集》)

# 第七十一节　裴哥罗梯《通商指南》第一章《陆道至契丹》

由塔那(Tana)至靖塔昌(Gintarchan/Astrakhan)乘牛车须行二十五日,乘马车约十日或十二日,途间颇有盗匪。由靖塔昌至撒雷(Sara)

有河道可通，乘船一日即至。由撒雷至撒拉康科（Saracanco）乘船八日可至。不由水道，陆道亦可至。然由水道，货物运费颇小也。由撒拉康科至玉龙杰赤（Organci）乘骆驼车二十日可至，带货而行，必可获利。玉龙杰赤商务繁盛，货到即可消出。由玉龙杰赤至斡脱罗儿［名见《元史·太祖本纪》，《地理·西北地》作兀提剌耳（Oltrarre）］乘骆驼车，三十五日至四十日可至。若无货物随行，可由撒拉康科直至斡脱罗儿，仅五十日程耳，较之绕道玉龙杰赤便捷多矣。由斡脱罗儿骑驴带货，四十五日可至阿力麻里（Almalik），途间盗匪甚夥，几于每日皆可遇之。由阿力麻里骑驴七十日可至甘州（Camexu），由甘州骑马四十五日至一大河名曰（原文河名缺，意即长江也），复由河道下行至京师（Cassai/Cansai/Quinsai，即杭州）。其地商务最盛，可将随身之银锭换纸钞。钞名巴立西（balishi）。纸钞四张，值契丹银锭一索摩（Sommo），由京师至汗八里（Cambalec）王都三十日程。

《元史》卷一百十七《朮赤传》，谓其封地在西北极远，去京师（汗八里，即今北京）数万里，驿骑急行二百余日方达京师。朮赤封地即钦察国。后经拔都力征经营，疆宇更广，其都城在窝尔加河畔撒雷城。高僧约翰·孟德高维奴第一遗札言，由克里米亚至北京须时五六月，裴哥罗梯《通商指南》谓须时八月间以上。三书小有不同，而大抵相符也。

## 第七十二节　第二章《往契丹时途中所需诸物》

第一，必须将胡须留长，不可剪剃。在塔那时，须觅舌人。宁以高价雇用良舌人，不可吝省而雇劣等舌人。盖雇用良舌人，所多出之价，尚远不及劣等舌人以后之浮费也。舌人以外，至少尚需带男仆役二人，皆须通可曼尼亚（Comanian）语。由塔那起身时，商人可娶临时妇人，带之同行，不带亦可。唯带妇同行，较之不带者为乐也。然所娶之妇，亦须通可曼尼亚语，方为便也。

案，据高僧卢白鲁克及马哥·孛罗二人之《游记》，可曼尼亚即钦察也。

由塔那至吉塔昌（Gittarchan,第一章作靖塔昌,即阿事塔拉干）须带面粉、咸鱼,可供二十五日之食用者。肉不须带,盖沿途皆可购买也。又第一章所记全程诸站,皆须自带糇粮。至于多少,则须视诸站相距时日多少也。所有糇粮,皆为面粉及咸鱼而已。他物不须自带,盖途中皆有,尤以肉品为最多也。

据商人曾至契丹者言,由塔那至契丹,全途皆平安无危险。日间与夜相同。唯来往商人死于途中者,则所有财货皆归当地国王所有。王委官吏至寓所收没之（玉尔案,此风古代甚盛,小亚美尼亚法律,人民无嗣者,国王皆没其产）,死于契丹国者亦然。若有兄弟随行或知己同伴,冒称为死者之兄弟,则官吏交出其财货,不没收也。

没收无子嗣之蕃商财产,其制由来旧矣。《新唐书》卷一百六十三《孔戣传》云:"蕃舶泊步有下碇税。始至有阅货宴,所饷犀琲,下及仆隶。戣禁绝,无所求索。旧制,海商死者,官管其资。满三月,无妻子诣府则没入。戣以海道岁一往复,苟有验者不为限,悉推与。"此乃孔戣对外商之特别德政,然非旧制也。《宋会要》政和四年五月十八日诏:"诸国蕃客,到中国居住已经五世,其财产依海行无合承分人及不经遗属者,并依户绝法,仍入市舶司拘管。"南宋楼钥《攻媿集》卷八十六《崇献靖王赵伯圭行状》云:"真里富国（属真腊）大商死于城下,囊赍巨万,吏请没入。王曰:'远人不幸至此,忍因以为利乎?'为具棺敛,属其徒护丧以归。明年,戎酋致谢曰:'吾国贵近亡没,尚籍其家。今见中国仁政,不胜感慕,遂除籍没之例矣。'来者且言,死商之家,尽捐所归之资,建三浮屠,绘王像以祈寿。岛夷传闻,无不感悦。至今其国人以琛贡至,犹问王安否。"此亦为伯圭特别德政,而非定制也。《元典章》卷十九《户部五》"家财"条云:"身丧户绝,别无应继之人。其田宅、浮财、人口、头匹,尽数拘收入官。"裴梯哥罗此节所言,正合当时吾国法制。

又有一危险,亦不可不知。老国王死,新王未即位之前,常有不法之事,加诸法兰克人（Frank）及他外国人也。其国人称罗马尼亚（Romania）以西诸地之基督教徒,悉为法兰克人也（罗马尼亚指东罗马而言）。四方道路亦极危险,不可旅行。待至新王即位以后,诸事始恢复原状。

契丹国内，城市甚多，尤以汗八里（Cambalec）都城商务最盛，各国商贾辐辏于此，百货云集。此城周围一百迈耳，城内比户鳞居，人口甚众。

由塔那至契丹，每商携带舌人一名，男仆二人。载运之货，约值二万五千金佛罗林（Florin，每佛罗林值今英金九仙令六便士），计每商载运之货，几值一万二千镑，即十二万华币。全途所费，约六十以至八十银索米（Sommi，英金一百四十镑至一百九十镑，十即一千四百以至一千九百华币）。善于计算料理者，所费当不出此数也。载运货物、牲畜，全途之水草饲料费，约为五索米（英金十二镑，即华币一百二十元），或更少之数。以上费用数目，包括饮食、零用及仆役工价皆在内。由契丹归回塔那时，费用亦皆如之。每索摩（Sommo）值金佛罗林五枚。牛车一辆，需牛一头，可载货十康塔儿（Cantars）。康塔儿，基奴亚人所用重量之名也。骆驼车一辆，需骆驼三头，可载货三十康塔儿。马车一辆，需马一匹，可载丝六零半康塔儿。每一康塔儿，合二百五十基奴亚磅（Pounds），丝每捆约合一百一十基奴亚磅，以至一百一十五磅。〔每磅有十二两（Ounces），基奴亚一磅合英磅七分之五。外国之两（Ounces）与中国库平两相等。〕

全路线中，仅塔那至撒雷间之一节稍有危险。然若结队至六十人同行，即当最危之际，亦与居家无异。

商人欲由基奴亚或威尼斯起身至上方所述诸地，更至契丹者，可带竹布随行，至玉龙杰赤即可出售。在玉龙杰赤可购买银索摩带行，以后不必再买他物。仅最佳丝货可带若干，盖不似粗货之须运送费也。

商人行此路者，可骑马或骑驴或乘他牲畜，皆随便。

商人所带之银，抵契丹后，其国主随即收入府库内，而另给商人以纸钞。钞皆黄纸所制成，其上盖有国王之印。此类纸币，其国人名之巴立西（见第一章），通行全国，上下一体行用。商人可用之购买丝货及其他各种之货。纸钞与银币相等，不因其为纸而须多付出也。纸钞有三种，价格不一，依钞面所印之字以为定。

元世祖中统元年，始造交钞，以丝为本。每银五十两易丝钞一千两。诸物之直，并从丝例。同年十月，又造中统元宝钞，其文以十计者四,曰一十文、二十文、三十文、五十文。以百计者三,曰一百文、二百文、五百文。以贯计者二,曰一贯文、二贯文。每一贯同交钞一两,两贯同白银一两。至元二十四年,造至元钞。自二贯至五文,凡十有一等,与中统钞通行。每一贯文,当中统钞五贯文。随路设立官库,贸易金银,平准钞法。每花银一两,入库,其价至元钞二贯;出库,二贯五文。赤金一两,入库二十贯,出库二十贯五百文。伪造钞者处死,首告者赏钞五锭,仍以犯人家产给之。其法为最善。武宗至大二年,复造至大银钞。自二两至二厘,定为一十三等。每一两准至元钞五贯,白银一两,赤金一钱。元之钞法,至是凡三变。大抵至元钞五倍于中统,至大钞又五倍于至元。仁宗即位,以倍数太多,轻重失宜,遂有罢银钞之诏。而中统、至元二钞,终元之世,盖常行焉。凡钞之昏烂者,至元二年,委官就交钞库以新钞倒换,除工墨三十文。三年,减为二十文。所倒之钞,每季各路就令纳课正官,解赴省部焚毁,隶行省者就焚之。泰定四年,定焚毁之所,皆以廉访司官监临。隶行省者,行省官同监。其制之大略如此。(见《元史》卷九十三《食货志·钞法》)裴哥罗梯此节言纸钞有三种,不知指中统钞、至元钞、至大银钞三种而言,抑指中统钞十计、百计、贯计者而言,不甚了然也。

　　元初钞法至善,无落价之事。顺帝至正十年,右丞相托克托更钞法,以楮币一贯文省权铜钱一千文。钞为母而(钞)〔钱〕为子,准至元宝钞二贯。又铸至正通宝钱,与历代铜钱并用。行之未久,物价腾涌,价逾十倍。又值海内大乱,军储供给,赏赐犒劳,每日印造,不可数计。舟车装运,舳舻相接,交料之散满人间者,无处无之。昏软者不复行用。京师料钞十锭,易斗粟不可得。既而所在郡县,皆以物货相贸易。公私所积之钞,遂俱不行。人视之若弊楮,而国用由是遂乏矣。(见《元史》卷九十七《食货志·钞法》)高僧鄂多立克(Friar Odoric)之居中国在泰定帝时,裴哥罗梯之作在至顺元年至顺帝至元六年之间,伊宾·拔都他(Ibn Batuta)之来华在顺帝至正八年时,皆当元代钞法未坏破以前,无怪乎三人皆言钞币并不落价也。

　　西历一千二百九十四年,即元世祖至元三十一年,波斯国凯嘉图汗(Kaikhatu Khan)亦试行中国之法,行用纸币,用汉文钞字以名其币,在波斯各省设立官库，耗费巨款，然计书完全失败。塔伯利资都城官库无人过问，不得已乃停止钞币。一千三百三十年，计元文宗至顺元年，印度德梨（Delhi）大苏丹摩哈美德·图格腊克（Sultan Muhammad Tughluq）亦试行中国之法，其结果与波斯凯嘉图汗相同。

每一索摩之银，可购契丹丝十九磅或二十磅。基奴亚之重量也。每索摩之银，须有基奴里重量八两半。其成分，每磅须得十一两十七窭尼（Deniers）之纯银。（每磅十二两）

在契丹国，一索摩之银可购花绫缎子三匹半，或纳石梯（Nacchetti）金锦三匹半以至五匹。案，《元史》卷七十八《舆服》，纳石失即金锦也，纳石梯即纳石失之复数。

## 第七十三节　第三章《契丹塔那两地重量之比较》

撒雷市所用曼德（Maund），等于基奴亚（Genoa）重量六磅二两。

玉龙杰赤之曼德等于基奴亚三磅九两。斡脱罗儿之曼德等于基奴亚三磅九两。阿力麻里之曼德等于基奴亚二磅八两。甘州之曼德等于基奴亚二磅。

# 黑海塔那市之商况

塔那市所用重量之名目甚多，至为复杂，可表列如下：

康塔儿（Cantar），基奴亚之重量之名也。

大磅（Great Pound），等于基奴亚二十磅。

鲁拖罗（Ruotolo），每二十合一大磅。（康塔儿及鲁拖罗原为拉丁字，阿刺伯人用之。他国之人又借自阿刺伯，至今意大利南部及西锡利岛尚行用之也。）

小磅，即基奴亚磅也。

托哲拖（Tocchetto），每十二合一大磅。

撒基俄（Saggio），每四十五合一索摩（Sommo）。

皮科（Picco），今代小亚细亚诸地尚行用之，合二十四英寸。

腊、松香、铁、锡、铜、胡椒、生姜、粗劣香料、棉花、茜草、牛脂、羊脂、乳饼、麻油、蜜等，皆用大磅出售。

丝、咱夫蓝（Saffron）、花彩形琥珀、小香料等，皆用小磅出售。

栗鼠皮，以千张计算出售。一千零二十作一千。

黄鼬皮，以千张计算出售，一千作一千，无稍让也。

狐皮、黑貂皮、臭猫皮、貂鼠皮、狼皮、鹿皮、丝金之布，皆论件出售。

普通之布及画布，皆论皮科出售。各兽之尾，论捆出售，每捆二十根。

牛皮，以百张计算出售。一百作一百，无稍让也。

马皮及小马皮，皆论张出售。

黄金、珍珠，皆论撒基俄出售（一撒基俄合六分之一两）。小麦及各种谷类、豆类，在塔那市皆论喀细拖（Cascito，斗量之名）出售。希腊、拉丁之酒，皆以桶载运至其地，故即论桶出售。葡萄酒、脱里格里亚(Triglia)酒、刚底亚(Candia，即克里底岛)酒，皆论升斗出售。

腌鲻，则论福斯科(Fusco)出售。福斯科为鱼尾之半。满客鱼子。

# 明初中欧交通之断绝

## 第七十四节　总　　序

　　摩洛哥人拔都他,为元代最后西方游历家来至中国者。拔都他离中国后,中国各处内乱蠭起,而南方为尤甚。二十年间,庞大无比之蒙古朝竟至倾覆,在中国之势力扫地无余。朱明代兴,严守闭关主义。中国与欧洲之交通重复断绝,不相闻问。欧洲之游历家虽有至中央亚细亚或印度者,关于中国偶有报告,然皆得自传闻,非亲见者。交通障幕复起,返于古代状况。欧洲人之视中国,可望而不可即。蒙古时代欧洲游历家之纪载,如《马哥·孛罗游记》等视同《齐谐》志怪,士大夫目为荒唐不经。大汗、契丹、蛮子、汗八里京师、刺桐、秦克兰等名词,不啻为小说家之虚构。一百五十年后,葡萄牙与西班牙之探险家重启障幕后,古代所用名词皆废,吾人别有支那、北京、杭州、泉州、广东等名词以代之,古代名词皆需考古家之考证,乃得明了也。古代聂思脱里派(Nestorians,景教徒)、圣方济各会(Franciscans,元代西方教士来中国者,悉隶此会)皆消灭毫无遗迹。耶稣会(Jésuit,明末天主教师来中国者,悉隶此会)复由罗马教皇遣至东方宣教。利玛窦(Matteo Ricci)初抵中国时,亦以为中国乃基督教徒从古未至之地也。东方中国人士亦绝不知有欧洲。《明史》卷三百二十五称佛郎机(Farangi)近满剌加(Malacca),卷三百二十六载意大里亚居大西洋中,自古不通中国。利玛窦初抵北京,自称大西洋人。礼部言《会典》,止有西洋琐里国,无大西洋,其真伪不可知。殊不知佛郎机即《元史》卷一百四十九《郭侃传》之富浪,卷四十《顺帝本纪》至正二年之佛郎国,去满剌加尚数万里也。

意大利教士元时来中国者,接踵途间。天主教即唐时景教,元代之也里可温,同宗而异派而已。元顺帝时,中国朝廷与罗马教皇已正式通聘,在中国基督教徒不下数百万之众。利玛窦天主耶稣之说,并非创闻,更何庸疑其荒诞真伪乎? 又安知尚有意大利威尼斯市人马哥·孛罗仕于元廷,当重要职位,参预机密事务乎?

明初洪武、永乐两朝,对于外国颇振威信,频频遣使绝域,播布其荣誉于天涯地角。出使陆道者,则有傅安、陈诚、李贵、李达等。出使海道者,则有尹庆、郑和等。陆道上最西所达之城邑,为讨来思(Tauris)、失刺思(Shiraz)诸市。海上极远者为阿丹(Aden),非洲东海岸之木骨都束(Mogadishu)、不刺哇(Brawa)、竹步(Jubb)等地,不可谓不伟矣。然此两朝前后五十余年间,遣使不下数十次,似仅有洪武时普刺一次达欧洲境内,然无详细记载也。永乐后,历代君主垂拱守成,不勤远略。执政诸臣亦皆不欲疲中国以事夷狄。边吏驿官惮于供赉,乃采限制方法,近者一年一贡,远者二三年一贡。种种留难,而远人乃裹足矣。加以中央亚细亚帖木儿郎与明本非同宗,且时相攻伐。欧洲各国商人等至中央亚细亚者,即欲来中国亦必遭阻遏也。海上交通,自明初迄于明末,因倭寇之故,亦严行防范。本国人放洋来海者,皆有严禁。盖自明兴,方国珍、张士诚、陈友定等皆相继诛服,诸豪亡命,往往纠倭人入寇,北自辽东,南至钦廉沿海一带,烽火屡惊。外国使人来者,皆为限制。专制时代,不知有移民政策、奖励工商诸事。故吾人对于明代之闭关政策,亦不能不谅之也。

元时,西方民族钦察(Kipchak)、康里(Kankali)、阿兰(Alan)、俄罗斯(Russia)等,以及蒙古、辽、金、西夏之裔,留居中国者,至明初皆溶化于汉人民族内。洪武时,元朝初亡,汉人既光复旧土,种族思想盛炽。明太祖洪武元年,下令严禁汉人胡姓语、胡服。在民间,即本土所有之复姓,如淳于、端木之类,皆去其一字。其他如隋唐时代,元勋国舅之姓,若宇文、慕容、独孤、长孙、乞伏、呼延等,皆在禁例。居住中国胡人,竞自改汉姓,以同化于汉人。虽有劝谕,不必混淆,然亦不能止也。洪武末与永乐初,又尝赐各卫鞑靼人汉姓。(见顾炎武《日知录集释》卷二十三)故元时之外国民族在中国者,数十年间皆已溶化殆尽,毫无遗迹可见。元时,西方民族如俄罗斯、钦察、阿兰之类留居中国者,必尽改汉姓也。综视明代中西交通事迹,武宗以前,葡人未至之先,可为一纪。葡人既至之后,又可为一纪。前纪则仍古代草昧状况,蒙古人之功绩,汉某全然不知。前朝史书,尽皆束之高阁,无人问津,诋为腥臊,不屑措意,庞然自大,故步自封。其懒惰性之流毒,直遗传至今,尚未灭也。后纪则已入近代史矣。踵葡人之后而东来者,则有意大利之天主教师,以及荷兰、西班牙、俄罗斯、英吉利,皆蜂拥而来,叩关求市。演至清代,遂成今日喧宾夺主之势矣。求其所以致此者,皆昔日自大自封误之也。数时代虽起于武宗正德之世,而旧时代之观念,一时未尽消除。由中央亚细亚陆道来中国贸易者,皆仍因沿旧习,称中国曰契丹,北京曰汗八里。由海道至者,则换用新名辞,称曰支那,曰北京。由是而启欧人之误会,以为支那之外,别有契丹位于北方,与支那为邻。万历之末,葡人鄂本笃自印度起程,随往契丹之回教商旅,过印度库士山,登帕米尔高原,下沿塔里木河而抵中国边境,恍然大惊,契丹即支那也。欧人之疑窦,至是尽释。古代中西交通史,亦于此闭幕矣。西人古代观念,于明末已洞然消除。惟中国人士之大梦,则迟至二百五十余年后,清宣宗道光时鸦片之战,始稍觉悟。又六十年后,清德宗时拳匪之败,始大醒也。

## 第七十五节 《明史·拂菻传》

拂菻,即汉大秦。桓帝时,始通中国。晋及魏皆曰大秦,尝入贡。唐曰拂菻,宋仍之,亦数入贡。而《宋史》谓历代未尝朝贡,疑其非大秦也。元末,其国人捏古伦入市中国,元亡不能归。太祖闻之,以洪武四年八月召见,命赍诏书还谕其王曰:"自有宋失驭,天绝其祀。元兴沙漠,入主中国,百有余年。天厌其昏淫,亦用陨绝其命。中原扰乱,十有八年,当群雄初起时,朕为淮右布衣,起义救民。荷天之灵,授以文武诸臣,东渡江左,练兵养士,十有四年。西平汉王陈友谅,东缚吴王张士诚,南平闽粤,戡定巴蜀,北定幽燕,奠安方夏,复我中国之旧疆。朕为臣民推戴,即皇帝位,定有天下之号曰大明,建元洪武,于今四年矣。凡四夷诸邦,皆遣官告谕,惟尔拂菻隔越西海,未及报知。今遣尔国之民捏古伦,赍诏往谕。朕虽未及古先哲王,俾万方怀德,然不可不使天下知朕平定四海之意,故兹诏告。"已而复命使臣普剌等,赍敕书、彩币招谕,其国乃遣使入贡,后不复至。万历时,大西洋人至京师,言天主耶稣生于如德亚(今译作犹太),即古大秦国也。其国自开辟以来六千年,史书所载,世代相嬗,及万事万物原始,无不详悉,谓为天主肇生人类之邦,言颇诞谩不可信。其物产、珍宝之盛,具见前史。(见《明史》卷三百二十六)

案,捏古伦究为何人,可参观上方第五十九节。捏古伦一去不返,究竟已达欧洲与否,莫得知也。其后使臣普剌等复奉命赍敕书、彩币,招谕其国。普剌等似已达其国,故以后乃遣使入贡也。惜其无详细记行书以留后世也。由普剌之名观之,其非汉人可断然也。普剌岂亦捏古伦之同国人欤?捏古伦,吾人既承认为 Nicholas 之译音,普剌岂 Paul(今译作保罗)之译音欤?

## 第七十六节　尼哥罗·康梯《游记》

一千四百三十八年时(明英宗正统三年),意大利游客尼哥罗·康梯(Nicolo Conti)游历东方诸国,至印度以东诸地,著有《游记》一书。康梯未言明曾否抵契丹,然关于中国,则有一节记录也。亨利·玉尔谓据其内容,康梯必曾已达中国,而亨利·考狄则又以为未至中国。盖苟曾亲至中国,不当再用《马哥·孛罗游记》中之古地名,而应用中国人新名,如以后葡萄牙人也。吾之意,康梯或曾至岭南、福建诸地,其不用中国人新名者,则以个人旅行,言语不通,仅恃同伴代达,而康梯之同伴,或皆为阿剌伯、波斯等地之人,故所得皆为蒙古时代之名字也。康梯记中国曰:

> 过马秦奴斯省[Macinus,马秦(Machin),为梵语摩诃秦(Mahachin)之讹音,不可与后代之蛮子(Manzi)混合],有契丹国者,富庶强盛,驾于诸国。契丹国主尊号为大汗(Great Khan),为皇帝也。国大部城曰汗八里西亚(Cambaleschia),城为四方形,周围二十八迈耳(Mile)。城中为王居,坚固华丽。城之四角,有圆形

寨垒。每垒周围四里,垒内贮存各种军器、战具及攻城机械,盖以备防守之用也。由王居有甬道,经城中,通至四角寨垒。人民反叛时,王可由之而退至垒内自守。离此城十五日行,又有大城曰南勃台(Nemptai,有谓为南京之转音者,然甚不可恃),为王所建,周围三十里。户口殷庶,过于他城。据尼哥罗所言(康梯游记亦非亲笔所作,乃口授于他人笔录者,与马哥·孛罗、拔都他等相同),此二城内房舍宫殿之建筑,及装饰品之陈布,皆与意大利相同。人民温和慎重,聪慧多智,富厚过于以前所述诸国。

尼哥罗后离阿瓦(在缅甸境)航海十七日后,抵一河口。河不甚大,才拖那港(Xeythona)即在河口(音与马哥·孛罗之刺桐港近,即泉州)。沿河上驶十日,抵彭柯尼亚城(Panconia),城周十二里。居留该处,凡四阅月。所经各地,仅此一处产葡萄耳,然亦甚微也。印度全境(中世纪欧洲之游历家亦有混称中国南方为印度者)皆不产葡萄,故亦无酒。此方人民不以葡萄制酒,又产波罗、橘、粟、瓜、樟脑、檀香木等。其瓜皆小而青。樟脑则取自樟树,未取以前先祀神,乃再断其皮而蒸之,否则去而不可见矣。(见 H. Yule's *Cathay*,Ⅰ,pp.266-267; R. H. Major, *India in the Fifteenth Century*, Hakluyt Soc., 1857, pp.14-15)

康梯又记:"契丹商贾皆极富厚,船舶皆大于欧洲诸国所用者。船内分部,有防水部,用三人棹。其人称吾辈为法兰克人(Franks),举世皆盲,吾辈仅有一目,独彼人则以二目视也。东方诸国,仅契丹国人食时用棹及银碟。妇女用粉黛涂面。坟墓皆在山边掘穴,起拱门,外有围墙围之。"(此为中国南方之墓)所记情形确实,故亨利·玉尔以为非亲见者,不能言之如是也。(见 Yule's *Cathay*,Ⅰ,pp.175-176)

康梯游历恒河及伊勒瓦第河(Irrawaddy)流域,颇为周详。威尼斯人佛拉·毛罗(Fra Mauro)依康梯之说制世界图,今仍存于该市大公爵宫内。

## 第七十七节 博嘉登东国使节

康梯游记之笔录人博嘉(Poggio Bracciolini)于书之末,附以数语云:"本书将付印之际,有北方上印度(Upper India)某,受其国教大总管(Patriarch)之命,来欧洲拜访教皇,及探访西方基督教徒情况。其距契丹国仅二十日程,崇奉聂思脱里派基督教。惜言语不通,无相当舌人以作翻译,故欲自其人访问东方情形,颇为不易。良机坐失,诚为憾事。然其人亦言有大汗,管辖九王"云。博嘉此节之使节,似为畏吾儿(Uighur)或蒙古克烈部(Keraite,成吉斯汗初起时王汗所部)所遣者。盖该二国皆奉聂思脱里派之基督教,且距中国亦皆约二十日程也。(见Yule's *Cathay*, pp.177-178)

## 第七十八节　科伦布立志东游

《马哥·孛罗游记》最伟之功绩,即诱起科伦布决心漫游东方,发明美洲,攻破以前海洋上之谬说,天圆地方之谬想,引起近世历史之奇变也。科伦布为人类中之明星,各种学问无所不窥,尤以精于航海之术。为达其盛业之要门,热心研究《马哥·孛罗游记》,立志漫游东方,多年不渝。其航海美洲之纪行书,固为人类进化史中之最要公牍遗留后世者,而其与意大利人托斯加内里(Paolo del Pozzo Toscanelli)来往之书札,亦极重要。科伦布以托氏之函及图为航海指南,渡洋而西者也。英国马克哈姆(C. R. Markham)谓:"科伦布之纪行书不独为地理学史上之最要遗书,亦实为人类史上之最要遗书。盖科伦布之发明,将所有前历史之面目全改观也。"托斯加内里之图函,既为科伦布之指南,其重要可知。马克哈姆译《科伦布纪行》列之于书端,吾今亦特取而译之。又科伦布进呈纪行书于西班牙王后之表文,今亦同列于下焉。(参见《孛罗游记导言》第十一章,又 *The Journal of Christopher Columbus*, Trans. by C. R. Markham, Hak. Soc., p.Ⅷ)

托斯加内里,意大利国佛罗伦斯市(Florence)人也,精于哲学、天文学、医学,名冠当时,多有千里驰书与之讨论学术者。科伦布亦其中之一人也。科伦布先驰书问访,故下方二书,皆托氏之覆书也。其图已失,后有德国人某,依其函中所言及马丁·贝哈姆(Martin Behaim)古地球仪,重制托氏图之外国杂志(*Das Ausland*, 1867, p.5)中,马克哈姆尝取其图,列之译文中,吾今不复重录其图也。

# 第七十九节　托斯加内里(姓)
## 致科伦布第一书

医士保罗(名)谨致书于克里斯陀巴尔(名)·科伦布(姓,Cristóbal Colón),比维起居纳福是颂。顷承惠书,敬悉足下发鸿愿,立大志,期于得达产香料之国。喀斯的尔(Castile)战争以前,有葡萄牙国王之宠友某君,受王命,亦来书询问航海指南,与足下之书相同。余尝于前数日作书覆之,并绘寄海图一张。今将致某君之图函,悉抄录寄赠足下。足下见此,对于所询问者,将有满意解决也。某君之书如下:

医士保罗谨致书于立斯本(Lisbon,葡京)僧正(Canon)肥南·马丁(Fernan Martin),比维起居纳福是颂。顷承惠书,敬悉足下身体康健,复与葡萄牙国王结为知交,王威德巍巍,度量宽洪,而足下得与为友,逖听之余,欢欣无似。仆昔尝与足下论及有短捷路径,可航海而至产香料之地,较之取道基尼亚(Guinea,在非洲西海岸)者,省时日也。今蒙葡王垂询简明证说,俾使浅学者亦得一望而知。仆意此事,若以地形为圆球之状,则极易明了。今为省事易明之故,特绘制航海图一幅,寄赠葡王陛下。图中详绘贵国海岸岛屿,向西航行起程之处,沿途所经之地,最后之目的地。航线离北极赤道究应若干,起身处与目的地相距道里究为若干,皆一一标明。足下依此航行,即可抵产香料、宝石之国。其地肥美,最为富厚。仆言其国在西,而普通则皆谓在东。足下或讶异不解其故也。然苟一思地为圆形,向西直航,经地之下面,其地自可达也。若由陆路,经地之上面,则其地方向固在东方也。(此为当时天文家新发明之理论,从无实验也。普通人民尚迷信天圆地方,大陆之外有瀛海环之,海之外则地边也。船舶航至地边时,即永坠地狱,不可复出矣。)图中南北直线,所以标明东西相距里数。东西直线,所以标明南北相距里数也。图中又绘明岛屿数处,俾遇风不能航达目的地时,偶漂流至其处,航海者睹图,得知其身究在世界何方也。苟漂至诸地时,或者亦可借土人而知目的地情形若干也。传说诸岛中,仅有商贾居之。盖诸地商贾，贩运货物之巨，虽合全世界之数，不及剌桐（Zaitun，即泉州）一巨港也。每年有巨舟百艘，载运胡椒至剌桐，其载运别种香料之船舶，尚未计及也。其国人口殷庶，富厚无匹。邦国、省区、城邑之多，不可以数计，皆臣属大汗（Great Khan）。大汗者，拉丁语大皇帝（Rez Regum）也。都城在契丹省（Cathay）。二百年前，其祖先尝欲与基督教徒交通，遣使教皇，问请学人，教化其国。教皇使人阻于途中，半道而归。（托斯加内里此即引用《马哥·孛罗游记》。明朝推翻元朝代兴，欧人未知，故此节言其祖先也。）欧格奴斯（Eugenius）教皇（即位于一千四百三十一年，即明宣宗宣德六年。卒于一千四百四十七年，即明英宗正统十二年）时，又遣使者来教皇之廷。余尝见其使，亲与之谈论，访问其国江河长宽若干，河岸城邑若干。据云：河岸有城市二百余处，各城皆有大理石建成之桥，桥头皆饰以石柱。国人待基督教徒至为宽仁。（托斯加内里此即所言之使节，不见《明史》。或者即上方博嘉所记之使节也。）拉丁人大可设法往其国。盖不独金银、珍珠、宝石、香料，所在皆是，可以致富也。而吾人亦可与其国学人、哲士、天文家等交谈，互换知识，统治国家之才能，巧慧战争之方法，吾人皆可自其人学习取材也。仆事羁身，无暇再多言。上方所述，或能得满意了解。葡王陛下以后若有垂问，仆愿竭其能力，使之满足也。专此布陈。一千四百七十四年（明宪宗成化十年）六月二十四日，书自佛罗伦市。

由立斯本向西直行，可抵京师城（Quinsay），城市美丽，人烟稠密。图中表示两地距离共二十六方格，每方格长二百五十迈耳。京师周围一百迈耳。城内有桥十处。京师之义，犹云天城（City of Heaven）也。前人至其地者，述各种奇事巧匠，富厚甲于天下。由立斯本至京师间，道里几占全球三分之一。京师城在蛮子省（Mangi），然距契丹省不远。王居即在契丹也。（以上皆取材于《马哥·孛罗游记》）安梯利亚岛（Antillia）足下业已知之，由该岛至日本国（Cipangu）共有十方格之程。日本岛产黄金、珍珠、宝石极富。其地庙宇宫殿，皆以金砖金块建成。（见《马哥·孛罗游记》）计至其地，所应航行之道里，并不多也。此外尚有多事，似宜略述一二，然勤于思虑者，不言亦自可明也。专此布陈。敬祝祇安。

此函后人在科伦布日记中查出，末尾无年月，盖科伦布自抄录时所脱略也。然据其文观之，必在一千四百七十四年六七月间也。

## 第八十节　托斯加内里致科伦布第二书

医士保罗谨致书于克里斯陀巴尔（名）·科伦布（姓），比维起居纳福是颂。顷承惠书，并寄赠物品，皆已收到。感谢隆情，匪可言喻。足下决心，依仆前函所述之路线，欲由西至东，地之形状实为圆球，言之极易了解。足下苟能达志，诚为千古未有之壮举。足下得仆函后，了解一切，私心至为慰悦。仆所述之航路，不独行以实行，而亦真确。足下成功以后，定必在所有基督教国中，博得非常荣誉，获莫大之利也。（岂独在基督教国中博得非常荣誉耶？科伦布者，创造新大地、新历史之人也。西人部分世界史为上古、中古、近世三部。近世史起自科伦布发明美洲，良有以也。）不留心其地之情形者，固不得知也。仆家积有多年之考访。每有大使自彼方来罗马者，或商人旅居其处久者，归国时，仆辄就而访问其地情形。一有所得，必归而记之。积年累月，所得甚多。此类记载皆极可恃，真确无讹。足下航海壮志果能遂愿，则所至之国皆强国富地，物产丰裕，香料尤多，珍珠、宝石难以数计，而皆为吾人所需用之物也。其地基督教徒亦甚众，故帝王君主，皆切望与吾地基督教徒交通谈话，更欲与吾地文人、学士、教师及科学家等为友。吾地各国政府之荣誉威望，其地之人皆久已闻之，故其欲与吾人交通欲望之切，较之吾人更为甚也。为此诸故，及其他各种原因，无怪足下以天赋赡勇，葡萄牙国人皆果于任重，俱怀此奢望，心急如焚，欲任此远航盛业也。

此函无非鼓舞科伦布任此远航壮举，以验其学说而已。信无日期，且语气似未完也。

## 第八十一节　《科伦布纪程》序文

案，全篇颂扬西班牙王后之功德，盖报其任用之恩也。

水师提督（官名）顿（爵名）克里斯陀巴尔（名）·科伦布（姓）谨言。

陛下君临西班牙全境及海中岛屿，褒崇基督圣教，功盖天下，德洽人心。今年为耶稣基督降生后一千四百九十二年（明孝宗弘治五年），陛下奋天威，扫灭摩尔（Moor）回人，攻陷格拉那达（Granada）大城。正月二日，王师进入敌都，陛下旌旗飘扬于阿尔方百拉（Alfambra）回王宫阙之上。臣亲见回王开城门出降，执陛下之手而亲之，其卑鄙屈辱之状，难以笔述。回人建国数百年，根深蒂固，王师一举而灭之，可见巍巍之天威不可当也。臣昔尝与陛下言及印度国（中世纪欧洲游历家多有称中国亦为印度者）有大汗（Gran Can）者，吾国语王之王（King of Kings）之义也。〔成吉斯汗后裔在中国者，称大汗。西北三藩波斯、察合台、钦察皆称汗，拥戴大汗为王，故此方有王之王解说。元顺帝给罗马教皇谕旨，有皇帝之皇帝（Emperor of Emperors）称号也。〕大汗及其祖先，尝遣使罗马多次，访求吾教中之学人，以教化其国。圣父教皇迄未能应其人之请，致使拜偶像者千百万人，信守邪说，不能沐浴圣教。今王后两陛下皆仇恨摩诃末教，鄙视偶像邪说，褒崇基督正教，每思设法以传布之。昔闻臣言，深致慨然，叹息痛恨于当时诸人之因循苟且，不求进步。今年正月，王师凯旋，全国宁谧，乃命臣克里斯陀巴尔·科伦布往印度国谒见大汗，访问各城各邑及其国风俗，俾以后设法使之改信圣教。又命臣不必由古来旧道向东方陆路起行，须由西方新道而往，盖以前从无人知或经行之也。

今年正月，既下令摈逐犹太人后，复令臣率所需舰队向印度等地航行。又授臣以顿（Den）勋爵〔西班牙之顿爵，犹之法国之窦爵（De），德国之方爵（Von）也〕，海洋上水师总提督，发现岛洲之终身总督，臣之子孙，世世承袭，永远不替。

臣受令以后，铭恩腑肺，乃于今一千四百九十二年五月十二日，即星期六日，离格拉那达城而至拍洛斯（Palos）海港。设备海舰三艘，贮带粮草，取用水手多人，于同年八月三日星期五之晨，旭日未升前半点，离港而向喀那利亚（Canaria）群岛。诸岛亦归陛下所辖，同在一洋。由该岛，臣遂航行向印度，求将陛下国书递呈于大汗及诸地之王，以遂臣之使命。臣恩此举为前古未有之盛业，非昭宣无以光圣德，无记载何以传后世。故臣将所见所为，一一笔之于书。夜时则记日中之事，昼时则记夜中之事,别造新图,绘明各海各陆之位置,以利航行,并详记各地距赤道若干,西经若干,一一说明,使读者与观图无异。事极烦琐,将致忘寝,然臣之职守所在,岂敢辞劳欤?谨上。(见 The Journal of Christopher Columbus, Trans. by C. R. Markham, pp.3-18)

科伦布抵西印度群岛后,以为所发见者即亚洲海滨诸岛也。故其游记中以为古巴岛即日本国,四处访问有无黄金,以定所拟者之真确。科伦布发现美洲后十四年,即卒。临死时,尚深信其发现者,距亚洲必不远也。死后二十余年,欧洲人士亦皆以为美洲即亚洲也。有圣方济各会僧人佛兰锡斯(Francis)者,尝致书于帕楼模市(Palermo)总主教,谓泰米斯太坦城(Themistetan,即今墨西哥城)即京师城(Quinsai),古巴岛即日本国(Cipangu)也。(见 Yule, Cathay, Ⅰ, p.189)

## 第八十二节 科伦布大发明后之世界变迁

科伦布以前,海洋上迷信甚多。有谓海中有旋涡,船投入之,即人船莫存。又谓海中仅有去国之风,而无回国之风,去后即不能归。又谓海中罗盘针有时改方向,掌船者将迷津不能归。其他种种,难以枚举。科伦布于航期中,皆设法讲解,破除迷信。成功以后,世人为之大动,接踵远航者不知凡几。不及二十年,全美洲之海岸皆为欧人探悉。葡人复沿非洲西岸南探,绕好望角,于一千五百十四年(明武宗正德九年)抵中国海岸,重启中欧之新交通。一千五百十九年(正德十四年),葡人麦哲伦(Magellan)航绕地球一周,地为球形,乃有真验。科伦布死后不及五十年,全地球无人之地悉为欧人割据,欧人之势力弥漫大地。而东方古昔强国,为科伦布航海之目的者,日渐萎弱,以至今日,危如累卵。呜呼!岂世运之难挽,实人事之不修也。

# 明中中欧交通之恢复

## 第八十三节 葡萄牙人之通中国

明武宗正德时,葡萄牙人征服满剌加(Malacca),遣使探险中国,欧洲与中国之交通始再兴。《明史》卷三百二十五称之为佛郎机(Farangi)。满剌加及南洋群岛诸处,当时皆用回教文化,波斯、阿拉伯之人居留其处者甚多。葡萄牙人初来中国,所用舌人必为此辈,故中国史书不见葡萄牙之名,而称佛郎机。葡萄牙文之纪载,不见契丹之名,而称为支那(China),当时中国朝廷以为从古未见之名。欧亚交通历史,于此别开新纪元。吾人取两方之纪载参观之,甚有兴味也。

葡萄牙人于西历一千五百十四年(明武宗正德九年)初,抵中国海岸某港(原文无名)贸易,大获利而归,然中国官吏未许其登陆也。一千五百十七年(正德十二年),葡萄牙满剌加总督达尔伯克喀(Alfonso d'Albuquerque)复遣使至中国兼贸易,其使者皮莱资(Pirez)为中国官吏所械系,死于囹圄中。第二次之遣使(即正德十二年),两国官书皆有记载。然《明史》谓为第一次之通问,则误也。三年前,盖已有商人至者,见赖麦锡(Ramusio)《游记丛书》第一本一百八十页至一百八十一页。一千五百十五年(正德十年)正月六日,安德鲁·葛沙列斯(Andrew Corsalis)致鲁伦初·美德旗公爵(Duke Lorenzo de'Medici)之书,谓中国商人亦涉大海湾,载运麝香、大黄、珍珠、锡、瓷器、生丝,及各种纺织品,如花绫、绸缎、锦栏等甚多,至满剌加贸易。其人多才巧,不亚吾辈。然面丑陋,两目甚小。衣服类于吾人,有鞋袜。其人信异端,然有言其亦信基督者,惟不知确否。客岁,葡萄牙人有航海至中国者,其国官吏禁止上岸，谓许外人入居其国，违背其国风俗常例。然诸商人皆得售出其货，获大利而归，言带香料、胡椒、肉桂、生姜、丁香等至中国，售价较高于葡萄牙也。其国天气甚冷，故用香料最多。由满剌加至支那，船向北行，共五百海里云云。（见 Henri Cordier, *Lárrivée des Portugais en Chine*; H. Yule, *Cathay*, Ⅰ, p.180）

## 第八十四节　葡人巴罗斯之记载

一千五百十七年（正德十二年），满剌加总督之遣使，葡萄牙史家巴罗斯（J. de Barros）有详细记载。德国人索尔涛（D. W. Soltau）将巴罗斯所著之《亚细亚》，于一千八百二十一年（清道光元年）译成德文，俄国白莱脱胥那窦博士（Dr. E. Bretschneider）又德文译成英文，列之于其所著《中世纪中央及西部亚细亚研究》。吾今又自英文译成汉文如下：

葡萄牙水师提督达尔伯克喀（Alfonso d'Albuquerque）于西历一千五百十一年（明正德六年）征服满剌加（Malacca）。越数年，其弟佐治（Jorge d'Albuquerque）充满剌加总督，于一千五百十五年或次年（正德十年或十一年），遣斐来斯特罗（Rafael Perestrello）往支那。斐氏乘马雷人海船前往。至一千五百十六年八月十二日，迄无回音，不知斐氏下落，乃复遣安特拉德（Ferman Perez d'Andrade）往支那，亦无功而返。抵满剌加时，得遇斐来斯特罗。斐已至支那，售出货物，获大利而先归矣。总督决意再遣安特拉德往支那，船上满载胡椒，于一千五百十七年（正德十二年）六月十七日起碇，同行者有皮莱资（Thomas Pirez），以葡萄牙国王大使名义，往聘支那。皮莱资素充药剂师，然为人敏捷，善于应对，使当外交，折冲樽俎，颇为相宜。八月十五日，抵屯门岛（Tamang），距支那陆地尚有三海里。外国商船往广东（Canton）者，皆须寄泊于此。安特拉德于此遇其友人柯尔和（Dûarte Coêlho）。柯当安氏第一次使支那时为同伴。后至暹罗过冬，来抵此港已一月矣。葡人欲往广东，支那官吏不许。安特拉德强使入内河，放炮举敬礼。抵广东后，国使皮莱资与随员登陆。支那人接待颇优，择安寓以舍之。葡人所载货物皆转运上陆，妥为贮藏。安特拉德遣柯尔和返满剌加报告总督,探险队已安抵广东矣。总督又遣马斯客伦哈斯(Mascareuhas)踏勘支那海岸。马氏率数舰抵福建(Fo Kieng)漳州(Chincheo)。一千五百十五年(正德十年)八月,总督遣西眇(Simao d'Andrade)至屯门岛,代其兄安特拉德。安氏于九月杪独自归回满剌加。皮莱资与其余诸人皆留于广东。无几,支那朝廷回文,皇帝允许召见皮莱资,然直至一千五百二十年(正德十五年正月。巴罗斯所载年月与《明史》不相合),皮莱资始由广东起程,朝拜皇帝。使节乘船至梅岭山(Ma Leng Shang),山南为广西(Kan Sing)、广东(Kan Tong)、福建(Fo Kieng)三省,弃船陆行,往南京(Nan King),盖皇帝适在其处暂居也。途间共行四阅月始至。(《明史》载武宗正德十四年,即西历一千五百十九年南巡驻南京,十月回北京。)皇帝命使者至北京,盖帝已先自起行矣。一千五百二十一年正月,皮莱资抵北京。同时,广东官吏奏参葡萄牙人恶事多款。一则由于满剌加苏丹(Sultan)之臣,运动支那官吏,妄言葡人之来,冒混商贾,而实则侦探国情。再则西眇统率葡人起壕障,虐待屯门岛土人。故支那人当初对葡人之美意至是变为恶感,甚至有言葡人拐诱幼童者。报告达北京,皇帝不欲再见皮莱资。三月后,帝崩。(《明史》载武宗崩于一千五百二十一年二月,即正德十六年也。)新帝即位,诸臣请杀葡萄牙使者。皇帝不听,命送使者回广东,听候后命,礼物皆退还。同年,西眇归,喀尔乌(Diego Calvo)代之。皇帝崩耗达广东,支那官吏令葡人退出屯门岛。葡人不从,支那舰队攻之。葡人大败而退,损伤颇多。时为千五百二十年六月也(应作一千五百二十一年)。皮莱资抵广东,支那官吏系之狱间。

巴罗斯历史,关于以后皮莱资之命运如何,及葡人与中国交涉,无记载矣。其历史至一千五百十九年而止。后二十年,皮莱资同国人冒险游历家平拖(Pinto)至中国,谓皮莱资受苦刑后,至其徒十二人皆流至中国北部,娶支那女子。皮莱资使之信基督教,居于北方多年。一千五百四十三年(嘉靖二十二年),平拖见其女于该处云。然依他方之纪载,皮莱资实于一千五百二十三年(嘉靖二年)在广东被杀也。(参观 E. Bretschneider, *Mediaeval Researches*, II, pp.37-319;又《明史·佛郎机传》)

## 第八十五节 《明史·佛郎机传》

佛郎机(Farangi)，近满剌加(Malacca)。正德中，据满剌加地，逐其王。十三年，遣使臣加必丹末(Captain，首领之义)等贡方物，请封，始知其名，诏给方物之直，遣还。其人久留不去，剽劫行旅，至掠小儿为食。已而夤缘镇守中贵，许入京。武宗南巡，其使火者亚三因江彬侍帝左右。帝时学其语以为戏。其留怀远驿者，益掠买良民，筑室立寨，为久居计。十五年，御史邱道隆言："满剌加乃敕封之国，而佛郎机敢并之，且啗我以利，邀求封贡，决不可许。宜却其使臣，明示顺逆，令还满剌加疆土，方许朝贡。倘执迷不悛，必檄告诸番，声罪致讨。"御史何鳌言："佛郎机最凶狡，兵械较诸蕃独精。前岁驾大舶突入广东会城，炮声殷地。留驿者违制交通，入都者桀骜争长。今听其往来贸易，势必争斗杀伤，南方之祸殆无纪极。祖宗朝贡有定期，防有常制，故来者不多。近因布政吴廷举谓缺上供香物，不问何年，来即取货，致番船不绝于海澨，蛮人杂遝于州城。禁防既疏，水道益熟，此佛郎机所以乘机突至也。乞悉驱在澳番舶及番人潜居者，禁私通，严守备，庶一方获安。"疏下，礼部言："道隆先宰顺德，鳌即顺德人，故深晰利害。宜俟满剌加使臣至，廷诘佛郎机侵夺邻邦、扰乱内地之罪，奏请处置。其他悉如御史言。"报可。亚三侍帝骄甚，从驾入都，居会同馆。见提督主事梁焯，不屈膝。焯怒，挞之，彬大诟曰："彼尝与天子嬉戏，肯跪汝小官耶？"明年，武宗崩，亚三下吏，自言本华人，为番人所使，乃伏法，绝其朝贡。其年七月，又以接济朝使为词，携土物求市，守臣请抽分如故事，诏复拒之。其将别都卢既以巨炮利兵肆掠满剌加诸国，横行海上，复率其属疏世利等驾五舟击破巴西国（即波斯也）。嘉靖二年，遂寇新会之西草湾，指挥柯荣、百户王应恩御之。转战至稍州，向化人潘丁苟先登，众齐进，生擒别都卢、疏世利等四十二人，斩首三十五级，获其二舟。余贼复率三舟接战，应恩阵亡，贼亦败遁。官军得其炮，即名为佛郎机，副使汪鋐进之朝。九年秋，鋐累官右都御史，上言："今塞上墩台城堡未尝不设，乃寇来辄遭蹂躏者，盖墩台止瞭望，城堡又无制远之具，故往往受困。当用臣所进佛郎机,其小止二十斤以下,远可六百步者,则用之墩台。每墩用其一,以三人守之。其大至七十斤以上,远可五六里者,则用之城堡。每堡用其三,以十人守之。五里一墩,十里一堡,大小相依,远近相应,寇将无所容足,可坐收不战之功。"帝悦,即从之。火炮之有佛郎机自此始。然将士不善用,迄莫能制寇也。初,广东文武官月俸多以番货代,至是货至者寡,有议复许佛郎机通市者。给事中王希文力争,乃定令,诸番贡不以时及勘合差失者,悉行禁止,由是番舶几绝。巡抚林富上言:"粤中公私诸费多资商税。番船不至,则公私皆窘。今许佛郎机互市有四利。祖宗时,诸番常贡外,原有抽分之法,稍取其余,足供御用,利一。两粤比岁用兵,库藏耗竭,借以充军饷,备不虞,利二。粤西素仰给粤东,小有征发,即措办不前。若番舶流通,则上下交济,利三。小民以懋迁为生,持一钱之货,即得展转贩易,衣食其中,利四。助国裕民,两有所赖,此因民之利而利之,非开利孔为民梯祸也。"从之。自是佛郎机得入香山澳为市,而其徒又越境商于福建,往来不绝。至二十六年,朱纨为巡抚,严禁通番。其人无所获利,则整众犯漳州之月港、浯屿。副使柯乔等御却之。二十八年,又犯诏安,官军迎击于走马溪,生擒贼首李光头等九十六人,余遁去,纨用便宜斩之。怨纨者御史陈九德遂劾其专擅,帝遣给事中杜汝祯往验,言此满剌加商人,岁招海滨无赖之徒,往来鬻贩,无僣号流劫事。纨擅自行诛,诚如御史所劾。纨遂被逮,自杀。盖不知满剌加即佛郎机也。自纨死,海御复弛,佛郎机遂纵横海上无所忌。而其市香山澳、壕镜者,至筑室建城,雄踞海畔,若一国然。将吏不肖者反视为外府矣。壕镜在香山县虎跳门外。先是,暹罗、占城、爪哇、琉球、浡泥诸国互市,俱在广州,设市舶司镇之。正德时,移于高州之电白县。嘉靖十四年,指挥黄庆纳贿,请于上官,移之壕镜,岁输课二万金,佛郎机遂得混入,高栋飞甍,栉比相望,闽粤商人趋之若鹜。久之,其来益众,诸国人畏而避之,遂专为所据。四十四年,伪称满剌加入贡。已,改称蒲都丽家。守臣以闻。下部议,言必佛郎机假托,乃却之。万历中,破灭吕宋,尽擅闽粤海上之利,势益炽。至三十四年,又于隔水青州建寺,高六七丈,闳敞奇闳,非中国所有。知县张大猷请毁其高埔,不果。明年,番禺举人卢廷龙会试入都,请尽逐澳中诸番,出居浪白外海,还我壕镜故地。当事不能用。番人既筑城,聚海外杂番,广通贸易,至万余人。吏其土者,皆畏惧不敢诘,甚有利其宝货,佯禁而阴许之者。总督戴耀在事十三年,养成其患。番人又潜匿倭贼,敌杀官军。四十二年,总督张鸣凤檄番人驱倭出海,因上言:"粤之有澳夷,犹疽之在背也。澳之有倭贼,犹虎之傅翼也。今一旦驱斥,不费一矢,此圣天子威德所致。惟是倭去而番尚存。有谓宜剿除者,有谓宜移之浪白外洋就船贸易者,顾兵难轻动,而壕镜在香山内地,官军环海而守,彼日食所需,咸仰于我,一怀异志,我即制其死命。若移之外洋,则巨海芒芒,奸宄安诘?制御安施?似不如申明约束,内不许一奸阑出,外不许一倭阑入。无启衅,无弛防,相安无患之为愈也。"部议从之。居三年,设参将于中路雍陌营,调千人戍之,防御渐密。天启元年,守臣虑其终为患,遣监司冯从龙等毁其所筑青州城,番亦不敢拒。其时,大西洋人来中国,亦居此澳。盖番人本来市易,初无不轨谋,中朝疑之过甚,迄不许其朝贡,又无力以制之,故议者纷然。然终明之世,此番固未尝为变也。其人长身高鼻,猫睛鹰嘴,拳发赤须,好经商,恃强陵轹诸国,无所不往。后又称干系腊国(西班牙之旧名)。所产多犀象、珠贝。衣服华洁,贵者冠,贱者笠,见尊长辄去之。初奉佛教,后奉天主教。市易但伸指示数,虽累千金,不立约契。有事指天为誓,不相负。自灭满剌加、巴西、吕宋三国,海外诸番,无敢与抗者。(见《明史》卷三百二十五)

案,佛郎机之名,又见《明史》卷三百二十五《满剌加(Malacca)传》,又卷三百二十四《爪哇(Java)传》,又卷三百二十五《苏禄(Sulu)传》,又卷三百二十三《美洛居(Moluccas)传》,皆指葡萄牙人而言。卷三百二十三《吕宋(Luzon)传》,载佛郎机与吕宋互市久,见其国弱可取,乃奉厚贿遗王,乞地如牛皮大,建屋以居。王不虞其诈而许之。其人乃裂牛皮,联属至数千丈,围吕宋地,乞如约。王大骇,然业已许诺,无可奈何,遂听之。其人既得地,筑城列火器,乘其无备,袭杀其王,逐其人民而据其国。此乃指西班牙人而言也。菲律宾群岛中最大者为吕宋,周游世界第一人麦哲伦(Magellan)于一千五百二十一年(明武宗正德十六年)始发现之,西班牙人屡攻不克。至一千五百六十九年(明穆宗隆庆三年),西班牙水师提督雷格斯勃(Legaspe)发现吕宋岛。阅二年,建玛尼拉城（Manila）作根据地，以后遂逐渐征服全岛。

魏源《海国图志》卷四十《荷兰国沿革》引《明史·和兰传》，源注云："佛夷惟市香山，未尝据吕宋。据吕宋者，乃西洋之大吕宋，以其名名此岛，至今尚然，未尝为佛郎机所据也。"又卷四十一《佛兰西国沿革》引《明史·佛郎机传》，源注云："佛郎机旋去澳不居，非今之澳夷也。""今称澳夷，实名葡萄亚也。"魏氏盖不知佛郎机名字之由来，故有是谈也。（参观上方《隋书·铁勒传》拂菻考）今法国之通中国甚晚，至清顺治十七年始有船至广东。雍正六年始设商店于广州。嘉庆七年始设领事，翌年即撤。

## 第八十六节　科伦布以后

欧人之访契丹者，葡萄牙人抵中国后，中欧交通新史已启，然中世纪游历契丹名辞，仍存留于多人之脑海，一时不易忘失。甚有谓契丹并非支那，其地位实在支那之北，另成一国也。一千四百九十六年（明孝宗弘治九年），英国人喀博德（Cabot）第一次向西北洋面航行至坎拿大（Canada）河岸者，其目的即为寻契丹也。喀博德以后，直至十六世纪中叶，英国人屡次向西北及东北两方洋面，举行远航壮业者，皆为契丹也。一千五百五十八年间（明世宗嘉靖三十七年），英人任京生（Anthony Jenkinson）及约翰生（Johnson）兄弟二人等，由俄国陆道向东，东抵布哈拉（Bukhara），其目的亦为寻求往契丹之商道也。据该三人之记载，布哈拉城人当时仍称中国为契丹（Cathay），北京为汗八里（Cambalec），正如马哥·孛罗时也。（见 H. Yule, *Cathay*, Ⅰ, p.181）

## 第八十七节　《明史·意大里亚传》

意大里亚（Italia），居大西洋中，自古不通中国。万历时，其国人利玛窦（Matteo Ricci）至京师，为《万国全图》，言天下有五大洲。第一曰亚细亚洲，中凡百余国，而中国居其一；第二曰欧罗巴洲（Europe），中凡七十余国,而意大里亚居其一;第三曰利未亚洲(Lybia,今称亚非利加洲,魏源《海国图志》尚沿用此名),亦百余国;第四曰亚墨利加洲,地更大,以境土相连,分为南北二洲;最后得墨瓦腊泥加洲(Magellanica,明末,欧洲地理家以为南美洲之南,南冰洋之下有大洲,乃称此名)为第五。而域中大地尽矣,其说荒渺莫考。然其国人充斥中土,则其地固有之,不可诬也。大都欧罗巴诸国悉奉天主耶稣,而耶稣生于如德亚。其国在亚细亚洲之中,西行教于欧罗巴。其始生在汉哀帝元寿二年庚申。阅一千五百八十一年,至万历九年,利玛窦始泛海九万里,抵广州之香山澳,其教遂沾染中土。至二十九年入京师。中官马堂以其方物进献,自称大西洋人。礼部言:"《会典》止有西洋琐里国,无大西洋,其真伪不可知。又寄居二十年,方行进贡,则与远方慕义特来献琛者不同。且其所贡《天主》及《天主母图》,既属不经,而所携又有神仙骨诸物。夫既称神仙,自能飞升,安得有骨?则唐韩愈所谓凶秽之余,不宜入宫禁者也。况此等方物,未经臣部译验,径行进献,则内臣混进之非,与臣等溺职之罪,俱有不容辞者。及奉旨送部,乃不赴部审译,而私寓僧舍,臣等不知其何意。但诸番朝贡,例有回赐。其使臣必有宴赏。乞给赐冠带还国,勿令潜居两京,与中人交往,别生事端。"不报。八月,又言:"臣等议令利玛窦还国,候命五月,未赐纶音,毋怪乎远人郁病而思归也。察其情词恳切,真有不愿尚方赐予,惟欲山栖野宿之意。譬之禽鹿久羁,愈思长林丰草,人情固然。乞速为颁赐,遣赴江西诸处,听其深山邃谷,寄迹怡老。"亦不报。已而帝嘉其远来,假馆授粲,给赐优厚。公卿以下重其人,咸与晋接。玛窦安之,遂留居不去。以三十八年四月卒于京,赐葬西郭外。(案,利玛窦墓在北京平则门外,明末教士葬此者甚多。有碑铭,有汉文、拉丁文,尚可视也。)其年十一月朔,日食,历官推算多谬,朝议将修改。明年,五官正周子愚言:"大西洋归化人庞迪我(Didacus de Pantoja)、熊三拔(Sabbatino de Ursis)等深明历法。其所携历书,有中国载籍所未及者,当令译上,以资采择。"礼部侍郎翁正春等因请仿洪武初设回回历科之例,令迪我等同测验。从之。自玛窦入中国后,其徒来益众。有王丰肃(Alfonso Vagnone)者居南京,专以天主教惑众,士大夫暨里巷小民,间为所诱。礼部郎中徐如珂恶之。其徒又自夸风土人物,远胜中华。如珂乃召两人,授以笔札,令各书所记忆,悉舛谬不相合,乃倡议驱斥。四十四年,与侍郎沈㴶、给事中晏文辉等合疏,斥其邪说惑众,且疑其为佛郎机假托,乞急行驱逐。礼科给事中余懋孳亦言:"自利玛窦东来,而中国复有天主教。乃留都王丰肃、阳玛诺(Emmanuel Diaz)等,煽惑群众不下万人,朔望朝拜动以千计。夫通番、左道并有禁。今公然夜聚晓散,一如白莲、无为诸教。且往来壕镜,与澳中诸番通谋。而所司不为遣斥,国家禁令安在?"帝纳其言。至十二月,令丰肃及迪我等俱遣赴广东,听还本国。令下久之,迁延不行,所司亦不为督发。四十六年四月,迪我等奏:"臣与先臣利玛窦等十余人,涉海九万里,观光上国,叨食大官十有七年。近南北参劾,议行屏斥。窃念臣等焚修学道,尊奉天主,岂有邪谋,敢堕恶业。惟圣明垂怜,候风便回国。若寄居海屿,愈滋猜疑,乞并南都诸处陪臣,一体宽假。"不报。乃怏怏而去。丰肃寻变姓名,复入南京,行教如故,朝士莫能察也。其国善制炮,视西洋更巨。既传入内地,华人多效之而不能用。天启、崇祯间,东北用兵,数召澳中人入都,令将士学习,其人亦为尽力。崇祯时,历法益疏舛,礼部尚书徐光启请令其徒罗雅谷(Jacobus Rho)、汤若望(Johann Adam Schall von Bell)等以其国新法相参较,开局纂修。报可。久之书成,即以崇祯元年戊辰为历元,名之曰《崇祯历》。书虽未颁行,其法规视《大统历》为密,识者有取焉。其国人东来者,大都聪明特达之士,意专行教,不求禄利。其所著书,多华人所未道,故一时好异者咸尚之。而士大夫如徐光启[教名徐保罗(Paul Hsu)]、李之藻[教名李良(Leon Li)]辈,首好其说,且为润色其文词,故其教骤兴。时著声中土者,更有龙华民(Nicholas Longobardi)、毕方济(Francois Sambiasi)、艾如略(Julius Aleni)、邓玉函(Joannes Terrenz)诸人。华民、方济、如略及熊三拔皆意大里亚国人,玉函、若望,热而马尼国(Germania,今作日耳曼)人。龙迪我,依西把尼亚国(Hispania,今作西班牙)人。阳玛诺,波而都瓦尔国(Portugal,今作葡萄牙)人。皆欧罗巴洲之国也。其所言风俗、物产多夸,且有《职方外纪》诸书在,不具述。(见《明史》卷三百二十六)

案,《明史》此节,谓天启、崇祯间,东北用兵数召澳中人入都,其人颇为尽力。可参观教士曾德昭(Semedo)所著《支那》(China)一书。荷人莱希登(Sayger van Rechtern)尝刊印马克·达·瓦罗(Mac d'Avalo)之《澳门志》，志中言十七世纪初叶澳门事甚详，谓葡人在澳有铸炮厂一所，可造各种钢铁炮云。

## 第八十八节　明末来华外国教士略传

利玛窦(Matteo Ricci)，字西泰，一千五百五十二年(明世宗嘉靖三十一年)生于意大利之马塞拉塔城(Macerata)。年十九，入耶稣显修会(The Society of Jesuit)。一千五百七十七年，阅数国，乃至大西洋滨名邦波都瓦尔。利子入见其王，王款甚厚。航海东来，历怒涛狂沙掠人啖人之国，不灾不害。次年泊小西洋，易舟而东。又次年，为万历九年辛巳，始抵广东香山澳。明年癸未，利子入端州，居端州几十载。初时，言语文字未达，苦心学习，按图画人物，请人指点，渐晓语言，旁通文字。至于六经、子、史等篇，无不尽畅其意义。始稍著书。利子尝将中国四书译以西文，寄回本国。国人读之，知中国古书能识真原，不迷于主奴者，皆利子之力也。厥后到南雄府，大京兆王公玉沙讳应麟，适宦南雄，一见利子，深相爱慕。少司马石公亦敬爱利子，遂携利子之南都。比抵南都，未逢知己，心殊怅然，乃舍南都而转江右焉。二十六年戊戌，王大宗伯忠铭者，素闻利子名，将入都，欲携偕往。过韶州，遂携郭子仰凤共到豫章，偕利子之京都。适关白倡乱，朝鲜多事，未有朝见之机。利子复同郭子南回。时冬日河冻，暂留郭子于山东，独回苏州。与故人瞿太素之南都。时王大宗伯正官南都，大司寇赵公、大司徒张公、少司寇王公、少宗伯叶公，群慕利子名，皆投刺过谒，迭为宾主。理学名儒李公心斋、礼部都谏祝公石林，尤深相契合。万历二十八年庚子，遂与同会庞顺阳，以礼科文引躬诣阙廷，贡献方物。诸当道款接如礼。而山东开府心同刘公阅贡物，备加优待。乃越黄河，抵临清。适督税内官马堂邀功拦阻，悉将贡物奏章自行上达。奉旨起取赴京，利子始偕伴八人，同入燕都，献天主圣像、圣母像、天主经典、自鸣钟大小二具、铁弦琴、《万国图》。皇上欣念远来，另见便殿，垂帘以观。命内臣习西琴，问西来曲意。利子始译八章以进。后蒙赐问大西教旨及民风国政等事。于是钦赐官职,设馔三朝,宴劳利子等。固辞荣禄,受廪饩。上奉圣像于御前,置自鸣钟于御几,后命画工图形进览。时大宗伯蔡公者,以属夷贡献,必由本部,而利子乃从内官进,不无以此为嫌。利子因述马堂强留邀功之意,公始释然。暂循旧例,留利子于夷馆中。利子以旅人浮海东来,观光上国,住中华二十余年,颇识文字,与他夷来宾为名利者不同也。具疏请命,或两京,或吴越,乞示安插。礼部并为题覆,未蒙报可。内官出谕利子曰:"弗固辞,主上方垂意。若固辞,则上心滋不喜。"于是礼部赵公邦靖周旋其间,利子始安意京师,偕庞子儗屋而居。至其日用饮食所需,取给于光禄,遵上命也。中州都会原有教堂,乃如德亚国所传天主古教。适其教中艾孝廉计偕入京,造访利子。利子将《天主经典大全》一部,系如德亚原文,并附译大西文字示之。艾君诵读其文,深喜而拜焉。艾子同袍张君,同访利子,谓汴梁昔有一教,名十字教,以奉天主为主,张孝廉亦奉教之后裔也。奈百年来,多不得其传。利子以所佩十字架示之,张君一见,不禁泪下。是后利子遣从游黄明沙驰访其实。果如二君之言,但不得其初来传之详耳。是后张君选授关中教谕。时有鄂本笃从大西到关中,亦耶稣会士也。夙闻东方有伽也唐者,礼义文物之邦,人皆奉天地主宰为宗,以为与天主圣教正相符合,欲得其实。陆行三年,经狂沙掠人之国,历尽艰难,方到关中,乃知所闻之国即中国。利子闻之,遣人迎取。值其病笃,一见同会者,喜溢望外,遂安然去世矣。所惜一路所经图记,为盗所劫而不传。利子住京师十年,交游益广,著述益多。时与名公论学,旁及度数,与徐宗伯译《几何原本》《测量》等书。与李水部则译《同文算指》《浑盖通宪》《乾坤体义》等书,俱已行世。自是四方有道之士,多致书请问,利子率手自裁答。时又为寓中国西士之长,书札往还,亦缕缕长言,利子不倦也。生平乐于接引,所称明镜不辞屡照,清流无惮惠风,利子有焉。每日除趯躬瞻礼,存想省察诵经外,皆谈道著书之候。而门有过访,又亟倒屣出迎。时患头风,虽伏枕呻吟,一闻问道者至,即欣然迎接,悉忘其苦。客退呻吟如故。于是从教日广,喜与利子相亲。利子率谆谆乐告之。即有贫贱者,利子亦作平等齐观,其接见与大宾无异也。庚戌岁,上计名公,及省试孝廉,轮蹄相错，利子披示，各惬于怀。新到会士熊有纲、费揆一，初未习中国语言文字，利子又殚其心力，时与指陈。持斋日外，亦不用非时饮食，而当时教务亦已应接不暇。诸会士皆以利子春秋渐高，何以都无倦色，不可谓非天主默佑简阅之身也。李公我存，久习利子，服其器识，凡有所行，多与相商。觉从利子之言则顺，间有不从，后辄有悔。时忽患病，京邸无眷属。利子朝夕于床笫间，躬为调护。及病甚笃，已立遗言，请利子主之。利子力劝其立志奉教，得幡然于生死之际而受洗，且奉百金为圣堂用，而李公之疾亦瘥矣。利子以异地之身，积劳成瘵，自得病首日，即谓诸会士曰："兹我去世之期也。"遂依圣教善终规则行之。诸奉教者，利子无不喜容接之，而加慰勉焉。时时仰祈天主，垂佑中华，俾人人尽识圣教，共沾洪恩。复念皇上体恤远人，思所以报答涓埃者，望天主玄默福佑，得以阐扬大道，此尤病中惓惓致意者也。越数日，利子临终，再告解请领圣体。铎德依礼捧至寝所，利子奋力强起，投地叩奉不已。同会以病笃劝其安寝，利子不敢纤毫亵越焉。有顷，忽闭目如有所思，乃安然坐逝矣。时万历庚戌年（西历一千六百十年）四月也。李公我存经其丧事，市坚木为棺，会士阻之不得。匠欲速其工，惧天炎而体变，李公曰："勿亟。尔等加工，利子虽百日不坏。"越两日始就木。诸缙绅来吊者，无不极口称赞。利子殁后，中朝诸公，议欲请葬地。而庞子顺阳、熊子有纲具疏奏请，命下礼部题覆。令相国吴公以少宗伯署部事，偕正郎林公、员外郎洪公、主政韩万象公，具言其慕义远来，勤学明理，著述有称，伏乞赐葬等情。上报可。吴公牒京兆王公查覆，有籍没杨内官私创二里沟佛寺，房屋三十八间，地基二十亩，畀葬之利子（墓在北京阜城门外二里沟滕公栅栏。滕公栅栏似为明末清初时旧名，今代其地仅名曰栅栏，又曰石门，而滕公之名竟无人知。利子墓在石门圣母会修院内东首。与利子墓同行者，东首为南怀仁，西为汤若望。在利子之墓南首者，为龙华民之墓）。并为庞、熊诸子，恭敬天主，焚修祝釐之所。京兆玉沙王公立石为文记之。有内官言于相国叶公文忠曰："诸远方来宾者，从古皆无赐葬，何独厚于利子？"文忠公曰："子见从古来宾，其道德学问有如利子者乎？毋论其他事，即译《几何原本》一书，便宜赐葬地矣。"

利子所著各书如下：
《天主实义》二卷、《畸人十篇》二卷、《辩学遗牍》一卷、《几何原本》六卷、《交友论》一卷、《同文算指》十一卷、《西国记法》一卷、《测量法义》、《万国舆图》、《西字奇迹》、《乾坤体义》三卷、《句股义》、《二十五言》一卷、《圜容较义》一卷、《浑盖通宪图说》二卷。

龙华民（Nicholas Longobardi），字精华，一千五百八十二年（神宗万历十年）生于意大利西锡利岛（Sicily）。万历二十五年丁酉，先传教于江西，后进都中。至清朝顺治十一年甲午（一千六百五十四年十二月十一日），卒于北京。蒙世祖章皇帝赐银三百两，遣内侍祭奠，钦赐绘容一轴。墓在京师阜城门外滕公栅栏。所著各书如下：
《圣教日课》、《念珠默想规程》、《灵魂道体说》一卷、《急救事宜》、《地震解》一卷、《死说》一卷、《圣著撒法行实》、《圣人祷文》。

庞迪我（Didacus de Pantoja），字顺阳。一千五百七十一年（明穆宗隆庆五年）生于西班牙国。明万历二十七年己亥至，即同西泰利先生进朝，遂留都中传教。后回澳。卒于一千六百十八年。墓在香山澳。所著各书如下：
《七克》七卷、《人类原始》、《庞子遗诠》二卷、《实义续编》、《天神魔鬼说》、《受难始末》、《辩揭》一卷。

熊三拔（Sabbatino de Ursis），字有纲，一千五百七十五年（万历三年）生于意大利那波利港。明万历三十四年丙午至，传教北京。天启年间，钦取修历。后回广东。一千六百二十年（光宗泰昌元年）卒。墓在香山澳。所著书如下：
《泰西水法》六卷、《简平仪说》、《表度说》。

阳玛诺（Emmanuel Diaz），字演西，一千五百七十四年（万历二年）生于葡萄牙。明万历三十八年庚戌至，传教北京、江南等处。后驻浙江。至清朝顺治十六年（一千六百五十九年）卒。墓在杭州方井南。所著各书如下：
《圣经直解》十四卷、《十诫直诠》、《景教碑诠》、《天问略》、《天神祷文》、《圣若瑟行实》、《轻世金书》二卷、《避罪指南》（未刻）。

毕方济（Francois Sambiasi），字今梁，一千五百八十二年生于意大利那波利港。明万历四十一年癸丑至中国。钦召进京,寻往河南。后徐文定公延归上海,传教吴下诸郡。嗣往浙江,转入闽中。复至金陵,又往粤东。明末时,卒于广州府。墓在省城北门外(有谓一千六百四十九年,即清顺治六年,卒于澳门者,不知孰是)。所著各书如下:

《灵言蠡勺》二卷、《睡答》一卷、《画答》一卷。

邓玉函(Joannes Terrenz),字涵璞,一千五百七十六年(万历四年)生于瑞士国。明天启元年辛酉至,传教某处。后入都中,佐理历局。善医。格究中国本草八十余种,惜未翻译。卒于一千六百三十年(明毅宗崇祯三年),墓在北京阜城门外滕公栅栏。所著各书如下:

《人身说概》二卷、《奇器图说》三卷、《测天约说》二卷、《黄赤距度表》二卷、《正球升度表》、《大测》二卷。

汤若望(Johann Adam Schall von Bell),字道未,一千五百九十一年(万历十九年)生于德意志国科龙城(Köln)。明天启二年壬戌至。钦召入京,修正历法。逮清朝定鼎,特命修时宪历,授钦天监监正,加太常寺卿,敕赐通微教师,除通政使司通政使,加二品,又加一级,进光禄大夫。康熙五年丙午疾卒。八年己酉十月,钦赐祭葬银五百二十四两,遣官至墓谕祭。墓在京师阜城门外滕公栅栏。所著各书如下:

《进呈书像》、《主制群征》二卷、《主教缘起》五卷、《浑天仪说》五卷、《真福训诠》、《古今交食考》、《西洋测日历》、《远镜说》、《星图》、《交食历指》七卷、《交食表》九卷、《恒星历指》四卷、《恒星表》五卷、《恒星出没》二卷、《测食说》二卷、《测天约说》二卷、《大测》二卷、《奏疏》四卷、《新历晓惑》一卷、《新法历引》一卷、《历法西传》一卷、《新法表异》二卷、《共译各图八线表》一卷、《学历小辩》一卷、《则克录》。

罗雅谷(Jacobus Rho),字味韶,一千五百九十年(万历十八年)生于意大利米兰城(Milan)。明天启四年甲子至,传教山西绛州。崇祯四年辛未,钦取来京修历。崇祯十一年戊寅卒。墓在阜城门外滕公栅栏。所著各书如下:

《斋克》二卷、《哀矜行诠》二卷、《圣记百言》一卷、《天主经解》、《圣母经解》一卷、《求说》一卷(未刻)、《周岁警言》一卷、《测量全义》十卷、《比例规解》一卷、《五纬表》十卷、《五纬历指》九卷、《月离历指》四卷、

《月离表》四卷、《日躔历指》一卷、《日躔表》二卷、《赤黄正球》一卷、《筹算》一卷、《历引》一卷、《日躔考昼夜刻分》。

艾儒略(Julins Aleni)，字思及，一千五百八十二年(万历十年)生于意大利白利格西亚城(Brixia)。明万历四十一年癸丑至。先入都门。徐文定公迎归上海，转行浙江，宏宣圣教。叶相国福唐复迎闽中，称为西来孔子，受教者甚众。至清顺治二年乙酉卒，墓在福州北门外十字山。所著各书如下：

《天主降生言行纪略》八卷、《降生引义》、《涤罪正规》、《万物真原》、《三山论学》、《西学凡》、《性灵篇》、《性学觕述》、《职方外纪》五卷、《西方答问》二卷、《几何要法》四卷、《景教碑颂注解》、《圣体要理》、《圣体祷文》、《出像经解》、《十五端图像》、《圣梦歌》、《利玛窦行实》、《熙朝崇正集》四卷、《杨淇园行略》、《张弥克遗迹》、《悔罪要旨》、《五十言余》、《四字经》、《昭祭义》二卷、《大西利西泰先生行迹》。

王丰肃(Alfonso Vagnone)，字则圣，意大里亚国人。明万历三十三年己巳至。后更名高一志，传教山西。崇祯十三年卒，墓在绛州南门外(一说卒于漳州)。所著各书如下：

《西学修身》十卷、《西学齐家》五卷、《西学治平》、《四末论》四卷、《圣母行实》三卷、《圣人行实》七卷、《则圣十篇》、《十慰》、《斐录汇答》二卷、《励学古言》十卷、《童幼教育》二卷、《譬学》二卷、《空际格致》二卷、《寰宇始末》二卷、《教要解略》二卷、《神鬼正纪》四卷。

以上诸名，皆见于《明史·意大里亚传》，可为近世中国基督教史上之荣誉纪念碑也。《明史》所记诸名如外，据《圣教信证》，尚有多人，不能一一列之于此也。今仅将其有著作，有功于输入西学者，录记于左也。

方济各·沙勿略(Francis Xavier)，纳袜辣国(Navarre)人。明嘉靖三十一年壬子(一千五百五十二年)，甫至广东属地三洲岛，即离尘世。其肉躯迄今不朽，尚在小西洋卧亚府天主堂中。在世及逝后，多著灵异，至今不绝。有行实行世，其国称之曰圣人。教中尊重其学，久而勿衰。沙勿略初在东印度及日本传教，后来中国，不幸甫至边关即逝世。中华之人，莫由知其名，遂使三十年后来华之利玛窦，得享圣教开山之名也。

费奇规(G. Farreira)，字揆一，路西大尼亚国(Lusitania，即葡萄牙)人。明万历三十二年甲辰至。传教海南，后至江西建昌，复往广东，卒。墓所在俟考。所著各书如下：

《振心总牍》《周年主保圣人单》《玫瑰经十五端》。

郭居静(L. Cattaneo)，瑞士人。万历二十五年至。以崇祯十年卒于杭州。著《性灵诣主》。

何大化(António de Gouveia)，葡萄牙人。崇祯九年至。康熙十六年，卒于福州。著《蒙引要览》。

罗如望(João da Rocha)，葡萄牙人。万历十六年至。天启三年，卒于杭州。著《天主圣教启蒙》《天主圣像略说》。

罗明坚(Michele Ruggieri)，意大利人。万历九年至。康熙六年卒。著《天主圣教实录》。

孟三德(Eduard Sande)，葡萄牙人。万历十三年至。二十八年卒于澳门。著《崇祯历书》《长历补注解惑》《主制群征》《主教缘起》《远镜说》《进呈书像》《浑天仪说》。

苏如汉(Joao Soerio)，葡萄牙人。万历二十三年至。三十五年卒于澳门。著《圣教约言》。

金尼阁(Nicolas Trigault)，字四表，拂览第亚国(Franch)人。明万历二十八年庚戌，传教浙江。崇祯二年己巳卒。墓在杭州方井南。著有《况义》一卷、《推历年瞻礼法》、《西儒耳目资》三卷。

曾德昭(Alvaro Semedo)，字继先，路西大尼亚国人。明万历四十一年癸丑至。传教杭州，转金陵，复回广东，卒。墓在香山澳。著有《字考》。

傅泛济(F. Furtado)，字体斋，路西大尼亚国人。明天启元年辛酉至，传教浙江、陕西等处。复往广东香山，卒。墓在香山澳。著有《寰有诠》六卷、《名理探》十卷。

费乐德(R. de Figueredo)，字心铭，路西大尼亚国人。明天启二年壬戌至，传教河南。究习中国文学，儒者多服其论。崇祯十六年壬午卒。墓在开封府。所著各书如下：

《圣教源流》一卷、《念经总牍》、《念经劝》一卷。

伏若望(J. Froez)，字定源，路西大尼亚国人。明天启四年甲子至，传教杭州。崇祯十三年庚辰六月卒。墓在方井南。著有《助善终经》《苦难祷文》《五伤经规》。

瞿西满(S. Cunha)，字弗溢，路西大尼亚国人。明崇祯二年己巳至。传教福建，后进都中，复往广东。清朝顺治十七年庚子卒。墓在香山澳。著有《经要直指》。

杜奥定(A. Tudeschini)，字公开，意大理亚国人。明崇祯四年辛未至，传教陕西，后往福建。某年卒。墓在福州府海滨。著有《渡海苦绩纪》。

郭纳爵(I. da Costa)，字德旌，路西大尼亚国人。明崇祯七年甲戌至，传教陕西等处。后转福建。清朝康熙四年乙巳，往广东。五年丙午四月，卒。墓在广州府河之南。著有《老人妙处》、《教要》、《原染亏益》上下二卷(未刻)、《身后编》上下二卷。

孟儒望(J. Monteiro)，字士表，路西大尼亚国人。明崇祯十年丁丑至。传教江西，后往浙江。复回小西洋，卒。所著各书如下：《辨敬录》《焰迷镜》《天学略义》。

贾宜睦(G. Gravina)，字九章，西济利亚国(Sicilia)人。明崇祯十年丁丑至，传教浙江、江南等处。清朝顺治十六年，卒于苏州常熟县。墓在虞山铁拐亭之北。著有《提正编》六卷、《辨惑论》。

利类思(L. Buglio)，字再可，西济利亚国人。明崇祯十年丁丑至，传教江南、浙江、四川等处。逮清朝定鼎京师，驻修辇毂下，蒙圣祖仁皇帝时加宠渥，潜心述撰，士林称之。所著各书如下：

《超性学要》四卷、《天主性体》六卷、《三位一体》三卷、《万物原始》一卷、《天神》五卷、《六日工》一卷、《灵魂》六卷、《首人受道》四卷、《主教要旨》、《不得已辩》、《昭事经典》、《圣教简要》、《七圣事礼典》、《司铎课典》、《司铎典要》、《正教约征》、《狮子说》、《进呈鹰论》。

潘国光(F. Brancati)，字用观，西济利亚国人。明崇祯十年丁丑至，传教江南、苏松等处。驻修上海，被化甚众。清朝康熙四年乙巳至广东。十年辛亥卒于广州府，后回葬上海南门外。所著各书如下：

《圣体规仪》《十诫劝谕》《天神会课》《圣教四规》《未来辩论》《天阶》。

安文思(G. Magalhāes)，字景明，路西大尼亚国人。明崇祯十三年庚辰至，传教四川等处。遭寇乱，危险濒死者数矣。逮清朝顺治五年戊子来京。恭遇世祖章皇帝，时荷宠渥。康熙十六年丁巳卒。蒙圣祖仁皇帝倍加悯恤，亲制谕文，赐缎营葬。墓在阜城门外滕公栅栏。著有《复活论》。

卫匡国(M. Martini)，字济泰，意大利亚国人。明崇祯十六年癸未至。传教浙江，复又进京师。复往福建、广东等处，仍至浙江。清顺治十八年辛丑卒。墓在方井南。著有《灵性理证》《述友篇》。

聂仲迁(A. Greslon)，字若瑞，法郎济亚国人。顺治十四年丁酉至，传教江西。恪守教中清规，尺步绳趋，动循矩矱。著有《古圣行实》。

柏应理(P. Couplet)，字信未，拂览第亚国人。顺治十六年己亥至，传教福建、浙江、江南等处。所著各书有：

《百问答》、《永年瞻礼单》、《圣玻而日亚行实》、《四末真论》、《圣若瑟祷文》、《周岁圣人行略》(未刻)。

殷铎泽(P. Intorcetta)，字觉亐，西济利亚国人。顺治十六年己亥至，传教江西，后至杭州。著有《耶苏会例》、《西文四书直解》三卷。

南怀仁(F. Verbiest)，字敦伯，一字勋卿，拂览第亚国人。顺治十六年己亥至，传教陕西。十七年，钦召入京，纂修历法。康熙八年己酉，特命治理历法，授钦天监，由监副而擢至监正，加太常寺卿，又加通政使司通政使，加一级。尝言历之为学，其理法必有先后之序，未可略形器而骤语精微。洵为不刊之论。所著各书如下：

《仪象志》十四卷、《仪象图》二卷、《测验纪略》一卷、《验气说》、《坤舆图说》二卷、《熙朝定案》二卷、《历法不得已辩》一卷、《坤舆全图》、《教要序论》一卷、《康熙永年历法》三十二卷、《告解原义》一卷、《圣体答疑》一卷、《赤道南北星图》、《简平规总星图》。

陆安德(G. Lubelli)，字泰然，纳玻理国人。顺治十六年己亥至，传教广东，后往江南等处。进京师，复往广东。所著各书如下：

《真福直指》二卷、《圣教略说》一卷、《圣教问答》一卷、《万民四末图》(未刻)、《默想大全》(未刻)、《圣教撮言》一卷、《圣教要理》一卷、《默想规矩》一卷、《善生福终正路》一卷。

鲁日满(F. Rougemont),字谦受,拂览第亚国人。顺治十六年己亥至,传教江南。康熙十五年丙辰,卒于太仓州。墓在常熟县北门外铁拐亭之北。著有《问世编》《圣教要理》《要理六端》。

案,韩霖、张赓之《圣教信证》所载,明末清初西来之教士,共凡九十一人。上方所举有著作之诸人外,又有郑玛诺一名,乃中国人,自幼即往西国。此人似为葡人重启中欧交通后,中国第一人曾至欧洲者。其事不可不记也。

郑玛诺,字推信,广东香山澳人。自幼往西国罗马京都,习格物、穷理、超性之学,并西国语言文字,深于音学,辨析微茫。康熙十年辛亥来京。十三年甲寅卒。墓在阜城门外滕公栅栏。[参观艾儒略之《大西利先生行迹》;韩霖、张赓之《圣教信证》(王韬《西学辑存》中之《泰西著述考》,即此书别名);稻叶君山《清朝全史》;E. Bretschneider, *Mediaeval Researches*,Ⅱ, pp. 329 - 330; H. T. Buckle, *China's Intercourse with Europe*]

## 第八十九节　西班牙之通中国

西班牙与葡萄牙壤地相连。西班牙国王任用科伦布等发明西半球新大陆,葡萄牙人亦闻风兴起,东绕好望角以抵中国。西班牙人则向西过美洲,渡太平洋,抵菲律宾。一千五百七十五年(明神宗万历三年),菲律宾政府遣天主教僧二人,充大使,往广东肇庆,谒总督,受礼遇,无功而归马尼拉。然中国与菲律宾之商业,则由是而兴。福建、厦门、漳州及福州各地商人,趋之若鹜,人数大增。喧宾夺主,西班牙人忌之,乃于一千六百零三年(明万历三十一年)下令屠杀华人二万名,几无一留。然不久人数又增。一千六百三十九年(明崇祯十二年),再下令屠杀三万三千,商民之中生者仅三分之一耳,亦云惨矣。西班牙人设法限制华商来岛,人数不得过六千名,每人每年竟纳人头税六元,并须悉入教堂受洗,改奉天主教,违者驱逐出境。限制甚严,而来者仍日增。西班牙人来中国通商者则寥寥也。其人凶恶,而于一千八百零三年(清嘉庆八年)将种牛痘法输入中国,未始无小功也。(见 H. B. Morse, The International Relations of the Chinese Empire, pp.46‐47)

## 第九十节 《明史·和兰传》

和兰,又名红毛番,地近佛郎机。永乐、宣德时,郑和七下西洋,历诸番数十国,无所谓和兰者。其人深目长鼻,发眉须皆赤,足长尺二寸,顾伟倍常。万历中,福建商人岁给引往贩大泥、吕宋及咬𠺕吧者,和兰人就诸国转贩,未敢窥中国也。自佛郎机市香山,据吕宋,和兰闻而慕之。二十九年,驾大舰,携巨炮,直薄吕宋。吕宋人力拒之,则转薄香山澳。澳中人数诘问,言欲通贡市,不敢为寇。当事难之。税使李道即召其酋入城,游处一月,不敢闻于朝,乃遣还,澳中人虑其登陆,谨防御,始引去。海澄人李锦及奸商潘秀、郭震,久居大泥,与和兰人习,语及中国事,锦曰:"若欲通贡市,无若漳州者。漳南有彭湖屿,去海远,诚夺而守之,贡市不难成也。"其酋麻韦郎曰:"守臣不许,奈何?"曰:"税使高寀嗜金银甚,若厚贿之,彼特疏上闻,天子必报可,守臣敢抗旨哉?"酋曰:"善。"锦乃代为大泥国王书,一移寀,一移兵备副使,一移守将,俾秀、震赍以来。守将陶拱圣大骇,亟白当事,系秀于狱,震遂不敢入。初,秀与酋约,入闽有成议,当遣舟相闻,而酋下急不能待,即驾二大舰直抵彭湖。时三十二年之七月,汛兵已撤,如入无人之墟,遂伐木筑舍为久居计。锦亦潜入漳州侦探,诡言被获逃还。当事已廉知其状,并系狱。已而议遣二人谕其酋还国,许以自赎,且拘震与俱。三人既与酋成约,不欲自彰其失,第云:"我国依违未定。"而当事所遣将校詹献忠赍檄往谕者,乃多携币帛、食物,觊其厚酬。海滨人又潜载货物往市,酋益观望不肯去。当事屡遣使谕之,见酋语辄不竞,愈为所慢。而寀已遣心腹周之范诣酋,说以三万金馈寀,即许贡市。酋喜与之,盟已就矣。会总兵施德政令都司沈有容将兵往谕。有容负胆智,大声论说,酋心折,乃曰:"我从不闻此言。"其下人露刃相诘,有容无所慑,盛气与辨,酋乃悔悟,令之范还所赠金，止以哆啰哇、玻璃器及番刀、番酒馈寀，乞代奏通市。寀不敢应，而抚按严禁奸民下海，犯者必诛。由是接济路穷，番人无所得食。十月末，扬帆去。巡抚徐学聚劾秀、锦等罪，论死、遣戍有差。然是时佛郎机横海上，红毛番与争雄，复泛舟东来，攻破美洛居国，与佛郎机分地而守。后又侵夺台湾地，筑室耕田，久留不去。海上奸民，阑出货物与市。已，又出据彭湖，筑城设守，渐为求市计。守臣惧祸，说以毁城远徙，即许互市。番人从之。天启三年果毁其城，移舟去。巡抚商周祚以遵谕远徙上闻，然其据台湾自若也。已而互市不成，番人怨，复筑城彭湖，掠渔舟六百余艘，俾华人运土石助筑。寻犯厦门，官军御之，俘斩数十人，乃诡词求款。再许毁城远徙，而修筑如故。已，又泊舟风柜仔，出没浯屿、白坑、东椗、莆头、古雷、洪屿、沙洲、甲洲间，要求互市。而海寇李旦复助之，滨海都邑为戒严。其年，巡抚南居益初至，谋讨之。上言："臣入境以来，闻番船五艘续至，与风柜仔船合，凡十有一艘，其势愈炽。有小校陈士瑛者，先遣往咬㗱吧，宣谕其王，至三角屿遇红毛船，言咬㗱吧王已往阿南国，因与士瑛偕至大泥，谒其王。王言咬㗱吧国王已大集战舰，议往彭湖求互市，若不见许，必至构兵。盖阿南即红毛番国，而咬㗱吧、大泥与之合谋，必不可以理谕。为今日计，非用兵不可。"因列上调兵足饷方略，部议从之。四年正月，遣将先夺镇海港而城之，且筑且战，番人乃退守风柜城。居益增兵往助，攻击数月，寇犹不退，乃大发兵，诸军齐进。寇势窘，两遣使求缓兵，容运米入舟即退去。诸将以穷寇莫追，许之，遂扬帆去。独渠帅高文律等十二人据高楼自守，诸将破擒之，献俘于朝，彭湖之警以息，而其据台湾者犹自若也。崇祯中，为郑芝龙所破，不敢窥内地者数年，乃与香山佛郎机通好，私贸外洋。十年，驾四舶，由虎跳门薄广州，声言求市。其酋招摇市上，奸民视之若金穴，盖大姓有为之主者。当道鉴壕镜事，议驱斥，或从中挠之。会总督张镜心初至，力持不可，乃遁去。已，为奸民李叶荣所诱，交通总兵陈谦为居停出入。事露，叶荣下吏。谦自请调用以避祸，为兵科凌义渠等所劾，坐逮讯。自是，奸民知事终不成，不复敢勾引，而番人犹据台湾自若。其本国在西洋者，去中华绝远，华人未尝至。其所恃惟巨舟大炮。舟长三十丈，广六丈，厚二尺余，树五桅，后为三层楼。旁设小窗置铜炮。桅下置二丈巨铁炮，发之可洞裂石城，震数十里，世所称红夷炮，即其制也。然以舟大难转，或遇浅沙，即不能动，而其人又不善战，故往往挫衄。其所役使名乌鬼，入水不沉，走海面若平地。其舵后置照海镜，大径数尺，能照数百里。其人悉奉天主教。所产有金银、琥珀、玛瑙、玻璃、天鹅绒、琐服、哆啰嗹。国土既富，遇中国货物当意者，不惜厚资，故华人乐与为市。（见《明史》卷三百二十五）

咬嵧吧即今爪哇岛中首府巴达维亚（Batavia）市。荷人莱希登（Seyger van Rechtern）一千六百二十八年（明崇祯元年）《东印度纪行》，谓爪哇人称巴达维亚市曰雅喀脱拉（Jaccatra），支那人则称之为咬嵧吧（Calappa）。一千五百九十四年（明万历二十二年），葡萄牙人禁荷兰船往立斯本（Lisbon），间接输入中国货物且不能，故一千六百零四年，乃遣维白兰德·万·瓦维克（Wybrand van Warwich）领船一艘，直往广东。以澳门葡人之压迫，不得通商。一千六百零七年（万历三十五年），同样计画，复成画饼。一千七百二十四年（清雍正二年），瓦伦丁（Valentyn）著《荷兰东印度公司史》（公司初建于一千六百零二年，明神宗万历三十年）谓一千六百零三年（明万历二十一年），荷兰人始至中国领海，泊于澳门。在其处毁葡萄牙一巨艘。一千六百二十二年（明熹宗天启二年）六月，荷人赖佑荪（Kornelis Rayerszoon）率船十五艘，围葡人于澳门，欲据有其地。以八百人登陆，大败而退，失人员三分之一。赖佑荪死之。乃往彭湖据之，筑垒而守。荷人称其地为排斯克陀尔群岛（Pescadores），至今西人仍之。莱希登记荷人占彭湖后，因中国政府不许通商，故封锁漳州（Chincheo）江口，抄掠所有中国海上大小船舶，断绝中国与菲律宾群岛贸易。至一千六百二十四年（天启四年），中国始与和议，允许荷人自由贸易，而荷人亦自彭湖撤兵，交还该岛与中国。然其人退出彭湖后，乃复东航至台湾（Taiwan）岛西南部，占领其境。境内有日本人居住，土人及日本人皆不加抗拒即退出。荷人在港口筑垒守之。垒名细兰特（Zlatak），其遗址至今犹存，垒成于一千六百三十年（崇祯三年）。葡萄牙人称台湾岛为伊儿哈·福儿摩撒（Ilha Formosa），华言美岛（Beautiful Island）也，至今西人沿用此名。一千六百六十二年（清圣祖康熙元年），荷人为郑成功所逐。成功，荷人呼之为阔克格资(Koxinya)，"国姓爷"三字之讹音，成功尝被赐姓故也。瓦伦丁《史记》又载，一千六百二十六年(天启六年)，菲律宾之西班牙总督遣兵城基隆港(Keelung)，不久即为荷人所逐。距基隆三十里，岛之西北岸，又有淡水港(Tamsug)，亦当时之居留地也。

台湾之名，虽始见于《明史》，然自隋以来，中国人即以之与琉球为同一国。清初天主教教士谓中国人于一千四百三十年(明宣宗宣德五年)前不知有台湾岛者，则大误矣。(参观 E. Bretschneider, *Mediaeval Researches*, II, pp.321 - 323; H. B. Morse, *The International Relations of the Chinese Empire*, p.47)

# 近世中外文化交通史

(传教之部)

姚宝猷

讲述近世中外文化交通史,自不离乎传教、通商、朝聘诸方面。兹为讲述便利起见,先从近世中国基督教之布道及其影响讲起。

# 引 言

　　我国古代与欧洲大陆交通之事实,史不绝书。欧人至我国者:汉桓帝延熹九年(西历一六六年),则有大秦王安敦(Marcus Aurelius Antoninus)使者贡献方物。(见《后汉书》卷一百十八《西域传》)吴孙权黄武五年(西二二六),则有大秦贾人字秦论来朝中国。(见《南史》卷七十八《夷貊传》)晋武帝大康中(西二八〇—二八九),则有大秦王[即罗马皇帝喀鲁斯(Carus)]使者来贡方物。(见《晋书》卷九七)唐贞观十二年(西六三八),则有景教教士阿罗本(Alopen)来华布教。十七年(西六四三),则有拂菻(即大秦)王波多力使者来献方物。(见《旧唐书》卷一九八)宋神宗元丰四年(西一〇八一),则有拂菻国王灭力伊灵改撒使者,你厮都令厮孟判东来通聘。(见《宋史》卷四九〇)元定宗时(西一二四六—一二五〇),则有拂菻人爱薛入仕中土。世祖中统元年(西一二六〇),则有威尼斯(Venice)巨商尼哥罗·孛罗、马哥·孛罗(Nicolo Polo、Marco Polo)父子,留仕元廷。(见《元史》卷一三四)他如来华传教之基督教徒,更不一其人。然此不过为一时之通聘使者,或艰苦卓绝之旅行家,旷代一至,于国际上尚无若何重大之关系。其在我国历史上,开一从古未有之变局者,实为印度航路发现后之中西国际的交通焉。中西国际交通开始以后,欧洲各国如葡、如班、如荷、如英、如法,或组织商会,以为拓殖之基础;或派遣使节,以谋政治之活动;或选送教士,以为经商之助力,竞谋伸张其经济、政治、宗教等势力于东亚之新天地,影响所及,吾国政治上、经济上、宗教上、文化上,均发生重大之变化。近百年来,国势日蹙,外侮纷乘,战争失败之结果,赔款之不足,继之以割地与租借,关税限制;司法破坏之不足,继之以内地传教通商,内河自由航行之攫取。于是，吾国遂不能不舍其闭关自守之政策，轻视外人之成见，而屈服于列强之前，沦于次殖民地之惨境矣。世之论述中外文化交通史及我国近世对外关系史者，多着重于通商、朝聘、战争诸方面，而于宗教方面，每付阙如。今余于此讲义特论述近世基督教在我国传教之历史及其影响。盖欲从宗教方面，解释吾国近世外交事件之因果关系，基督教对于沟通中西文化之业绩，以及各国利用基督教，扩张势力之阴谋，并彼此互相斗争之经过与其结果。所有论述，务凭信实之纪载，力避主观之见解，故征引陈说，不厌冗长焉。

# 第一章　利玛窦来华以前基督教之传教

## 第一节　基督教之传入中国

自昔吾国上自帝王，下至庶民，对于宗教，甚为冷淡。一日之间，能至孔庙献祭孔孟，又至佛堂顶礼释迦。其心目中固无定于一尊的宗教之存在，故无所谓宗教派别，亦无西洋人所谓宗教信仰。基督教之传入中国，盖始于有唐，而盛于明末清初之世。迨乎近数十年，基督教得条约之公许与保障，益为发达。考唐时传入之基督教，盖有异于今日之天主教与耶稣教，而为基督教之别派，所谓景教者是也。

景教即聂斯脱里(Nestorians)，属于基督教东方教会之非正统派。其始祖曰 Nestorius(西四五一顷殁)。彼初为 Antioch 地方之 St. Euprepius 修道院的修道僧，受 Tarsus 之主教 Diodorus 氏及 Mopsuesta 之神学者 Theodore 氏之教导。西历四二八年至四三一年间，东罗马皇帝 Theodosius II，擢彼为君士坦丁堡(Constantinople)地方之主教。彼以提倡禁欲主义、正统的信仰，及雄辩闻于世。彼反对呼 Maria 为神之母，否定基督(Christ)之神性，而倡为神人两性说，因此受亚历山大(Alexandria)地方大司教(Patriarch) Kyrillos 氏(一作 Cyril)及其宗徒之攻击。四三一年，Ephesus 第三次宗教会议时(在 Whitsuntide 地方举行)，聂斯脱里氏及其党徒受异端之宣告，被追放于东罗马帝国外。景教徒既与东方教会之正统派(即亚历山大及君士坦丁堡等地方之正统派)绝缘；复受西方教会(即西罗马帝国属下之教会，今之旧教及新教属此)破门之处分，故对于东西罗马帝国，常怀敌意，而传其教于波斯，盖波斯乃罗马帝国之宿敌也。迨第五世纪末期，波斯、米索不达米亚(Mesopotamia)及其周围各国,尽归于景教之势力范围,而景教徒且于 Seleucia‐Ctesiphon 首都建立一独立教会,俨为"东方之法主"(Patriarch of the East)焉。

西历第六世纪,为景教发达之时代。此时代之景教徒,多属富于理智而具慧眼的人民,而尤热心于传教。彼等从事于米索不达米亚以东诸国之通商贸易,来往于波斯湾头诸岛及印度诸国之间。据第六世纪初期,Cosmos In dicopleustes 氏之所纪述,景教于锡伦岛及印度大陆,均置有教堂,且于 Seleucia‐Ctesiphon 地方设置"东方之法主"(即《唐书》之波多力),以统治此等景教之大德云[大德僧今人多译作总主教(Archbishop)]。观此,可知第六世纪时,景教已传布于印度锡兰等处。迨第七世纪时,景教徒所组织之队商及传教士团(The Nestorian Traders and Missionaries),遂远达于中央亚细亚,传布福音于土耳其斯坦、鞑靼及中国本部矣。

据罗马著作家 Arnobius 氏[彼为修辞学者,三〇〇年顷,改宗基督教,著《异教徒驳论》(Adversus Gentes)一书,此书一译作《异邦民族志》,一六五一年出版]之所述;则基督教之传入中国,实在于第三世纪时。彼于西历三百年顷所著书中,曾有"中国(Apua Seras)之某一地方人民,应算入基督教信徒之内"之文句。然其根据究属薄弱,未可尽信。景教之正式传入中国,实在第七世纪之初,唐太宗贞观九年(六三五)。关于此事之史料,自以《大秦景教流行中国碑颂并序》为最可信凭而又详尽。此碑全文,可分四段:第一段叙述基督教大义。第二段叙述自唐太宗时入中国以迄于唐德宗建中二年(七八一)之蒙优待。第三段为颂词。第四段为诸僧署名,汉名及叙利亚名并列。其叙述基督教大义曰:

> 粤若常然真寂,先先而无元,窅然灵虚,后后而妙有,总玄枢而造化。妙众圣以元尊者,其唯我三一妙身,无元真主阿罗诃[阿罗诃乃译叙利亚文(Eloh)之音,华言上帝也]欤?判十字以定四方,鼓元风而生二气。暗空易而天地开,日月运而昼夜作。匠成万物,然立初人,别赐良和,令镇化海。浑元之性,虚而不盈;素荡之心,本无希嗜。洎乎娑殚[娑殚乃(Satan)之译音,圣经上恶魔也]施

妄，钿饰纯精。间平大于此是之中，隙冥同于彼非之内。是以三百六十五种，肩随结辙。竞织法罗，或指物以托宗，或空有以沦二，或祷祀以邀福，或伐善以矫人。智虑营营，思情役役。茫然无得，煎迫转烧。积昧亡途，久迷休复。于是我三一分身，景尊弥施诃（弥施诃乃 Messiah 之译音，叙利亚人、犹太人、阿拉伯人皆称耶稣基督——Jesus Christ——以是名）戢隐真威，同人出代，神天宣庆，室女诞圣于大秦。景宿告祥，波斯睹耀以来贡。圆廿四圣有说之旧法，理家国于大猷。设三一净风无言之新教。陶良用于正信，制八境之度，炼尘成真。启三常之门，开生灭死。悬景日以破暗府，魔妄于是乎悉摧。棹慈航以登明宫，含灵于是乎既济。能事斯毕，亭午升真。经留廿七部，张元化以发灵关。法浴水风，涤浮华而洁虚白。印持十字，融四照以合无拘，击木震仁惠之音，东礼趣生荣之路。存须所以有外形，削顶所以无内情。不蓄臧获，均贵贱于人。不聚货财，示罄遗于我。斋以伏识而成，戒以静慎为固。七时礼赞，大庇存亡。七日一荐，洗心反素。真常之道妙而难名，功用昭彰，强称景教。惟道非圣不宏，圣非道不大。道圣符契，天下文明。

其叙述自太宗时入中国后之蒙优待曰：

太宗文皇帝光华启运，明圣临人。大秦国有上德曰阿罗本（阿罗本乃 Rabban 之释音，汉文无 R 字母之相当译音，凡外国音前有 R 字母者，辄冠以"阿""曷"等字），占青云而载真经，望风律以驰艰险，贞观九祀，至于长安。帝使宰臣房公玄龄总仗西郊，宾迎入内。翻经书殿，问道禁闱，深知正真，特令传授。贞观十有二年秋七月诏曰：道无常名，圣无常体，随方设教，密济群生。大秦国大德阿罗本，远将经像来献上京。详其教旨，玄妙无为；观其元宗，生成立要。词无繁说，理有忘筌。济物利人，宜行天下。所司即于京义宁坊，造大秦寺一所，度僧廿一人。宗周德亡，青驾西升；巨唐道光，景风东扇。旋令有司，将帝写真，转模寺壁。天姿泛彩，英朗景门。圣迹腾祥，永辉法界。按西域图记及汉魏史策，大秦国南统珊瑚之海，北极众宝之山，西望仙境花林，东接长风弱水。其土出火统布、返魂香、明月珠、夜光璧。俗无寇盗，人有乐康。法非景不行，主非德不立。土宇广阔，文物昌明。

高宗大帝克恭缵祖，润色真宗，而于诸州各置景寺，仍崇阿罗本为镇国大法主。法流十道，国富元休。寺满百城，家殷景福。圣历年释子用壮，腾口于东周；先天末下士大笑，讪谤于西镐。有若僧首罗含，大德及烈（罗含乃 Luke 之译音，及烈乃 Gabriel 或 Cycil 之译音），并金方贵绪，物外高僧，共振玄纲，俱维绝纽。

玄宗至道皇帝令宁国等五王亲临福宇，建立坛场。法栋暂桡而更崇，道石时倾而复正。天宝初，令大将军高力士送五圣写真寺内安置，赐绢百匹。奉庆睿图，龙髯虽远，弓剑可攀。日角舒光，天颜咫尺。三载，大秦国有僧佶和，瞻星向化，望日朝尊。诏僧罗含、僧普论等一七人，与大德佶和（佶和乃 Georgius/George 之译音）于兴庆宫修功德。于是天题寺榜，额载龙书，宝装璀翠，灼烁丹霞，睿札宏空，腾凌激日。宠赉比南山峻极，沛泽与东海齐深。道无不可，所可可名；圣无不作，所作可述。肃宗文明皇帝于灵武等五郡重立景寺。元善资而福祚开，大庆临而皇业建。

代宗文武皇帝恢张圣运，从事无为，每于降诞之辰，赐天香以告成功，颁御馔以光景众。且乾以美利，故能庆生；经以体元，故能亭毒。

我建中圣神文武皇帝，披八政以黜陟幽明，阐九畴以惟新景命。化通玄理，祝无愧心。至于方大而虚，专静而恕，广慈救众苦，善贷被群生者，我修行之大猷，汲引之阶渐也。若使风雨时，天下静，人能理，物能清，存能昌，殁能乐，念生响应，情发自诚者，我景力能事之功用也。大施主、金紫光禄大夫、同朔方节度副使、试殿中监、赐紫袈裟僧伊斯（伊斯乃 Isaac 之译音），和而好惠，闻道勤行。远自王舍之城，聿来中夏，术高三代，艺博十全，始效节于丹庭，乃策名于王帐。中书令、汾阳郡王郭公子仪初总戎于朔方也，肃宗俾之从迈。虽见亲于卧内，不自异于行间。为公爪牙，作君耳目。能散禄赐，不积于家。献临恩之颇黎，布辞憩之金罽。或仍其旧寺，或重广法堂。崇饰廊宇，如翚斯飞。更效景门，依仁施利。

每岁集四寺僧徒,虔事精供,备诸五旬,饿者来而饭之,寒者来而衣之,病者疗而起之,死者葬而安之。清节达娑,未闻斯美,白衣景士,今见其人。愿刻洪碑,以扬休烈。(颂词及诸僧署名从略)

考此碑系唐德宗建中二年(七八一)一月七日(太阳历二月四日)所建立,碑文为大秦寺僧景净所撰。碑末有"时法主僧宁恕知东方之景众也"一句。此处所谓法主即系主教之意,而宁恕二字,据日本学者佐伯好郎之解释,谓系 Hanan Ishu Ⅱ 之译义(Hanan Ishu 直译为"Jesus 之爱"的意义,与汉名宁恕二字相当),乃是时聂斯脱里派在报达城(Bagdad)之第二十四代教务大总管(即大司教,详见佐伯氏之 *The Nestorian Monument*)。吾人通读此碑全文,可知景教传入中国之元始,景教宣示于当时之教义,及由贞观九年(六三五)至建中二年(七八一)约一百五十年间,景教势力之消长情形焉。

## 第二节　唐代基督教之盛衰

基督教之传入中国,已如前述。至其势力之盛大情形,吾人亦可从《大秦景教流行中国碑颂并序》推知一二。第一,景教在唐太宗贞观九年传入时,曾受盛大的欢迎;而至于"翻经书殿,问道禁闱"。同时,诏令全国传授景教。第二,景教在高宗时代,于诸州各置景寺,阿罗本仍被崇为镇国大法主,碑中更有"法流十道,国富元休;寺满百城,家殷景福"之句,则当时景教传布之广,可以概见。第三,景教在玄宗时代亦极受崇奉。玄宗令宁国等五王亲临福宇,建立坛场。后复令大将军高力士送五圣写真安置于寺内,碑中有"诏僧罗含、僧普论等一七人,与大德佶和于兴庆宫修功德。于是天题寺榜,额载龙书。宝装璀翠,灼烁丹霞。睿札宏空,腾凌激日。宠赉比南山峻极,沛泽与东海齐深"等语,则玄宗之尊崇景教,可以想见。第四,肃宗时代,于灵武等五郡重立景教寺堂。第五,代宗对于景教,则"每于降诞之辰,赐天香以告成功,颁御馔以光景众"。第六,德宗时代,景教更得一般当权者之崇奉,"或仍其旧寺,或重广法堂,崇饰廊宇,如翚斯飞;更效景门,依仁施利"。第七,碑之侧面刻有七十余名传教士之姓名。即此一端,即可知第八世纪末,散在中国各地景教寺院之多矣。

吾人更从外国文之纪载中,亦可窥见唐代基督教之兴盛。叙利亚某著作家谓聂斯脱里派第二十代教务大总管赛里巴柴喀氏(Salibazacha,氏即位于西历七〇三年,即唐中宗长安三年;卒于七三〇年,即唐玄宗开元十八年),于耶稣纪元七一四年(开元二年)至七二八年(开元十六年)间建立哈烈(Hera,名见《明史》)、撒麻耳干(Samarkand,名见《元史》)及支那三处总主教驻所(Metropolitan See)。以前此三地必曾为主教驻所(Bishopric),依级递升为总主教驻所,可无疑义。景教教务大总管提摩太氏(Timothy,氏即位于七七八年,即代宗大历十三年;卒于八二四年,即唐穆宗长庆四年),在位时,有任命大卫(David)为中国总主教之文。而景教教规,每四年招集各地牧师会议一次,第九世纪中叶(唐宣宗时代),吾人复查得有"免去中国、印度、波斯、木鹿、叙利亚、阿拉伯、哈烈及撒麻耳干诸总主教集会之劳;惟仍须负募集资金,维持总管处之责任"之文。又阿拉伯人阿布·赛德·哈散氏(Abu Zaid Hassan)记西历八七八年(唐僖宗乾符五年)黄巢破广州时,外国居留民中,有回教徒、基督教徒、火教徒及犹太人,被杀者达十二万以至廿万人之众。据此,则唐代基督教之兴盛,概可知矣。

迨至武宗时代,因恶僧尼耗蠹天下,乃实行废佛毁释之政策。据会昌五年(八四五—八四六),武宗之毁佛寺制所述,当时全国所拆寺及兰若共四万余所,收膏腴上田数千万顷,收奴婢为两税户十五万人,勒令大秦(景教)、穆护(回教)、祆教等之僧侣三千余人还俗(据《新唐书·食货志》及李德裕《贺废殿诸寺德音表》,则为二千余人)。中国景教徒自受此次大迫害外,几于绝迹。据佐伯好郎所述,当时除一小部分景教徒及回教徒残留于中国外,其余大多数之景教徒均远出关外,退却于西域地方,而与甘肃地方及土耳其斯坦地方之景教徒,融合为一体云。(参观佐伯氏之《支那景教碑研究》,及佐伯氏释《元世祖忽必烈派遣欧洲景教僧之旅行志》,第六〇页)

## 第三节　五代及宋代基督教之消灭

自晚唐黄巢弄兵,中经五代,以迄于宋太祖统一宇内,其间几九十年,战乱频仍,民不聊生。远国商贾,多被杀戮。外客既因此裹足不前,中西交通遂随而断绝。宋承五代战乱之后统一国内,然北则受制于辽,西则见阨于夏,故宋初虽休养生息,亦终未能恢复唐时之盛。此时中国与西方陆路交通完全阻隔,而基督教亦消灭无遗。阿拉伯人摩罕美德(Mahomet,别名 Abulfaraj)氏对于当时基督教之情形有如下之纪述:

> 回教纪元三百七十年时(耶稣纪元九八七年,即宋太宗雍熙四年),在八吉打城[即报达(Baghdad)]基督教徒居留地某教堂之后,余遇基督教僧那及兰(Najran)氏。其人年甚幼,面目可爱,静默寡言,不受问,则绝不启口。七年前(即宋太宗太平兴国五年),曾受大总管之命,与僧五人往中国整顿其地基督教。余访问其旅行情况,那及兰氏告余云:中国之基督教已完全亡灭,教徒皆遭横死,教堂毁坏。全国之中,彼一人外,无第二基督教徒矣。遍寻全境,竟无一人可以授教者,故急归国也。(参阅《中西交通史料汇编》第一册,二〇四页;或 H. Yule, *Cathay and the Way Thither*, I, p.113)

据此观之,则北宋时代之基督教实已完全消灭矣。靖康以后(即一一二六年以后),金人据有大河南北,南宋偏安江左,国势益衰。其时,东西陆路交通完全断绝,而海上则外商云集,交通频繁。番人来中国贸易者以阿拉伯人为最多,而中国人往海外经商者亦甚众。但基督教徒则似无至中国传教者,盖是时中国史籍无有道及大秦寺及大秦僧者也。

## 第四节　元代基督教之复兴

### 一、罗马加特力教(天主教)教士之东来

陈援庵先生于其所著《元也里可温考》总论章,对于元代基督教徒来华之先后情形,及其复兴原因,有云:

> 有元得国,不过百年耳。也里可温之流行,何以若此?盖元起朔漠,先据有中央亚细亚诸地,皆昔日景教流行之地也。既而西侵欧洲,北抵俄罗斯,罗马教徒、希腊教徒之被掳及随节至和林者,不

可以数计；而罗马教宗之使命，如柏朗·嘉宾、隆如满、罗伯鲁诸教士，又先后至和林；斯时长城以北，及嘉峪关以西，万里纵横，已为基督教所遍布矣。燕京既下，北兵长驱直进，蒙古、色目，随便居住（详《廿二史札记》），于是塞外之基督教徒及传教士，遂随军旗弥蔓内地。以故太宗初元（宋景定间）诏旨，即以也里可温与僧道及诸色人等并提。及至孟哥未诺主教至北京，而罗马派之传播又盛。大德间江南诸路道教所讼，谓江南自前至今，止有僧道二教，别无也里可温教门，近年以来，乃有也里可温招收民户，将法箓先生诱化，则当时状况，可想而知。

陈先生以元代基督教之兴盛，归因于当时武功之盛大，斯固不刊之论，然吾以为欧亚大陆交通之便利，亦未始非促进基督教兴盛之一因。盖当时驿站遍设于各地，由欧西至中国极为便利，欧西各国之传教士皆得东来自由传教故也。

罗马教皇派遣教士东来，盖以教皇依诺增爵第四世（Pope Innocent Ⅳ, 1243—1254）选派方济各会（Franciscans）之教士柏朗·嘉宾（Jean de Plan Carpini, 1182— ，日耳曼人）氏为嚆矢。惟在柏朗·嘉宾尚未来华之前，元之宗室已多信奉基督教者（元定宗之母昭慈太后，名脱烈哥那，信教甚诚，殿前建有圣堂，每值教中礼期，昭太后暨奉教王公大臣诣堂瞻礼。详见《正教奉褒》上册，第二页）。但此系属于聂斯脱里派之教徒，而非罗马教会（Roman Catholic Church）所属之教徒。罗马教皇派遣柏朗·嘉宾东来之目的，据《燕京开教略》（Favien: Peking, Histoire et deseription）之所说：第一，系因闻西洋人之至中国者，归述中国之事，皆前所未闻，无不奇异。又蒙古皇帝之亲王子侄，多有信奉基督教者，拟借此尽化其众。第二，系因成吉思汗之孙巴图统兵六十万往欧洲侵伐各国，拟效蒙古皇帝诸王崇奉基督教，而止其屠杀小亚细亚与欧洲各国人民之惨祸（详见《燕京开教略》上篇，二十二页）。柏朗·嘉宾与波希米人（Bohemian Friar Stephen）同伴，于一二四五年（南宋理宗淳祐五年，蒙古太宗十七年），由 Lyons 出发，一二四六年二月抵 Volga，六月达中亚 Karakorum 之蒙古王廷，呈教皇国书于大汗贵由（Küyük）。翌年秋，持大汗复书归报教皇。（参阅 K. S. Latourette,

*A History of Christian Missions in China*，p.67）彼等虽得昭慈太后（定宗之母）之优待（赐狐裘，与大红缎袍若干件），但其结果与教皇之所豫期者适相反。此则观乎蒙古大汗复教皇书而可知也。（大汗复书见《燕京开教略》上篇，三二页）

越数年，法兰西国王路易（S. Louis of France）因欲探明蒙古王廷信奉基督教之真相，及化其君臣，使之领洗入教，乃复派方济各会之教士罗柏鲁（William of Rubruquis or Rubruck，1220—）东往蒙古大汗王廷。罗柏鲁于一二五三年奉命东行，是年十二月廿七日始抵蒙哥（宪宗）之朝（近于 Karakorum），赍赠锦帏一顶，帏上彩绣教中圣像，宪宗奉为奇珍，谨藏内府。罗柏鲁驻京传教，颇受聂斯脱里派之排挤，及佛教徒回教徒之讦击。彼于一二五五年八月五日（宋理宗宝祐三年，蒙古宪宗三年），归抵法国，将奉差始末报告于路易之前。同时，陈说蒙古之国教化已开，特请圣王多遣传教之士，以继其后云。

罗马天主教会教士，最初来抵北京传教者，实为方济各会教士孟哥未诺［一作蒙高未诺，又作若望·孟高未诺（John of Montecorvino），生于一二四六年或一二四七年，意大利人］。彼于一二九四年（元世祖至元三一年），来抵北京（当时谓之汗八里——Cambalec。按《正教奉褒》谓彼抵北京，系至元二十七年，实误）。彼到中国后所受之困难，及其努力之经过，可由其于一三〇五年由北京寄发之遗书推知其大概。其书曰：

（前略）余复向东进发，在途多日，始抵中国，乃蒙古皇帝可汗所属之区。觐见时，呈上教皇国书，余亦力劝其信奉耶稣基督之圣教，奈其沉迷于异端伪神，锢蔽实深。然于信奉圣教之人则甚宠任。余寓燕京，至今已二载，乃有聂斯脱里之异党久居京内，亦自称为奉教之人，当时甚有权势、信奉真圣教者被其阻扰。虽于私宅建一小堂，异端亦不相容，凡非聂斯脱里之异理，俱不准传讲。余寓京邸，甚拂其意。是以百计谋害，或自行捏控，或贿嘱妄呈，无法可息其怒。又处处传播流言，谓余东来中国，并非奉教皇之命，实乃敌国细作，特来诱惑人心。又令几人假充见证，质余在印度曾杀某国与中国皇帝进贡之使，而夺其琛赟。余五年之久，与之涉讼，屡鞫公堂,几陷大辟。后赖天主仁慈矜悯,有一人自首妄控之罪,皇上始知余无辜,而坐奸党之罪,饬将该犯等与妻孥皆流边远之地。此后十一年之久,余一人独寓京邸。惟二年前,有热尔玛尼亚国(即日耳曼)哥罗尼亚府(Colonia)之教士亚尔诺德(Arnold)前来相助余于燕京,起建大教堂一所,告竣至今,已及六载。堂有钟楼,内悬三钟,其领洗入教者,不下六千余人。若非异端控害,则领洗者,必至三万之多。

余抵燕京之初年,若尔日王(George,按若尔日王乃弘可汗之后。元世祖弃和琳而定鼎燕京,若尔日投诚归附,世祖即封之为和琳王,即汪古部长高唐王阔里吉思也。汪古部在今河套五原县包头镇诸地)即从余问道,余善导之,使奉罗马圣而公之教,又授以四品神我。余每举行弥撒,若尔日王必着朝衣辅祭。聂斯脱里之党诬其反教,设法害之。若尔日王毫不为意,且化导其所属人民,大半皆入正教。并捐资建筑教堂一所,雄壮宏丽,无异王侯之居。堂内供奉吾人所信仰之天主,三一妙身及吾主教皇。王赐题额为"罗马教堂"(Roman Church)。……余复曰:若非异党诬陷,则奉教救灵者,必至屈指难计。若得二三人助余,则皇帝亦不难领洗入教矣。(下略)

孟哥未诺之第二书,略云:

自余抵鞑靼后,已受洗五千余人。……至论蒙古皇帝疆域之大,则普天下更无第二。余忝为教皇钦使,故皇帝准余随意出入禁中,特设一馆专为余进见时休息之处。皇帝礼余之隆,胜于一切异教主教。(原函参阅《燕京开教略》上篇,六十页;又 H. Yule, *Cathay and the Way Thither*,Ⅲ, pp. 51-58)

据此观之,则知元成宗大德八年(一三〇四)之时,北京已有大教堂之建立,教徒六千名,教皇钦使一名,且颇蒙皇帝之礼遇,得自由出入禁闱。又孟哥未诺未抵北京之前,聂斯脱里派已在北京传教,势力极为雄厚,孟哥未诺时受彼等之攻击,致传教上受莫大之影响。

罗马教皇克莱孟多第五世(Clement Ⅴ)得悉孟哥未诺在东方传

教，著有成效，乃于一三〇七年（元成宗大德十一年），特设汗八里（即北京）总主教一席，擢孟哥未诺为北京第一任大主教，赐以与教务大总管同等之职权，使统一契丹、蛮子（中国南部）各处主教（Bishop）、高僧（Prelate）等，直隶教皇，小事不报，仅须承认教皇为宗师，及自教皇承领袈裟与袈裟传袭，须得教皇允许而已。同时，复派圣方济各会教士哲拉德（Gerard）、裴莱格林（Peregrine of Castello）、安德鲁（Andrew of Perugia）、尼古拉斯（Nicholas of Bantra or of Apulia）、安德鲁梯斯（Andrutius of Assisi）、赛福斯托德（Ulrich Sayfustordt）及威廉（William of Villeneuve）等七人（诸人于未起程之前，俱升为主教）携带教皇诏书往契丹（即中国），传达教皇命令，兼驻北京，勷助孟哥未诺传教。据安德鲁之遗札，则此七人中仅哲拉德、裴莱格林及安德鲁三人得达目的地（元武宗至大元年——一三〇八—），传达教皇谕旨，授孟哥未诺总主教之职。三人以后相续为刺桐港（Zayton，即福建泉州，以昔时城下都植刺桐树，故又名刺桐城）之主教。威廉由半途复返意大利。至尼古拉斯等三名，则行至印度，因不服水土，俱病死云。哲拉德等安抵北京后，复将教皇之国书呈上武宗，书中大旨俱系致谢皇帝保护教士教徒之情谊。北京教务自得此三主教之协助，益为发达。

元武宗至大四年（一三一一），教皇克莱孟多第五世，复派拖玛斯（Thomas）、哲罗姆（Jerome）及彼得（Peter）等三人为主教，往远东佐助孟哥未诺传教。彼等在京，皇帝俱照款待外国钦差之礼，每年颁赐俸禄。是时，杭州亦建有教堂及隐修院各一所。孟哥未诺即以安德鲁为杭州府之本属主教。其后，安德鲁复奉命继裴莱格林为刺桐港大教堂主教〔该地大教堂原为亚美尼亚（Armenia）某妇人所建，初任主教为哲拉德，第二任为裴莱格林〕。彼赴刺桐城时，皇帝准其用兵马八人随从，沿途各处皆极受欢迎。彼于一三二六年（泰定帝三帝）正月，由刺桐港寄其友人函中有言：

  在此大帝国境内，天下各国人民、各种宗教皆依其信仰，自由居住。盖彼等以为凡为宗教皆可救护人民。然此观念，实为谬误。吾等可自由传道，虽无特别允许，亦无妨碍。犹太人及萨拉森人改信吾教者，至今无一人。然偶像教徒来受洗礼者，前后甚众。既受洗而不守基督正道者,亦复不鲜。(详见《中西交通史料汇编》第二册,一三五页;又 H. Yule, Cathay and the Way Thither, Ⅲ, pp.71-75)

据此,可知当时朝廷对于宗教之态度,及基督教在泉州布道之状况。

元时,东来传教之最著名者,为鄂多立克(Odoric)。彼系意大利福柳利(Friuli)州颇代侬城(Pordenone)人,生于一二八六年(元世祖至元二十三年)。少时,即入方济各会,在 Udine 寺内修道,以节欲苦行著名。彼于一三二二年至一三二八年(至治二年至元文宗天历元年)之间,居留中国(在北京大主教孟哥未诺之隐修院中居住三年,学习言语)。当时,北京教务正在隆盛之际,信奉基督教者为数甚多。孟哥未诺与同会之主教等皆出入朝中,深得皇帝之器重。鄂多立克西归后,著有《北京传教记》一书。书中有云:

> 余乃圣方济各会友,曾寓北京多年,屡蒙皇上召赴御筵,命于庭掖中,特为吾同会之友专设接见之馆。会友等如何屡至帝前降福皇帝。朝中事件,如何办理?奉教之人,如何守规敬主?朝中汉官蒙员如何归诚奉教?皆余亲见身经,而知之最确者也。(参阅《燕京开教略》上篇,六九页)

又据《燕京开教略》之所述,鄂多立克在北京时,由彼施授洗礼者达二万余人,内有多名俱居要职云。

一三二八年(元天顺帝致和元年),孟哥未诺卒于北京。教皇班尼狄德第十二世(Benedict Ⅻ,1333—1342)乃于一三三三年(顺帝元统元年)九月十八日,任命巴黎大学宗教学教授尼古拉斯(Friar Nicholas)为北京第二任总主教。同行者有教士十二名,普通人民六名。其时,正当元明交替,战乱频仍之际,尼古拉斯及其同伴因此均未行抵北京,不知所往。德国夏德博士(Dr. Hirth)谓《明史·拂菻传》之捏古伦或即失踪之总主教尼古拉斯,其信然欤?

孟哥未诺既卒,而新任总主教尼古拉斯久不至北京[按法人 Cordier 氏于其自著之 Histoire Générale de la Chine, Vol.2, p.425 云尼氏曾抵中国。但据美国东方学者 Latourette 氏之所述,则尼氏并未抵达北京(Cambalec 或 Alans)云],在中国之基督教士乃于一三三六年(顺帝至元二年)上书于罗马教皇请派主教。同时,顺帝亦派安德鲁(Andrew of Frank,曾在泉州充任主教者)为钦差,赍国书于教皇。书曰:

> 长生天气力里,皇帝之皇帝(Emperor of Emperor)圣旨。咨尔西方日没处,七海之外,法兰克国(Frankland)基督徒主人,罗马教皇:朕遣法兰克(Frank)人安德鲁及其从者十五人于尔教皇之廷,设法修好,俾以后时得通聘。仰尔教皇赐福于朕,每日祈祷时,不忘朕之名也。朕之侍人阿兰人,皆基督之孝子顺孙,朕今介绍之于尔教皇。朕使人归时,仰尔教皇为朕购求西方良马,及日没处之珍宝,不可空回也。(原书译文见《中西交通史料汇编》第二册,一四五页)

安德鲁及其同伴十五人于一三三八年(元顺帝至元四年)行抵意大利阿维南城(Avignon)。教皇班尼狄德第十二世接待诸使极为优渥。下令授蒙古使者一人为警保吏(Sergeant-at-arms)随侍左右。嗣复派遣专使持教皇覆书,东赴汗八里朝廷报聘。教皇覆顺帝书谢其保护奉教人之优恩,祈准传教士等在其所属境内随意传教。同时,威尼斯市长 Doge 及议会、匈牙利、西西利(Sicily)诸国王亦有介绍书,请为优待专使。一三三八年十月三十一日,教皇复派专使尼古拉斯·李内(Nicholas Bonet)、尼古拉斯·麻兰诺(Nicholas of Molano)、约翰(John of Florence)及格利哥雷(Gregory of Hungary)等(俱系方济各会教士)携国书东行,同行者有小级僧五十名。著名之马黎诺里(Marignolli)亦在其内。据马氏《奉使东方追想记》(*Dear Reisebericht des Johannes Marignololla*)所述,彼等系于一三四二年(至正二年)七八月间始达北京,深受顺帝优遇。彼在北京居留三四年之久,始南下刺桐港。至一三五三年(至正十三年),彼奉顺帝命西归意大利阿维南城,献呈顺帝致教皇之书,书中言大汗尊敬基督教,承认其奉基督教之臣民服从教皇,并请再增派宣教师往东方焉。

关于当时中国基督教之盛况,及马黎诺里等所受之优待情形,吾人可从马黎诺里《奉使东方追想记》及《燕京开教略》推知其梗概。马氏《奉使东方追想记》有云:

十二月（一三三八年），吾等离阿维南城。四旬大斋之初，抵那波利城（Naples）。居留至三月底复活祭日，以待鞑靼大使某公。其人奉大汗之命，来自汗八里大都，持国书通好于教皇，请教皇派遣专使至其廷，俾两国以后常相和好，与基督教徒订信守之联盟，盖亦敬爱基督之教训也。国内诸大酋长号阿兰人者，有三万之众，管理东方全部。其人皆崇奉基督教，或出于诚心，或由于名义。

大汗见骥马硕大，教皇礼物国书、罗伯特王（King Robert）书札及其金印，大喜。见吾等后，更为喜悦，恩遇极为优渥。

大汗命亲王二人，侍从吾辈，所需皆如愿而偿。不独饮食诸物供给吾辈，即灯笼所需之纸，皆由公家供给。侍候下人皆由宫廷派出，其宽待远人之惠，感人深矣。居汗八里几达四年之久，恩眷无少衰。吾等衣服、馆舍、器具，皆赠给上品。来此同事共有三十二人，总计大汗供给费用达四千余马克。留汗八里时，常与犹太人及他派教徒讨论宗教上之正义，皆能辩胜之。又感化彼邦人士，使之崇奉基督正宗。因之拯救灵魂于地狱苦境者不少也。

汗八里都城内，小级僧人有教堂一所，接近皇宫。堂内有总主教之寓所，颇为壮丽。城内他处，尚有教堂数所，各有警钟。教士衣食费用，皆由大汗供给，至为丰足。

大汗见吾辈家乡念切，无意流连，乃许归还教廷，携其赠物，并三年费用。临行，设宴欢送，宣言请教皇复派余或其他有红衣主教之品格者，来至汗八里充主教。盖东方人士，基督教徒或异端人士，皆崇敬主教故也。

《燕京开教略》亦有云：

其时奉教之人数，日多一日。方济各会之修士，亦多增建圣堂。北京隐修院内之修士，皇上十分敬礼，屡次召赴御筵。每至日暮，不请修士降福，则不敢退归内寝。

顺帝又允教皇之请，特颁谕旨，饬修士等处处随意宣传天主圣教，官吏不得禁阻。于是若望拂老郎（按即 John of Florence）大展荣主救人之切志，竭力讲劝。归诚向化者，百倍于前。各省府县村镇,一时所建之圣堂屈指难计。

由此观之,则元末基督教之兴盛,以及可汗对于教士之优待,概可知矣。

## 二、基督教之流派及其势力

《元史》及其他元代著述,统称基督教为也里可温。其中可分为方济各会、希腊及聂斯脱里三派,而以聂斯脱里及方济各会二派为最有势力。聂斯脱里派即唐代之景教徒,而方济各会派则为明代天主教之先驱。

罗马加特力教即方济各会派之教士,在我国所受元廷之待遇,前经叙述。兹特略述当时聂斯脱里派之状况。关于此派教士情形,甚少确切的史料可资参考。吾人仅能由反对此派之孟哥未诺之遗书、卢白鲁克之游记及约翰·柯拉(John de Cora)之《大可汗国记》(The Book of the Estate of the Great Coan),得知其梗概。孟哥未诺之遗书,前已征引,兹不再赘。卢白鲁克之游记内有云:

> 往契丹途中,皆有聂斯脱里派教徒及萨拉森人,虽为异族,然与土人杂居。契丹国内有十五城,皆有聂斯脱里派教徒。其人于西京城(即大同府)有总主教驻焉。
>
> 聂斯脱里派教徒皆愚而无知,其《圣经》皆为叙利亚文,祈祷时亦能诵之,惟皆不解其义。彼等皆腐败不堪,好放债收重利,沉湎酒色。僧官俱由买卖而成,无报酬不为他人举行圣礼。蒙古贵族子弟多就学于彼辈,以福音信条教授。(参阅《中西交通史料汇编》第二册,九十三页;又 Rockhill's *Rubruck*, pp.158-159)

而约翰·柯拉之《大可汗国记》亦云:

> 聂斯脱里派皆守希腊教会礼节,不从罗马教堂,崇奉异派。加特力派基督教徒之服从罗马教堂者,皆深为其所恨。彼等党徒,居契丹国境内者,总数有三万余人。皆雄于资财,惟甚惧正派基督教徒。彼派教堂皆整齐华丽,有十字架及像,以供奉天主及古先圣贤。其人代皇帝举行各种祈祷,故常得享受特权。若其人能与在该国之小级僧人(Minor Friars,即方济各会派教徒)及良善基督教

徒共同合作,则全国人民及皇帝陛下,皆已久奉基督正教也。(参阅《中西交通史料汇编》第二册,二四九页;又 H. Yule, *Cathay and the Way Thither*, Ⅲ, pp.89 – 103)

卢氏谓聂派好放债,收重利,事诚有之。然其他攻击之词,难免党同伐异之见。卢氏又谓契丹国有十五城,皆有聂派教徒,蒙古贵族子弟多就学于彼辈。而约翰·柯拉亦谓彼等党徒,居契丹国境内者,总数有三万余人,皆雄于资财。其人代皇帝举行各种祈祷,故常得享受特权云云,则当时聂派教徒在政治上、宗教上及经济上之势力之盛大可知。抑又考之,至元二十六年,世祖立崇福司(秩二品),设官十九人,管理十字教、马儿哈教(Marha)、昔列班教(Siliepan)及也里可温教(Yelikhawen)事务。仁宗延祐二年,将专司升阶一级,改为院,另置分司七十二处,管理也里可温教。[参阅《元史·百官志》(卷八十九)]当时朝廷对于也里可温教之事务,至于设官管理,则彼教之被尊崇及其人数之众多,不言而喻。然其时也里可温教徒中,实以聂斯脱里派教徒为最占多数,斯又不容置疑者也。(按张星烺先生列举元代在中国内地各处基督教教堂所在地点,计有北京、河北长芦镇、山西大同、甘肃沙州、肃州、甘州、额里斯、鄜州、额里合牙、外套、新疆喀什噶尔、叶尔羌、赤斤塔拉思、伊犁、东三省、山东临清州、江苏扬州、镇江、浙江杭州、温州、福建泉州、云南省城等处。以上各地,除泉州、伊犁、临清等地之教堂为方济各会派外,其余均系聂派之布教地。由此一点亦可证明当时聂派势力之大及其传布之广。)

总之,元代之基督教,虽聂斯脱里派与方济各派各立门户,互相攻击,然两者均受政府之特别优待,如军籍之停止、徭役之蠲除、租税之豁免、粮俸之发给(详见陈援庵《元也里可温考》),皆足以示当时政府对于基督教之尊崇。二派之能扩张其教务者,盖以此也。

## 第五节　明初欧亚交通之断绝与基督教之衰颓

元末失政,内乱蜂起。徐寿辉、方国珍、张士诚、刘福通、韩林儿、陈友谅、朱元璋、明玉珍等相继蹶起,分称帝王,于是庞大无比之蒙元帝国,未及百年竟至灭亡。朱明代兴,严守闭关自守之政策,不务远略。加之帖木儿崛起于中亚,阻遏欧洲各国使节商人之东来,于是中国与欧洲之交通又复断绝。关于明兴以后中国基督教之情况,据《燕京开教略》之所述,明太祖洪武三年(一三七〇),教皇吴尔巴诺第五世(Urbanus Ⅴ, 1362—1370)闻北京大主教尼各老·包特剌去世,特擢任巴黎超性学院总教习(一说巴黎大学教授)伟列尔·莫普剌多继其位。同时,派方济各会教士十二名随之东来。翌年(一三七一),教皇额我略第十一世(Gregorius Ⅺ, 1370—1378)复遣方济各会教士方济各包第约(Francis of Podio)为鞑靼北方诸教徒之代理主教(Archbishop)。彼偕会友十二人启程东来后,俱不知下落。洪武二十二年(一三八九),北京教士遣其会友英国人劳若与意大利国人益博罗削西归,觐见教皇波尼法爵第九世(Benedictus Ⅸ, 1389—1404),并请教皇赞助其北京传教之事业。教皇依请,特派会友二十四人随之东归,亦俱不知下落。其后,有方济各会教士名良者,曾言明景泰六年(一四五五)教皇加里斯多第三世(Calixtus Ⅲ, 1455—1458)时,北京尚有方济各会之主教一名掌理北京教务,乃大主教孟哥未诺之第七继任之人等语。而意大利佛罗伦斯市(Florence)人托斯加内里(Paolo del Pozzo Toscanelli)于一四七七年(明宪宗成化十三年)六月二十四日致科伦布(Christopher Columbus)第一书中亦谓:欧格奴斯(Eugenius, 1431—1447)教皇时,契丹遣使者来谒教皇之廷,尝亲见其使者并与之谈论。据云:契丹国人待基督教至为宽仁,拉丁人大可设法往其国云云。(参阅《中西交通史料汇编》第二册,三七七页)又张星烺先生于其所著《中西交通史料汇编》第二册第一百二十五节言:"利子(利玛窦)未卒前,及亲见聂派有死灰复燃之势。中国北部聂派教师据彼所闻仍甚多。有以军功显身者,亦有以文章扬名者。一五四〇年左右(明世宗嘉靖十九年)忽被横撺严禁,其徒乃皆改信他宗,或匿不宣言。稍后,耶稣会乃遣专员往有聂派教徒各城调查,颇见其人,姓名皆甚明。惟与之言教则渺茫不知云。"[张先生自言此事详教士金尼阁(N. Trigault)所著《中国传教录》(De Christiana Exped. apud Sinas,

Book I, Ch. II）。按金氏生于一五七七年，卒于一六二八年，法国耶稣会派教士。明万历三十九年（一六一一），来抵南京，后入北京传教。］总观上述，可知明兴以来，中国基督教之布道虽遭变乱，尚不绝如缕，不过其势力衰颓，无复蒙元时代之盛耳。

# 第二章　东印度航路之发现与基督教教士之东来

欧洲中古之世，威尼斯（Venice）及热内亚（Genoa）诸地商人之往来印度者，其航行之路有三：即一为取道埃及而出红海；二为由地中海东岸登陆，至幼发拉底河（Euphrates R.），顺流出波斯湾；三为由黑海至伊尔塞伦（Erzurum），取道米索不达米亚（Mesopotamia）而出波斯湾是也。自东罗马帝国灭亡以后（一四五三），西亚及东欧尽归土耳其所掌握，而黑海及红海之通路亦均为土耳其人所扼。欧人之从事贸易者，遂不得不别图东往印度之通路。

是时，欧洲各国政府竞求海外发展，极力奖励航海，而葡萄牙政府其最著者也。葡萄牙亨利亲王（Henry the Navigator，1394—1440）为谋东方航路之发现，特于阿尔干纵（Algarve）创设天文台及航海学校，招集天文航海专家，研究回非洲达东印度之航路。至约翰第二世即位，更积极奖励航海事业，葡人巴多罗·地亚士（Bartolomeu Dias）遂于一四八六年航达非洲南端之喜望峰（Cabo da Boa Esperança）。其后，Vasco da Gama 绕喜望峰，沿非洲东岸航行，于一四九八年五月二十日抵印度西南沿海之 Culcutta，是为西欧直航通印度之始。

自 Vasco da Gama 发现印度航路以后，葡王以马奴利第一世（Emmanuel the Grent，1469—1521）东略之志益锐。为谋确保东方贸易之利权，及阻止回教诸国商船航行波斯湾以东之海上起见，乃于一五一〇年，占领卧亚（Goa）。翌年，复据马剌加（Malacca）设印度总督，以掌贸易拓殖之务，置僧正以综理东洋传教之事，势力及于苏门答腊（Sumatra）、爪哇（Java）诸岛。至一五一六年，葡人判匪尔·伯斯往罗

（Rafael Perestrello）遂附帆船来抵澳门港外上川岛（Shangchuan，欧人所谓圣约翰岛——St. John's Island）视察商情。

翌年（一五一七），卧亚市长匪地难得·安利德（Fernão Pires d'Andrade）奉印度总督亚伯勒基（Albuquerque）之命，率葡舰四艘，护送葡使 Thomas Pires 来广东，求与明廷缔约通商，并测量中国港湾。广东地方官以彼等远来求市，诸事驯良，颇优待之，许葡船二艘进泊港内，其他船艘使碇泊上川岛。明年，匪第难得之弟西蒙（Simão d'Andrade）亦率葡船三、马来船三驶至。西蒙性情乖张，交易无信，并建炮垒防工于上川岛。遇有民刑争讼，竟敢擅自处决，大为吏民所恶。一五二一年（正德十六）葡人遂概被逐于境外。先是，明武宗原命葡使 Thomas Pires 留广州待命，及西蒙事作，遂遣使鞫之，坐以间谍，下诸狱，至一五二三年死于狱中。

武宗下令放逐葡人于境外之翌年（正德十七），葡使 Alfonso Martins de Mello 至上川岛，吏民围杀之，随从几无幸免者。未几，令弛，葡人来者日众。嘉靖中（一五二二——一五六六），葡人在广州附近，有上川岛、电白、澳门等居留地。电白（Lambacao）之繁盛，初为诸港之冠，葡商寄居者常达五六百。迨一五五七年以后，澳门之兴盛遂驾电白而上之。是时，地方长官默许葡人居留，只于葡人居留地与己国人民住地之间，筑一城壁为区画，置吏守之而已。

其时，沿海诸省，亦多葡人足迹，而以宁波、泉州二地为尤众。宁波商场及居地，在一五三三年时已称繁盛。居留其地之葡商饱暖淫侈，或结党四出，诱掠妇孺。官民大愤，争起复仇，朝廷亦大震怒。嘉靖二十四年（一五四五），令水陆师围攻之，杀天主教徒万有二千（内有葡人八百），烧葡船三十五只，马来船二只。后四年，泉州之葡商亦为当地官民所逐。泉州禁口后，葡人群集电白。后复令葡人"贡不以时，及勘合差失者，概行禁止"，然葡人固不忘情于对华贸易也。嘉靖十四年（一五三五），指挥黄庆得葡人巨贿，请于上官，移之香山南虎跳门外之澳门。巡抚林富上言：互市有供御用、充军饷、济粤西、食小民四利。朝廷从其议，自是始许葡人于澳门停船贸易物，然仍不得上岸居住。（见《明史·外国传》"佛郎机"条）迨嘉靖三十二年（一五五三）葡人托言：涛狂船裂,请借地曝浸湿贡,乘机登岸居住。(见《澳门纪略》上,二二页)年科地租千两。从此澳门益趋繁盛,遂独为葡萄牙远东拓殖贸易之根据地焉。

方葡萄牙人开辟印度航路,垄断东洋贸易之实权时,西班牙人亦正谋往远东航路之发现。一四九二年(明孝宗弘治五年),哥伦布(Columbus,1446—1506,意大利人)受西班牙女王 Isabel I la(一四五一——五〇四)之命,航海东进,一五〇二年发现加利宾(Caribbean)群岛,以之为据,进而占取墨西哥为殖民地。西班牙人东航目的原在寻觅生产香料之远东,今所据者,虽亦地大物博,但无当时认为东方名产之香料,遂锐意西进,以求达其世界回航之目的。一五一九年(明武宗正德十四年)西班牙王加罗第一世(Carlos I,1516—1566)命其臣麦哲伦(Magellan or Magallanes,1480—1521,葡人之仕于西班牙者)率船五艘,同伴二百八十人,向大西洋西航,绕南美洲南端进达太平洋,凡航行三十三个月之久,始驶抵息布岛(Cepu,一五二一年三月十六日),是为欧洲至东亚西南航路之始。

麦哲伦抵息布后,即名其地为 St. Lazarus。麦哲伦旋为 Mactan 岛土著所杀,所部亦多遇害。幸存者仅三十二人,驾 Vittoria 号,满载香料越印度洋、好望角而归。此后由南美绕 Cape Horn 而来南洋者数起,以航程过远及葡人之嫉忌,终致劳而无功。一五四二年(明世宗嘉靖二十一年),西人 Ruy Lopez de Villalobos 氏(1546 殁,墨西哥大守 Antonio de Mendoza 之亲戚,谋建设殖民地于息布及其他群岛,由墨西哥西岸出发,翌年(一五四三)抵达其地。越二年(一五四五),航赴 Moluccas 岛,葡人掠之,又遭失败。迨一五五六年(嘉靖三十五年),西王腓律布第二世(Felipe II,1556—1598)即位,经略海外,不遗余力,命其将 Miguel Lopez de Legaspi 氏,由墨西哥西航,占据息布及其他群岛(一五六五),名其地曰菲律滨(Las Islas Filipinas),旋于一五七一年,定马尼拉(Manila)为首都。

西班牙据有菲律滨后,屡与海贼渠魁林凤战。[明季南海盗贼蜂起,横行海上。林凤乃其著者。林凤,潮州饶平县人,隆庆二年陷神泉镇。万历元年(一五七三)犯澄城。后屯南澳之钱澳,要求收抚,广东提督殿正茂不之许。遂自澎湖奔台湾之魍港,为福建南路参将呼良朋所败。是岁冬,凤犯闽疆,复为总兵胡守仁所败,追击至淡水洋。一五七五年十一月二十九日,凤率船六十二艘,男丁三千人,妇女千五百人,入马尼拉湾。其部下倭寇庄公将兵七百人于 Parinjue 登岸。翌晨袭尼拉市,城外西班牙人惊惶失措,多为所擒。城内居人乘间预备,庄公乃不得入,退回舰中。其后,林凤进据冯嘉施兰(Pangasinan),筑炮台二座,为久居计。西班牙人集大军攻之。凤不能御,自乘间出海,其留者亦走匿山谷间。至今菲岛有伊哥罗德-支那人(Igorote-Chinese)者,即海寇与土人配合之留裔也。林凤,葡人译作 Limahong,漳泉及潮州人读林凤为 Lim-A-Hong。日人田中萃一郎著《东邦近世史》,根据 Foreman, *The Philippine Island* 叙述林事,译作李马奔,国人沿而误用者实繁有人。民国十九年,张星烺先生著《菲律滨史上李马奔之真人考》,而林凤之本名乃彰。]当林凤据亚格诺(Agno)河口,与西兵抗战之际,福建总督闻其势盛,发舰队侦之。是时,西班牙人追逐林党,有所俘获,上献,因请沿暹罗、真腊例,得入华互市。及闻中国舰队至,乃邀使者至马尼拉,谒其总督 Lagasqi 氏,使者谓通商事应就督臣议之。总督乃遣奥格斯丁会(Augustine)教士 Geronimo Marin 氏及 Martin de Herrada 氏为使,赍书翰贡物,附闽舰内渡,求订商约(一五七五年即万历三年),闽督以其来书出自总督,未代奏,惟对于使者颇加优遇。使者留闽二月,即归菲律滨复命。

一五七一年(明穆宗隆庆五年)以后,西班牙领之马尼拉与葡萄牙租之澳门,东西对峙,竞夺对华贸易。一五八〇年(万历八年),西王菲律布第二世(Felilpe Ⅱ)复遣 Martin Ignatius 氏来申前请,然为葡人所间,不得要领而还。

西班牙先后征服墨西哥、秘鲁、菲律滨,均长驱直入,势如破竹。在欧洲方面则海力第一,所向无敌,迨一五八一年合并葡萄牙后,其势益强。一五八四年,西王拟遣奥格斯丁会教士孟多哲(Juan Gonzales de Mendoza of Toledo)来华,请求缔约通商,因故未能成行。(详见 G. F. Hudson, *Europe and China, A Survey of their Relations from the Earliest Times to 1800*, pp.23-40)是年,菲岛驻澳门商业监督罗曼(Geronimo Roman)有言曰:"最多若得西军五千人,欲占中国,实非难事。"越二年(一五八六),菲岛总督、总主教、各派教会主管僧正,联衔奏请西王菲律布第二世出师征华,谓估计需西班牙士卒约万人至万二千八,助之以菲人倭寇如数,则不难致胜等语。适其时,西英构衅,西班牙无敌舰队完全覆灭(一五八八),国势顿衰,征华之议终不果行。然西班牙犹领有菲律滨,虽未获与中国正式缔结商约,而两地商船往来自若,故马尼拉遂为两国之市场。

东西航路既通,欧人东渡者日众。商业所及,宗教随之。而是时,基督教加特力宗因不满路德(Martin Luther,1483—1546)之改革宗教,且以新教之勃兴失势于欧洲,欲凭借政治势力转入他土,收其义法。同时,葡西两政府方谋垄断东洋贸易之实权,亦欲借宗教之力以补政治权力之不足。二者交相为用,于是耶稣会[Societas Iesu, or Jesuits,此会为西班牙贵族多明各派(Dominicans)教士 Loyola(原名 Don Inigo López de Loyola,1491—1556)联合同志七人所组织者,一五三四年成立于巴黎。一五四〇年,得罗马教皇 Paulus Ⅲ 之公认。一五四一年 Loyola 氏被推为会长。氏自撰《精神之锻炼》(*Exercitia Spiritualia*)一书,详述训练之方法,为该会之经典。此会组织取严格的军队的统制形式,对于教皇绝对服从,与异端争斗不惜任何牺牲,而以禁欲修行、征服异端及布教海外为目的]、多明各会[Dominican Order,此会为西班牙之托砵僧 Domiago de Guzman(1170—1221)所创设,成立于一二一五年。初名为说教兄弟团(Ordo Fratrum Praedicatorum)。一二一六年得教皇 Honorius Ⅱ 之许可。一二二〇年改组为乞食团。其后,成为最有势力的修道团体,出学者及神学家甚多]、方济各会[Franciscan, or Minor Oraer,此会为意大利托砵僧 S. Francis of Assisi or Franciscas Assisien(1152—1226)所组织,成立于一二二三年。其戒规有 Regula prima、Regulanon bullata、Regula bullata 二种。又此会教士称为 Franciseas 派之托砵僧 Gray Friar]及奥格斯丁会[Augustinian,此派之教祖为初代基督教最伟大之教父 St. Augustine(354—430)]等派之教士,遂随葡西两国之商船队而至东亚布教焉。

东西航路发现后,基督教教士远来东洋布道者,实以耶稣会东洋布教长西班牙人方济各·沙勿略（Francisco Xavier，1506—1552）为嚆矢。氏之东渡，乃系教皇 Paulus Ⅲ 因葡国政府之请派教士往印度传教而派遣者。氏于一五四二年（明世宗嘉靖二十一年）二月抵卧亚，旋往锡兰、马来群岛、Malacca 等处布教。氏在 Malacca 与一日本人相遇，得悉日本之国情，因于一五四九年致书 Loyola 氏，申述欲往日本布教之意，嗣得许可。遂于同年八月十五日（日本天文十八年）偕会友 Torres 氏（1497—1570，西班牙人）及 Joan Fernandes 氏（1525—1567，葡萄牙人）二人赴日本鹿儿岛，后转往平户、山口、京都、丰后等处布道。氏在日本得知中国为日本文化之渊源地，地广人稠，若中国君民崇奉基督教，则在日本传道实无问题。乃于一五五二年，独自附船往中国，历尽艰苦，始抵广东之上川岛（一名三洲岛）。时葡国商人不得近岸，惟于岛中设立廛市，与华人贸易。氏暂居其地，谋入内地传教。嗣患热病，客死上川岛上之破船中。时一五五二年十二月三日，即明世宗嘉靖三十一年也。（参阅 K. S. Latourette, *A History of Christian Missions in China*, p.87）

方济各·沙勿略殁后之翌年，Father Pierre d'Alcoceva 氏来抵上川岛，探视沙勿略之墓。逗留岛上八日即他去，盖因未能进中国内地布教也。一五五五年（嘉靖三十四年），葡籍耶稣会印度及日本传教区支部长 Melchior Nunes Barreto 氏偕 Stephan de Goes 氏到广州（氏原系航赴日本，因中途遇飓风，不得已更改航程，驶赴中国海岸）留二月，谋赎出被监禁之葡人三名。Barreto 氏在广州曾进行传教工作，并与中国某儒生公开辩论教义。后往日本传教。至 Stephan de Goes 氏则留住于广州，学习中国语言；但不久因病，亦离粤他适。（参阅 *Brucker in Catholic Encyclopedia*, Vol.13, p.34）

一五五六年间，葡籍多明各会派教士 Caspar de la Cruz 氏（一作 Gasparb de Croix）抵澳门，旋得广州地方官之准许，前赴广州宣教（氏与 Melclior Nunes Barreto 同为明兴以后，最初得到广州官厅许可入内地传教者）。惟留粤仅一月，又被迫出境。是时，葡王任耶稣会派教士 Diego de Pereira 为大使，使往北京，请求明廷许可教士进内地传道，但无功而还（按 Diego de Pereira 氏被任为澳门地方长官）。

一五六五年，教士 Frandois Perez 氏与 Texeira 氏在澳门建立耶稣会教士住院一所，并得华人多名领洗奉教。彼王虽请求准在中国内地居住，惟未获准许。一五六七年（或一五六八），耶稣会 Ethiopia（在埃及南部）教区之主教 Andrew Oviedo 氏来抵澳门，曾留居数年从事宣教。一五六八年，教士 Jean Baptiste Ribeyra 氏及 Pedro Bonaventura Riera 氏二人来抵澳门，谋赴中国内地宣道，不果。此后，在一五七五年、一五七九年及一五八二年间，更有其他的耶稣会、奥格斯丁会、方济各会等派教士东使作同样的尝试，惟结果均归于失败。

一五七七年，西籍奥格斯丁会派教士 Martin de Herrada 氏及 Jerómino Morino 氏由菲律滨到福州、漳州、杭州等地，企图布教。一五七九年及一五八一年间，西籍方济各会派教士 Pedro de Alfaro 氏、Martino Fgnatio 氏等由菲律滨到广州，嗣因中国语言未易习得，及在内地传教之困难，均离粤他往。又 Maas 氏于其自著 *Die Wiedereröffnung der Franziskanermission in China in der Neuzeit* 一书中，曾言在一五八二、一五八五、一五八六等年，有方济各会派教士多名，谋由菲律滨进中国内地传道，但终于失败云。

以上所述，为罗明坚（Michele Ruggerius，1543—1607，意大利人）、利玛窦（Matteo Ricci）及 Francois Pasio 氏等尚未来华正式传教以前，东来企图布教之各派教士的活动梗概。利玛窦等来华布道后，我国始有所谓天主教。故基督教加特力宗之再兴于中国，实以利玛窦为其初始。由此而迄清季，基督教之盛衰因时而异。其布教经过，大概可分为四时期，即第一期为苦斗时期，约由一五八一（明神宗万历九年）至一六七○年（清康熙九年）之九十年间；第二期为隆盛时期，约由一六七一年至一七二二年（康熙六十一年）之五十年间；第三期为衰颓时期，约由一七二三年（雍正元年）至一八四三年（道光二十三年）之一百二十年间；第四期为条约公许时期，约由一八四四年（道光二十四年）至一九一一年（宣统三年）之六十七年间。上述各时期之基督教，各有其特色，其详见下述各章焉。

# 第三章 基督教传教之苦斗时期

此期乃由一五八一年（明神宗万历九年）至一六七〇年（清康熙九年）之九十年间，为耶稣会派教士利玛窦、罗明坚、郭仰凤（Lazare Cattaneo）、曾德昭（Alvarez Semedo，1585—1658）、庞迪我（Didacus de Pantoja，1571—1618）、熊三拔（Sabbatino de Ursis，157？—1620）、龙华民［Nicolas Longobardi，1559（66？）—1654］、阳玛诺（Fmmanuel Diaz，1574—1659）、王丰肃（Alfonso Vagnone，1566—1640，王丰肃一作高一志）、罗尼望（João de Rocha）、艾儒略（Giulio Aleni，1582—1649）、毕方济（Francois Sambiasi，1582—1649）、邓玉函（Johann Terrenz，1565—1630）、罗雅各（Giacomo Rho，1593—1638）、瞿纱微（Koffler）、卜弥格（Boym，1612—1659）、汤若望（Johann Adam Schall，1591—1666）等在中国刻苦奋斗、惨淡经营的时期，亦即天主教在中国树立基础之时期。

## 第一节 耶稣会派教士罗明坚之来华

耶稣会东方传教长（或作东方巡教总监）方济各·沙勿略殁后，意大利人范礼安［Alexandre Valignani，1537(38?)—1606］奉命继其任。氏奉命后，即于一五七三年（万历元年）赴卧亚。旋往日本传道。范氏道经澳门时，得悉华人尚未学艺，以为华人对于精通中国语言文字之传教士入中国布教未必反对，且彼等终有悦服天主教之道德规律，舍弃其迷信而崇奉基督教之一日。因致书印度耶稣会，请物色适当之传教士来华布道。结果，耶稣会乃派遣意籍耶稣会教士罗明坚东来。罗氏于一五七九年六月来抵澳门,即于其地学习中国官话(Mandarin Language)。一五八二年(万历十年)两广总督招请澳门葡萄牙官吏至肇庆,查询澳门之地势。罗氏乃乘机偕澳门代理知事弼尼尔拉氏(Matthieu Penella)往肇庆(时广东省会设在肇庆府,即今高要县),请求准其留居布教,得许。罗氏乃于其地开设保守学馆,从事传道。(参阅《燕京开教略》中篇,五页)范礼安闻其在肇庆传教颇著成效,因复遣利玛窦及帕西阿(Francois Pasio)二人,往肇庆协助罗明坚布教。利玛窦等奉命后,即由印度来澳门。一五八三年(万历十一年),利氏偕 Pasio 氏携时辰仪等礼物赴肇庆,颇受当地官员之优待。旋复得总督许可,在肇庆建立教堂(一五八三年),是为耶稣会派教士在中国建堂宣教之始。

一五八四年,罗明坚以汉文著《天主圣教实录》,阐明基督教之教义。一五八五年,罗氏与 Almeida 氏应中国某吏之邀,与某吏往其故乡杭州。又据 Serviere 氏之所述,罗氏最后似曾往广西视察云。(参阅 K. S. Latourette, *A History of Christian Missions in China*, p.94; Servière, *Les Anciennes Missions de la Compagnie de Jésus en Chine*, p.5)

罗明坚在肇庆传教数年所得之经验,以为若得欧洲大国派遣特使来华,请求中国皇帝宽许教士在内地自由传教,则布教将更有成效可言。否则传教事业之继续,势须依赖地方官员之宽容赞助,乃克有济。如此,则布教事业常在不安定的状态中,实非得计。乃于一五八八年西归罗马,向教皇报告布教情形,并请派特使来中国。但罗氏之目的尚未达到,即已病殁于 Salerne 地方(一六〇七年五月十七日),而在肇庆之传教士亦因新任两广总督之命,被驱逐出境焉。(参阅 K. S. Latourette, *A History of Christian Missions in China*, p.94;又石田干之助《欧人支那研究》,一四二页)

## 第二节　利玛窦之入京

罗明坚西归罗马后,传教事务统由利玛窦接理。利氏字西泰,一五五二年(世宗嘉靖三十一年)十月生于意大利之 Macerata 城。年十九,入耶稣会(Jesuit),受范礼安之指导。一五七七年,奉派往东洋布教。

翌年,抵卧亚。一五八二年,应范礼安之招,来抵澳门,学习中国语言。嗣偕 Pasio 氏往肇庆,协助罗明坚布道,深得郭制台(名应聘,闽蒲田人,进士出身。万历十一年,以侍郎兼都御史任广东制台,十四年卸事)、王太守(名泮,浙江山阴人,甲戌进士。万历八年任肇庆府知府,十二年升岭西道副使)之厚待。(利氏得郭制台之允许,代为奏请朝廷,许其留居肇庆。奏请之理由,为"因澳门商旅杂逻,市阛喧逐,为交通孔道,而不便于研究学术。拟在肇庆建筑房屋,设立教堂,得以祈祷、求学、幽居、默想,对于所学必更能增进"。见艾儒略《大西利先生行迹》)旋总督刘继文(字节斋,江南灵璧人,进士出身。万历十八年,以侍郎兼金都御史任广东总督,二十一年卸事)知利氏欲进内地传教,遂行知韶州府,给与附城河西官地建造天主堂,从事布教。(参阅《正教奉褒》,三页)厥后到南雄府,王太守(名应麟,字玉沙,闽人。万历十五年任南雄府知事,二十年卸事。嗣任顺天府府尹)敬爱尤加。利氏在肇庆、韶州府、南雄府布教十余年,所得之经过,以为有知识、修养之中国士绅,对于天主教之道德、规律及教义大都悦服,只因恐触皇帝之忌,故踌躇而不敢奉教。倘得皇帝许可,则将翕然崇奉。乃决意北上,另图发展。其时少司马石公敬爱利氏,遂携利氏往南昌。未几,复舍南昌而转江右。万历二十六年(一五九八)礼部尚书王忠铭素闻利氏名,将入京欲携偕往,遂携郭仰凤赴豫章,偕利氏及其徒庞迪我等晋北京。适日本举兵来侵,朝鲜多事(即日本文禄征韩之役),未有朝见之机。乃留郭仰凤于山东,独回苏州,与故人瞿太素之南京。时王忠铭正官南京,常与论道,深为敬服。赵大司寇(刑部尚书)、张大司徒(户部尚书)、王少司寇(刑部侍郎)、叶少宗伯(礼部侍郎)等群慕利氏名,皆投刺通谒,迭为宾主。理学名儒李心斋、礼部都谏祝石林,尤深相契合。(参阅《中西交通史料汇编》第二册,四二一页;又《正教奉褒》,四页)

一六○一年(万历二十九年十二月),利氏偕庞迪我(西班牙人)等八人,携自鸣钟、洋琴等西洋工艺品,经山东,赴北京。督税内官(即宦官)马堂功邀拦阻,悉将贡物奏章自行上达。礼部以属夷贡献,必由礼部,而利氏乃从内官进,将利氏逮捕监禁。嗣利氏述马堂强留邀功之意,礼部始释然。暂循前例,留利氏于夷馆中。利氏即于是年正月二十

八日(西历)上疏神宗,其疏曰:

  大西洋陪臣利玛窦谨奏为贡献土物事。臣本国极远,从来贡献所不通。逖闻天朝声教文物,窃欲沾被其余,终身为氓,庶不虚生。用是辞离本国,航海而来。时历三年,路经八万余里,始达广东。缘音译未通,有同喑哑,僦居学习语言文字。淹留肇庆、韶州二府十五年,颇知中国古先圣人之学,于凡经籍亦略诵记,粗得其旨。乃复越岭,由江西至南京,又淹五年。伏念堂堂天朝方且招徕四夷,遂奋志径趋阙廷。谨以原携本国土物:所有天主图像一幅、天主母图像二幅、天主经一本、珍珠镶嵌十字架一座、报时自鸣钟二架、《万国图志》一册、西琴一张等物,敬献御前。此虽不足为珍,然自极西贡至,差觉异耳,且稍寓野人芹曝之私。臣从幼慕道,年齿逼艾,初未婚娶,都无系累,非有望幸。所献宝像,以祝万寿,以祈纯嘏,佑国安民,实区区之忠悃也。伏乞皇上怜臣诚愆来归,将所献土物,俯赐收纳。臣益感皇恩浩荡,靡所不容,而于远臣慕义之忱,亦少伸于万一耳。又臣先于本国忝与科名,已叨禄位。天地图及度数,深测其秘。制器观象,考验日晷,并与中国古法吻合。倘蒙皇上不弃疏微,令臣得尽其愚,披露于至尊之前,斯又区区之大愿。然而不敢必也,臣不胜感激待命之至。谨奏。

  疏上,礼部以利氏寄居二十年,方行进献,实与远方慕义,特来献琛者不同。且利氏所贡天主及天主母像,既属不经,而所携复有神仙骨诸物,乃系凶秽之余,不宜入宫禁。又所贡方物,未经礼部译验,径行进献。奏请"于给赐冠带之后,勒送归国,勿令潜居南北两京,与中人(宦官)交结,别生事端"。未几,礼部复奏请"遣赴江西诸处,听其深山邃谷,寄迹终老"。(见《明史·意大利亚传》)但神宗念其远来,准其在京居住,又命礼部待以上宾之礼,厚其廪饩,供其费用。曾德昭于其所著《大中华帝国记》(*Relatione della Grande Monarchia della Cina*, *Eng. Trans.*)曾谓:当时,神宗皇帝对于自鸣钟、洋琴等甚为喜悦,曾召利氏进宫中,使宦官从利学抚奏上弦之法,并命宦官向利氏垂询西欧诸国之国土、政体、人情、风俗等。神宗由宦官转述各性,欲亲自召见利氏,但碍于朝仪,未果,乃令画工绘利氏肖像,恭呈御览。据此,神宗对于利氏之欢悦,可以概见。

利氏滞留肇庆、韶州、南昌、南京等处时,日着佛衣,学习华语,先以数学、地理等科学之思想灌输士人,乘暇始说教。及来北京,更以鼓吹学术、制造仪器为传教之方法,务期与中国固有思想相调和,不相抵触,渐图感化。利氏复善于结交朝野之学士大夫,而与徐光启、李之藻、杨廷筠等尤相契合。(按徐光启,字子先,上海人,万历三十二年进士,由庶吉士历赞善。一六〇〇年,始与利氏相识。一六〇三年,在南京由教士罗汝望领洗,圣名保禄。光启从利氏习天文、历算、火器、水利诸学。与利氏共译《几何原本》《测量》等书,为我国最初介绍西洋科学之人。详见《明史·徐光启传》《增订徐文定公集》。李之藻,字振之,又字我存。杭州人。万历二十六年进士。官至南京太仆少卿。一六一〇年,由利氏领洗,圣名良。之藻从利氏力攻西学,于天文、地理、几何、算术、美术、音乐、工艺诸学皆能致精思。与利氏共译《乾坤体义》。又自著《浑盖通宪图说》《圜容较义》《同文算指》等书。详见陈垣撰《明浙西李之藻传》。)自是,教士踵至,俱蒙恩准,分赴各省传教。

一六一〇年(万历三十八年),利氏卒于北京,朝中诸公议请葬地。其徒庞迪我、熊三拔等亦具疏请求。命下礼部题覆,礼部侍郎吴道南具言其慕义远来,勤学明理,著述有称,覆奏赐葬。神宗即将阜城门外滕公栅官地二十亩、房屋三十八间,赐给庞迪我等永远承受,以便筑坟营葬。并改建堂宇,为焚修祝厘之所。(按利氏于觐见神宗之后,在宣武门置买地基一所,建立教堂,译经敷教,是为北京最初的天主教会堂——南堂。)顺天京兆王应麟立石为文记之,文中盛称利氏之人格学问。时有内官某言于相国蔡公文忠曰:"诸远方来宾者,从古皆无赐葬,何独厚于利子?"文忠公曰:"子见从古来宾,其道德学问,有一如利子者乎?毋论其他事,即译《几何原本》一书,便宜赐葬矣。"由此观之,则当时利氏声誉之隆,可得而知矣。

## 第三节　各地传教事业之发达与基督教之受迫

利玛窦在北京布教,深受神宗皇帝及朝士大夫之礼遇与敬爱情形,已略如前述。是时,在南京、杭州、上海、南昌等处之传教士,如王丰肃、曾德昭、罗汝望、郭仰凤、阳玛诺等亦甚受官绅欢迎(当时士流阶级对于教士,甚为敬服。如东林党叶向高赠西国诸子诗中有云:"拘儒徒管窥,达观自一视。我亦与之游,冷然得深旨。"李卓吾、李日华、池显方、钱路加等俱有赠教士诗,极表其敬慕之忱),布教事业颇为发达。一六一六年(万历四十四年),南京礼部侍郎沈㴶连上三疏,诋毁教士,谓在京师有庞迪我、熊三拔等,在南京有王丰肃、阳玛诺等,其他省会所在多有。其说浸淫人心,党徒众多,即士君子亦有信向之者。而礼科给事中余懋孳亦疏奏王丰肃、阳玛诺在南京煽惑群众不下万人,朔望礼拜,动以千计等语。又据德礼贤(Pasquale d'Elia)之所述,在一五八四年天主教信徒,只有三人。一五八五年有十九人或二十人,一五八六年有四十人,一五八九年有八十人,一五九六年有一百余人,一六〇三年约有五百人,一六〇五年有一千余人,一六〇八年有二千余人。在一六一〇年利玛窦逝世时,当增至一千五百人云。(见氏著《中国天主教传教史》,六〇页)由此可知当时布教事业日趋发达之一般。

利玛窦殁后,耶稣会传教事业由会中长者庞迪我继续统理。庞氏善交游,与朝士大夫相交好。但嫉忌庞氏及其他教士者亦不少。前述之沈㴶、余懋孳等之疏劾,即是当时反对布教运动之一种表现。彼等不特目天主教为邪说左道,且直谓教士来往澳门,与诸蕃(指葡萄牙人)通谋不轨。其时一般不满意教士之举措者,又从而附和之,因此,排教风潮日趋扩大。(当时非教文字中之最著者,计有姚燮之《天主堂诗》,周瀛遑之《有感》,黄贞之《不忍不言》《破邪集》——《破邪集》中收录张广湉之《证妄后说》、邹维琏之《辟邪管见录》、释普润之《诛左集缘起》、密云之《辨天三说》、袾宏之《天说》、圆悟之《辨天说》、通容之《原道辟邪说》、如纯之《天学初闻》等,均系佛家之作品;《请辟天主教书》、王朝式之《罪言》、钟始声之《天学初征》《再征》、虞淳熙之《破利夷僭天罔世》、林启陆之《诛夷论略》、许大受之《圣朝佐闻》、李生光之《儒教辩正》及陈侯光之《辩学刍言》。彼等排教之理由,大约以基督教破坏中国伦常为骨干,以阴谋不轨为罪状,故能博得许多人之同情。)万历四十五年(一六一七)神宗皇帝下谕,令在京暨各省教士俱归澳门,将教堂邸宅封禁没收。同时，拘捕华籍信徒钟明礼等八人，严行鞠审。后又拘捕钟鸣仁等十一人及幼童五人，分别治罪。所谓南京教案者此也。其时，龙华民虽上疏请求收回成命，而未蒙允许。彼与其他教士多被驱往澳门。然藏匿于华籍信徒家中秘密从事宣教者，亦不鲜云。（参阅 K. S. Latourett, *A History of Christian Missions in China*，p.103）

## 第四节　传教事业之复盛（1622—1644）

明熹宗天启二年（一六二二），武英殿大学士户部尚书沈㴶为大学士叶向高所劾，因而去职。沈㴶去后，排教风潮虽稍屏息，但禁教上谕尚未撤消，故教士仍不能公然往各省传教。

是时，满清势力日益强盛。闽粤一带，海疆不靖，盗劫横行。而流寇李自成、张献忠等复蜂起四方，举国骚然，明廷危之。徐光启、杨廷筠等乃乘机上疏，具言澳门葡国之兵勇猛无前，可资助御。又言耶稣会教士皆博学多艺之人，宣来京邸，于保国大有裨益。熹宗依议，复令传教士龙华民、罗汝望、阳玛诺、艾儒略、毕方济等入京，制造铳炮，佐治历政。同时，派遣教士往澳门，商请葡国水师官员，拨发炮船兵弁，助剿海盗。此天启二年事也。

耶稣会传教士自天启二年奉召入京，以迄崇祯末（一六二二——一六四四），一方协助徐光启开设历局，改正历法；一方又奉命制造大小铳炮，以资戎行。思宗皇帝对于彼等极为优遇，特赐与田房，以酬其功。并谕吏部议赐爵秩。但诸教士以"不婚不官，九万里远来，惟为传教助人，事奉天地万物真主"，请收回成命，固辞不受。因将"钦褒天学"御题匾额分赐各省传教士，使悬诸教堂，以示奖励。

龙华民、罗汝望等教士奉召入京，重受优待之结果，京外如杭州、南京、南昌等地之传教事业，重振旗鼓，力图扩张，而福建、山西、陕西、河南诸省，亦建立教堂，从事布道。基督教之势力日盛一日。在利玛窦逝世时，天主教信徒约有二千五百人。一六一五年（万历四十三年）增至五千人，一六一七年有一万三千人，一六三六年（思宗崇祯九年）有三万八千二百人。至一六五〇年（永明王永历四年，清顺治七年），更增至十五万人。在此十五万人中,有明之宗室一百十四人,宦官四十人,显官十四人,进士十人,举人十一人,秀才三百人。而礼部尚书徐光启(圣名 Doctor Paul Siu)、少京兆杨廷筠(圣名 Doctor Michael)、礼部侍郎李之藻(圣名 Doctor Leen Ly)、大学士叶益蕃、左参议瞿汝说、广西巡抚瞿式耜(圣名 Vieerex Kin Thomas)、丁魁楚、兵部尚书山东巡抚孙承宗(圣名 Vieer x Suu Ignatius)、总兵陈邦传(Ching Lucas)、太监庞天寿(圣名 Plam Achills)等,尤为信徒中之著名者云。(参阅德礼贤《中国天主教传教史》,六十七页;《正教奉褒》,二十一页;坂口昂《近世史论讲》,三〇六页)

## 第五节　南明帝后与罗马教皇之通聘

一六四四年(崇祯十七年),清顺治皇帝(世祖)统兵入关。定都北京后,唐王(隆武帝)、桂王(永历帝)相继称帝于闽粤,思借天主教之助,以谋恢复。适是时,教士瞿纱微(Andreas Xavier Koffler,日耳曼人,一六二七年进耶稣会,一六四七年来华传教。一六五一年在广西为清兵所害)、卜弥格(Michel Boym,波兰人,一六二九年进耶稣会,一六五〇年来华传教,一六五九年殁于广西)二人奉教皇命布教广东,亦欲佐桂王割据东南七省。一六五〇年(永历四年),清兵克韶州,桂王奔梧州。太后欲遣使至罗马谒见教皇,请其代求天子保佑明室中兴太平,并派遣教士来华布道。司礼太监庞天寿愿奉使,太后以其年老不许。天寿遂荐教士卜弥格充使,赍书二通,一为太后肃教皇笺,一为太后致耶稣会总领函。庞天寿另有书奉致教皇,嘱卜弥格附呈。(天寿原函,见《中西交通史料汇编》第二册,五六五页)太后致教皇书云:

> 大明宁圣慈肃皇太后烈纳(按烈纳为太后受洗后所取圣名 Helene 之译音)致谕于因诺曾爵,代天主耶稣在世总师,公教皇主圣父座前:窃念烈纳本中国女子,忝处皇宫,惟知闺中之礼,未谙域外之教。赖有耶稣会士瞿纱微,在我皇朝,敷扬圣教,传闻自外,予始知之。遂尔信心,敬领圣洗。使皇太后玛利亚(Maria,为皇太后领洗后之圣名,即由榔之生母马氏也)中宫皇后

亚纳(Anna,为中宫皇后领洗后之圣名,即由榔之妃王氏)及皇太子当定(Constatine,即桂王由榔子慈烜领洗后之圣名)并请入教,领圣洗,三年于兹矣。虽知沥血披诚,未获涓埃答报。每思恭诣圣父座前,亲领圣诲。兹远国难臻,仰风徒切。伏乞圣父向天主前,怜我等罪人去世时,特赐罪罚全赦,更望圣父与圣而公一教之会,代求天主,保佑我国中兴太平,俾我大明第十八代帝,太祖十二世孙,主臣等悉知敬真主耶稣,更冀圣父多遣耶稣会士来,广传圣教。如斯诸事,俱惟怜念。种种眷慕,非口所宣。今有耶稣会士卜弥格,知我中国事情,即令回国,致言我之差圣父前,彼能详述鄙意也。俟太平之时,即遣使官来到圣伯多禄、圣保禄台前致仪行礼。伏望圣慈,鉴兹愚悃,特谕。永历四年十月十一日。(原文见东方文库《考古学零简》,及《中西交通史料汇编》第二册,五六九页。又太后致教皇书由卜弥格、瞿纱微二人译成拉丁文,译ލ见坂口昂《世界史论讲》,三一五—三二〇页。此等文书,现均存罗马耶稣会藏书楼)

卜弥格偕随员二人,携太后书西往欧洲,沿途屡遭阻难,及至罗马(一六五五),而教皇因诺曾第十世(Innocent X, 1644—1655)已薨。新教皇亚历山大第七世(Alexander VII, 1655—1667)即位,验明使节,并接印度及澳门各地主教来函,知确系由明廷派遣而来,乃召见卜弥格,详询一切,并裁书答覆,即由卜弥格携回中国转致。卜弥格一六五八年回抵广东。适其时,桂王播迁云南,而太后及天寿又已殁。教皇覆书,曾否送达于桂王,不可得而知。惟当时,明室陵夷,教士以大势已去,不复归依,则观乎 Navarrete 氏之《中华帝国记》(An Account of The Empire of China, Book I)而可知也。

## 第六节　顺治帝之优待教士与基督教之兴盛

顺治元年(一六四四)五月,顺治皇帝(世祖)定都北京,以满蒙各旗兵弁齐进京都,特谕城内居民,限三日内迁居城外,以便安插旗兵。宣武门内之教堂,亦为八旗兵弁所占住。教士汤若望乃缮折启奏,略谓:

教士航海东来，不婚不官，以昭事上主，阐扬天主圣教为本，奉前朝故帝之命改修历法。今若迁居，则堂内供像、仪器、经典、书籍等，恐致损坏，请恩赐诸教士仍居原处，照旧虔修等语。顺治帝览奏，即于五月十二日谕令教士安居原处，各旗兵弁不得阑入滋扰。因此，宣武门内之教堂、邸宅，阜城门外之墓地及教堂内之天文仪器，皆得保存。

满洲民族原非有优秀的文化之民族。故入关以后，对于前朝之文物制度依旧沿袭，而对于教士亦继续留用。顺治元年八月，验得汤若望所制历法密合天运，而旧法《大统历》及《回回历》均多谬误，乃依礼部议，钦天监改用新法，名时宪，颁行天下，并于十一月任汤若望为钦天监监正（即天文台长），使管一切占候事宜。三年（一六四六），加太常寺少卿衔。七年（一六五〇），赐宣武门内教会东侧之隙地及银两，为建立新教堂之用。教堂落成之日（九年），复赐"钦崇天道"之御题匾额，并拜汤若望为光禄大夫，追赐其父祖三代，以一品封典，可谓宠极一时。

顺治帝既优遇汤若望，复谕准教士往内地各省，随意往来传教（顺治十年）。于是，各省布教事业益为发达。一六六四年（康熙三年），杨光先著《不得已》一书，关于当时天主教之布教情况，有如下之纪述：

> 目今僧道香会，奉旨严革。彼（指天主教）独敢抗朝廷。每堂每年六十余会，每会收徒二三十人，各给金牌绣袋以为凭验。光先不敢信以为实，乃托血亲江广，假投彼教，果给金牌一面，绣袋一枚，妖书一本，会期一张，证二十年来收徒百万，散在天下，意欲何为？种种逆谋，非一朝夕。若不速行翦除，实为养虎贻患。（见《请诛邪教状》）

> 以谋反之遗孽，行谋反之邪教（指天主教），开堂于京师宣武门之内、东华门之东、阜城门之西，山东之济南，江南之淮安、扬州、镇江、江宁、苏州、常熟、上海，浙之杭州、金华、兰溪，闽之福州、建宁、延平、汀州，江右之南昌、建昌、赣州，东粤之广州，西粤之桂林，蜀之重庆、保宁，楚之武昌，秦之西安，晋之太原、绛州，豫之开封，凡三十窟穴。而东粤之香山澳，盈万人盘踞其间，成一大都会，以暗地送往迎来。若望借历法以藏身金门，而棋布邪教之党羽于十二省要害之地，其意欲何为乎？（见《与许青屿侍御书》）

杨氏谓天主教收徒百万，虽未免言过其实，故笆听闻。惟布教事业之日趋发达，则是事实。据巴黎国家图书馆（Bibliothèque Nationale）所藏教士聂仲迁（Greslon, S. I.）之报告（第一编《教难——一六六四年以前的事迹》），当时，有耶稣会教士三十人在中国各省传教，连最远的省份在内，成立之教士住院有四十二处，圣堂一百五十九座，私立小堂之数不可胜计，教徒共二十四万八千一百八十人，平均每年增加新教友七千余名。此外，尚有多明各会教士十人与方济各教士一人，所管辖的教徒多人。因彼等在一六六四年，会同管理教堂共二十四座。又教士殷铎泽（Intorcetta，1625—1696，西西利人，一六五九年来华，先后在江西、杭州等处传教）于一六七一年四月十八日上罗马外国传教事务局（Propaganda，一译作罗马传信德部或罗马传信部）之报告书中，曾说一六六七年，耶稣会教士所管辖的信徒有二十五万六千八百八十人，教堂一百五十九座，教士住院四十一所。多明各会教士于一六五〇至一六六四年间，付洗华人三千四百名，管辖教堂二十一座，教士住院十一所。方济各会教士于一六三三至一六六〇年间，付洗华人三千五百名，管辖教堂三座，教士住院一所。综观前述，大约在一六七〇年时，华籍信徒总数已达二十七万三千七百八十余人之众矣。（*Compendiosa Narratione*，pp.7—9。参阅殷铎泽、德礼贤《中国天主教传教史》，六七—六八页）

## 第七节 基督教之受迫与传教士之放逐

清初基督教之兴盛，已如前述。然其兴盛，盖由于遭遇一时特殊之际会，因传教士之特殊的学识、技能，而得皇帝之优遇的结果，并非因其教义能得皇帝之信服而致隆盛。是以教士偶有乖错为反对者所弹劾，则禁止布教、放逐教士之事，即随之而起。

一六五七年（顺治十四年），钦天监回回科吴明炫（时任钦天监秋官正），攻击汤若望推算历法之谬误。（见《国朝柔远记》卷一，十三页）一六六四年（康熙三年七月），杨光先（原为钦天监回回科员）复著《摘谬十论》，攻击汤若望所制新法之乖错，并控汤若望等各省教士阴谋不轨，职官许之渐、潘尽孝等入教附逆，朝廷为其所惑，将在京教士汤若望、利类思(Ludovicus Buglio，or Louis Buglio，1606—1682,意大利人，一六三七年来华)、安文思(Gabriel de Magalhães，1611—1677,葡萄牙人)、南怀仁(Ferdinand Verbiest，1623—1688,比利时人，一六五八年来华)等拿问待罪，并严令各省官员拘捕在各该省布道之教士[如在江西之殷铎泽，在福州之何大化(António de Gouveia，1592—1677,葡萄牙人)、栗安当(Antonius de Santa Maria，西班牙人)等是]，押送北京或广州候处。(按当时押送广东转解澳门之教士，有二十五名)而华籍教徒许之渐、佟国器、许赞曾、安景明、南敦伯、许谦等，亦各被罢黜，治罪有差。

康熙四年(一六六五)三月初一日，礼刑两部议请将汤若望处死，其余教士俱杖充。辅政大臣方欲依议批行，北京忽地震，宫内又失火，焚毁大半，合都惶惧。辅政大臣以清狱为戒，将利类思等释归馆舍，暂行留京。各省拘禁之教士释解广东安插，惟汤若望仍羁继拟死。后因太皇太后(即孝庄文皇后，康熙帝之祖母)之干涉，乃得释归馆舍(翌年七月十五日病卒)。然其拟死之罪案，则仍未撤消也。

汤若望、南怀仁、利类思等，虽获释放出狱，然其天主教仍被视为邪教，严行禁止，教会、邸宅、墓地等，亦均被没收或侵占。至许之渐、佟国器、许赞曾、安景明、南敦伯、许谦、李祖明、李光宏、宋可成、宋发、朱光显、刘有泰、潘尽孝等三十余人，或以在监任职，或以崇奉天主，有处斩者，有流徙者，有革职者。于是，盛称一时之天主教，复陷于停顿衰颓之境地焉。

## 第八节　杨光先之罢免与传教士之复归

汤若望及其他教士被锁拿问罪，或押送广州后，杨光先、吴明烜辈以弹劾有功，分任钦天监监正、监副之职。杨、吴废除西法，复用大统历。嗣因旧法不密，又改用回回历法。然其所制历书必须减去一闰月始合天行，虽将旧法迭行窜改，仍差误百出。(见阮元《畴人传》)康熙帝乃命大臣召南怀仁、利类思、安文思，与监官杨光先、胡振钺、李光显等质辩历法(康熙七年十二月——一六六八)。结果，"南怀仁测验，与伊所指仪器逐款皆符。吴明烜测验，逐款皆错"。（见《正教奉褒》，五十页，和硕康亲王等复奏）于是，罢免杨、吴等，发往宁古塔充军，改任南怀仁为钦天监监副（康熙八年三月初一日）。

南怀仁复任钦天监监副后，呈请礼部代奏，辨明杨光先诬告汤若望之冤及妄控天主教为邪教之非。（八年七月）康熙帝依照王贝勒、大臣、九卿、科道之拟议，撤销汤若望拟死之罪名，恢复其官爵嘉号，赐给银两及墓地，并特许在京教士自行其教。但仍禁止在各省开堂设教。（八月十二日，见《国朝柔远记》卷二，十页）至康熙九年，康熙帝更容纳南怀仁之恳请，准许滞留澳门之教士栗安当、潘国光（Franciseus Brancati，意大利人）、刘迪我（Jacques le Favre，法国人）、鲁日满（Franciscus de Rougemont，比利时人）、恩理格（Christianus Herdtricht，日耳曼人）、闵明我（Philippus Maria Grimaldi，意大利人）、汪汝望（Joannes Valat，法国人）、何大化、万济国（Francisco Varo，西班牙人，多明各会派教士）等入京，并许其他教士复归各省原堂居住，致力教务。当时，传教禁令虽未取消，然实际上则无异已经取消矣。

# 第四章　基督教传教之隆盛时期

此期乃由一六七一年（康熙十年）至一七二〇年（康熙五十九年）之五十年间，耶稣会派教士南怀仁、洪若翰（Jean de Fontaney，1643—1710）、李明（Louis Daniel le Comte，1655—1728）、刘应（Claude de Visdelou，1657—1737）、白进（Joachim Bouvet，1656—1730）、张诚（Jean Franciscus Gerbillon，1654—1707）、徐日升（Tomas Pereira，1645—1708）、殷铎泽（Prospero Intorcetta，1628—1696）、恩理格（Christianus Herdtricht）、闵明我（Philippus Maria Grimaldi）、马若瑟（Joseph Marie Prémare，1666—1736）、雷孝思（Jean Baptiste Regis，1664—1738）、巴多明（Le P. Parenmin）、费隐（Le P. Fridelli）、麦大成（Le P. Cardoso）、汤尚贤（Le P. Tartre）、冯秉正（Le P. de Mailla）、杜德美（Jartoux Rerre）、德玛诺（L.R. Hinderer）等，以特殊优秀的历法、炮术、科学、数学、哲学、语学等之学识技能，博得爱好西洋学术之康熙皇帝的宠遇，对于平定吴三桂、郑克塽、耿精忠、尚之信等，缔结《中俄尼布楚条约》及测绘全国地图均著有劳绩，为基督教极形隆盛的时期。不过此期之布教事业已非耶稣会派所独占，而传教士之保护权亦非葡萄牙政府所独有。多明各会、奥格斯丁会、方济各会以及巴黎海外传教会（La Société des Missions étrangères de Paris）等派教士，均不认葡萄牙政府之保护权，改受法国政府保护，在罗马教皇教权之下，从事传教。而于中国之仪礼，则认为与基督教教义不相容之迷信的仪式，与耶稣会派教士对于仪礼之宽容的解释大相径庭，以致引起极激烈的仪礼问题之抗争。结果，多明各会等派之主张虽得胜利，然因此激起康熙帝之愤怒与疑惧，布教事业因而衰落。此本期之特色也。

## 第一节　康熙帝宠任南怀仁与
南怀仁之制历铸炮

南怀仁自被任为钦天监监副后，一方精勤奋励，整理历法；一方邀请精通历法之思理格、闵明我、徐日升等来京（康熙十一年）助理历务。南怀仁等诚实真挚，自甘俭朴，复具优秀的学识技能，故康熙帝对之极为敬爱。康熙帝因明崇祯年间，教士所制造之天文仪器，俱于李自成叛乱之际毁坏无遗，乃命南怀仁等另制新器应用。南怀仁奉旨监造，以红铜制成列宿经纬球、交食仪、转盘仪、象限仪、纪限仪、浑天仪等六种，并绘图表，次为十六卷，名曰《新制灵台仪象志》（康熙十三年正月完成）。后又编制历书三十三卷，名曰《康熙永年历法》（十年七月制成）。康熙帝特升叙南怀仁为钦天监监正，加太常寺职衔（十三年三月）及通政使司通政使职衔（十七年九月），以示奖励。

康熙帝对于南怀仁不特命其制造仪器、编制历书而已，且命其制造新炮，为平定内乱之用。康熙十一年十一月，平西王吴三桂叛于云南，靖南王耿精忠、平南王尚可喜之子尚之信及陕西提督王辅臣等相继叛变，响应三桂，而郑经及其子郑克塽亦称兵福建，反抗清廷，扰乱及于云、贵、川、粤、桂、赣、陕、湘、甘、闽等省。攻剿数年，未易平定。康熙帝以先年所铸之炮率皆笨重，不易运用，乃于十三年命南怀仁依洋式铸造新炮。怀仁初辞，以铸法未精，未敢造次。嗣恐帝复禁其教，乃勉从命，指挥工人先后铸大小炮一百三十二门、神威炮二百四十门，并编制《神威图说》（内理论二十六，图解四十四），详加解释。康熙帝验得各炮制造精坚，分发陕西、湖广、江西等省平寇，成效极佳，乃加南怀仁以工部右侍郎职衔。其敬礼南怀仁之优渥，可以想见。

## 第二节　南怀仁请派传教士来华

南怀仁及其他教士虽得康熙帝宠用，各省教士虽得各归原堂从事布道，但传教士日就衰老或病殁，接替乏人。倘长此以往，则前途有望之布教事业，终将归于消灭。且当时欧洲各国对于中国传教事业亦漠不关心。南怀仁因于一六七八年（康熙十七年）八月十五日，致书欧洲各国耶稣会教士，请求援助。书中首述中国传教事业之衰落情形，次述汉族（指吴三桂等）与满族正当攻战，为教士来华之绝好机会，末述华人欢迎天文学、光学、静力学、重力学、数学等科学，并劝告教士注意对于中国皇帝的献上品之选择，及关于天文学、数学、测量学、分光学等之钻研。同时，致书法国国王路易第十四世（Louis XIV，在位年数 1643—1715），力陈中国传教之必要。其致耶稣会教士原书，略云：

（上略）在欧洲，对于数学，视为无用的学问，故多数学校及学院将光学、静力学、力学等付诸等闲。然在中国，则此种数学极为重视而又发达。基督教教士利用天文学的智识得接近于总督之前。各省督抚及朝中高官不能接近皇帝，而跪伏于远处，但传教士利用此种数学智识，反常得参谒宫中，奉陪于皇帝玉座之旁。

抑尤有进者：为欲远来中国而研究数学之诸君，对于理论的及实验的天文学更有精深研究之必要。此即对于星学及日蚀、月蚀之学理，必须精通是也。关于此种科学之研究书籍，盖无更胜于 André Tacquet 氏之《天文学》一书者。余曾就彼而研习数学。数年前，陛下（指法国国王）将此书寄送于余。其次，诸君对于数学中最玄妙有趣的部分，如历学、测地学、光学及力学等，亦必须精通而后可。

最后，请望希来华传教诸君注意此事：即圣教若能广播于中国（即中国能容许基督教布道），则其近邻各国亦必极易崇奉圣教。关于此事，东洋之使徒，圣者方济各·沙勿略已深知之。日本人亦与圣者持同一见解。当圣者劝告日人改宗圣教时，若彼贤明的华人接受福音，信奉圣教，则日人对于圣者亦必毫无抗言。盖中国之精神文明及政治制度，深为其近邻诸国所尊崇。中国以其政体之力量，数千年来统治广大无边之国土，有如一家。其近邻诸国对其所有设施，殆视为最善，而模仿之也。（节译自后藤末雄《中国思想之西进法国》，七二—七三页。原文见 *Lettre du R. P. de Verbiest a tous les Jesuites d'Europe*, le 15 Aoust 1678, Paris, 1682, pp.18, 31, 35-36）

綜观上引各节,则南怀仁如何热望耶稣会教士之东来,如何唤起欲来中国布道的教士之注意,又彼之传教的目的如何的深远,概可想见焉。

## 第三节　法国教士洪若翰等奉派东来

南怀仁致欧洲各国耶稣会教士及法王路易十四书寄达欧洲后,路易十四与其左右,以及各国耶稣会教士深受感动。是时,法国执欧洲天文学界之牛耳,举凡星学、数学、测量学、立体几何学等,均异常发达,人材辈出。加之,路易十四及其宰相 Jean Baptiste Colbert 氏(1619—1683)方嫉视葡萄牙东洋政策之成功,积极扩充海军,实行重商政策,以谋海外之发展。故于接得南怀仁来书后,即着手准备在华传教计画,咨询国王听罪师 P. de la Chaise 氏(氏为耶稣会长老,其力量足以支配路易十四之精神的生活)及天文台长 Cassini(一六六九年由意大利招聘而来之天文学专家,一六七一年任为天文台长)决定以对于宗教的热忱及科学的造诣二者,为选拔传教士之标准。选拔结果乃以耶稣会教士洪若翰(按氏于奉派之先,曾愿 Colbert 氏之邀,与 Cassini 氏协议关于中国之传教事宜。又氏夙欲往中国或日本传道。因未有机缘,暂在某校任数学教授)、李明、刘应、白进、张诚及 Tachard 氏等六人,组织中国传道团,而以洪若翰为团长。路易十四并以特旨任洪若翰等为敕选数学学士、学士院会员,赐以定额之年俸及天文观测上必要的仪器,以壮其行。此一六八五年(康熙二十四年)事也。

一六八五年三月一日,洪若翰等六名教士,与法国派往暹罗之使节 Le chevalier de Chaumont 氏,乘 L'Oiseau 号(船名)出发。是年九月二十三日抵暹罗。旋因暴风,未能航行,遂留其地。一六八七年六月十七日,洪若翰率李明、刘应、白进、张诚等四人(Tachard 氏留暹罗,为暹王归法国,物色通数学之传教士往暹罗布道,及助理历法等),复由暹罗乘粤商王华仁之船,向宁波进发(因澳门之葡人不喜法国教士来华布教,故不经由澳门,直往宁波),于七月二十三日始航抵定海(在宁波市之前面)。计由法国到定海,共需时二年有余。

洪若翰等由暹罗出发之前,曾致函南怀仁报告来华之事,并请求照料。故彼等抵达定海时,浙江巡抚金鋐及礼部官员,虽多方留难,企图逐回法国,然康熙帝终以南怀仁之奏请,准许洪若翰等入京。惜乎洪若翰等当未抵京之前,南怀仁已病殁矣。

一六八八年二月七日,洪若翰等由宁波取道扬州,行抵北京。其时,康熙帝适在服丧中,故延至五月二十日始召见洪若翰等,详询法国国情及沿途经过,随命白进、张诚二人留侍君侧,其余三人则许往各省传道焉。(参阅《中国思想之西进法国》,七四—八一。又 Le P. le Comte, Nonveaux Mémoires sur I'état present de la Chine, pp.3, 4, 62, 63)

## 第四节　康熙帝之西洋科学研究与《皇舆全览图》之测绘

康熙帝好学深思,不惟爱好中国学术文艺,且于西洋科学亦极喜钻研。当白进、张诚诸教士尚未来华之前,即已屡召南怀仁、徐日升等在内廷,进讲数学、哲学及音律学。迨白进、张诚诸人入京之后,更召彼等每日轮班进讲算术、几何、三角、天文、物理、化学、生理、解剖、哲学等于养心殿。且时令彼等将天文仪器及制炮机械,实地演习加以说明,往往达三数小时之久,毫无倦态。据白进于其自著 Historique de I'Empereur de la Chine 之所述,康熙帝为欲习得几何学,曾致绝大之努力,并将自己习得之几何的知识讲授与皇子,自谓研究学术,从未有如研究几何学之热心。又康熙帝于教士讲述解剖学之基本原理时,最感兴味,命宫中画工描写图形,并于宫中设置实验室,以作化学及药学之实习研究云。(见同书,八九页、一〇五页)

康熙帝热心研究西洋科学之余,深感学僧(即学问湛深的教士)之缺乏,乃命白进遄归法国,添聘教士来华讲学。白进携带康熙帝赠送路易十四之汉籍四十九册,于一六九七年启程回国。越二年(一六九九年),白进偕教士马若瑟、雷孝思、巴多明等十名来华。康熙帝即命巴多明等进讲解剖学,并将解剖学书籍译为满文。随又命汉儒及汉医,将满译解剖学书籍译为汉文,缮清进呈,藏诸北京文渊阁、畅春园及热河避暑山庄等三处,以供特殊的研究者阅览。

康熙帝不特命教士讲述西洋科学已也,且派遣彼等测绘各省地图。一七〇八年七月七日(康熙四十七年四月十六日),白进偕杜德美、雷孝思、费隐等开始测量长城附近一带之地势。未几,白进因病还北京,在后方总理测绘事务,而雷孝思、杜德美二人则继续测量。翌年七月,测量完竣,制成长一丈五尺之地图,进呈康熙帝,深受嘉赏。

其后,葡籍耶稣会教士麦大成、法籍耶稣会教士汤尚贤、冯秉正、德玛诺及法国 Order of St. Augustine 派教士潘如(Le G. Bonjour)等加入协助测绘各省地图。计由开始测绘,以迄于一七一五年(康熙五十四年)一月,共费八年岁月之久,始将本部各省及满洲地图测绘完竣。(按直隶地图测成于康熙四十年——一七〇一,蒙古地图测成于四十七年——一七〇八,黑龙江地图测成于四十九年——一七一〇,均由雷孝思、杜德美、费隐三人担任测绘。山东地图测成于五〇年——一七一一,测绘者为雷孝思、加尔特二人。山西、陕西、甘肃地图测成于五〇年,测绘者为杜德美、费隐、潘如、汤尚贤四人。河南、江南、浙江、福建地图测成于五十一年,由雷孝思、冯秉正、德玛诺三人担任测绘。江西、两广地图测成于五十二年——一七一三,测绘者为费隐、汤尚贤二人。四川地图测成于五十二年,测绘者为费隐、潘如二人。云、贵、两湖地图成于五十四年——一七一五,测绘者为费隐、雷孝思二人。五十五年,由白进汇为总图一张,各省分图一张。)

各省地图及中国全图制定之后,康熙帝复派遣曾就西洋教士学习数学及测量学之满人前赴西藏,测制地图。又将朝鲜地图由朝鲜王宫取回北京,使曾实地测量满洲地势之教士详加审核,并根据之而制定朝鲜新图。于是,中国本部各省、满洲、朝鲜、西藏等地图全部完成,所谓《皇舆全览图》者此也。康熙帝于此图制成后,谓内阁学士蒋廷锡曰:"此朕费三十余年心力始得告成,山川水道,俱与《禹贡》合。尔以此与九卿详阅,如有不合处,九卿有知者,举出奏明。"观此,则帝对于此图之完成,其得意可想而知矣。[按此原图之一份由教士寄送法国教士 Le B. Du Halde 氏——《耶稣会教士书简集》之编辑者,转呈路易十四阅览。其后 Du Halde 氏托地理学 d'Anville 氏将原图制成铜版。

d'Anville 氏初制各省地图图版，次制中国全图图版，最后参照白进之《满洲纪行》制定满洲地图图版。全国制定之后，复加入日本地图，而刊入于 Halde 氏所编著之《中华帝国全志》（Descrption de I'Empire de la Chine）第一卷内。一七三五年（雍正十三年），此图被介绍于法国学界。于是，由各国传教士传为世界无比的中华帝国之地理的状况，始为法国智识阶级所认识。参阅《中国思想之西进法国》，八三—九〇。]

## 第五节　教士张诚、徐日升参加中俄尼布楚会议

　　清初，俄国远征军越外兴安岭以达鄂霍海岸。其后，复盘踞黑龙江一带，将席卷东北数千里之地而有之。时清廷方疲于三藩及台湾郑氏之乱，无暇北顾。及三藩平定、台湾收复，康熙帝乃定征俄之策。康熙二十二年，命黑龙江将军萨布素统军迎击俄军，败之。二十四年正月，复命都统彭春率水陆两军与萨布素协攻雅克萨城，大败俄军，毁雅克萨城，并携虏捕三十人而还。二十五年（一六八六），俄皇 Peter the Great（1672—1725，1689—1725 在位）遣全权公使费要多罗（Fedor Alexseevich Golovin），偕尼布楚将军波拉速夫（Ivan Zin Vlasof）往色楞格斯克，谋与中国议定黑龙江划界之事。翌年夏，费要多罗遣使至北京，约以色楞格斯克为议和地点。清廷乃于二十七年五月命大臣索额图、一等公佟国纲等为钦差大臣，前往其地与俄使议约，并命徐日升、张诚二教士同往，各赐二品爵职，以备翻译拉丁语文。逾月，抵喀尔喀之古勒阿祭拉汉，会士谢图与准葛尔构兵，道路阻塞，奉召而还。翌年，两国使臣会议于尼布楚，各陈条款。惟因言语龃龉，两不相下，势将决裂。幸张诚常往来两国使臣行辕，悉心斡旋。两国使臣乃各让步，缔结和约六条，即所谓《尼布楚（Nerchinsk）条约》是也。和约缔结后，索额图以张诚斡旋两方，和议得以有成，极嘉其忠勇，曾云"非张诚之谋，则和议不成，必至兵连祸结而失其和好"等语，则知当时教士对于清廷外交上之劳绩，为不小也。

　　自《尼布楚条约》成立后，索额图对于基督教传道事业多方赞助，而

康熙帝亦从此更宠任张诚、徐日升及宽许教士布道。如康熙三十年之多伦诺尔巡幸,三十五年之准葛尔亲征,三十六年之张家口、大同、宁夏等处巡幸,三十八年之南方巡幸,均命张诚、徐日升陪驾,每日或间日进讲西洋科学。当时基督教布教事业之发达,盖与此有深切之关系焉。

## 第六节　基督教布教之公许及其兴盛

康熙帝自罢免杨光先、吴明烜,重任南怀仁为钦天监监副后,对于基督教教士虽存好感,然只许南怀仁、利类思、安文思等在京教士,自行供奉其教,而对于直隶各省之建堂布教,则仍行严禁。又康熙九年,虽容许南怀仁等之请求,准许滞留澳门之教士复回中国,但此不过许可通晓历法之教士入京候用。其他不通晓历法者,各归本堂居住,自行虔修而已,初未尝解除传教禁令也。其后,康熙帝因南怀仁、巴多明、徐日升、张诚等之进讲西洋科学、哲学,与南怀仁、利类思、安文思等之制历铸炮,深觉西洋科学技术之精奇奥妙,对于教士之学殖,不禁发生无限惊服之情。及至张诚、徐日升协助中俄和议,缔订有益的条约,对于教士之忠诚与劳绩,更不胜其欣悦与敬爱。由惊服与敬爱,进而同情于基督教之布道,更进而研究基督教之教义,终于承认基督教之教义与孔子之思想合一,从而尊敬之,且劝其皇太子信奉之焉。(见白进, Historique de l'Empereur de la Chine, p.153)

康熙帝之敬爱与优遇教士既略如上述,其宽容乃至公许基督教传教之事实,更不一而足。语其要者,计有以下各端:

(一)删改禁止条例内容。康熙二十六年(一六八七)四月十四日,谕令礼部删去禁止条例中"天主教同于白莲教谋叛"字样。礼部随转咨山东、河南等省巡抚,遵照办理。

(二)准许洪若翰等进京。康熙二十六年(一六八七)八月十九日,洪若翰、白进、刘应、张诚、李明等由法国来抵宁波,浙抚金鉉与礼部协谋将洪若翰等逐回本国,奏请裁定时,康熙帝即以"洪若(翰)五人,内有通晓历法者,亦未可定,着起送来京候用。其不用者,听其随便居住"等词,饬令礼部照办。

（三）销毁奏疏公许传教。康熙三十年（一六九一）九月，浙江抚巡张鹏翮以天主教为邪教，饬令地方官禁止传布，时杭州教堂圣像、十字架、书板等破坏，并将教士殷铎泽谳讯，逐出境外。在京教士张诚等闻讯，即请内大臣索额图设法保护。索额图以前此张诚、徐日升协助中俄和议有功，乃一面致书张鹏翮，力陈禁教与帝意抵触之处；一面向帝力陈天主教教理之纯正、教士之忠诚及禁止布教之失当，结果而有三十一年正月三十一二月初二日之上谕，及二月初三日礼部尚书顾八代、吏部尚书伊桑阿、户部尚书张玉书等十七人之题奏。兹迻录如下：

（甲）三十一年正月三十日，大学士伊桑阿奉上谕："西洋人治理历法，用兵之际修造兵器，效力勤劳。且天主教并无为恶乱行之处。其进香之人应仍照常行走。前部议奏疏，着擎回销毁。尔等与礼部满堂官、满学士，会议具奏。钦此。"

（乙）康熙三十一年二月初二，大学生伊桑阿等奉上谕："前礼部议将各处天主堂照旧存留，止令西洋人供奉，已经准行。现在西洋人治理历法，前用兵之际，制造军器，效力勤劳。近随征俄罗斯，亦有劳绩，并无为恶乱行之处。将伊等之教目为邪教禁止，殊属无辜。尔内阁会同礼部议奏。钦此。"

（丙）康熙三十一年二月初三日，礼部尚书降一级臣顾八代等谨题："为钦奉上谕事；臣等会议，查得西洋人仰慕圣化，由万里航海而来。现今治理历法，用兵之际，力造军器、火炮，差往俄罗斯诚心效力，克成其事，劳绩甚多。各省居住西洋人，并无为恶乱行之处，又并非左道惑众，异端生事。喇嘛僧等寺庙尚容人烧香行走，西洋人并无违法之事，反行禁止，似属不宜。相应将各处天主堂俱照旧存留，凡进香供奉之人仍许照常行走，不必禁止，俟命下之日，通行直隶各省可也。臣等未敢擅专，谨题请旨。"（二月初五日，奉旨依议办理）

综观上谕及题奏之要旨，计有六端：第一，教士治理历法，制造军器，效力中俄会议，著有劳绩。第二，天主教教士并无作奸犯科之事实，又非左道惑众，异端生事。第三，将天主教目为邪教，殊属无辜。第四，从前关于禁教之部议奏疏，即行销毁。第五，各省天主教堂照旧存留。第六，凡进香供奉天主教之人，许其照常出入，不必禁止。清代正式公许基督教传教及中国人民自由信奉基督教，盖以此为嚆矢焉。

（四）发给印票，保护传教。康熙四十五年（一七〇七）冬，驻京教士齐趋内殿，康熙帝面谕各教士云："朕念你们，欲给你等敕文，你等得有凭据，地方晓得你们来历，百姓自然喜欢进教。"同时谕令内务府，写票用内务府印，发给教士，并令各省居住之教士赴京引见，给赐印票，使其安居布教，避免地方官疑惑稽查。此为传教士领用印票（Dipolma），自由传教之始。

（五）重申前谕，容许传教。康熙四十六年（一七〇八）二月，浙闽总督梁鼐禁止天主教布教，并驱逐教士出境，同时咨请直隶各省一致禁教。地方官奉咨照行，对于教士益加盘验，多方留难。在京教士闵明我（Philippus Maria Grimaldi）等具疏奏请保护。康熙帝发交王、大臣等议奏，王、大臣等随议奏，略称："凡各省天主堂居住传教之西洋人等有内务府印票者，听其随便居住，不必禁止。不给印票者，不许在堂，令往澳门安插。凡新旧西洋人未经领票，要领票者准许来京投领，但不许来京迟延。地方官亦不得阻滞，速行催来。嗣后将给票不给票姓名开交包衣大臣，由伊衙门行礼部，由礼部转行直隶各督抚可也。"康熙依议，饬令内务府咨行礼部，转行直隶各省督抚饬知所属府厅州县，一体遵照办理。此为王大臣等援引康熙四十五年发给印票之上谕，而议奏之结果。

（六）批驳御史，条奏禁教。康熙五十一年（一七一二）十二月，御史樊绍祚以"天主教惑众诬民，京畿直隶各省人民多有信服者。恐流行日久，毒害人心，廓清不易"等词，奏请严行禁止。康熙帝发交礼部议奏。礼部覆奏，首引用康熙三十一年二月之上谕及四十六年二月经钦准之王大臣等议奏末称："今查得此等住堂西洋人，俱仰慕圣化，航海而来，与本国人曾为国家效力。今居各省堂中者，俱领有印票，各修其道，历有年所，并无妄作非为。其御史樊绍祚条奏严行禁止之处，应无庸议可也。"康熙帝即依议批准。

（七）抚慰教士，安心布道。康熙五十六年（一七一七）四月，广东碣石总镇陈昂奏请严禁天主教，略谓："天主一教设自西洋，今各省开堂聚众，此辈居心叵测。目下广州城内外尤多。加以洋船所汇，同类招引，恐滋事端。乞循例严禁，毋使滋蔓"等语。五月十二，教士苏霖（Joseph Suarez）、巴多明（Dominique Parrenin）、穆敬远（Joannes Mourao）等趋朝面奏，请求保护。帝面谕彼等云："尔等放心，并非禁天主教，惟禁不曾领票的西洋人，与有票的人无干。若地方官一概禁止，即将朕所给的票交看，就是传教的凭据。你们放心去。若禁止有票的人，再来启奏。钦此。"（见《正教奉褒》，一三四页。按《国朝柔远记》卷三，十一、十二两页，谓陈昂之奏请禁教，与五十七年两广总督杨霖请求再禁布教，均曾奉批准；而《东华录》则谓康熙帝曾批准兵部，"只许教士自行信奉，但不许在奉天及各省立堂设教"之议奏。与《正教奉褒》所传，不无出入。）

总观以上引述各节，康熙帝对于基督教之态度，初则取消"天主教同于白莲教谋叛"之字样，继则正式公许天主教自由传奉，终则给发印票，使教士安居传道，避免地方官之压迫。其爱护基督教之情可以想见。虽中因仪礼问题之争执，对于基督教不无嫌恶之情，然终康熙之世（一七二二），基督教徒尚得投领印票，在各省居住布教，而未受严厉之禁压焉。

康熙帝优遇教士，宽许布教之结果，各省地方官亦随之优待教士，同情于基督教之布教。因此，基督教日趋发达，而至于极盛。据Halde氏《中华帝国全志》之所述，一六七一年中，受洗奉教者达二万名之众。一六七二年，康熙帝之一外舅（任都统职），亦受洗奉教等语。又据张诚《第一旅行记》云："由一六八八年至一六八九年冬，法籍耶稣会教士汪汝望（Vallat，一作 Joannes Valat），巡视直隶各省教会时，曾付洗教徒七百人。一六九二年顷，进教者，每年达千人，乃至一千五百人。而一七〇〇年前后（康熙三十九年前后），为基督教之最盛时期。教会之数，仅江南一地既达一百，全国合计则有三百。"至于教徒，江南一处有十万人，全国合计则有二三十万之众。再据德礼贤引《通报》（T'oung Pao ou Archives Concerrant I'histoire, les langues, la Geographie et de I'ethnographie de I'Asie Orientale，一九二〇至一九二一，一二三页），谓"在一七〇〇年上，中国天主教信友三十万人，到了一八〇〇年却只有二十万"（见《中国天主教传教史》，八二页），可知当时基督教兴盛之一般矣。

抑吾于此当有须论述者,即康熙帝对于教士既如斯其优待,对于布教又如是其宽容。然则康熙帝自身,何故终于未领洗奉教乎?而其公许布教之主因,又果何在乎?关于前者,李明于其自著 Nouveaux Mémoires sur l'état present de la Chine 一书中,曾记述康熙帝之言曰:"贵教士不是在天国居住,而常以天国之事为念。且对于现世之事,殆不置信赖,此乃可笑之事。……朕则对于天国之事,几全无兴趣而不关心也。"又李氏自云:"康熙帝爱好快乐。同时,忧惧自身若改宗基督教,则国家将发生革命事件亦未可知。有此二因,故帝终未领洗奉教。"关于前者,Le Gentil de la Barbinais 氏(氏乃法国旅行家,曾到厦门逗留数周),彼从在厦门邻近某地布教之教士 Laureaty 氏闻知中国之国情及天主教情况(于其自著 Nouveau Voyage autour du Monde 一书中曾谓:"康熙帝喜欧洲固有之科学与艺术,而欲钻研之。故许可教士留居内地传教。然帝自身固毫无信奉基督教之心也。")而洪若翰亦曾谓:"吾等未来华之前,已研究科学而通晓之。此科学乃使康熙帝公许传教之主因也。"(见 Lettre du P. Fontaney au P. de la Chaise, Lettres édifiantes et curieuses, t. VII, p.203。又《中国思想之西进法国》第一编第四章)据此观之,则康熙帝之终未领洗信教者,一因欢喜享受现世之快乐。二因恐发生革命,致国家统治权随之倾覆。又彼公许基督教传教之原因,在于欲吸收西洋之科学与艺术,及敬服教士之科学的造诣。诸氏之说固然。惟吾以为教士自奉之俭朴,与对于清廷之忠诚二点,亦为康熙帝公许布教之一因也。

# 第五章　基督教传教之衰颓时期

此期乃由一七二三年(雍正元年)至一八四三年(道光二十三年)之一百二十年间。是期基督教，一因雍正时代宗室苏努(Sourmia)父子与教士穆敬远干预皇位继承事件；二因乾隆时代教皇 Benedictus XIV (1740—1758)颁发否认中国仪礼之教书(*Ex quo singulari providenta factum est*)；三因嘉庆时代严禁教士刻书传教，故不特立堂设教。既有所不能，且被视为妖言左道，迭受摧残，为天主教在华传教以来最衰颓之时期。而前此主持中国传教事业之耶稣会亦于一七七三年(乾隆三十八年)为教皇 Clemens XIV 所撤革，中国布教事务改由遣使会(The Congregation of the Priests of the Mission, or The Lazarists)教士接理。是为遣使会派教士在华布教之始。

## 第一节　雍正时代之禁教

康熙帝晚年，允禔、允礽、允禩、允禟诸皇子，竞争继承皇位，险谋百出。康熙帝乃废皇储允礽，停止册立太子之举。诸皇子中，对于天主教寄其同情者，厥惟第九皇子允禟一人。葡籍耶稣会教士穆敬远(Joannes Mourao, or Moram/Mouram/Morao，又译作穆近远、穆金远、穆景远)为扩张传教事业计，谋拥立允禟为太子继承皇位。乃密奏康熙帝册封允禟为皇储，为帝所面斥。然其志不稍衰，一方访川陕总督年羹尧于塞外阵地(按穆敬远与年羹尧之兄年希尧交厚)，请其赞助拥允禟为太子；一方奔走于广州、澳门之间，密谋此事之有成。而奉天将军苏努(太皇之长子贝勒褚英之后裔)第三子苏尔金(康熙六十年受洗奉教，圣名若望）、第六子勒什亨（雍正元年受洗，圣名类思）、第十一子库尔陈（康熙六十年受洗，圣名保禄）、第十二子乌尔陈（雍正元年受洗，圣名若瑟）等，亦参预拥立允禟之运动（按苏努曾助允禩谋继立，大为雍正所忌）。康熙既崩（六十一年十一月十三日），第四皇子胤禛立，是为雍正帝。雍正帝对于西洋科学不感兴味，而又信仰佛道二教，其敬爱教士之情远不如康熙帝之热烈。加之，教士穆敬远与苏努父子干预皇位继承，更激起雍正帝之愤懑与疑忌，故践祚未几，即捕允禟、穆敬远入狱，将苏努父子流于西宁，并实行严厉禁教。

雍正帝对于教士之政治的阴谋极其愤懑，早有禁压之意。适是时有福建禁压天主教事件发生，因下谕严禁布教。

溯福建禁教事件之发生，乃由于雍正元年（一七二三）一月福安县有一奉教之儒生，因不满意西班牙多明各会派教士Beaz de la Sierra氏及Eusebio Ostot氏二人（二人俱系新由菲律滨来闽）蔑视中国仪礼的态度，背弃天主教，与其他儒生相谋，告发教士于福安知县而起。彼等告发教士之要点：第一，未领有内务府之印票，擅自传教，并征集中国信徒之资金以建筑新教堂。第二，男女杂居于教堂内。第三，教士强令女子由少年时期保持处女之纯洁，并禁止其结婚。福安知县据状，即转报于闽浙总督满保。满保乃于雍正元年（一七二三）八月二日通令全省严禁天主教，将所有教堂没收，改为公所。同时，奏请严厉禁绝天主教，驱逐各省教士出境。雍正帝据奏，令礼部议覆。礼部随即奏覆（元年十二月十四日），其要点：第一，在京教士参预历务及其他要务，未尝无功，但在各省之教士宣传异教，迷惑百姓，对于国家实为有害无益。第二，中国天主教徒在祈祷名义之下，男女无别，聚于一堂，不成事体。第三，依照闽浙总督奏议，将在京参预历务等之教士仍予留用，其余教士概行放逐于澳门。第四，将各省教士前此领用之内务府印票，概行收回焚毁。第五，将各省教堂概行没收，改为公所。第六，饬令华籍信徒即行悛改出教。若仍集会祈祷，则照国法严予惩办。第七，各省官吏对于禁教监察疏懈者，即行褫夺官职，处以应得之罪。雍正帝览奏，即予批准。

当时，欧洲各国船舶大都寄泊广州，而不寄碇于澳门（因广州为法国耶稣会派教士传教之根据地)。若教士被解送于澳门,则将不能归国。且彼等为谋复兴传教事业计,尤不能不保有其传教根据地之广州。因是教士戴进贤(Le P. Kögler, or Keler)、巴多明(Dominique Parenmin)等,具表托礼部尚书允祥(康熙帝第十三皇子)转奏,请求准教士留居广州。雍正帝览表,即批谕两广总督孔毓珣查议。同时召教士戴进贤、巴多明等面谕云:

先帝(康熙帝)于朕教之养之,凡四十年。特于众多兄弟之中,立朕继承其位。朕之为政,以不背先帝之政策为本旨。福建省之天主教教士欲破坏国法,而愚惑人民。闽省总督奏报此事于朕。朕对此扰乱有善处之责。此事乃国务,朕当负其责,不能如在皇子时代可置而不理也。

诸君谓天主教非邪道,朕亦谓然。若天主教果属邪教,则当毁坏教堂,驱逐教士之时,谁能阻之?而朕所谓邪道者,乃在振作道义之名义下,鼓吹反叛的精神,如白莲教者是也。

然而,朕若派遣佛僧及喇嘛僧往欧洲传教,则诸君将谓之何?又,诸君将如何迎之耶?

万历元年,利玛窦来华(按利氏来华,系万历十一年,雍正帝所云,乃误)。朕对于当时中国人士之行事不欲有言。朕关于此事不负责任也。是时,天主教教士极属少数,而各省亦无信徒及教堂。各省建堂立教,乃从先帝治世始。

又天主教发展迅速,亦始于先帝之世。余等目击此情,但从未置一词。诸君纵能欺蒙先帝,但未能欺蒙朕也。朕深知诸君希望中国人民全体领洗奉教,诸君之教会固如此要求。然当全体人民改宗天主教之日,余等果将如何耶?岂将变为贵国君主之臣下耶?受诸君施洗之天主教徒,不认诸君以外之人。当中国变乱勃发之际,中国天主教徒将惟诸君之命是听。目今无可恐惧之事,朕固深知。然当外国船舶舳舻相接而来之时,则发生叛乱亦未可知。中国北控俄国,南复与欧洲人及其国家相接。俄国乃不可轻蔑之国家,而欧洲诸国较之俄国,其强大抑又过之。其次,中国西控策妄阿拉布担。朕谋对彼国君主加以压迫,而阻其侵入中国。盖彼国

> 君主若侵入中国，则国内将有变乱之虞故也。俄皇使节 Ismayloff 氏之随员 Lange 氏请求准其建设商馆于各省。此项要求经已拒绝，只许在北京及喀尔哈之边境 Tchu Kou-Pai Sing 地方贸易。诸君在不作何种不良企图之范围内，当许诸教士永居于北京宫中及广州，否则不准留住。朕不欲诸教士居留于各省。先帝因宽许诸教士居留于各省，致失士流阶级之信仰。关于此事，朕将不许任何人于朕之治世有何讥议。朕之皇子或朕之子孙即帝位时，彼等将采取自认为适当之措置，朕对于彼等之措置不负责任。同时，对于万历年间之事件，亦无任何责任也。（译自《中国思想之西进法国》，一五四——一五六。原文见 Ditto. pp.267—273）

两广总督孔毓珣奉命查议后，嗣于二年十月二十九日奏覆。其原奏云：

> （前略）恭读圣谕：内西洋之安插，未甚妥协，外来之洋船发放不当，为竭力尽心料理。钦此。查各省居住西洋人，先经闽浙督臣满保题准，有通晓技艺、愿赴京效力者送京。此外一概送赴澳门安插。嗣经西洋人戴进贤等奏恳宽免逐回澳门，发臣等查议。臣思西洋人在中国，未闻犯法生事，于吏治民生原无大害，然历法、算法各技艺，民间俱无所用，别为一教，原非中国圣人之道，愚民轻信误听，究非长远之计。经臣议将各省送到之西洋人，暂令在广州省城天主教堂居住，不许外出行教，亦不许百姓入教。遇有各本国洋船到粤，陆续搭回。此外各府州县天主堂，尽行改为公所，不许潜往居住。业会同将军、抚督诸臣具奏。其在澳门居住之西洋人与行教之西洋人不同，居住二百年来，日久人众，无地可驱，守法纳税，亦称良善。（下略）

雍正帝览奏，即又批谕云：

> 朕于西洋教法，原无深恶痛绝之处，但念于我中国圣人之道，无甚裨益，不过聊从众议耳。尔其详加酌量，若果无害，则异域远人自应一律从宽。尔或不达朕意，绳之过严，则又不是矣。特谕。（见《朱批谕旨》第三册，二十七页）

又，雍正五年四月初八日，上谕有云：

今日为佛诞之期，恰遇西洋国使臣上表称贺（按即葡国使臣买德洛），两事适然相值，故于在廷诸臣奏事之暇，偶将朕意宣谕尔等知之。向来僧道家极口诋毁西洋教，而西洋人又极诋佛老之非。彼此互相讪谤，指为异端。此等识见，皆以同乎己者为正道，而以异乎己者为异端，非圣人之所谓异端也。中国有中国之教，西洋有西洋之教。西洋之教不必行于中国，亦如中国之教岂能行于西洋？如苏努之子乌尔陈等愚昧不法，背祖宗，违朝廷，甘蹈刑戮而不恤，岂不怪乎？

统观前述，可知雍正帝对于基督教虽无宽容、保护之心，但亦无深恶痛绝之意。只因传教士之政治的阴谋，使其心存忧惧。而一班嫌恶基督教之地方官绅，又从而推波助澜，故终于实行严厉禁教之政策耳。

雍正帝实行严禁基督教之结果，除少数供职钦天监之教士，尚留京任职外［按当时因雍正帝之恩典，而留京供职者有十余人之多。而徐懋德（André Pereira）、戴进贤（Ignatius Kögler）、德理格（Téodorico Pedrini）三人尤蒙帝之优待。徐懋德于雍正二年任钦天监监副，戴进贤于雍正三年补授钦天监监正，加礼部侍郎衔。至德理格，则因帝为皇子时曾教授帝以西学，故颇受礼遇。彼对于天主教，常在帝前密为周全。当时天主教之得存于中国而未尽灭者，德理格之力也］，其余由康熙时代曾承认中国仪礼，领受内务府印票之耶稣会派教士，及其他未领有印票之各派教士，多被解送广州安插，且间有被杀戮者。至各省教堂，则悉数没收，改为学校、官衙、佛寺、义仓、公所之用。而三十万之中国信教，陟失教士之领导，旁皇歧路，成为社会上憎恶、怨尤之对象。吴德芝于其自著《天主教书事》中谓"百年之污，涤于一旦"，则当时禁教之严，与基督教受祸之惨，概可知矣。

## 第二节　乾隆时代之禁教

雍正末年，北京天主教教堂有南堂、北堂、东堂三所，均由耶稣会派教士主持。德国传教士戴进贤等居住于南堂，法国传教士巴多明等居住于北堂，其东堂则由葡国传教士陈善策等居住。此等传教士，均因治历政,得留居于北京。迨乾隆帝即位(一七三五年十月,即雍正十三年八月),大赦天下,彼等乃乘机与居留广州之教士互通声气,企图传教事业之恢复。然乾隆帝践祚未几,即依四辅臣议,特颁上谕一道,略谓:朝廷任用西洋人治历,以其勤劳可嘉,故从容留,满汉人民概不准信奉其教等语。谕颁之后,北京及各省之教徒一并严拿,囚禁狱中甚多。

乾隆十一年(一七四六),禁教益严,尤以南方数省为甚。西班牙多明各会之福建主教(The Vicar Apostolie of Fukien) Sans 氏(氏生于一六八〇年,一七一五年来华),因官府搜缉甚严,不欲株累教徒,自行出首。其属下欧籍教士(司铎)四人及华籍信徒多人,亦被拘捕,均先后被处以极刑。同时,有耶稣会派教士黄安多、汤范爵二人亦被拘禁,后被杀于苏州。其他各省地方官亦禁教甚严,将教士拘禁狱中,或解送澳门(因雍正末年及乾隆初年,教士有潜回内地秘密布教者)。

乾隆十四年(一七四九)九月九日中国政府强迫澳门葡萄牙政府缔结条约,严禁教士向华人宣传教义及授以洗礼。十八年(一七五三),葡王若瑟第一世(José I)派第四次专使 Don Francis Xavier Assig Pachecoy Sampayo 氏来华觐见乾隆帝,谋改善通商及传教等关系,但结果归于失败。(按葡萄牙自东印度航路发现来华通商,以迄于十九世纪初期,先后派遣专使来华计有四次:第一次为一五二一年,葡王 Dm. Manuel 所派专使 Pirez 氏;第二次为一六七〇年,葡王 Afonso VI 所派专使 Manoel de Saldagna 氏;第三次为一七二六年,葡王 João V 所派专使 Don Alexandre Metello de Souzay Monezes 氏;第四次即为此次所派。)十九年(一七五四年)五月葡籍耶稣会派教士某,在江南被拘禁及拷问。同时,在福安有华籍教徒,被处以流刑。廿一年(一七五六),南京有教士多人被拘捕。翌年,又有法籍教士一人、西籍教士二人被拘。二十三年及二十四年,各省禁压基督教之事亦有多起。

乾隆三十八年(一七七三),耶稣会为罗马教皇 Clemens XIV (1769—1774)所解散,另派遣使会来华接理中国教务。遣使会教士罗尼阁(Raux)等于一七八五年(乾隆五〇年)四月二十九日始来北京,接理教务。由一七七三年耶稣会被命解散,至一七八五年遣使会教士来华之十二年间,禁压布教之事时有所闻。三十九年(一七七四),山东省内有叛乱事件发生。乾隆帝下谕,防范所有企图扰乱之团体。谕中虽未言及基督教,但各省地方官竟借此压迫教士。海外传教会教士之在四川布教者横受禁押。同时,有中国信徒多人亦受压迫。四十四年(一七八九),复颁禁教之令。北京天主教教堂均被反对者所侵扰。

乾隆四十九年(一七八四)十一月,下谕严责广东督抚,略谓"西洋人蔓延数省,皆由广东地方官未能稽察防范所致。向来西洋人情愿进京效力者,尚须该省督抚奏明允准后,遣员伴送来京。何以此次罗玛当家竟公然分派多人,赴各省传教?澳门距省甚近,地方官平日竟如聋聩,毫无觉察,自有应得处分。倘嗣后仍有西洋人潜出滋事者,一经发觉,惟该督抚是问,即当重治其罪"等语。此谕发出后,执行禁令益严。是时,有方济各会派意籍教士四人,奉罗马外国传教事务局命,由澳门前往陕西。道经湖北时,为一叛教的信徒所卖,致为当地官员捕去。而同时陕西又适有回教徒之乱,乾隆帝对此特别注意,严令各省拆毁教堂,拘捕教士及华籍信徒;并惩办容许西洋教士通过之各省长官。于是,四川、江西、陕西、山西、山东、广东等省之西洋教士捕去十六人,华籍教徒捕去十一人,解送北京,由刑部审讯,判处永远监禁。其余未被捕获之教士,各自藏匿于华籍信徒家中,徐图逃往澳门避难,而广东总督亦因是而免职。其尤悲惨者,禁锢于北京之西洋教士六名及中国教徒二人,均因不堪其苦死于狱中[死于狱中者,计有山西、陕西二省之教主,及罗马外国传教事务局驻广州之事务委员(Procurer)],而已革耶稣会教士(Jesuit) La Roche 氏,则于解送北京时卒于中途。

乾隆五十年(一七八五)颁谕略谓:"此等人犯,不过意在传教,尚无别项不法情节。且究系外夷,未谙国法。若永禁图圄,情殊可悯。俱着加恩释放,交京城天主教堂安分居住。如情愿回洋者,着该部派司员押送回粤,以示柔远至意。"此谕颁布后,在押各教士多愿离京他适;而巴黎海外传教会之中国西部传教区主教(Vicar Apostolie in West China) Dufresse 氏及其会友一人,则离京赴马尼拉。然其后 Dufresse 氏复潜回四川布教(一七八九)。其他各会教士潜回原地秘密传道者,亦不乏人。盖是时,清廷对于基督教之态度,一时稍为和缓故也。

自乾隆五十一年至六十年(一七八六——一七九五)之十年间,虽未颁发禁教谕令,但各省地方政府仍有压迫基督教之事。如乾隆六十年遣使会教士 Aubin 氏之被捕于陕西,并死于西安府狱中,乃其较著者也。

乾隆帝禁压基督教虽如斯其严酷,然而基督教教士布道之热诚并不因是而稍衰。基督教训练华人为教士之事业,仍在暹罗之盘谷(Bangkok)继续进行,而传教士亦继续冒险潜入内地布道。一七五六年(乾隆二十一年)巴黎传教会(Paris Society)教士 Francois Pottier 氏潜入四川布教,建立该会在川、滇、贵各省传教事业之基础。当 Pottier 氏未入川布教之前,该处原有别派教士多人从事传教。但在乾隆十一年颁布禁教谕旨时,均被驱逐出境,仅华籍李教士(Andrew Li)一人尚留其地,暗中活动。越数年(一七五〇),李教士得另一华籍李教士(Luke Li)之协助,布教进行始稍形顺利。乾隆十七年(一七五二),巴黎传教会教士 Lefevre 氏虽曾潜入四川,但不久即被拘捕放逐。Pottier 氏在四川约十年,并无第二西洋教士助其传道,其艰苦可想而知。乾隆廿五年(一七六〇),氏被捕入狱。当押送出国时乘间逃出,潜回原地。二十二年(一七六七),氏被任为四川主教。同时,有教士多人新由欧来华,助其传道。越二年(一七六九),新由欧来华教士中之一人名 Gleyo 氏者被捕入狱,盖其时川省白莲教势极猖獗,Gleyo 氏受白莲教之嫌疑,致为官员所捕。Gleyo 氏被捕事件发生后,四川官员更大行搜捕教士,并将神学学校(Seminary)毁坏。Gleyo 氏在狱禁锢八年后,始获省释。氏出狱后,复在川滇交界之某小村中开办神学学校,教育华人子弟。

其时,在华传教者除巴黎传教会教士外,尚有耶稣会、方济各会、多明各会及巴黎海外传教会(La Société des Missions étrangères de Paris)等派教士分在各省传教。至于教徒人数,据 Latourette 氏之所述:在乾隆二十一年(一七五六)时仅四川一省已达四千人,五十七年时增至二万五千人。又据遣使会教士罗旎阁(Father Raux)告英国驻华特使 Lord Macartney 氏(一作 George Earl of Macartney,氏于乾隆五十八年抵北京,在热河离宫觐见乾隆帝)云:在北京一处约有教徒五千人。全国教徒共约有十五万人等语。则知当时基督教虽迭遭禁压,仍得暗中传教,故有若是之盛也。(参阅 K. S. Latourette, *A History of Christian Missions in China*，p.174）

乾隆时代禁教情形及基督教布教状况，既如上述。兹进而略述乾隆帝对于服务内廷的教士之态度。西洋教士大都博学多艺，帝对之极为敬爱。帝曾就耶稣会教士研习西洋天文历数诸学，并先后任用鲍友管（Antoine Gogeisl，耶稣会教士，德人）、索德超（Joseph Bernardus d'Almeida，耶稣会教士，葡人）、汤士选（Alexander de Gouvea，耶稣会教士，葡人）、戴进贤（Ignace Kögler/Keler，耶稣会教士，德人）、刘松龄（Augustin de Hallerstein，耶稣会教士，德人）、安国宁（Andreas Rodriguez，耶稣会教士，葡人）、高慎思（Joseph d'Espinha，耶稣会教士，葡人）、蒋友仁（Michel Benoit，耶稣会教士，法人）及 F'lix da Rocha 氏（耶稣会教士，葡人）等为钦天监监正、监副等职。帝又笃嗜西洋艺术，如绘画建筑等，特令教士蒋友仁在圆明园内建筑意大利式之洋房，装置喷水池。而王致诚（Jean Denis Attiret，耶稣会教士，法人）、郎世宁（Joseph Castiglione，耶稣会教士，意人）、艾启蒙（Ignatius Sickltart，耶稣会教士，奥人）、Doirot 氏、Ventavon 氏及 Thebault 氏诸教士，均以善于丹青，为帝所器重。他如巴多明（Dominique Parrenin，耶稣会教士，法人）、宋君荣（Antoine Gaubil，耶稣会教士，法人）、钱德明（Amiot，耶稣会教士，法人）、罗旋阁（Raux，遣使会教士，法人）、冀若望（Ghislain，遣使会教士，法人）、巴保禄（Paris，遣使会教士，法人）等诸人，或精通汉满语言，任中俄外交文书之翻译官（译拉丁语）及担当教授满洲子弟之任，或长于物理医药之学任宫中之器械制造官，均深受帝之优遇焉。（参阅 K. S. Latourette, *A History of Christian Missions in China*, pp.161—166；山口昇《欧美人在中国之文化事业》，一四一至一四四页；石田干之助《欧人之中国研究》，一五二页；矢野仁一《近世支那外交史》，七〇九至七二四页）

## 第三节　嘉庆道光时代之禁教

一七九六年，乾隆帝退隐宫中，令太子摄政，是为嘉庆帝。帝禁压传教尤甚于前。嘉庆十年（一八〇五）四月，御史蔡维钰奏请禁止西洋人刻书传教。帝乃谕饬管理西洋堂务大臣"认真稽察,如有西洋人私刊书籍,即行查出销毁",并谕知在京西洋教士:"务须安分学艺,不得与内地民人往来交结。"(原谕见《国朝柔远记》卷六,十四页)是时,奥格斯丁会教士德天赐(Adeodato,一七八四年由两广总督孙士毅保送来京,在内廷任制造时钟之职)遣粤籍教徒陈若望,由北京递送书信地图往广州(该书信地图系寄送罗马外国传教事务局者)。行至江西,为官员拿获,转解刑部,并究出传教习教多人。因此,发生一严重之教案。嘉庆帝对于此案之谕令,有云:

> 德天赐胆敢私行传教,不惟愚民妇女被其煽惑,兼有旗人亦复信奉。并用汉字编造西洋经卷,至三十一种之多。若不严行惩办,何以辟异说而杜歧趋?且该国原系书写西洋字,内地民人无从传习。今查出所造经卷,俱系刊刻汉字,其居心实不可问。此在内地愚民已不得传习,而旗人尤不应出此,关系人民风俗者甚巨。所有寄信人陈若望,在堂讲道之汉军周炳德,会长民人刘朝栋、赵廷眕、朱长泰、汉军汪茂德,或往来寄信,或展转传惑,着照刑部所拟,发往伊犁,给厄鲁特为奴,仍先用重枷枷号三个月,以示惩儆。民妇陈杨氏以妇女充当会长,尤属不安本分,着发往伊犁给兵丁为奴,不准折枷收赎。民人简恒,曾代为寄信,请人传教;汉军佟恒善,经反复开导,执迷不悟,俱着枷号三个月,满日发往伊犁,给厄鲁特为奴。周炳德、汪茂德、佟恒善,既自背根本,甘心学习洋教,实不齿于人类,均令销去旗档。德天赐来京当差,不知安分守法,妄行刊书传教,实为可恶,着圈禁厄鲁特营房,交庆杰严为管束,以杜煽惑。(原谕见《国朝柔远记》卷六,十四至十五页)

同时,免去常福管理西洋堂事务之职,改派禄康、长龄、英和三人接管,并令禄康等详订章程,严为管束。禄康等嗣议奏管束西洋堂,及查禁天主教之办法十款:(一) 酌派司员,到堂稽查;(二) 设立堆拨,轮流巡缉;(三) 撤毁堂额天主字样;(四) 禁止旗民彼此往来;(五) 封禁该堂女堂房屋;(六) 稽查海淀各堂寓所;(七) 译验该国投寄书信;(八) 编造服役人数册档;(九) 示谕习教治罪条款;(十) 禁止收买药材洋草。帝即批准施行。(见嘉庆十年五月上谕,《国朝柔远记》卷六,十五页)

是年十一月,嘉庆帝复引申乾隆四十九年十一月发给广东督抚之原谕,严令广东督抚转饬地方官,"于澳门地方严查西洋人等。除贸易外,如有私行逗留、讲经传教等事,即随时饬禁,勿任潜赴各省,致滋煽诱。其有内地民人暗为接引者,即当访拏惩办。并当晓谕民人等,以西洋邪教例禁綦严,不可受其愚惑,致蹈法网"等语。(见《国朝柔远记》卷六,十七页)西洋教士因此多不能由澳门或广州潜赴内地各省,改由安南、东京密进云南,再由此而往各省传教。

当时,西洋教士被迫离华,或受拘押者,除上述之德天赐外,尚有法国遣使会教士 Richenet 氏、Dumazel 氏及意大利方济各会教士 Salvetti 氏等数人。Richenet 氏与 Dumazel 氏因候旅行许可证(即今之护照),曾在澳门(或广州)滞留四年。一八〇五年,始获允许前往北京,但不久即被押回广州(或澳门)。Salvetti 氏于一八〇四年抵澳门,翌年三月潜入内地。未几,被捕,解送广州。监禁三年之后,释回澳门,不准再入内地。(按 Salvetti 氏于一八一〇年复由安南、东京,潜赴山西布道,而 Dumazel 氏亦于是年由东京潜回湖南传教)

嘉庆十六年(一八一一)七月,陕西拘获华籍教士一名,因发布更严重之上谕。原谕云:

> 西洋人居住京师,原因其谙习算法,可以推步天文,备钦天监职官之选。昨据管理西洋堂务大臣查明,在京者共十一人,除福文高(Domingos Joacquim Ferreira,遣使会教士,葡人)、李拱辰(Joseph Riberio,遣使会教士,葡人)、高守谦(Serra,遣使会教士,葡人)三人现任钦天监监正、监副,南弥德(Lamiot)在内阁充当翻译差使,又毕学源(Gaetano Pirès,遣使会教士,葡人)一人通晓算法,留备叙补,贺清泰、吉德明二人均年老多病,不能归国,此外学艺未精之高临渊等四人,俱已饬令回国。现在西洋人之留京者,止有七人。此七人中,其有官职差使者,出入往来,俱有在官人役随地稽查,不能与旗民人等私相交接;其老病者,不过听其终老,不准擅出西洋堂,外人亦不准擅入。管理大臣及官员弁兵巡逻严密,谅不敢有听其传教惑众之事。至各省地方,本无需用西洋人之处,即不应有西洋人在境潜住。从前外省拏获习教人犯,每称传播始于

京师,今京师业已按名稽核,澈底清厘。若外省再有传习此教者,必系另有西洋人在彼煽惑,地方匪徒私自容留,不可不加之厉禁。除广东省向有西洋人来往贸易,其居住之处应留心管束,勿任私行传教。有不遵禁令者,即按例惩治外,其余各直省着该督抚等饬属通行详查。如见有西洋人在境,及续有西洋潜来者,均令地方官严拿具报,一面奏闻,一面递交广东,遣令回国。如地方官办理不力,致令传教惑众,照新定条例严参重处。若内地民人私习其教,复影射传惑者,着地方官一律查拿,按律治罪。将此通谕知之。

按留京七教士中,除已革耶稣会教士一人外,其余均为遣使会教士。又高临渊等人俱系罗马外国传教事务局派来者,彼等原住西堂,因违背禁约,擅自外出,致被饬令回国,西堂亦被拆毁。原谕见《国朝柔远记》卷七,五至六页。

此谕发出后,各省教士之被捕或杀害者不一而足。嘉庆十九年(一八一四),巴黎传教会中国西部传教区主教 Dufresse 氏被捕,解送成都,随即处斩。其他教士或藏匿,或逃避,内有华籍教士二人死于狱中。二十一年(一八一六),方济各会教士 John Lantrua of Triora 氏因其服装诡异,被误认为白莲叛徒,绞杀于长沙。同时,有一华籍教士被处流刑。二十二及二十三年,有华籍教士刘保禄(Liu Paul)、袁若瑟(Joseph Yiian)二名,被绞杀于四川。二十四年(一八一九年),遣使会教士 François Régis Clet 氏(即刘神父)在河南被捕,翌年二月,绞杀于武昌。内廷翻译官南弥德(Lamiot)因曾设法营救刘神父,亦于是年阳历六月槛送武昌囚禁。后虽因查明无罪获释,但不许仍回北京供职(按南弥德于道光十一年病殁于澳门)。其后,道光四年(一八二四)、十年(一八三〇)、十四年(一八三四)、十五年(一八三五)及十六年(一八三六),福建、四川等省亦有严厉搜捕教士之事。至于留京教士日见凋零,南堂惟有主教毕学源与李拱辰二人居住,北堂亦惟有高守谦、福文高二人留居。福文高卒于道光四年(一八二四),越二年(一八二六)高守谦束装西归,李拱辰亦于守谦去后不久逝世,只剩主教毕学源一人在京治历(任钦天监监副)。毕学源在华传教三十八年如一日,其艰苦勤敏,有足多者。道光十八年(一八三八)十一月二日,毕氏卒于南堂。

于是,由康熙八年(一六六九)起,继续在钦天监任职之西洋教士至是绝迹焉。(按北京西堂于嘉庆十一年拆毁,东堂亦于是年没收。北堂于道光七年没收,南堂则于毕学源卒后由俄国正教会代为保管。参阅 K. S. Latourette, *A History of Christian Missions in China*, pp.175 - 180;《燕京开教略》下篇,十一至十八页;矢野仁一《近世支那外交史》,七〇九至七二四页)

## 第四节　耶稣会之解散与遣使会教士之东来

自明末以迄于乾隆四十九年(一七八四),天主教在中国布教团体计有耶稣会、方济各会、多明各会、巴黎海外传教会等,而以耶稣会为其中心势力。历代任职钦天监及服务内廷,得中国皇帝优遇之教士,大多数为耶稣会派教士,而各省教堂亦多系耶稣会派教士所有。惟该会在欧洲及东洋常排挤他派传教团体,企图独占布教事业。因此,深受他派传教团体之嫉忌。及至中国仪礼问题之争论发生,该会教士因对于中国仪礼作宽容之解释,益为方济各会、多明各会、奥格斯丁会等派教士所攻击,并为罗马教皇所不惬。结果于是有一七七二年(乾隆三十七年)之被命解散。

耶稣会在未解散之前,与异派传教团体既作长期之斗争,复屡受葡法两国政府之压迫。一七五九年(乾隆二十四年),葡国境内之耶稣会教士尽被驱逐。一七六四年(乾隆二十九年),法国境内之耶稣会团体亦横被解散。葡国政府驱逐耶稣会教士后,在澳门之耶稣会教士随亦被放逐,该会财产概被没收(一七六二)。由一七六三至一七八四之二十年间(乾隆二十八年至四十九年),该会教士在中国之活动固依然如故也。

耶稣会解散之远因,为受各派传教团体之嫉忌及罗马教皇之嫌恶,而其近因则为法王路易十五(Louis XV,1715—1774 在位)之威迫教皇下令解散。盖路易十五对于该会夙有所不惬故也。罗马教皇 Clemens XIV 解散耶稣会之令于一七七四年(乾隆三十九年)始传达于北京,该会教士骤听之余,悲苦异常,竟有抑郁而死。然迫于教皇之命,亦惟有默服而已。综计该会在华传教之教士,自方济各·沙勿略(Francis

Xavier）以迄于最后之 Louis de Poirot 氏（一八一四年殁），有四百五十六名（华籍教士亦在其内，而传教时间则有二百余年之久云）。

耶稣会解散后，以天主教保护者自任之法王路易十六（Louis XVI, 1774—1792 在位），旋即谕令各派传教团体派遣教士赴华接理教务，但均固辞，不敢受命。其后，乃命遣使会（The Congregation of the Priests of the Mission, or The Lazarists）选派教士，接理中国传教事务。罗马外国传教事务局特颁局谕，将耶稣会教士在北京所有教堂、茔地、田园等，俱令移交遣使会教士接管（原谕及路易十六谕令均见《燕京开教略》中篇，八十一—八二），时一七八三年十二月七日，即乾隆四十八年也。

遣使会者，乃法国加特力教徒 St. Vincent de Paul 氏（1576—1660）所创设，成立于一六二四年（明熹宗天启四年），以救济贫民与病者及宣扬福音于海外为目的。该会在未奉命选派华士来华之前，该会教士德理格（Teodoricus Pedrini, 意人）已于康熙五十年（一七一一）来华，奉仕内廷，雍正帝即位后亦颇蒙优遇。此次奉派来华接理教务之教士为罗旋阁（Nicolas Joseph Raux, 1754—1801）、冀若望（Ghislain）及巴保禄（Paris）三人。彼等于一七八四年（乾隆四十九年）八月二十三日来抵澳门，二十九日到广州。翌年四月二十九日，始达北京。彼等抵京后，已革耶稣会法葡二国教士、罗马外国传教事务局所差之司铎及方济各会北京主教汤士选等，即将在京教务移交接理。罗旋阁等接理教务后，在北京新建教堂一所，名曰西堂。合前南北东三堂，于是北京共有教堂四所。

罗旋阁在京钻研满洲文字勤奋异常，故不久即能通晓其文，撰著《满洲话规》《满洲字汇》等书。时已革耶稣会教士钱德明（Amiot）开翻译官缺（翻译与俄国来往之拉丁语外交文件），乾隆帝即以罗旋阁补授。乾隆五十三年（一七八八），钦天监监正、已革耶稣会教士高慎思逝世，帝又即以罗旋阁继其任（法国教士之任钦天监监正者，实以罗旋阁为嚆矢）。罗旋阁在朝效力之外，同时设法营救被禁之教士，及开设学校、女教堂、修道院等。一时成丁男女领洗奉教者，不下三千名云。

嘉庆六年（一八〇一），罗旋阁卒于北京，由冀若望继其任。冀若望精于物理、医药之学,尤巧于制造机器。而其会友巴保禄亦才艺超人,几于无所不能,继教士 Ventavon 氏之后,为宫中之器械制造官。巴氏在内廷曾制自鸣钟两架、大八音钟两架、大小风琴各一张、悬钟一架,可行三月之久。又制一偶人,高五尺,内具消息,能自行走并能握纸运笔,书写满蒙汉字,皇帝临幸,即书赞词迎贺,故极得乾隆、嘉庆二帝之器重焉。(参阅 K. S. Latourette, *A History of Christian Missions in China*, pp.166 - 169;《燕京开教略》下篇,一至九页;山口昇《欧美人在中国之文化事业》,一四一至一四六页)

## 第五节　十九世纪初期四十年之基督教

　　嘉庆、道光两代禁教情形,观于前节所述,更可知其梗概。然当时禁教虽严,而在十九世纪初期四十年间(嘉庆五年至道光二十年),西洋教士仍不绝东来,潜入内地传教。各省传教事业亦仍在秘密继续进行,领洗奉教者日见增加。

　　嘉庆十年(一八〇五),法国遣使会教士 Richenet 氏、Dumazel 氏与意大利方济各会教士 Salvetti 氏等,潜入内地传教,随被捕解出境。又十五年(一八一〇),Dumazel 氏与 Salvetti 氏复潜回内地,各节已略述于前,兹不再赘。二十三年(一八一八),意大利方济各会教士 Vincent d'Osimo 氏取道东京,潜往山西。道光九年(一八二九),有巴黎海外传教会教士一人,与西班牙多明各会教士某同伴往福建,又有一意大利方济各会教士前赴山西。十年(一八三〇),有葡国教士一人(即赵主教)到北京,协助毕学源传道。十四年(一八三四),法国教士孟振生来抵北京,接理法国传教事务。十六年(一八三六),遣使会教士 Mouly 氏潜赴直隶。又由嘉庆二十五年至道光十八年(一八二〇—一八三八)之十八年间,有教士十一人到四川传教。此各派教士来华传教之梗概也。

　　当时,各派教会所办之教会学校在福建福安县,有多明各会所办之预备学校(Preparatory School)一间。该校学生毕业后,遣送马尼拉,再受完全的宗教教育。在澳门,有遣使会所办之神学学校一间。在北京,有遣使会教士所办之宗教学院(Colleges for the Training of

Priests)及葡国教士所办之宗教学院各一间。在直隶北部,亦有遣使会所办之神学学校一间。在云南,有巴黎传教会所办之预备学校一间。该校学生毕业后,再遣送 Pulo Penang 之高级神学学校肄业。以上系在中国境内所设之教会学校。此外,在暹罗、Malacca、Penang、Manila 等处,亦设有教会学校,造就宗教人材。

是时奉教之人数,据 Louvet 氏所述,在嘉庆五年(一八〇〇)有教徒二十万人,十五年(一八一〇)增至三十三万人。据 Schmidlin 氏所云,十九世纪之初只有教徒二十九万人。而 Latourette 氏则谓嘉庆五年(一八〇〇),全国约有教徒二十万或二十五万人,并谓此数一直到道光十五年或二十年无大变化云。

至于各省教徒人数,则人各一说,莫衷一是。(一)据 *Map of Marchini* 之所计,嘉庆十年(一八一〇),广东、广西共有教徒七千人。直隶、山东、东部鞑靼(Eastern Tartary)共有教徒四万人。江南及河南共有教徒三万三千人。福建、浙江、江西及台湾共有教徒三万人。四川、贵州、云南共有教徒七万人。陕西、山西、甘肃、湖广及西部鞑靼,共有教徒三万五千人。(二)据 *Les annales de la propagation de la foi* 之所计,道光十九年(一八三九),澳门教区(The Dioecesis of Macau)有教徒五万二千人。南京有教徒四万人。北京有教徒五万人。浙江及江西有教徒九千人。山西、陕西及湖广有教徒六万人。福建有教徒四万人。四川有五万二千人。(三)据 *An Abridged Account of the State of Religion in China* 之所计,嘉庆十一年至十二年(一八〇六—一八〇七),湖广有教徒七千人。嘉庆四年(一七九九),四川有教徒三万七千人,九年(一八〇四)增至四万七千八百六十七人,十四年(一八〇九)复增至五万六千一百六十五人。(四)据 Rameaux 氏在道光十三年(一八三三)时所计算,湖北有教徒八千人或九千人。道光十四年(一八三四),河南有教徒五百人。嘉庆二十五年(一八二〇),湖广有教徒一万二千人。(五)据 Latourette 氏之估计,各省教徒,以四川为最多,约有六万人。其余福建、直隶、江苏、山西、陕西等省,亦各有教徒二万余人。以上各说,以 Latourette 氏之估计,较为确实焉。(参阅 K. S. Latourette, *A History of Christian Missions in China*, pp.180 - 183)

# 第六章　基督教传教之公许时期

此期乃由道光二十四年（一八四四），至宣统三年（一九一一）之六十七年间。鸦片战争及英法联军之役，我国完全失败，被迫缔结南京、黄埔、天津、北京等条约。于是，视为邪说左道、严厉禁压之基督教，获得条约上之保障，可以公开布道。但因教会庇护教民及官民暗中反对传教之故，仇教事件（教案）层见叠出，终于引起庚子八国联军之役。又本期新教即耶稣教，新由英美等国传入，发展非常迅速，有驾乎旧教即天主教之上势焉。

## 第一节　传教信教之公许

鸦片战争以前，清政府之势力虽日就衰颓，然列强以未明其真相之故，对之尚存敬惧之心。及至鸦片战争失败，《南京条约》订立以后（道光二十二年七月廿四日，即一八四二年八月廿九日，缔结条约），我国积弱真相暴露无遗，列强乃肆无忌惮，相竞要挟缔约通商。于是，《中英五口通商章程》《虎门补遗条约》《中美通商条约》及《中法修好和条约》等，遂相继成立。

《南京条约》关于传教事项，虽有"耶稣天主教原系为善之道。自后有传教者至中国，须一体保护"之规定，然英国目的重在商业，于传教实不重视，故此项规定其性质及影响并不重大。中外条约关于传教事项，规定较为详密，而其性质及影响又较为重大者，实为《中法修好条约》。

《中法修好条约》乃由清钦差大臣耆英与法国全权公使挈拉·克勒

尼(Théodose Marie Melchiar Joseph de Lagrene,1800—1862,氏于一八四三年来华,一八四六年归国,以缔约有功,列用贵族)于道光二十四年九月十三日(一八四四年十月二十四日)缔结于黄埔,故一名《黄埔条约》。全约共三十五条,其第二十三条,规定法国人民得在上海、广州、厦门、福州、宁波等通商口岸,租借土地,建造礼拜堂、医院、学校、善堂、坟茔等项。是为基督教在华建堂传教,取得条约上保障之始。

《中法修好条约》成立后,法国全权公使挈拉·克勒尼(一译作剌萼尼)复以"中国若再受英国军队之侵迫时,法国将援助中国,以抗英国"之甘言,利诱清钦差大臣、署杭州将军、两广总督耆英,使明令准许华人自由信教。[详见当时协助法使挈拉·克勒尼与耆英谈判之 Bernard d'Harcourt 氏在一八六二年《两世界评论》(*Revue des Deux Mondes*)中,所发表的《法国初任驻华公使(La Première Ambassade Fracaise en Chine)》一文]耆英为其所诱,乃于道光二十四年十一月,奏请准许中国人民信奉天主教。原疏云:

> 两广总督耆英为具奏事:窃查天主教为西洋各国所崇奉,意主劝善惩恶,故自前明传入中国,向不禁止。嗣因中国习教之人,每有借教为恶,经官查出惩办在案,于嘉庆年间始定为分别治罪专条。原所以禁中国借教为恶之人,并非禁及西洋外国所崇奉之教也。今据拂郎西使剌萼尼(即挈拉·克勒尼)请将中国习教为善之人免罪之处,似属可行,应请嗣后无论中外民人,凡有学习天主教并不滋事行非者,仰恳天恩,准予免罪。如有仍蹈前辙,及另犯别项罪名者,仍照旧例办理。至拂郎西人及各外国习教之人,准其在通商地方建堂礼拜,不得擅入内地传教。倘有违背条约、越界妄行者,地方官一经拿获,即解送各国领事官管束惩治,不得遽加刑戮,以示怀柔。庶良莠不至混淆而情法亦昭公允。所有将习教为善免其治罪之处,理合恭折具奏,仰祈皇上恩准施行。谨奏。(原奏见《燕京开教略》下篇,二十二至二十三页)

道光帝据耆英之奏请,即予批准。二十六年(一八四六)正月廿五日,复颁上谕,称美基督教之教义,谓与别项邪教迥不相同,并饬令各省督抚不得滥行查拿奉教者。原谕云:

据耆英等奏,学习天主教为善之人请免治罪,其设立供奉天主处所,会同礼拜,供十字架图像,诵经讲说,毋庸查禁。均经依议施行矣。天主教劝人为善,与别项邪教迥不相同,业已准免查禁。此次所请似应一体准行。所有康熙年间各省旧建之天主堂,除改为庙宇民居无庸查办外,其原旧房屋尚存者,如勘明确实,准其发给该处奉教之人。至各省地方官接奉旨谕后,如将实在学习天主教而并不为非者滥行查拿,即予以应得处分。其有借教为恶及招集远方之人勾结煽诱,或别教匪徒假托天主教名借端滋事,一切作奸犯科应得罪名,俱照定例办理。仍照现定章程,外国之人概不准赴内地传教,以示区别。将此令谕知之,钦此。(原谕见《教案奏议汇编》卷首,二页)

以上所引耆英之奏疏及道光帝之谕旨,对于基督教虽准其在通商口岸建堂传教。对于违约越界之教士,虽准予送交各国领事官管束惩办,地方官不得遽加刑戮。对于中国人民,虽准其自由信教。对原旧房屋尚存者,虽准予发还奉教之人。又对于天主教之教义,虽认为劝人得善,与别项邪教迥不相同。然于外国教士之进内地传教,则概不准许。是则所谓公许传教者,乃仅许在通商口岸公开布教,仅许通商口岸之中国人民自由信教而已。其在内地固仍严厉禁止,内地人民固仍不准信奉天主教也。因此之故,各省内地官员对于违约进内地传教之教士,每不顾条约内"应将此类教士解送通商口岸各国领事官办理,不得殴打、伤害、虐待"等规定,借故虐待。如咸丰元年(一八五一?),教士 Vachol 氏之被捕于云南开化府,死于狱中;咸丰三年(一八五三),蒙古传教区主教 Mouly 氏之被押解于上海;咸丰五年(一八五五),教士 Jacquemin 氏之被押于广州;咸丰六年(一八五六),教士 Agnes Tsao Kuei 之被捕于贵州,死于狱中。及法国教士 Père Auguste Chapdelaine 氏之被杀于广西西林县,乃其最著者也。

《南京条约》成立后,广州定为五口通商之一。英人据约屡请入城经商,均因广州绅商排外激烈,未能如愿,中英纷争日趋险恶。适咸丰六年九月十日(一八五六年十月八日),华船三板划艇亚罗号(Lorcha Arrow)事件发生,英国舰队遂乘机进寇广州。是时,在广西西林布教之法国教士 Chapdelaine 氏被杀,而广州法国商馆亦被焚毁(一八五七),法帝拿破仑第三(Napoléon Ⅲ,1852—1870 在位)引为口实,与英国联盟出师,进攻广州。(咸丰七年十二月)随复北犯大沽,京津震动,清廷乃遣大学士桂良、尚书花沙纳与英使额尔金(Earl of Elgin)、法使葛罗(Baron Gros)分别缔结《天津条约》(咸丰八年五月,英约共五十六款,法约共四十二款)。英法联军嗣复借端犯天津,进据北京,清廷乃与英法两使再分订《北京条约》[一名《天津续增条约》。英约共九款,法约共十款。咸丰十年九月十二日(一八六〇年十月二十五日)],战事始息。

中法、中英《天津条约》关于传教事项之规定大体相同。《中法天津和约》第十三款:

> 天主教原以劝人行善为本。凡奉教之人,皆全获保佑身家,其会内礼拜诵经等事,概听其便,凡按第八款备有盖印执照安然入内地传教之人,地方务必厚加保护。凡中国之人愿信崇天主教而循规蹈矩者,毫无查禁,皆免惩治。向来所有或写、或刻奉禁天主教各明文,无论何处,概行宽免。

又中法《北京和约》第六款:

> 应如道光二十六年正月二十五日上谕,即颁示天下黎民,任各处军民人等习天主教,会合讲道,建堂礼拜,且将滥行查拏者予以应得处分。又将前谋害奉天主教者之时所充之天主堂、学堂、茔坟、田土、房廊等件,应赔还交法国驻扎京师之钦差大臣,转交该处奉教之人。并任法国传教士在各省租买田地,建造自便。

中英、中法《天津和约》成立后,俄国、西班牙及美国亦援例与我国分订《天津条约》,约中对于保护传教均有类似之规定。(详见《教案奏议汇编》卷一,一页至二页)然其内容并不及法约与英约之严密。中法、中英天津、北京二条,对于基督教之传教,实有重大之影响。美国著名东洋学家 K. S. Latourette 氏于其所著 *A History of Christian Missions in China* 第十五章,对于此点,曾有确切精当的论述。兹节录原文要点如下:

The treaties of 1858 and the conventions of 1860 revolutionized the status of missionaries and Chinese Christians and made possible a large expansion of the Church.

In the first place, the newly opened cities gave to the missionary additional centers at which he could reside and from which he could extend his activities into the surrounding country. Since these were as far inland as Hankow and as far north as Newchwang, the main body of China and the Chinese for the first time was made really accessible to Protestants. Now it was the central and northern regions that were the heart of the country, and here, if China was ever to be profoundly influenced by Christianity, the Church must be well established; the nation could never be adequately reached from ports on the south coast. Protestants, therefore, found their opportunity more than doubled. To the Roman Catholic missionary, too, the new ports wese a boon, although, since he had long been in most of the provinces, their opening was not of such great importance.

In the second place, the permission to travel in the interior was a direct reversal of the earlier arrangement by which foreigners found beyond a certain distance from the treaty ports were to be arrested and conveyed to the nearest consul. Under this new provision, missionaries, both Roman Catholic and Protestant, were to cover in their itineraries the Eighteen Provinces and large portions of the dependencies. They might meet opposition from the populace, the local gentry, or even the officials, and Peking might at best give them only half-hearted support, but back of them were their governments. Western consuls and merchants were often lukewarm toward or antagonistic to the missionary, but if the Chinese denied him rights guaranteed to all foreigners, the security of the whole of foreign interourse would suffer. Consuls and ministers had, therefore, even though often reluctantly, to insist that his treaty rights be respected.

In the third place, the missionary often found it possible to effect a residence and to acquire property not only in the open ports but in other cities and towns. These privileges were not specifically guaranteed in the treaties, but neither were they explicitly forbidden. The interpolated clause in the French convention of 1860 was a reed of dubious strength. In the Berthemy convention of 1865, as we shall see later, the Chinese authorities partially assented to it, but difficulty was frequently encountered in obtaining its enforcement ...

In the fourth place, the treaties placed not only missionaries but Chinese Christians under the aegis of foreign powers. This gave to converts a certain assurance of protection and stimulated the numerical growth of the Church. The provision had, however, implications and results which were, to say the least, unfortunate. It tended to remove Chinese Christians from the jurisdiction of their government and to make of Christian communities imperia in imperio, widely scattered enclaves under the defense of aliens. To be sure, it was only as protectors of the faith of the converts that a foreign power could legally intervene, but in almost any lawsuit persecution might be set up as the motive of the Christian's opponent, and the consul or the minister could, if he were so disposed, find occasion to interfere. Many Chinese, seeing the advantage to be obtained from powerful foreign backing, figned conversion. More than an occasional missionary promised Chinese the support of his government to induce them to enter the Church, hoping that when once within its fold they — or at least their children —

could be trained to lead worthy Christian lives. Chinese assistants, too, often without the missionary's knowledge, used the desire for foreign aid to swell the numbers of converts and so to present to their superiors the appearance of success …

In the last place, the provision for the restoration to the Catholics of confiscated buildings and lands was to prove a source of much irritation and ill-will. The property involved had often passed into the hands of innocent purchasers or had long been in public use. The restoration was brought about by pressure from the French authorities under the provisions of a treaty that had been extracted by force and could not but misrepresent the spirit of the founder of the faith for whose uses the property was held … (pp.277 - 281)

要之,根据天津、北京二约,第一,基督教教士得领执照入内地传教,并得地方官之厚待与保护;第二,从前所有关于传教之禁令概行取消;第三,前此没收充公之教堂学校、坟茔、田产等,应赔还交法国公使,转交奉教之人;第四,各省军民人等得自由奉教,建堂礼拜;第五,将滥行查拏教士者予以应得处分;第六,法国传教士得在内地租买田地,建造自便。而其影响于基督教之传教者,则为传教士借此约为护符,深入内地建堂布教传教事业,遂由通商口岸扩张至内地各省,树立坚牢之基础。惟因教士良莠不齐,而教徒亦非尽善类,欺压良民,藐视官长之事,不一而足,结果遂酿成种种之纠纷焉。(参阅矢野仁一《近世支那外交史》,七二五至七三二页)

## 第二节　清廷与法国关于教会置产、摊费、接待之交涉

### 一、关于教会置产之交涉

基督教教士得"在各省租买田地,建造自便"之规定,实始于《中法北京和约》。然在法文和约内并无此等规定,只中文和约内乃有"并任

法国传教士在各省租买田地,建造自便"等字样,此乃法国随营司铎代辣马肋(Delamarre)所私自加入,清廷议约代表恭亲王奕䜣漫不加察,遂种祸根。

　　中文和约与法文和约关于教士购买田产之规定,既有如是之差异,各省地方官与传教士之间遂致时有争执。(按《北京和约》照例原应以法文和约为根据。传教士根据中文和约要求准予置产,实属强词夺理。)法国公使 Berthemy 氏以教会置产在法理上无甚根据,乃与总理衙门交涉,结果由总理衙长致函法国公使声明:"准传教士在内地置买基业。惟于文契中只书卖主某姓名,卖于某处天主教为公产事样,不必专列某传教士或某教民之姓名。"(按此项协定,一名 Berthemy Convention,但非另订有约款),并由总理衙门咨行各省查照。原咨云:

　　　　查内地建堂,由来已久。但传教士究系外人,如买地建堂,其卖契内只可载明卖作本处天主教堂公产事样。若系洋人在内地置买私产,与条约不合,仍应禁止。此后如有教士在内地买地建作教堂公产,即照咨内事理妥细查明办理,勿任淆混。

此同治四年(一八六五)二月事也。教会根据前项协定,虽得购置产业,然关于税契报官等项,尚有许多争执。光绪七年(一八八一)法国公使 Bourée 氏与总理衙门商定:"教会购置田房,既立契据,当照章赴官投验。地方官验明契据与章程符合,即令税契,以防弊窦。"(见光绪七年十二月十一日《总理衙门覆法使照会》)惟此项商定,关于教堂置买产业,卖业人应否先行报明地方官请示准办一节未有规定,以致广东、四川、江西等省教会与官民之间时有纠纷发生。光绪廿一年(一八九五)三月,法国公使 Gérard 氏照会总理衙门:"请再通行各省,嗣后法国传教士如入内地置买田产房屋,其契据内写明立文契人某某卖为本处天主教堂公产字样,不必专列传教士及奉教人之名。立契之后,天主堂照纳中国律例所定各卖、契税之费,多寡无异,卖业者毋庸先报明地方官请示准办。如此,则两国定章,方可施行。"总理衙门怵于法国之势力,终于承认:"嗣后教堂买产,但须照例纳税,毋庸先行报明,通行各省,一体照办。"并咨行各省督抚:"转饬地方官一体照办,无庸固执先报明地方官之说,致滋争论,是为至要。"(法使照会总理衙门覆法使照会及咨各省督抚文,见《正教奉传》,一三〇——一三四页)自此协定成立后,天主教会与我国官民关于购置土地房屋之纷争,乃渐终息。

## 二、关于教民摊派公费之交涉

传教士因有条约上之保障,得深入内地布道。彼等为吸收信徒、扩张教务之故,时有袒护教徒、欺侮良民及干预地方公私事件之事。甚或"擅定条约,不准奉教人摊派演戏酬神钱文"。(详见咸丰十一年十月,总理衙门恭亲王等奏)而教徒份子复杂,亦常有恃教横行,抗不照摊各项迎神、赛会、演戏、烧香诸费情事。但地方官及非教徒必欲教徒一律摊派各费,是以时起争端。(详见同治元年正月,通行传教谕单)总理衙门对于此等争端,初尚持责令教徒照摊各费之政策,谓"演戏酬神,乡社常规,例所不禁。乃该教士(指山西传教士梁多明、副安当)令奉教者概不摊派,且斥不奉教者为异端,是显分奉教与不奉教者为两类。"(原文见咸丰十一年十月总理衙门恭亲王等奏)后因法国公使 Bourboulon 氏提出交涉,谓:"前此各省所以办理不协之故,皆因民间祈神、演戏、赛会等费向非教民所应出,乃该地方官务令习教与不习教者一律摊派,教民心实不愿。请行令各该地方官,以后勿再摊派。"(法使照会原文见《正教奉传》,十三至十四页)乃不三月,即改变原来政策,接受法国公使之要求,颁发通行传教谕单,谕令各省官民:"(上略)然伊等亦不能因系教民,遂欲幸免各项公费。如有差徭及一切有益等项,亦应照不习教者一律应差摊派。惟迎神、演戏、赛会、烧香等事,与伊等无涉,永远不得勒摊勒派。至地方官若遇有上二项合派之事,必须实按直道分剖,不得曲为牵混。比如所派内计公费四成,冗费六成,即应指明习教人止摊四成,其余六成与伊等无涉,永免勒出……"(原谕见《教务纪略》卷三,二至四页)并刷印谕单,送交法国公使发给各教士收执,以为凭证。于是民教关于摊派公费之纷争,乃得一最后之决定焉。

## 三、关于接待教士之交涉

考中法关于各省地方官接待传教士之交涉,盖始于同治初年(一八六二)。同治元年三月,法国公使布尔布隆(Bourboulon)向总理衙门面陈："传教士皆系端方之人，谒见地方官务须示以体面。"总理衙门以"传教士系外国推重之人，地方官自应待以体面"，咨行各省督抚转饬地方官照办。（原文见总理衙门奏，《正教奉传》，十四页）然其后教士依旧恃势凌人，藐视地方官，干预地方公私事件。而地方官亦有岸然自大，轻侮教士者，双方交恶之结果，教案遂层见而叠出。光绪廿五年（一八九九），法国主教樊国梁（Favier）奉法使毕盛（Stephen Pichon）之命，与总理衙门商订地方官接待主教教士规约（一名《地方官接待教士事宜各条》）：（一）分别教中品秩，如总主教或主教，其品位既与督抚相同，应准其请见督抚。倘主教因事回国或因病出缺，护理主教印（任？）务之司铎亦准其请见督抚。摄位司铎、大司铎，准其请见司道。其余司铎，准其请见府厅州县各官。自督抚司道府厅州县各官亦按照品秩，以礼相答。（二）总主教或主教应将所派专与官长交涉办事之各司铎名姓、教堂、住所，开单报明督抚，以便饬属照章接待。凡请见地方官及专派办事之各司铎，均应泰西人充当。或有时西司铎未能熟习华语，可暂令华司铎帮同传译。（三）总主教或主教居住外府，无事自不必远赴省城请见督抚。遇有新督抚莅任，或总主教、主教更换新到，或贺年节，均准其向督抚修书，或寄递名刺致礼。督抚亦如礼答复。至各司铎更换新到，应持有主教函据，方可照品请见司道府厅州县等官。此外，主教司铎等得经由教皇专托保护天主教之某国（指法国）公使、领事，与总理衙门或地方官商办案件。（原约见总理衙门奏，《教务纪略》卷三，三〇至三一页）从此，夙被视为洋夷之传教士，乃得按其品秩与我国官员相见，而我国官员亦须以礼应接，不得拒绝会谈矣。

以上所述，乃法国公使为天主教屡向清廷交涉所得结果之大概，亦即天主教关于传教、置产、摊费、接待等项，在条约上、协定上或谕令上所取得之保障。英、美、意、德等国因条约上有最惠国民的待遇之规定，故法国公使向清廷交涉所得之各种权益，得以均沾。而耶稣教（即新教）遂与天主教日趋于发达之境矣。

# 第七章　传教公许期之天主教

　　《黄埔条约》成立后,继之有天津、北京二约之缔结及法国公使与总理衙门关于传教事务之协定,天主教、耶稣教及正教会对于传教、置产、接待等项,均得有切实之保障。虽其间地方官民因嫌恶基督教之故,屡加以迫害,然基督教各派之传教事业,并不因是而衰颓,反有长足之进展,较之前此传教情形,未可同日而语。本节乃就《黄埔条约》成立后,天主教布道概况分条叙述之。

## 第一节　耶稣会（Les Jésuites ou Compagnie de Jésus）

　　（甲）所属国籍。该会教士所属国籍比较复杂,大抵以法、葡、意、西等国为多。

　　（乙）本部所在。该会分为南北二系,南系为江南传教区,北系为河北东南部传教区。前者之本部设在 Province de France, 35, rue de Sevres, 后者之本部设于 Province de Chanpague, Reims, 6, rue de Chapelains。

　　（丙）传教区域。该会于一七七三年解散,到一八一四年一经恢复以后,即于一八四二年（道光二十二年）卷土重来,先后分派得江苏、安徽两省及河北东南部。一八四七年（道光二十七年）,该会在上海徐家汇徐光启墓址附近创立总机关,掌理在华教务。该会传教区域有二：（一）直隶东南传教区（Vicariat Apostolique du Tchely Sud-Est）,创立于一八五六（咸丰六年）,主教驻在正定张家庄,管辖旧河间府、广平府、大明府、沈州、南宫、冀州等地教务；（二）江南传教区（Vicariat Apostolique du Kiangnan, on de Nankin）创立于一八五六年（咸丰六年），主教驻在上海徐家汇，管辖江苏、安徽两省教务。

（丁）著名教士。（一）郎怀仁（Adrien Languillat，1808—1878）；（二）杜巴尔（Edouard-Auguste Dubar，1826—1878）；（三）步天衢（Henri Bulte，1830—1900）；（四）马泽轩（Henri Maquet，1843—1919）。以上为直隶东南传教区之主教。（五）年文思（André Borgniet，1811—1862）；（六）梅德尔（Mathurinus Lemaitre，1815—1895）；（七）鄂尔璧（Joseph Gonnet，1815—1895）；（八）倪怀纶（Valentin Garnier，1825—1898）；（九）Jean Baptiste Siméon，1846—1899；（十）姚宗李（Próspero París，1846—?）。以上为江南传教区之主教。（按郎怀仁并曾任江南传教区主教职）

（戊）信徒及教士的人数。表列如下：

| 教区 | 一九〇一年以前 | | | 一九一四年 | | | 一九一九年 | | |
|---|---|---|---|---|---|---|---|---|---|
| | 信徒 | 西教士 | 华教士 | 信徒 | 西教士 | 华教士 | 信徒 | 西教士 | 华教士 |
| 直隶东南传教区 | 五〇〇〇〇 | 四二 | 一六 | 八九〇四六 | | | 一〇〇八三七 | 四八 | 三四 |
| 江南传教区 | 一二四一四〇 | 一一五 | 四五 | 二二〇〇六九 | | | 二五七四六四 | 一三一 | 七二 |
| 合计 | 一七五一四〇 | 一五七 | 六一 | 三〇九一一五 | | | 三五八三〇一 | 一七九 | 一〇六 |

附注：上表一九〇一年以前栏内之数目，系根据法国东洋学家 Henri Cordier 氏（1849—1925）之《一八六〇至一九〇〇年中国与欧西列强交涉史》（Histoire des relations de la Chine avec les puissances occidentales，1860—1900）第三卷第五章所述。原书所纪各派教会之信徒及教士人数，未注明是何年何月之统计。余因其书出版于一九〇一、一九〇二年，故将其所纪人数权作"一九〇一年以前"之统计。一九一四年栏内之数目，系根据遣使会教士包士杰（Planchet）之《中国与日本之天主教》（Les Missions de Chine et du Japon，1916，Pekin）第六〇页及一九九页所述。一九一九年栏内之数目，系根据日人山口昇之《欧美人在华之文化事业》第十三节所述（按其所述乃根据一九一九年 Roman Catholic 统计表）。以下各派教会之信徒及教士的人数表，均是根据上述三书，不再加以附注。

（己）教会事业。（一）直隶东南传教区：在一九一四年有教堂及小礼拜堂四二一所，神学学校二所，普通学校（即初等小学校，以下准此）七七四所。（二）江南传教区：在一八九〇年有教堂及小礼拜堂七三二所，神学学校二所，普通学校六五〇所，医院、天文台各一所，孤儿院二十所。（见 Piolet, *Missions Catholiques au XIXe Siècle*, p.223）又在一九一四年，上海徐家汇天主堂属下的事业有如下述：（A）徐家汇方面：1. 初等及高等神学学校；2. 初等小学校；3. 徐家汇公学（即震旦大学之预备学校）；4. 天文台；5. 博物馆；6. 施疗院；7. 孤儿院；8. 洋文汉文两种印刷所；9. 工艺学校；10. 聋哑学校；11. 育婴堂；12. 工艺所；13. 修道院；14. 圣母院；15. 教外少女之寄宿舍；16. 天主教少女之寄宿舍；17.《中国加特力时报》（即《圣心报》，月刊）；18.《中国旧教神事报告》（月报）。（B）东家渡（租界南市）方面：1. 教会附属寄宿舍（即养老院）；2. 安志院。（C）洋泾浜方面：1. 教会会计事务总处；2. 教育欧美女子的学校；3. 教育欧美人及混血人之孤儿的学校；4. 施疗院；5. 法国租界公立小学校（由仁慈贞女八名主持之）。（D）虹口方面：1. 加特力协会；2. 圣方济各·沙勿略学校；3. 施疗院。（E）上海城内方面：1. 信徒寄宿所。（F）龙家湾方面：1. 震旦大学（一九〇三年开办的）；2. 圣玛利医院；3. 贫民医院；4. 施疗院。（G）上海附近地方：1. 佘山天文台分所（即测验星台）；2. 昆山药家浜天文台分所（即验磁石）；3. 浦东修道女子宿舍；4. 孤儿院。（参阅：Planchet, *Les Missions de Chine et du Japon*, pp.59－62, 199－210；K. S. Latourette, *A History of Christian Missions in China*, Chap. XVII, XXIV；山口昇《欧美人在华之文化事业》，五六六页—五九六页，又一三三一页——三六〇页）

## 第二节　遣使会（Les Lazaristes, ou Cougrégation de la Mission）

（甲）所属国籍。该会教士以法国人为最多，其次为荷兰人。
（乙）本部所在。该会本部所在地为 Paris, 95 rue de Sevres。
（丙）传教区域。该会传教区域共有十区：（一）直隶北部传教区

（Vicariat Apostolique de Pekin et Tchely Nord），创立于一八五六年（咸丰六年），主教驻在北京，管旧顺天府、宣化府二地教务。（二）直隶东部传教区（Vicariat Apostolique de Tchely Oriental，属于荷兰方济各会），创立于一八九九年（光绪二十五年），主教驻在永平府治，管辖旧永平府及导化州教务。（三）直隶西南传教区（Vicariat Apost. du Tchely Sud‐west），创立于一八五六年，主教驻在正定府治，管辖旧正定府、顺德府、定州、赵州等地教务。（四）直隶中部传教区（Vicariat Apost. du Tchely Central），创立于一九一〇年（宣统二年，由直隶北部传教区分立），主教驻在保定府治，管辖旧保定府及易州教务。（五）直隶沿海传教区（Vicariat Apost. du Tchely Maritime），创立于一九一二年（民国元年），主教驻在天津，管辖天津各地教务。（六）江西北部传教区（Vicariat Apost. du Kiangsi Seplentrional），创立于一八三八年（道光十八年），主教驻在九江，管辖旧南昌府、九江府、瑞州府、南康府、临江府及袁州府教务。（按此教区系于一六九六年由南京传教区分立，一七一八年至一八三八年与福建传教区合并，一八七九年及一八八五年又与福建传教区分离）（七）江西东部传教区（Vicariat Apost. du Kiangsi Oriental），创立于一八八五年（光绪十一年），主教驻在抚州，管辖旧抚州、建昌府、广信府及饶州府教务。（八）江西南部传教区（Vicariat Apost. du Kiangsi Méridional），创立于一八七九年（光绪五年），主教驻在吉安府治，管辖旧吉安府、赣州府、南安府及宁都州教务。（九）浙江西部传教区（Vicariat Apost. du Tchekiang Occidental），创立于一九一〇年，主教驻在嘉兴府治，管辖旧嘉兴府、杭州府、湖州府、严州府、衢州府及金华府教务。（十）浙江东部传教区（Vicariat Apost. du Tchekiang Oriental），创立于一八四六年，主教驻在宁波，管辖旧宁波府、绍兴府、台州府、定海厅、温州府及处州府教务。（按此教区系于一六九六年由南京传教区分立，一七一八年合并于福建传教区，一八三八年设置浙江及江西传教区。此区又划属于江西传教务区。一八四六年与江西传教区分离独立）

（丁）著名教士。（一）孟振生（Joseph Martial Mouly，1807—1868）；（二）稣发旺（Edmond Francois Guierry，1825—1883）；（三）田类斯（Louis Gabriel Delaplace，1820—1884）；（四）戴济世（Francois

Tagliabue，1822—1899）；（五）都士良（Jean Baptiste Hippolyte Sarthou，1840—1899）。按戴济世、都士良二人并曾作直隶西南传教区主教。（六）樊国梁（Pierre-Marie-Alphonse Favier，1837—1905）。以上为直隶北部传教区之主教。（七）董若翰（Jean Baptiste Anouilh，1819—1869）；（八）包儒略（Jules Bruguière，1851—1906）。以上为直隶西南传教区之主教。（九）武致中（S. G. Mgr Ernest‑Francois Geurts，1862—?，荷兰人，直隶东部传教区之主教）；（十）富成功（S. G. Mgr Joseph Fabregues，1872—?，直隶中部传教区之主教）；（十一）杜保禄（S. G. Paul Dumond，1864—?，直隶沿海传教区之主教）；（十二）Alexis Rameaux；（十三）Bernard Vincent Laribe，1802—1850；（十四）杨安德（Andre Jandard，1809—1867）；（十五）Francois Xavier Timothee Danicourt，1806—1860；（十六）罗安当（Antoine Anot，1814—1893）；（十七）Jean Henri Masimilien Baldus，18?—1869；（十八）Francois Tagliabue；（十九）白振铎（Géraud Bray，1825—1905）；（二〇）郎守信（Paul Ferrant，1859—1910）。以上为江西北部传教区之主教。（二一）和安当（Mgr Cosimiv Vic，1852—?）；（二二）田烈诺（S. G. Mgr Jean Louis Clerc Renaud，1866—?）。以上为江西东部传教区之主教。（二三）王吾伯（Francois Advien Rouger，1851—1887）；（二四）顾其衡（S.G. Mgr Auguste Coqset，1847—?）；（二五）徐则麟（S. G. Mgr Nicolas Ciceri，1854—?）。以上为江西南部传教区之主教。（二六）赵保禄（Paul Marie Reynaud，1854—?）；（二七）田法服（S. G. Mgr Paul Allbert Faveau，1859—?）。以上为浙江西部传教区之主教。按赵保禄并曾任浙江东部传教区主教职。

（戊）信徒及教士的人数，表列如下：

| 教区 | 一九〇一年以前 | | | 一九一四年 | | | 一九一九年 | | |
|---|---|---|---|---|---|---|---|---|---|
| | 信徒 | 西教士 | 华教士 | 信徒 | 西教士 | 华教士 | 信徒 | 西教士 | 华教士 |
| 直隶北部传教区 | 四〇〇〇〇 | 二四 | 四〇 | 一五七一九〇 | | | 二七〇六一九 | 三二 | 九七 |

（续表）

| 教区 | 一九〇一年以前 | | | 一九一四年 | | | 一九一九年 | | |
|---|---|---|---|---|---|---|---|---|---|
| | 信徒 | 西教士 | 华教士 | 信徒 | 西教士 | 华教士 | 信徒 | 西教士 | 华教士 |
| 直隶东部传教区 | 三〇〇〇 | 三 | 二 | 一二〇一 | 一〇 | | 一四六五四 | 一〇 | 六 |
| 直隶西南传教区 | 三二二七〇 | 一三 | 一九 | 六四五五〇 | 二二 | 二六 | 六九六五二 | 一八 | 三八 |
| 直隶中部传教区 | | | | 八四六〇〇 | 二〇 | 二八 | 八五七五三 | 一九 | 四〇 |
| 直隶沿海传教区 | | | | 三六二〇四 | 一〇 | 一二 | 三七〇六八 | 七 | 一九 |
| 江西北部传教区 | 五〇七〇 | 九 | 二 | 二六四五三 | 一八 | 一〇 | 三〇二一 | 一八 | 一五 |
| 江西东部传教区 | 一〇八六〇 | 一〇 | 一〇 | 二六六三六 | | | 二八一〇二 | 二一 | 一九 |
| 江西南部传教区 | 五五〇〇 | 一一 | 六 | 一七三三九 | 一四 | 一四 | 二二九〇 | 一〇 | 一八 |
| 浙江西部传教区 | | | | 一四九六三 | 一四 | 一五 | 一九五五三 | 一三 | 一八 |
| 浙江东部传教区 | 一〇五〇〇 | 一三 | 一三 | 二八一六二 | 二〇 | 一二 | 三六四九八 | 二〇 | 二二 |
| 合计 | 一〇六二〇〇 | 八三 | 九二 | 四六八〇九八 | 一二八 | 九七 | 六一一三九一 | 一六八 | 二九二 |

（己）教会事业。（一）直隶北部传教区：有教堂及小礼拜堂四十三所，孤儿院三所，医院二所，施疗所(Dispensaries)十一所，神学学校二所，中学校(Colleges)二十所，普通学校(Ecoles)二一四五所，印刷所一所。（二）直隶西南传教区：有教堂及小礼拜堂四三一所，神学学校二教。（三）直隶东部传教区：有教堂及小礼拜堂共四〇所，神学学校一所。（四）天津传教区：有教堂及小礼拜堂一八五所，神学学校二所，中学校三所，普通学校二四八所。（五）江西北部传教区：有教堂及小礼拜堂一三一所，神学学校二所，普通学校二十一所。（六）江西东部传教区：有教堂及小礼拜堂一二三所，神学学校二所，中学校三所，普通学校一一七所，孤儿院一五所。（七）江西南部传教区：有教堂及小礼拜堂九八所，神学学校二所，普通学校六五所。（八）浙江西部传教区：有教堂小礼拜堂一一四所，神学学校二所，普通学校六八所。（九）浙江东部传教区：有教堂及小礼拜堂一五〇所，神学学校二所，中学校二所，普通学校一三七所。各区合计共有教堂及小礼拜堂一二九五所，孤儿所十八所，医院二所，施疗所十一所，神学学校十七所，中学校二八所，普通学校二八〇一所，印刷所一所。以上均系根据一九一四年之统计。（参阅 Planchet, *Les Missions de Chine et du Japon*, pp.38, 54, 61, 63, 69, 181, 188, 195, 213, 221; K. S. Latourette, *A History of Christian Missions in China*, Chap.17, 24; 山口昇《欧美人在华之文化事业》，五六六—五九六页）

## 第三节　方济各会(Les Franciscains)

（甲）所属国籍。该会教士多属意籍，法籍次之，西籍及荷籍又次之。

（乙）本部所在。该会本部所在地为 Rome, Collegio Francescano prsso il Laterano。

（丙）传教区域。该会传教区域共有十区：（一）陕西中部传教区(Vicariat Apostolique du Chensi Central)，创立于一八四四年（道光二十四年），主教驻在兴安府治，管辖旧西安府、汉中府及兴安府教务。

(二)山西北部传教区(Vicariat Apost. du Chansi Nord),创立于一八四四年,主教驻在太原府治,管辖旧太原府、平定府、忻州、代州、保德州、汾州府、大同府、宁武府及朔平府教务。(按此区与陕西中部传教区原属一区,名曰山西及陕西传教区,系一六九六年由北京传教区分离独立者。一八四四年,山西及陕西传教区各自独立。一八九〇年,山西传教区更分为南北二区)(三)山西南部传教区(Vicariat Apost. du Chansi Méridional,属于荷兰方济各会),创立于一八九〇年,主教设在路州府治,管辖旧路安、泽州、平阳、蒲州、沁县、辽县、湿县、霍县、绛县、解县等地教务。(四)陕西北部传教区(Vicariat Apost. du Chensi Septentrional),创立于一九一一年(由陕西中部传教区分立),主教驻在延安府治,管辖旧榆林、延安、绥德州及鄜州教务。(五)山东北部传教区(Vic. Apost. du Chantoung Septentrional),创立于一八三五年(由北京传教区分立),主教驻在济南,管辖旧济南府、武定府、东昌府、临清州及泰安府教务。(六)山东东部传教区(Vic. Apost. du Chantoung Oriental,属于Saxons方济各会),创立于一八九四年(由山东北部传教区分立),主教驻在烟台,管辖旧青州府、登州府、莱州府、胶州、高密、即墨、诸城、利津、沾化、海丰等地教务。(按此区教务系由Saxons方济各会主持。)(七)湖北东部传教区(Vic. Apost. du Houpe Oriental),创立于一八七〇年,主教驻在汉口,管辖旧武昌府、德安府、汉阳府、安陆府及黄州府教务。(八)湖北西南传教区(Vic. Apost. du Houpe Sud-Ouest,属于比利时方济各会),创立于一八七〇年,主教驻在宜昌,管辖旧宜昌府、施南府、荆门州、鹤峰厅、荆州府等地教务。(九)湖北西北传教区(Vic. Apost. du Houpe Nord-Ouest,属于意大利方济各会),创立于一八七〇年,主教驻在老河口,管辖旧襄阳府及郧阳府教务。(以上三教区原属于湖北传教区,一八七〇年始各独立。而湖北传教区则系一八五六年由湖广传教区分立者)(十)湖南南部传教区(Vic. Apost. du Hounan Méridional,属于意大利方济各会),创立于一八七九年(由湖南传教区分立。按湖南传教区系一八五六年由湖广传教区分立,而湖广传教区则系一六九六年由南京传教区分立者),主教驻在衡州府治,管辖旧桂阳州、靖州、长沙府、衡州府、宝庆府、柳州、永州府等地教务。

（丁）著名教士。（一）冯尚仁（Alphonse Maria di Donato，一八四八年卒），（二）高一志（Ephsius Chiais，一八八四年卒），（三）林奇爱（Amato Panucci），（四）魏明德（Pius Vidi，1842—1906），（五）郭德礼（Clemente Coltelli，1865—1901），（六）聂长春（Pio Nesi），（七）何理熙（Odoric Rizzi），（八）穗思里（S. G. Mgr Gabriel Maurice，1862—1925）。以上为陕西中部传教区之主教。（九）Gabriel Grioglio（1813—1891），（十）江类思（Luigi Moccagatta，1809—1891），（十一）Paolo Carnevali（1830—1875），（十二）Gregoire Marie Grassi（1833—1900），（十三）高格辣（Francois Fogolla，1856—?），（十四）凤朝瑞（Agopito Fiorentini，1866—?）。以上为山西北部传教区之主教。（十五）艾定禄（Martin Poell），（十六）贺广才（Jean Hoffman），（十七）翟守仁（Mgr Odoric Timmer，1859—?）。以上为山西南部传教区之主教。（十八）Mgr Celestin Ibanez（氏为陕西北部传教区之主教），（十九）罗类思［Lodovico Maria（dei Conti），一八七一年卒］，（二〇）顾立爵（Eligio Cosi，1819—1885），（二一）李博明（Beniamini Geremia，1843—1888），（二二）马天恩（Pietro Paolo de Marchi，1838—1901），（二三）申永福（Mgr Ephrem Giesen，1868—?）。以上为山东北部传教区之主教。（二四）常明德（Césaire Scbang，1835—1911），（二五）罗汉光（Mgr Adéodat Wittner，1868—1911）。以上为山东东部传教区之主教。（二六）徐类思（Louis Celestino Spelta，一八六二年卒），（二七）明希圣（Eustachio Vito Modesto Zanoli，1831—1883），（二八）江成德（Epiphane Carlassare，1844—1909），（二九）Mgr Gratien Gennaro（1870—?）。以上为湖北东部传教区之主教。（三〇）董文芳（Alessio Maria Filippi，1818—1888），（三一）祁国良（Benjamin Christiaens，1844—1931），（三二）Theotinus Jozef Verhaegen（1867—1904），（三三）Mgr Modestus Everaerts（1845—?）。以上为湖北西南传教区之主教。（三四）南熙（Ezechias Banci，1833—1903），（三五）杨化周（Cesare Dalceggio，1821—1871），（三六）毕礼（Pascal Bili，1835—1878），（三七）范怀德（Antonio

Fantosati，1842—1900），（三八）毕世修（Mgr Fabiano Landi，1872—?）。以上为湖北西北传教区之主教。（三九）Mgr Eusebio Marie Semprini(一八九三年卒)，（四〇）翁德明（Mgr Jean Pellerino Mondaini，1868—?）。以上为湖南南部传教区之主教。

（戊）信徒及教士的人数，表列如下：

| 教区 | 一九〇一年以前 | | | 一九一四年 | | | 一九一九年 | | |
| --- | --- | --- | --- | --- | --- | --- | --- | --- | --- |
| | 信徒 | 西教士 | 华教士 | 信徒 | 西教士 | 华教士 | 信徒 | 西教士 | 华教士 |
| 陕西中部传教区 | 未详 | | | 二九〇〇〇 | 一〇 | 二八 | 三三五七 | 八 | 三〇 |
| 山西北部传教区 | 一三五〇 | 九 | 一五 | 二六七六五 | 二三 | 一五 | 三五一六四 | 二〇 | 一九 |
| 山西南部传教区 | 未详 | | | 二三六七九 | 二九 | 一二 | 二九九七六 | 二七 | 一一 |
| 陕西北部传教区 | 二〇四〇〇 | 一六 | 二六 | 一三一八 | 一五 | | 二〇五〇 | 一二 | 二 |
| 山东北部传教区 | 一八二〇〇 | 一三 | 一〇 | 三五三七二 | 三一 | 二三 | 四一四九七 | 二七 | 二九 |
| 山东东部传教区 | 一一九三〇 | 一二 | 二 | 一一二九二 | 二七 | 七 | 一四五四四 | 二七 | 一一 |
| 湖北东部传教区 | 一八〇一六 | 一四 | 二二 | 三四三五〇 | 三〇 | 二一 | 四一二〇六 | 三〇 | 二二 |
| 湖北西南传教区 | 五二九〇 | 一三 | 九 | 二〇四一九 | 三三 | 八 | 三〇〇七七 | 三〇 | 八 |

(续表)

| 教区 | 一九〇一年以前 | | | 一九一四年 | | | 一九一九年 | | |
|---|---|---|---|---|---|---|---|---|---|
| | 信徒 | 西教士 | 华教士 | 信徒 | 西教士 | 华教士 | 信徒 | 西教士 | 华教士 |
| 湖北西北传教区 | 一一六六八 | 一〇 | 一一 | 二四七三九 | 一七 | 一七 | 三二四五六 | 一六 | 一七 |
| 湖南南部传教区 | 一八〇一六 | 八 | 七 | 一一二三六 | 一八 | 六 | 一九一九九 | 一八 | 六 |
| 合计 | 一一六六七〇 | 九五 | 一〇二 | 二一八一七〇 | 二三三 | 一三七 | 二七九七三九 | 二一五 | 一五五 |

（己）教会事业。（一）陕西中部传教区：有教堂及小礼拜堂一八〇所，神学学校二所，中学校一所，普通学校三十四所。（二）山西北部传教区：有教堂及小礼拜堂二四八所，神学学校三所，普通学校二七〇所。（三）山西南部传教区：有教堂及小礼拜堂二一二所，神学学校二所，普通学校二四五所。（四）陕西北部传教区：有教堂及小礼拜堂十八所，中学校一所，普通学校六所。（五）山东北部传教区：有教堂及小礼拜堂四〇一所，神学学校二所，中学校三十九所，普通学校一五七所。（六）山东东部传教区：有教堂及小礼拜堂一七二所，神学学校二所。（七）湖北东部传教区：有教堂及小礼拜堂一九四所，神学学校二所，中学校二所，普通学校一一五所。（八）湖北西南传教区：有教堂及小礼拜堂一〇八所，神学学校二所，中学校一所，普通学校八十六所。（九）湖北西北传教区：有教堂及小礼拜堂一〇八所，神学学校二所，普通学校五十四所。（十）湖南南部传教区：有教堂及小礼拜堂七十八所，神学学校二所，普通学校五十六所。各区合计共有教堂及小礼拜堂一七一九所，神学学校十九所，中学校四十四所，普通学校一〇二三所。以上系根据一九一四年之统计。（参阅 Henri Cordier, *Histoire des relations de la Chine avec les puissances occidentales*, 1860 – 1900, Vol.Chap. V; Planchet, *Les Missions de Chine et du Japon*, pp.107，119，122，127，133，146，159，164，268，172；山口昇《欧美人在华之文化事业》，五六六—五六九页）

## 第四节　巴黎海外传教会（La Société des Missions étrangères de Paris）

（甲）所属国籍。该会为法国在华传教中之最大的教会。

（乙）本部所在。该会本部所在地为 Paris，128，rue de Bac.

（丙）传教区域。该会传教区域共有十三区：（一）满洲南部传教区（Vic. Apost. de Mantchourie Méridionale），创立于一八三八年，主教驻在奉天（今辽宁），管辖旧辽东、康平县、辽源州等地教务。（二）满洲北部传教区（Vic. Apost. de Mantchourie Septentrionale），创立于一八九八年，主教驻在吉林，管辖吉林、黑龙江两省教务。（三）四川西北传教区（Vic. Apost. du Setchuen Nord-Ouest），创立于一六九六年，主教驻在成都，管辖旧成都府、龙安府、潼川府、保宁府、顺庆府、茂州、邛州、天全州及松潘厅教务。（四）四川东部传教区（Vic. Apost. du Setchuen Oriental），创立于一八五六年，原与四川西北传教区共一区。主教驻在重庆，管辖旧重庆府、绥定府、夔州府、忠州、酉阳州、石柱厅等地教务。（五）四川南部传教区（Vic. Apost. du Setchuen Meridional），创立于一八六〇年，原与四川东部传教区共一区。主教驻在原叙州府治，管辖叙州府、嘉定府、芦州、薄江县、雅州府、眉州、资州、永宁府等地教务。（六）四川建昌传教区（Vic. Apost. du Kientchang），创立于一九一〇年，主教驻在原宁远府治（今四川西南之西昌县），管辖旧宁远府、清溪县等地教务。（七）西藏传教区（Vic. Apost. du Thibet），创立于一八四六年，主教驻在打箭炉（今西康省之康定），管辖旧打箭炉、维西厅等地教务。（八）贵州传教区（Vic. Apost. du Kouitchow），创立于一八四六年，此区原与四川共属一区，一六九六年由南京传教区分立，主教驻在贵州，管辖贵州全省教务。（九）云南传教区（Vic. Apost. de Yunnan），创立于一八四〇年，此区原与四川共属一区，一六九六年由南京传教区分立，主教驻在云南省治，管辖云南全省教务。（十）广州传教区（Vic. Apost. du Canton），创立于一八五八年，此区原与澳门共属一区，一六九〇年创立，主教驻在广州，管辖旧广州府、肇庆府、廉州府、雷州府、罗定州、钦州、佛岗厅、连山厅、阳江厅、韶州府、高州府、琼州府、连州、南雄州、崖州、赤溪等地教务。（十一）潮州传教区（Vic. Apost. de Tchao-Tchow），创立于一九一四年，主教在汕头，管辖旧潮州府、嘉应州、陆丰县、龙川县、连平县、和平县等地教务。（十二）广西传教区（Vic. Apost. du Kouansi），创立于一八七五年，主教驻在南宁，管辖广西全省教务。（十三）澳门传教区（Eveche do Macao），创立于一六九〇年，主教驻在澳门，管辖澳门、香山及旧肇庆府所属各县之教务。

（丁）著名教士。（一）方济各（Emmanuel Jean Francois Verrolles，1805—1878），（二）张敬（Simeon Francois Berneux，1841—?），（三）杜伯勒（Constant Dubail，1838—1887），（四）包若瑟（Joseph André Boyer，1824—1887），（五）祁类斯（Louis Hippolyte Aristide Raguit，1848—1889），（六）纪隆（Laurent Guillon，1854—?），（七）苏装理（Marie Félix Choulet，1854—?），（八）单福真（Vincent Francois Joseph Sage）。以上为满洲南部传教区之主教。（九）监禄业（Pierre Marie Françis Lalouyer，1850—?，氏为满洲北部传教区之主教），（十）梁弘仁（Arthus de Lionne，1655—1713），（十一）毕天祥（Louis Antonio Appiani，1663—1732），（十二）穆天恩（Jean Mullener，1673—1742），（十三）博四爷（Francois Pottier，1726—1792），（十四）冯若望（Jean Didier de St. Martin，1743—1801），（十五）李多林（Bx Louis Gabriel Taurin Dufresse，1750—?），（十六）洪广化（Annet Théophile Pinchon，1814—1891），（十七）杜昂（Marie Julien Dunand，1841—?）。以上为四川西北传教区之主教。（十八）范若瑟（Eugène Jean Claude Joseph Desflèches，1814—1887）。（十九）顾巴德（Eugène Paul Coupat，1842—1890），（廿）白德立（Laurent Blettery），（二一）舒福隆（Célestin Félix Joseph Chouvellon，1849—?）。以上为四川东部传教区之主教。（二二）孟普赖（Jules Lepley，1836—1886），（二三）沙德容（Marc Chatagnon，1839—?）。以上为四川南部传教区

之主教。（二四）光若翰（Budes de Guébriant, 1860—?, 氏为四川建昌传教区之主教），（二五）杜多明（Jacques Léon Thomine Desmazures, 1804—1869），（二六）毕邦（Félix Biet, 1838—1901），（二七）倪德隆（Pierre Philippe Giraudeau, 1876—?）。以上为西藏传教区之主教。（二八）杜加禄（P. Charles Turcotti, ?—1706），（二九）童文献（Hubert Paul Perny, 1818—1907），（三〇）李万美（Eugène Francois Lions, 1820—1893），（三一）易德谦（Francois Mathurin Guichard, 1841—1913），（三二）施恩（Francois Lazare Seguin, 1868—?）。以上为贵州传教区之主教。（三三）袁绷索（Joseph Ponsot, 1803—1880），（三四）古分类（Jean Joseph Fenouil, 1821—1907），（三五）曹佑宸（Joseph Claude Excoffier, 1861—?），（三六）金梦旦（Charles Marie Felix de Gorostarzu, 1860—?）。以上为云南传教区之主教。（三七）Napoléon Francois Libois（1805—1872），（三八）明稽将（Philippe Francois Zephyrin Guillemin, 1814—1886），（三九）邵斯（Augustin Chausse, 1838—1900），（四〇）梅志远（Jean Marie Mérel, 1854—?），（四一）Antoine Pierre Jean Fourquet。以上为广州传教区之主教。（四二）实茂芳（Adolphe Rayssac, 1866—?, 氏为潮州传教区之主教），（四三）梅例黑（Simon Jude Alphonse Mihière, 1821—1871），（四四）文礼（Louis Jolly, 1836—1878），（四五）富于道（Pierre Noël Francois Foucard, 18?—1889），（四六）束保理（Paulin Renault, 1846—1913），（四七）司立修（Jean Benoît Chouzy, 1837—1899），（四八）罗惠良（Joseph Marie Lavest, 1852—1910），（四九）刘志中（Maurice Francois Ducoeur, 1878—?）。以上为广西传教区之主教。（五〇）Nicolas Rodrigues Pereira de Borja（1777—1845），（五一）Jerónimo Joseph de Mata（1804—1865），（五二）Jean Pereira Botelho，（五三）Emmanuel Bernard de Souza Ennes，（五四）Antônio Joaquim de Medeiros，（五五）Joseph Manuel de Carvalho，（五六）高若望（Mgr Jean Paulino, 1852—?）。以上为澳门传教区之主教。

（戊）信徒及教士的人数，表列如下：

| 教区 | 一九〇一年以前 | | | 一九一四年 | | | 一九一九年 | | |
|---|---|---|---|---|---|---|---|---|---|
| | 信徒 | 西教士 | 华教士 | 信徒 | 西教士 | 华教士 | 信徒 | 西教士 | 华教士 |
| 满洲南部传教区 | 一七五〇〇 | 二三 | 八 | 二七八九五 | 三一 | 一六 | 三〇二五七 | 二五 | 一九 |
| 满洲北部传教区 | 八九一三 | 一〇 | 三 | 二七八九五 | 三一 | 一六 | 二六〇五一 | 一九 | 一七 |
| 四川西北传教区 | 四〇〇〇〇 | 三二 | 四二 | 四五八五六 | 三八 | 四八 | 四九三三五 | 三一 | 四六 |
| 四川东部传教区 | 三四一二三 | 四三 | 三三 | 四〇五八七 | 四九 | 五一 | 四七八八八 | 四二 | 六五 |
| 四川南部传教区 | 一九五〇〇 | 三五 | 一〇 | 三〇四一七 | 三六 | 一五 | 三七〇七一 | 三二 | 二〇 |
| 四川建昌传教区 | | | | 五〇〇〇 | 一三 | 三 | 九五四三 | 一二 | 三 |
| 西藏传教区 | 一五六五 | 一八 | 一 | 三四一二 | 二一 | 二 | 三九一〇 | 二〇 | 二 |
| 贵州传教区 | 一九二一八 | 三八 | 八 | 三二三二五 | 五三 | 一九 | 三五二八六 | 四九 | 二三 |
| 云南传教区 | 一〇三九〇 | 二九 | 八 | 一四四三二 | 三〇 | 一八 | 一六四八九 | 二五 | 一七 |
| 广州传教区 | 四二五〇〇 | 五八 | 一二 | 三五四二二 | 四四 | 二〇 | 三一四五五 | 六〇 | 一九 |
| 潮州传教区 | | | | 二七〇〇〇 | 二一 | 六 | 未详 | | |

(续表)

| 教区 | 一九〇一年以前 | | | 一九一四年 | | | 一九一九年 | | |
|---|---|---|---|---|---|---|---|---|---|
| | 信徒 | 西教士 | 华教士 | 信徒 | 西教士 | 华教士 | 信徒 | 西教士 | 华教士 |
| 广西传教区 | 一五三〇 | 一七 | | 四六七二 | 二六 | 四 | 五〇〇六 | 二五 | 八 |
| 澳门传教区 | (已计在广州传教区之内) | | | 四〇〇〇 | 五二 | 九 | 八三三〇 | 三二 | 一〇 |
| 合计 | 一九五二三五 | 三〇三 | 一二五 | 二九八九一三 | 四四六 | 二二五 | 三〇〇六二一 | 三七二 | 二四九 |

（己）教会事业。（一）满洲南部传教区：有教堂及小礼拜堂一四六所，神学学校二所，普通学校一三四所。（二）满洲北部传教区：有教堂及小礼拜堂一百余所，学校数目未详。（三）四川西北传教区：有教堂及小礼拜堂一〇五所，神学学校二所。（四）四川东部传教区：有教堂及小礼拜堂一七五所，神学学校二所，中学校二所，普通学校三五〇所。（五）四川南部传教区：有教堂及小礼拜堂七十五所，神学学校二所，普通学校二〇二所。（六）四川建昌传教区：有教堂及小礼拜堂三十四所，神学学校二所，普通学校六十八所。（七）西藏传教区：有教堂及小礼拜堂十八所，神学学校二所，普通学校三十三所。（八）贵州传教区：有教堂及小礼拜堂一二三所，神学学校二所，中学校一所，普通学校一七九所。（九）云南传教区：有教堂及小礼拜堂一〇二所，神学学校二所，普通学校六十五所，孤儿院二十六所。（十）广州传教区：有教堂及小礼拜堂一五〇所，神学学校二所，中学校一所。（十一）潮州传教区：有教堂及小礼拜堂一七九所，神学学校二所。（十二）广西传教区：有（原文缺）。（十三）澳门传教区：有教堂及小礼拜堂七十四所，神学学校二所，中学校六所，普通学校三十六所，教堂及小礼拜堂四十二所，神学学校二所，普通学校三十四所。各区合计共有教堂及小礼拜堂一三二三所，神学学校二十四所，中学校十所，普通学校一一〇一所，孤儿院二十六所。以上系一九一四年之统计。（参阅 Planchet,

*Les Missions de Chine et du Japon*，pp.75，80，243，251，258，262，264，271，285，291，295，298，306；山口昇《欧美人在华之文化事业》，五六六—五九六页）

## 第五节　米兰海外传教会（Missions Étrangères de Milan）

（甲）所属国籍。该会为 Pavia 地方之主教 Mgr Angelo Ramazotti 氏所创立，成立于一八五〇（?）年，为意大利在华传教中之最大的教会。

（乙）本部所在。该会本部所在地，为 Milan，Via，Monte Rosa. 71.

（丙）传教区域。该会教士于一八五八年初次来抵香港。至一八六九年（同治八年），始分得传教地点。其传教区域共有三区：（一）河南南部传教区（Vic. Apost. du Honan Méridional），创立于一八四四年，主教驻在开封，管辖旧开封府、归德府、南阳府、汝宁府、光州、陈州府等地教务（按此区原属南京传教区，最初由遣使会主持，一八五八年以后始由米兰海外传教会接理）。（二）河南北部传教区（Vic. Apost. du Honan Septentrional），创立于一八八二年（原与河南南部传教区共属一区，一八八二年始分立），主教驻在原卫辉府治，管辖旧卫辉府、怀庆府、彰德府诸地教务。（三）香港传教区（Vic. Apost. de Hong Kong），创立于一八七四年，主教驻在香港，管辖惠州、海丰、香港等地教务。

（丁）著名教士。（一）安若望（Jean Henri Baldus, 1811—1865?）；（二）杨安德（André Jandard）；（三）André Peyralbe, 1825—1872）；（四）安西满（Simeone Volonteri, 1831—1904）；（五）何安业（Angelo Cattaneo, 1844—1910）；（六）谭维新（Noè Giuseppe Tacconi, 1873—?）。以上为河南南部传教区之主教。（七）司德望（Etienne Scarella, 1842—1902）；（八）梅占魁（Jean Menicatti, 1866—?）。以上为河南北部传教区之主教。（九）高若望（Timoleon Raimondi, 1827—1894）；（十）和类斯（Louis Marie Piazzoli, 1845—1904）；（十一）师多敏（Dominique Pozzoni, 1861—?）。以上为香港传

教区之主教。

（戊）信徒及教士的人数，表列如下：

| 教区 | 一九〇一年以前 | | | 一九一四年 | | | 一九一九年 | | |
|---|---|---|---|---|---|---|---|---|---|
| | 信徒 | 西教士 | 华教士 | 信徒 | 西教士 | 华教士 | 信徒 | 西教士 | 华教士 |
| 河南南部传教区 | 一〇三〇〇 | 一四 | 四 | 二二〇七四 | 一七 | 一〇 | 二五五一七 | 二〇 | 一二 |
| 河南北部传教区 | 三〇〇〇 | 九 | 三 | 一一二三〇 | 二〇 | 二 | 一六九九七 | 二〇 | 二 |
| 香港传教区 | 九〇〇〇 | 一三 | 七 | 一八五〇〇 | 二〇 | 一〇 | 二一八五三 | 二〇 | 一三 |
| 合计 | 一二三〇〇 | 三六 | 一四 | 五一八〇四 | 五七 | 二二 | 六四三六七 | 六〇 | 二七 |

（己）教会事业。（一）河南南部传教区：有教堂及小礼拜堂二〇五所，神学学校二所，中学校一所。（二）河南北部传教区：有教堂及小礼拜堂七十七所，神学学校二所。（三）香港传教区：有教堂及小礼拜堂一一四所，神学学校二所，中学校一所，普通学校八十七所。各区合计，共有教堂及小礼拜堂三九六所，神学学校六所，中学校二所，普通学校八十七所。以上系一九一四年之统计。（参阅 Planchet, *Les Missions de Chine et du Japon*, pp.149, 152, 302；山口昇《欧美人在华之文化事业》，五六六—五九六页）

## 第六节　圣母圣心传教会（Les Missionnaires de Scheut, on Congrégation des Missionnaires du Coeur Immaculé de Marie）

（甲）所属国籍。该会为比利时教士 M. Verbist 氏所创设，成于一八六一年。为比利时在华传教中之最大的教会。

（乙）本部所在。该会本部所在地为 Scheutveld（Lez Bruxelles）。

（丙）传教区域。该会于一八六五年（同治四年）始来华传教。其传教区域共有六区：（一）蒙古中部传教区（Vic. Apost. de Mongolie Centrale），创立于一八四〇年，一八八三年更分为中部及东西二部。主教驻在张家口，管辖西湾子、香火地、南壕堑等地教务。（二）蒙古东部传教区（Vic. Apost. de Mongolie Orientale），创立于一八八三年，主教驻在锦州，管辖旧承德府、朝阳府、永平府、锦州府等地教务。（三）蒙古西南传教区（Vic. Apost. de Mongolie Sud‐Ouest on Ortos），创立于一八八三年，主教驻在山西萨拉齐（Saratsi），管辖河套、宁夏及山西萨拉齐等地教务。（四）甘肃北部传教区（Vic. Apost. du Kansou Septentrional），创立于一九〇五年，主教驻在旧凉州府治，管辖旧西宁府、凉州府、甘州府、兰州府、安西州、肃州、青海等地教务。（五）甘肃南部传教区（Prefecture Apost. du Kansou Méridional），创立于一九〇五年（按以上二区原属一区，名曰甘肃传教区，系一八七八年由陕西传教区分立者。一九〇五年甘肃传教区复分为南北二区），主教驻在秦州，管辖旧秦州、巩昌府、泾州、平凉府、阶州、庆阳府、固原州等地教务。（六）伊犁传教区（Mission D'Ily），创立于一八八八年（由甘肃传教区分立），主教驻在伊犁，管辖新疆全省教务。

（丁）著名教士。（一）孟振生（Joseph Martial Mouly，1807—1868，氏曾任直隶北部传教区主教职）；（二）Florent Daguin（1815—?）；（三）南怀仁（Theophile Verbiest，1823—1868）；（四）司牧灵（Antoine Everhard Smorenburg，1827—1869?）；（五）巴耆贤（Jacques Bax，1824—1895）；（六）济众方（Jérôme Van Aertselaer，1845—?）；（七）蓝克复（Everard Ter laak，1868—?）。以上为蒙古中部传教区之主教。（八）吕继贤（Theodore Herman Rutjes，1844—1896），（九）叶步司（Conrad Abels，1856—?）。以上为蒙古东部传教区之主教。（十）德玉明（Alphonse Devos，1840—1888）；（十一）韩默理（Ferdinand Hamer，1840—?）；（十二）闵玉清（Monseigneus Alfonso Bermyn，1853—1902?）。以上为蒙古西南传教区之主教。（十三）Ferdinand Hamer；（十四）陶福音（Hubert Otto，1873—?）。

以上为甘肃北部传教区之主教。（十五）汤永望（Reverend Pere Constantin Daems，氏为甘肃南部传教区主教）；（十六）高达道（P. Daniel Bernard Van Koot）；（十七）石天基（P. Jean Baptiste Steeneman，1852—?）。以上为伊犁传教区之主教。

（戊）信徒及教士的人数，表列如下：

| 教区 | 一九〇一年以前 | | | 一九一四年 | | | 一九一九年 | | |
|---|---|---|---|---|---|---|---|---|---|
| | 信徒 | 西教士 | 华教士 | 信徒 | 西教士 | 华教士 | 信徒 | 西教士 | 华教士 |
| 蒙古中部传教区 | 一七三四〇 | 二九 | 一四 | 三四二七一 | 四三 | 二八 | 四三五三五 | 四〇 | 二六 |
| 蒙古东部传教区 | 九六 | 二七 | 七 | 二六三六八 | 四三 | 一三 | 三三三三九 | 三八 | 一四 |
| 蒙古西南传教区 | 五六八〇 | 二七 | 一 | 二三一六二 | 四三 | 三 | 二八八二一 | 三八 | 三 |
| 甘肃北部传教区 | 三〇一〇 | 一七 | | 三六八〇 | 一九 | 一 | 四八八一 | 一六 | 一 |
| 甘肃南部传教区 | | | | 一八一九 | 一五 | 二 | 二三六八 | 一七 | 二 |
| 伊犁传教区 | | | | | | | 三一三 | | |
| 合计 | 二六二一六 | 一〇〇 | 二二 | 八九三〇〇 | 一六三 | 四七 | 一一三二五七 | 一四九 | 四六 |

（己）教会事业。（一）蒙古东部传教区：有教堂及小礼拜堂一六二所，神学学校一所，普通学校一六八所，师范学校（Ecole Normale）一所。（二）蒙古东部传教区：有教堂及小礼拜堂七十三所，神学学校二所，中学校二所，普通学校一一五所。（三）蒙古西南传教区：有教堂

及小礼拜堂一三五所,神学学校二所,中学校一所,普通学校二八三所。(四)甘肃北部传教区:有教堂及小礼拜堂二十九所,神学学校一所。(五)甘肃南部传教区:有教堂及小礼拜堂二十二所,神学学校一所,中学校一所,普通学校十一所(伊犁传教区之传教事业,未详)。各区合计共有教堂及小礼拜堂三九二所,神学学校六所,中学校四所,师范学校一所,普通学校五七七所。以上系一九一四年之统计。(参阅 Planchet, *Les Missions de Chine et du Japon*, pp.84, 89, 94, 99, 102, 104;山口昇《欧美人在华之文化事业》第四章)

## 第七节　多明各会(Dominicans)

(甲) 所属国籍。该会为西班牙在华传教中之最大的教会。

(乙) 本部所在。该会本部所在地为 Rome, 10, via di S. Sebastianello。

(丙) 传教区域。该会传教区域共有二区:(一)福建传教区(Vic. Apost. du Foukien),创立于一六九六年(由南京传教区分立。自一七一八年至一八八三年,统管福建、江西、浙江及台湾之教务。一八八三年,厦门、台湾、漳州等地,另立为一教区,名曰厦门传教区。一九一三年,台湾更由厦门传教区分立为一教区)。主教驻在福州,管辖旧福州府、建宁府、延平府、汀州府、邵武府、福宁府等地教务。(二)厦门传教区(Vic. Apost. d'Amoy),创立于一八八三年,主教驻在厦门,管辖旧泉州府、漳州府、兴化府、龙岩州、永泰州等地教务。

(丁) 著名教士。(一) Lambert Motte;(二) Francois Pallu (1626—?);(三) Charles Maigrot (1652—1730);(四) Pr. Magino Ventallol (1647—1732);(五) Pierre Martyr Sanz;(六) Pierre Eusebio Hernando Oscot (1694—1743);(七) 德方斋各(Francois Serrano, 1695—?);(八) Francois Pallás (1706—1778);(九) Pr. Joseph Calvo (1739—1812);(十) Roch Carpegna Diaz (1760—?);(十一) Thomas Sala (1775—1829);(十二) Pr. Thomas Badia (1807—?);(十三) 高弥格尔(Michel Calderón, 1803—1883);

(十四)苏玛索(Salvador Masot,1845—1911);(十五)宋金铃(Francois Aguirre,1863—?)。以上为福建传教区之主教;(十六)杨德肋(Andrés Chinchén,1838—1892);(十七)冯乃士(Ignace Ibanez,1848—1893);(十八)周镒鉴(Estehan Sánchez de las Heras,1851—1896);(十九)赵范希(Alexandre Canal,1852—1898);(二○)黎诚辉(Isidore‐Clement Guttierez,1853—?)。以上为厦门传教区之主教。

(戊)信徒及教士的人数,表列如下:

| 教区 | 一九○一年以前 | | | 一九一四年 | | | 一九一九年 | | |
|---|---|---|---|---|---|---|---|---|---|
| | 信徒 | 西教士 | 华教士 | 信徒 | 西教士 | 华教士 | 信徒 | 西教士 | 华教士 |
| 福建传教区 | 四一三二○ | 二六 | 二○ | 四五五一四 | 三二 | 二一 | 五○七六九 | 三四 | 一七 |
| 厦门传教区 | 四七八○ | 二三 | 二 | 一○五八二 | 三○ | | 九五五二 | 三二 | 九 |
| 合计 | 四六一○○ | 四九 | 二二 | 五六○九六 | 六二 | 二一 | 六○三二一 | 六六 | 二六 |

(己)教会事业。(一)福建传教区:有教堂及小礼拜堂一七○所,神学学校一所,中学校一所,普通学校一○一所。(二)厦门传教区:有教堂及小礼拜堂八十六所,神学学校一所,普通学校六十二所。两区合计共有教堂及小礼拜堂二五六所,神学学校二所,中学校一所,普通学校一六三所。以上系一九一四年之统计。(参阅 Planchet, *Les Missions de Chine et du Japon*, pp.295‐640;山口昇《欧美人在华之文化事业》第十三节、十四节、十六节)

## 第八节　奥格斯丁会(Las Augustinens Ermites de S. Augustin)

(甲)所属国籍。该会为西班牙教士所组织,初次来华。
(乙)本部所在。该会本部所在地为 Province des iles Philippines。

（丙）传教区域。该会来华传教盖始于十六世纪中期。十八世纪中叶，该会在华教务陷于停顿。至一八七九年，复重振旗鼓来华布教。其传教区域只有湖南北部传教区（Vic. Apost. du Hounan Septentrional），创立于一八七九年（由湖南传教区分立），主教驻在澧州，管辖旧澧州、永顺府、辰州府、永绥厅、沅州府、岳州府、常德府、乾州厅、南州厅、凤凰厅、晃州厅等地教务。

（丁）著名教士。（一）Ange Abasol（1880）；（二）Nicolas Guadilla（1880）；（三）Elias Suárez（1884）；（四）罗安希（Saturnino de la Torre 1884）；（五）方类思（Luis Pérez, 1846—1910）；（六）胡文宾（Juventius Hospital, 1870—?）。以上六人均是主教。

（戊）信徒及教士的人数。一八七九年有信徒二一五名，西籍教士六名，华籍教士一名。一九一四年有信徒六〇一九名，西籍教士二十五名，华籍教士二名。一九一九年有信徒一一四〇六名，西籍教士三十名，华籍教士二名。

（己）教会事业。该会在一九一四年顷，有教堂及小礼拜堂六十八所，普通学校十二所。（参阅 Planchet, *Les Missions de Chine et du Japon*, p.176；山口昇《欧美人在华之文化事业》第十三、十四、十六等节）

## 第九节　斯泰尔海外传教会（Missions Allemandes, au Société du Verbe de Steyl）

（甲）所属国籍。该会虽设在荷兰 Limbourg 之 Meuse 河畔，但全属德国教士所经营。（按一八七五年，该会教士 Arnold Janssen 氏接受米兰海外传教会教士 Mgr Timoleone Raimondi 氏之劝告，仿照法意二国之例，创办牧师养成所，期造就宗教人材，遣赴外国布道。有名之德国教士 Jean Baptiste Anzer 氏即系该会牧师养成所出身者。）

（乙）本部所在。该会本部所在地为荷兰 Limbourg 之 Meuse 河畔，而其在罗马之事务所则为 Rome, 4, Via Tormillina。

（丙）传教区域。该会于一八七九年始来华传教。其传教区域只有山东中部传教区（Vic. Apost. du Chantoung Méridional），创立于一八八二年,主教驻在原兖州府治,管辖旧兖州府、曹州府、沂州府、济宁州、胶州及青岛、高密、即墨、诸城等地教务。

（丁）著名教士。（一）安治泰(Jean Baptiste Anzer, 1851—1903);（二）Augustin Henninghaus (1862—?)。以上二人均是主教。

（戊）信徒及教士的人数。一九〇一年以前有信徒一六一九〇人,西籍教士二十一人,华籍教士十一人。一九一四年有信徒七九六九八人,西籍教士六十六人,华籍教士十三人。一九一九年有信徒九三六九八人,西籍教士五十五人,华籍教士十八人。

（己）教会事业。该会在一九一四年顷有教堂及小礼拜堂二〇〇所,神学学校二所,普通学校数目未详。（参阅 Planchet, *Les Missions de Chine et du Japon*, pp.138 - 145;山口昇《欧美人在华之文化事业》第十三、十四、十六等节）

## 第十节　罗马圣彼得及圣保罗海外传教会

（Missions Étrangères des SS. Pierre et Paul de Rome, ou Seminaire de SS. Pierre et Paul de Rome）

（甲）所属国籍。该会所属教士大都为意大利人。

（乙）本部所在。该会本部所在地为 Rome, 74, Via S. Nicola di Tolentino。

（丙）传教区域。该会为教皇 Pius IX 所创设,成立于一八七五年。同年,派遣教士来华传教。其传教区域仅有陕西南部传教区(Vic. Apost. du Chensi Méridional),创立于一八八五年,主教驻在原汉中府治,管辖旧汉中府及兴安府教务。

（丁）著名教士。（一）尚良(Le R. P. Francesco Giulianelli);（二）安廷相(Gregorio Antonucci, 18?—1902);（三）扳士林(Joseph Passerini, 1866—?)。以上三人,均是主教。

（戊）信徒及教士的人数。一九〇一年以前有信徒一〇二〇〇人,西籍教士十五人,华籍教士四人。一九一四年有信徒一四四〇〇人,西籍教士十人，华籍教士六人。一九一九年，有信徒一三三二八人，西籍教士八人，华籍教士六人。

（己）教会事业。该会在一九一四年顷有教堂及小礼拜堂五十二所，大小神学学校各一所。普通学校数目未详。（参阅 Planchet, *Les Missions de Chine et du Japon*, pp.114－118；山口昇《欧美人在华之文化事业》第十三、十四、十六各节）

## 第十一节　帕尔姆海外传教会（Missions Étrangères de Parme）

（甲）所属国籍。该会所属教士大都为意大利人。

（乙）本部所在。该会本部所在地为意大利北部之 Parme 州（即 Parma，现为 Emilia 之一部）。

（丙）传教区域。该会传教区域只有河南西南传教区（Vic. Apost. du Honan Occidental），创立于一九一一年，主教驻在许州，管辖旧河南府、许州、汝州、陕州、郑州、禹州及新郑县、密县等地教务。

（丁）著名教士。贾师谊（Mgr Louis Calza, 1879—?，主教）。

（戊）信徒及教士人数。一九一四年有信徒五一一二人，西籍教士十一人。一九一九年有信徒九一六八人，西籍教士十二人。

（己）教会事业。该会在一九一四年顷有教堂及小礼拜堂八十一所。（参阅 Planchet, *Les Missions de Chine et du Japon*, p.156；山口昇《欧美人在华之文化事业》第十三、十四两节）

## 第十二节　其他各派传教会

上述各派教会，除帕尔姆海外传教会外，其余均是一九〇〇年（光绪二十六年）以前来华传教者。在一九〇〇年以前，全国天主教传教区由前述十大传教会（帕尔姆海外传教会除外）分别担任。惟在一九〇〇年以后（即光绪二十六年，八国联军入京之役以后），其他各派传教会相继来华，络绎不绝。兹将在一九〇〇年以前来华传教而未经条举之各

教会,及在一九〇〇年以后来华传教之各教会列举于下:

（一）沙德圣保罗女修会（The Sisters of St. Paul de Chartres,一八四六）;（二）仁慈贞女修会（The Daughters of Charity,一八四七,澳门、宁波）;（三）加脑西安女修会（The Canossian Sisters,一八六〇,香港;一八九二,汉口）;（四）玛利方济各传教会（The Franciscan Missionaries of Mary,一八八六,芝罘;一八八九,宜昌;一九〇三,成都）;（五）圣神忠仆会（The Society of the Servants of the Holy Ghost,一八九七）;（六）圣言会（The Society of the Divine Word,一八七九,香港;一八八二,上海）;（七）多明各女修会（The Dominican Sisters,一八八九）;（八）特拉壁斯特传教会（The Trappists,一八九三）;（九）斯泰尔女修会（The Missionary Sisters of Steyl,一九〇二）;（十）加拿大始孕无玷女修会（The Sisters of the Immaculate Conception of Canada,一九〇九,广州）;（十一）方济各·沙勿略神学学校海外传教会（The Society of St. Francis Xavier for Foreign Missions,一九〇四）;（十二）安老会（The Little Sisters of the Poor,一九〇四,上海）;（十三）慈幼会（The Salesians,一九〇二,澳门）;（十四）埃及方济各女修会（The Franciscan Missionary Sisters of Egypt,一九一〇,湖北老河口）;（十五）玛利诺海外传教会（The Maryknoll F. M. Society,一九一八,广东江门）;（十六）伊苏登海外传教会（The Issondum Fathers,一九一七,贵阳）;（十七）圣高隆彭海外传教会（The St. Columban F. M. S,一九二〇,汉阳）;（十八）苦难会（The Passionists,一九二一,湖北辰州）;（十九）山林圣玛利女修会（The St. Mary of the Woods,一九二〇,河南开封）;（二〇）上智会（The Sisters of Providence,一九二〇,开封）;（二一）圣玛利约瑟贞女会（The Daughters of Mary and Joseph,一九二二,热河）;（二二）圣心司铎会（Betharramites,一九二二,云南大理）;（二三）勒奴维尔天神母后会（The Sisters of Notre Dame des Anges of Lennoxville,一九二二,贵阳）;（二四）圣约瑟小姊妹会（The Little Sisters of St. Joseph,一九二二,山西潞安）;（二五）圣乌苏拉罗马联合会（The St. Roman Union of St. Ursula,一九二二,汕头）;（二六）进教久佑女修会（The

Daughters of Mary Auxiliatrix,一九二三,韶州);(二七)奥格斯丁女修会(The Missionary Canon Nuns of St. Augustine,一九二三,宁夏);(二八)加拿大宝血女修会(The Adorer Sisters of the Precious Blood,一九二四,河北献县);(二九)奥格斯丁第三会教学女修会(The Teaching Sisters of the Third Order of St. Augustine,一九二五,湖南常德);(三〇)美国本笃会(The Benedictine,一九二五,北平);(三一)救世主会(The Salvatorians,一九二三,福建邵武);(三二)司格包罗·勃埚夫海外传教会(The Scarborough Bluff F. M. S.,一九二五,浙江处州);(三三)开倍克海外传教会(The Guebec F. M. S.,一九二六,辽宁四平街);(三四)方济各特规会(The Conventionals,一九二六,陕西兴安);(三五)白冷海外传教会(The Bethlehem F. M. S.,一九二六,黑龙江齐齐哈尔);(三六)孔万仁爱女修会(The Sisters of Charity of Convent Station N. J.,一九二五,湖南辰州);(三七)圣高隆彭女修会(The Missionary Sisters of St. Columban,一九二六,汉阳);(三八)圣母赎掳会(The Missionary Sisters of Keray,一九二六,芜湖);(三九)匈牙利加罗萨圣母会(The Sisters of Our Lady of Kaloka,一九二六,河北献县);(四〇)圣心女修会(The Religious Sisters of the Sacred Heart,一九二六,浙江嘉兴);(四一)帕尔姆乌苏拉圣心女修会(The Ursuline Sisters of the Sacred Heart of Barma,一九二七,蚌埠);(四二)方济各第三会仁爱女修会(The Sisters of Mercy,一九二七,湖南永州);(四三)奥格斯丁重整女修会(The Recollect Sisters of St. Augustine,一九二八,河南归德);(四四)拉克劳司卒世朝拜方济各女修会(The Franciscan Sisters of Perpetual Adoration of La Crosse,一九二八,武昌);(四五)美国沃海沃州约瑟山仁爱女修会(Mount St. Joseph, Ohio,一九二九,武昌);(四六)圣十字架女修会(The Sisters of the Holy Cross,一九二九,齐齐哈尔);(四七)圣方济各·沙拉诺女修会(The Sisters of St. Francis Solano, Bavaria,一九二九,山西朔州);(四八)奈缪圣母女修会(The Sisters of Notre Dame de Namur,一九二九,武昌);(四九)赎世主会(The Redemptorists,一九二八,河南驻马店);(五〇)美国本笃女修会(一九

三〇,北平);(五一)嘉布遣会第三会圣家女修会(The Third Order Capuchin Nuns of the Holy Family,一九三〇,甘肃平凉);(五二)门斯德始孕无玷女修会(The Sisters of Immaculate Conception of Munster,一九三一,济南);(五三)耶稣孝女会(The Daughters of Jesus,一九三一,安庆);(五四)奥格斯丁常律会(The Canons Regular,一九三三,西藏);(五五)圣母心子会(The Missionary Sons of the Immaculate Heart of Mary,一九三三,徽州);(五六)善牧女修会(The Sisters of the Gordhep,一九三三,上海)。

以上各教会之教士,大都来自法兰西、德意志、英吉利、荷兰、匈牙利、爱尔兰、意大利、巨哥斯洛伐基、加拿大、比利时、奥地利、波兰、葡萄牙、瑞士、捷克、南美、北美、澳洲等处,其国籍之复杂可以概见。

## 第十三节　天主教的现况

(甲)传教区域。中国各属之传教区域分为三种。第一种谓之"教皇代理传教区",亦曰"宗座代牧区"。第二种谓之"教皇监理传教区",亦曰"宗座监牧区"。第三种谓之"自立传教区"。"教皇代理传教区"置主教(Évêque)一人,掌管全区事务。"教皇监理传教区"及"自立传教区"各置无主教职衔之司铎(Archiprêtre, Vicaire général)一人,管辖全区教务。一六九〇年(康熙二十九年),中国传教区仅有澳门(管辖广东、广西)、北京(管辖直隶、山东、辽东)、南京(管辖江南、河南)三区。一八〇〇年(嘉庆五年)亦止有六区。但自鸦片战争以后(尤其是世界大战以来),中国传教区一再划分,增加许多新教区。计一八四四年有十区,一八六五年有二十二区,一九二〇年有五十二区,一九二六年有七十六区,一九三〇年有一百区,一九三三年有一二〇区。其增加之速,有如是者。一九二二年二月六日,教皇 Card. Achille Ratti 即位。八月九日,教皇设置教廷驻华专使一职,并任德奥道西亚府总主教刚恒毅氏(Mgr. Celso Costantini Archbishop of Theodosia)为初代驻华专使,使总管全国天主教教务。

(乙)西籍教士。各国在华天主教教士,一九〇〇年有八八六人,一九一〇年有一三九一人,一九二〇年有一三六四人,一九三〇年有二〇六八人。至于主教(教皇监理传教区之司铎在内)人数,一九〇〇年有四十一人,一九一〇年有四十七人,一九二〇年有五十四人,一九三〇年有六十九人。

(丙)华籍教士。华籍教士(司铎)在十八世纪中叶只有十五人,十九世纪初亦有三十三人。但自《南京条约》成立后,增加颇速。计一八四二年有一三〇人,一八四八年有一三五人,一八六五年有一五七人,一八八八年有三二〇人,一九〇〇年有四七〇人,一九一〇年有五二一人,一九二〇年有九六三人,一九三〇年有一五〇〇人。在一百三十年间,由三十三人增至一五〇〇人,其发达可知。

(丁)信徒人数。天主教信徒人数在一八七〇年有三六九四四一人,一八八五年有五五八九八〇人,一八八九年有五四二六六四人,一八九六年有五三二二四四八人(预备受洗礼者未计入),一九〇一年有七二〇五四〇人,一九一二年有一四三一二五八人,一九一六年有一九四〇〇〇〇〇人,一九一八年有一九六三六三九人,一九二四年有二二四四三六六人。另预备受洗礼者(Catechumen)有五五三二〇一人。至于各传教区的信徒人数,最多的为北平区,计有二六五六三一人;其次为南京区,有一四九五八六人;河北献县区,有一〇六八八七人;山东兖州区,有九七三〇〇人;河北保定区,有七六二四三人;河北正定区,有五九一五三人;江苏徐州区,有五五二六六人;天津区,有五一一八九人。山西潞安、浙江宁波、安徽蚌埠与河北永平等区各有信徒四万人以上。河北安国、宣化及赵县,四川叙州及重庆,福建福州,江苏海门,浙江杭州,广东香港,湖北宜昌及老河口,江西南昌,蒙古西湾子及绥远,山东济南及青岛,河南卫辉,安徽芜湖等十八区,各有信徒三万人以上。其人数最少不满二千者,为浙江处州(一九七三),湖南衡州(一七二四),广西梧州(一六八九),云南大理(一五七四),福建邵武(一五六六),山东威海卫(一三二五),广州琼州(一二二七)及吉林依兰(一二二七)等区(以上系根据一九三二年之统计)。

(戊)华籍教会。中国人自己创立的教会,在男修会方面,现在只有二会。一为"圣若翰保第斯大小兄弟会",二为"主徒会"。前者一九二八年在河北安国县成立,后者一九三〇年在河北宣化县成立。在女修会方面,其创立年代较早,而其会数亦较多。计截至一九三三年止,共有四十会。兹列举如下:(一) 上海献堂会(一八五五);(二) 吉林圣母圣心会(一八五八);(三) 香港耶稣宝血会(一八六〇);(四) 北京若瑟会(一八七二);(五) 湖北老河口方济各第三会(一八八〇);(六) 河北正定若瑟会(一八八〇);(七) 浙江宁波拯灵会(一八九二);(八) 热河母圣无染原罪会(一八九四);(九) 江西吉安圣妇亚纳会(一八九七);(十) 广州圣母无染原罪会(一八九八);(十一) 河北永平母会(一九〇一);(十二) 广西南宁圣家会(一九〇三);(十三) 宜昌圣方济各第三会圣婴会(一九〇五);(十四) 江西南昌圣母善导会(一九〇七);(十五) 山东兖州圣家会(一九一〇);(十六) 四川重庆圣心会(一九一〇);(十七) 四川叙州圣道贞女会(一九一三);(十八) 奉天圣母圣心会(一九一三);(十九) 浙江杭州圣心女儿会(一九一四);(二〇) 贵州贵阳圣心院(一九一五);(二一) 汉口圣方济各第三训蒙院(一九一七);(二二) 河南南阳圣母无染原罪会(一九二〇);(二三) 西安耶稣圣方济各第三女修会(一九二二);(二四) 陕西汉中善道女修会(一九二二);(二五) 太原贞女传信教授会(一九二四);(二六) 宁夏圣女婴孤耶稣德肋撒会(一九二六);(二七) 广东北海圣母会(一九二七);(二八) 山东兖州传信协助会(一九二八);(二九) 武昌圣约瑟善功会(一九二九);(三〇) 汉中宝血会(一九二九);(三一) 烟台圣母传教会(一九二九);(三二) 河北安国德来院(一九二九);(三三) 蒙古集宁献堂修女会(一九三〇);(三四) 江苏海门小德肋撒会(一九三一);(三五) 甘肃兰圣家女修会(一九三一);(三六) 河北献县圣会救亡会(一九三二);(三七) 河北永平圣神女修会(一九三二);(三八) 衡州玛利亚亚松大圣方济各第三女修会(一九三三);(三九) 常德传教贞女会(一九三三)。

(己) 教会事业。(一) 教育方面:A. 大学:1. 上海震旦大学,开办于一九〇三年,由耶稣会主持。2. 北平辅仁大学,开办于一九二五年,由美国本笃会主持。一九三三年让由圣言会办理。3. 天津工商学院,创办于一九二二年,由法国耶稣会主理。B. 中等学校:一九三〇年,共有五十一所。C. 师范学校:校数未详。D. 高等小学:一九三〇年共有男童高等小学校一百九十七所，女童高等小学校一百一十七所。
E. 教理学校：有八千六百四十所。此外，在北平、大同、济南、兖州、成都、徐家汇、开封、宣化、汉口、九江、宁波、香港等地，设立高级神学学校（中枢修院），其余各教区内另设有神学学校（修院），以造就宗教人材。

（二）医院方面：医院或留养院，约有二百三十余所，施诊所约有七百八十五所。此等医院、留养院及施诊所，大都委托西籍及华籍女教士、女教徒经营。

（三）慈善事业方面：截至最近止，共有孤儿院三百六十所，收养孤儿二万一千八百五十八人。

（四）出版事业方面：各种定期刊物，如周刊、半月刊、月刊等约有三十种。又其所办之印刷所有二十余处，主要的为北平、天津、上海、土山湾、献县、重庆、兖州、香港等七处。就中尤以土山湾印书馆及重庆圣家印书局为著名，前者出版图书多至五十三万种，后者亦有四十万种之多。

# 第八章　传教公许期之耶稣教

## 第一节　耶稣教之起源及其传入

十九世纪以前,在吾国布道之基督教计有三大派:一为属于东方教会,亦作希腊教会(The Holy Orthodox Catholic Apostolic Oriental Church, or The Greek Church)的非正统派之聂斯脱里教;二为属于东方教会的正统派之俄国正教会(The Russian Ortholox Church);三为属于西方教会之罗马加特力教(The Holy, Catholic, Apostolic and Roman Church, or The Roman Catholic Church),即今所谓天主教是也。至于路德新派之耶稣教(The Evangelica Lutheran Church, or The Protestantism),其创始虽远在十六世纪初期,然其传入吾国则迟至十八世纪之后。耶稣教之创始者为德人马丁·路德(Martin Luther,1483—1546)。路德自幼即为修道士,继充萨克逊(Saxony)之威丁堡大学(Wittenberg University)教授。尝读《圣经》及圣奥格斯丁(St. Augustine)之著作,忽悟自救之道,端在"信"(Faith)字。所谓信,即内心的信仰,亦即笃信上帝之意。如其无内心的信仰,则赴礼拜堂,朝谒圣墓,参拜圣迹等事,俱不足以消除吾人之罪过。人而有内心的信仰,则虽不赴礼拜堂,亦无不可。路德此种主张,初未引起世人之注意。迨一五一七年,教皇利奥十世(Leo Ⅹ,1475—1521,1513—1521在位),因重修罗马圣彼得(St. Peter)教堂,需费浩大,发售赎罪券(Indulgence)于德国,路德著赎罪券论文九十五条(95 Theses),力辟赎罪券之失当,其说乃大著于世。一五二〇年,路德刊著 *An den christlichen Adel deutscher Nation von des christlichen Standes Besserung*, *De captivitate Babylonica ecclesiae praeludium* 等书，抨击教皇之措施，主张各国君主自行改革教会。于是，教皇下令斥路德为异端，逐于教会之外。路德不服，竟焚其谕。德国皇帝查理五世（Charles V, 1519—1556 在位）夙不喜改革派之主张，及教皇令下，乃召集宗教大会于瓦穆斯（Worms，在德意志西南 Hessen 大公国），令路德赴会申辩其说。路德遵命赴会，力陈其主张，略谓：假使有人能根据《圣经》以驳倒其主张者，则彼极愿取消其意见。然彼断不能承认教皇或宗教大会之判决，盖教皇与大会均曾有谬误之举措，而且自相矛盾故也。最后并谓："吾必以上帝之言监视吾之天良。吾不能取消吾之主张，亦不愿取消吾之主张，盖违背良心之行为，不但危险，亦且可耻也。"[1] 查理五世对其主张虽不满意，然因路德颇得萨克逊选侯 Frederick 之爱护，而其说又深受当时人士之赞同，故亦无如之何，只有放之出走，屏之法律之外而已。从此，德国诸侯及城市中多实行路德派之宗教，而新教即吾国所谓耶稣教于以成立焉。

自路德创立新教，以迄于十七世纪末叶，未及百年，欧洲北部奉新教者，即已有德国北部、瑞士、挪威、瑞典、荷兰、苏格兰、英格兰及威尔斯之大部、爱尔兰之一部。惟此期新旧教派之争尚激烈，新教领袖大都致力于组织教会，争论教义，防卫自己宗教地位，未遑向海外传教。且新教国家之君主对于海外传教，其热心亦远不及旧教国家之君主，甚有反对传教者；而美洲、亚洲及非洲为欧洲南部旧教国家所占领者，又皆不许新教教士留居，作宗教上之活动。故十七、十八两世纪中，耶稣教向海外（欧洲以外）传教之事业，实无足道。[2] 迨至十九世纪初期，新教国家一因经过三十年战争（一六一八——一六四八）之后，关于宗教纷争告一段落；二因自工业革命（十八世纪下期）以还，工商发达，须向海外觅新市场以供剥夺，于是竞向东亚发展，而新教团体遂亦随之东来，开始活动传教事业矣。新教教士来华宣扬其教义者，盖以英国伦敦会

---

[1] 参阅何炳松编译《中古欧洲史》，二五八页。
[2] 新教最初向海外传教之机关，为一六四九年成立的英国福音传播会（Society for the Propagation of the Gospel in New England）。该会目的侧重在向侨居海外之英人宣扬福音。一六七三年，德国路德教会之敬虔派始遣教士三人赴印度传教。一七三六年，该派复遣教士赴西印度及 Pennylvania 地方传道，然其势力尚极微弱。

(The London Missionary Society)教士马礼逊氏(Robert Morrison, 1782—1834)为嚆矢。① 氏之父为合同长老会之长老,兼营靴型制造业。氏幼时,助其父制造靴型,少壮,就长老教会牧师某,研习拉丁语、希腊语、希伯来语及神学,因立志为传教士。一八〇三年,进何斯顿(Hoxton)地方之专门学校(Academy)肄业,益求深造。嗣上书伦敦会,陈明欲赴与外国人殆难接近之地方传教,伦敦会嘉其志,收为会员(一八〇四),资送哥斯帕特(Gosport)地方之牧师养成所肄业。氏在该所研究药学及天文学。同时,得侨居其地之粤人 Yung Sam-Tak 之助,读破英国博物馆所藏之汉文圣书。② 一八〇七年一月三十一日,马礼逊奉伦敦会之命赴华宣道,并学习中国语言文字。③ 惟英国东印度公司(The London East India Company)反对传教,不允其乘英船东渡。氏不得已,乃取道纽约,乘美船转赴中国,是年九月七日安抵广州。氏因过美时,得有美国国务卿马第逊(James Madison, 1751—1836,曾作美国第四代大总统,在任年代为一八〇九—一八一七)致美国驻中国领事之介绍函,故抵广州后得在美国纽约 Milner and Bull 公司在广州开设之行(Hong, or Factory)内任职。一八〇九年,氏为使本人在华地位稳固起见,乃改就东印度公司之翻译。氏于公余之暇,一方延中国天主教徒二人教授中国语言文字,一方从事编译汉文宗教小册子,并以汉文译圣书。一八一一年,汉译《使徒行传》、汉文《信仰问答》二书出版。越二年(一八一三),汉译《新约》完成。又六年(一八一九),汉译《旧约》及汉译《英国教会朝祷夕祷》二书又告竣。一八一六年,随英国公使翁贝尔氏(Amherst)赴北京,充翻译。一八一八年,往麻六甲(即满剌加),创设英华书院(Anglo-Chinese College),期造就宗教人材。一

---

① 新教教士最初向华人宣扬教义者,实为在印度 Serampore 地方传教之英国浸礼教会教士马士曼氏(Rev. Joshua Marshman, 1768—1837)。氏精通汉语,曾撰译汉译《新约》及《汉语指南》等书。惟氏未尝来华,故来华宣道之新教教士,仍以马礼逊为初始。
② 英国博物馆所藏汉文圣书及耶稣会派教士所译著,一七三七年、一七三八年之交,在广州抄写原著而得者。
③ 马礼逊赴华目的,固在宣扬教义,然其初步目的,则在于研究中国语言文字,及编纂汉语辞典。当氏启程东渡时,伦敦会曾致辞送别,其辞曰:"我等切望君留居广州,在未达到学习中国语言文字之重大目的以前,不生任何的障碍。但当君达到此目的之时,应将研究所得贡献于世界上最大益之方面。祝君得到比较前代更为完全正确的汉语大辞典之编纂者的荣誉! 并祝君享有'将神圣的耶稣经典译出为人类之第三派(A Third Part of the Human Race)所用之语言'的光荣!"

二四年归国,格拉斯哥大学(Glasgow University)赠以神学博士学位。越二年,复来广州从事宣教。其时,清廷尚严禁基督教之传奉,故马礼逊在华活动二十七年之久,仅得华籍信徒 Tsai A-Ko(蔡高)、Leang Kung-Far (or Liang Ah-Fa,梁发?)等三数人而已。①

　　初期新教教士来华传道者,英国马礼逊以外,尚有荷兰传教会(The Netherlands Missionary Society)教士德人郭实猎氏(Dr. K. F. A. Gützlaff)、美国公理会(The American Board of Commissioners for Foreign Missions)教士裨治文氏(Rev. E. C. Bridgman)及大美国归正教会(The Dutch Reformed Church in America)教士雅裨尔氏(David Abeel)等。郭实猎氏初在八达维亚(Batavia)国,英国伦敦会教士麦都士氏(Walter Henry Medhurst)相助之力,得学习中国语言文字。一八二七年,来抵广州。后继马礼逊为香港政厅之汉文秘书(Chinese Secretary)。一八三一年至一八三五年间,氏旅行中国沿海各地,考察各情。《南京条约》成立后,氏向德国各教会建议派遣教士来华宣道。其建议之影响甚大,盖不仅德国各教会受其劝诱,竞派教士来华,即英美两国各教会亦深受其影响,群起而从事在华布教之运动也。裨治文、雅裨尔二氏于一八三〇年来广州。适马礼逊只身在澳门,即邂逅于是地。未几,雅裨尔氏以在华传教诸多困难,乃转赴马来半岛,传布福音于华侨。而裨治文氏则留广州布道,同时研究中国语言文字。一八三二年,氏向美国圣经会(The American Bible Society)请颁发《圣经》书籍,复与马礼逊创办《中国文库》(*The Chinese Repository*)月刊,作宗教上之宣传,并介绍中国之文物制度、学术思想及风土人情。然当时传教事业或因清廷之严禁,或因教士不服水土之故,进展甚为迟缓。至《南京条约》成立以后,教务始日见发达,此耶稣教初期传入中国之梗概也。②

---

① 当时由马礼逊施洗奉教者,仅有蔡高、梁发(一作梁广发)等三数人(据 Latourette 氏说,则有十人)。蔡高于一八一四年七月十六日(嘉庆十九年)入教,梁发入教时日未详。一八二四年至一八二六年,马礼逊归国期中,传教事务委托梁发主持。关于梁发之生平及其传教情形,详见上海广学会出版的梁发传记及中华基督教广东协会出版的梁发日记。

② 本节参阅: K. S. Latourette, *A History of Christian Missions in China*, pp. 209－220; D. MacGillivary, *A Century of Missions in China* (1807－1907), pp. 1－3; Wylie, *Memorials of Protestant Missionaries to the Chinese*, pp. 25－40;山口昇《欧美人在华之文化事业》,一六三一一六八页;高木壬太郎《基督教大辞典》,一三六一页。

## 第二节　耶稣教之宗派及其属会

耶稣教各传教团体，因思想上、信仰上、传统上及组织上之关系，分为各种宗派（Denomination），语其要者，计有左述七大宗派：

（一）圣公宗。教堂统系与英国国教称至圣公会有关者，为圣公宗教会。① 此宗所属教会有五：1. 英国圣公会（一名大英教会安立甘，The Church Missionary Society，在华开教 1844）；2. 英国圣公会女子部（The Church of England Zenana Missionary Society，1886）；3. 华北英国圣公会（The Society of the Propagation of the Gospel, or The Church of England Mission，1863）；4. 加拿大公会（The Missionary Society of the Church of England in Canada，1909）；5. 美国圣公会（The Protestant Episcopal Church in the U.S.A.，1835）。

（二）监理宗。此宗系因教务治理权操诸监督团体之手得名，但此名不足代表该宗原义，因该宗中有守"理"而无"监督"之教堂，英文 Methodist 一字应译为"循理"宗，较为妥善故也。此宗所属教会有八：1. 英国圣道公会（The United Methodist Church Mission，1860）；2. 英国循道会（The Wesleyan Methodist Missionary Society，1852）；3. 加拿大美道会（The Missionary Society of the Methodist Church in Canada，1910）；4. 北美美以美会（The Methodist Episcopal Mission, North Amerca，1910）；5. 美国循理会（The American Free Methodist Mission，1904）；6. 美国遵道会（The United Evangelical Church Mission，1900）；7. 北美福音会（The Missionary Society of the Evangelical Association of North America，1906）；8. 南美监理会（The Methodist Episcopal Mission, South America，1848）。

（三）公理宗。教会组织以教务治理权付诸地方教堂公共组织之团体者，称为公理宗教会。其特色为各地方教会各自为政。此宗所属教会有四：1. 英国伦敦会（The London Missionary Society，1807）；

---

① 关于各宗派名义之解释，均系根据汉译《中华归主》（*The Christian Occupation of China*）第五页所述。又各教会之汉文名与英文名，亦系根据该书所纪。

2. 美国公理会（The American Board of Commissioners for Foreign Missions，1830）；3. 美国协同会（The Scandinavian Alliance Mission in Mongolia，1895）；4. 美国美普会（The Methodist Protestant Mission，1909）。

（四）长老宗。教会制度，凡牧师与信徒组成之团体称为长老团体，掌有灵德权者称为长老教会。此宗所属教会较重要者，计有十三：1. 英国长老会（The English Presbyterian Mission，1847）；2. 苏格兰长老会（The United Free Church of Scotland Mission，1862）；3. 爱尔兰长老会（The Board of Foreign Missions of the Presbyterian Church in Ireland，1869）；4. 加拿大长老会（The Board of Foreign Missions of the Presbyterian Church in Canada，1871）；5. 新西兰长老会（The Foreign Mission Committee of the Presbyterian Church of New Zealand，1901）；6. 苏格兰福音会（The Church of Scotland Foreign Mission Committee，1878）；7. 美国归正教会（The Board of Foreign Mission of the Reformed Church in America，1842）；8. 北美长老会（The American Presbyterian Mission，North，1843）；9. 南美长老会（The American Presbyterian Mission，South，1867）；10. 美国金巴伦长老会（The Cumberland Presbyterian Mission，1897，一九〇六年与北美长老会合并）；11. 美国约老会（The Reformed Presbyterian Mission, or the Covenanters，1895）；12. 美国基督同寅会（The United Brethren in Christ Mission，1889）；13. 美国复初会（The Board of Foreign Missions of the Reformed Church in the United States，1899）。

（五）浸礼宗。凡崇信入基督教之礼仪，必须浸洗全身于水内，而不用淋水于头为礼者，称为浸礼宗信徒，此种信徒组织之教会称为浸礼宗教会。此宗所属教会较重要者，计有十一：1. 英国浸礼会（The Baptist Missionary Society，1845）；2. 美国友爱会（The General Mission Board of the Church of the Brethren）；3. 美国安息日浸礼会（The Seventh-day Baptist Missionary Society，1902）；4. 美国来复会（The American Advent Mission Society，1897）；5. 美国孟那浸礼会（The Mennonite Brethren Mission）；6. 美国孟那福音会（The China

Mennonite Missionary Society，1901）；7. 北美浸信会（The American Baptist Foreign Mission Society Northern Baptist，1842）；8. 南美浸信会（The Foreign Mission Board of the Southern Baptist Convention，1845）；9. 瑞典浸礼会（The Swedish Baptist Mission，1891）；10. 瑞典喜信会（The Swedish Independent Baptist Mission）；11. 北美新约教会（The China New Testament Mission，1907）。

（六）信义宗。凡保存马丁·路德更正教会之信仰，即"因信称义"者之教堂，称为信义宗。属于此宗之教会计有十七：1. 德国巴色会（The Basel German Evangelical Missionary Society，1847）；2. 德国长老教会（The Kiel China Mission，1897）；3. 德国礼贤会（Rheinische Missionsgesellschaft Rhenish Mission，1847）；4. 德国信义会（Berliner Missionsgesllschaft Berlin Mission，1882）；5. 瑞典行道会（Svenska Mission Forbundet，1892）；6. 瑞美行道会（The Swedish Evangelical Mission Covenant of America，1890）；7. 瑞典信义会（The Faith Mission，1877）；8. 瑞蒙宣道会（Svenska Mongol Missionen，1899）；9. 瑞美遵道会（The American Lutheran Brethern Mission，1902）；10. 挪威信义会（The Norwegian Missionary Society，1902）；11. 挪威路德会（Norsk Lutherske Kinamissionsforbund，1891）；12. 挪美豫鄂信义会（The Lutheran United Mission，1899，此乃信义宗各会之协会）；13. 北美信义会（The Augnstana Synod of the Evangelical Lutheran Church of North America，1905）；14. 中美信义会（The Evangelical Lutheran Synod of Missouri and Other States，1912）；15. 美国信义公理会（The Lutheran Free Church of the U. S. A.）；16. 芬兰信义会（Finska Missions Sällshapet The Finih Missionary Society，1901）；17. 丹麦路德会（The Danish Missionary Society，1896）。

（七）内地宗。此宗为联合各国各宗派于中国内地宣教之团体，亦为独在中国发展之基督教传道会。属于此宗之教会，其重要者计有十：1. 中国内地会（The China Inland Mission，1865）；2. 德国女公会（Deutscher Frauen Mission Bund，1851）；3. 北美瑞挪会（The

Scandinavian China Alliance Mission，1891，此会为侨居北美之瑞典、挪威人所组织）；4. 挪威会（Norske Missionen in Kina Norwegian Mission in China，1890）；5. 挪华盟会（Norske Mission Forbund Norwegian Covenant Mission，1899）；6. 瑞典圣洁会（Helgelse Förbundet Swedish Holiness Union Mission in China，1890）；7. 瑞华盟会（Svenska Allians Missionen，1892）；8. 瑞华会（Svenska Missionen in China，1887）；9. 德华盟会（The German China Alliance Mission，1890）；10. 芬兰自由会（Fria Missionen in Finland Finish Free Church Mission，1891）。

上述各宗派之外，尚有公谊、复临、信心、使徒、弟兄、圣洁、正宗、联和、独立等宗派；然其属会不多，而其势力亦不大，故从略焉。①

## 第三节　英　籍　教　会

英国之向东发展，盖始于十六世纪之末。一五八八年（明神宗万历十六年），英国击灭西班牙无敌舰队（Invincible Armada），雄视海上。一五九九年，英商谋直接往远东贩运香料，特组织伦敦东印度公司（London East India Company），为向东发展之前驱。然其目的初在通商，而其所注意亦仅在印度方面之经营。一六三六年（崇祯九年）东印度公司改组后，英王查理一世（Charles I, 1600—1649）遣卫德尔氏（Weddell）、曼特尼氏（Mountney）、罗宾孙氏（Robinson）、梦的（Peter Mundy）等四人，赴华经营商业。一七九二年（乾隆五十七年），英王佐治三世（George Ⅲ, 1738—1820）遣使者马加特尼（George Earl of Macartney, 1737—1806）来吾国，要求缔约通商。从此，英国东侵之企图益为急进。惟其所注重者，仍在于从商业上之发展，树立政治上之势

---

① 此等宗派所属教会之较重要者，为公谊宗之美国贵格会（The American Friend's Mission Ohio, 1887），复临宗之美国基督复临安息日会（The Seventh-day Adventist Mission Board, 1902），使徒宗之美国基督会（The Foreign Christian Missionary Society, 1886），弟兄宗之英国弟兄会（The Christian Missions in Many Lands），圣洁宗之美国圣洁会（The Evangel Mission），正宗宗之瑞美会（The Swedish Evangelical Free Church, U.S.A., or Swedish American Mission），联和宗之美国神召会（The Pentecostal Assemblies of the World），与中华续行委办会（The China Continuation Committee），及独立宗之美国宣道会（The Christian and Missionary Alliance）等。又此等宗派所属之教会、机关或学校，可参阅汉译《中华归主》第六至十二页。

力,对于传教事业并不重视,甚或恐因传教而影响商业之发展,反对向华传教。如东印度公司反对马礼逊来华布道,是其明证。① 其后,英法联军之役(一八五七——一八六○),英国战胜我国,缔结《天津条约》,对于传教始有"耶稣圣教暨天主教,原系为善之道,待人如己。自后凡有传授学习者,一体保护。其安分无过,中国官毫不得刻待禁阻"之规定(原约第八款)。但英国对于传教固始终未加重视,非若葡萄牙、西班牙、法兰西诸国,殆视传教为国家重要政策之一。故十九世纪初期,英国各教会来华传道,大都出于自动,非由于政府之劝诱或奖励,此与葡、班、法诸国教会之由政府劝诱或奖励而来者,不可同日而语也。兹就英国在华传教各教会中,择其主要者,并依其来华年代之先后,举陈其梗概于左焉。

### 一、伦敦会(属公理宗)

(甲)本部所在。该会本部所在地为16, New Bridge St. London。

(乙)传教区域。该会创立于一七九五年(乾隆六○年)。一八○七年(嘉庆十二年),教士马礼逊奉派来华传道,是为新教传入我国之始。该会在华传教区域及各地开教年代,略如下述:(一)华南方面:为香港(一八四三)、澳门(一八九九)、康州(一八○七)、博罗(一八五○)、厦门(一八四四)、漳州(一八六二)、惠安(一八六六)、汀州(一八九二)等地。(二)华东方面:只有上海一地(一八四三)。(三)华中方面:为汉口(一八六一)、武昌(一八六七)、孝感(一八八○)、黄陂(一八九八)、沙市(一八九九)、岳阳(一八九七)、衡阳(一八九八?)等地。(四)华西方面:只有四川重庆一地,属下教堂有十一所。(五)华北方面:为北京(一八六一)、天津(一八六一)、沧州(一八九五)、通州(一八九七)、冀州(一八八八)、东安(一八九五)等地。就中以孝感、汉口、冀州、惠安、汀州、厦门等地之教务较为发达。

(丙)著名教士。(一)马礼逊(Robert Morrison,1782—1834);

---

① 一七九三年,东印度公司向英国国会提出之建议书,极力反对遣送教士前赴东亚传教,中有云:"遣送教士于东方之我国领土内传教一事,实一狂妄无谋、耗费最多而最不安全之企图。此种企图乃有害无益,无谋无策,且提供莫大之危险,而无何等的效果之一种幻想而已。吾人在所有各方面的深刻的理由之下反对此事,良以宣传教义徒然危及我国领土之平和与安存故也。"

（二）米怜（William Milne，1785—1822）；（三）麦都思（Walter Henry Medhurst，1796—1857）；（四）理雅各（James Legge，1815—1897）；（五）艾约瑟（Rev. Joseph Edkins）；（六）慕维廉（William Muirhead，1822—1900）；（七）杨格非（Griffith John，1831—1912）；（八）罗刻特（William Lockhart，1811—1896）；（九）启德（Samuel Kidd，1799—1843）；（十）带厄（Samuel Dyer，1804—1843）；（十一）斯特龙纳（John Stronach，1810—1888）；（十二）杨（William Young，1846—1855）；（十三）伟烈亚力（Alexander Wylie，1815—1887）；（十四）威廉臣（Alexander Williamson，1829—1890）；（十五）季尔摩（James Gilmour，1843—1891）。

（丁）信徒、职员及教会学校学生的人数，表列如下：

| 报告时期 | 一八八九年 | 一九〇五年 | 一九一五年 | Survey | 一九二〇年 |
|---|---|---|---|---|---|
| 受餐信徒 | 四〇七八 | 未详 | 九三七三 | 一一四〇三 | 一一四六八 |
| 西籍职员 | 六五 | 一三一 | 一五六 | 一四五 | 一二五 |
| 华籍职员 | 八六 | 五一四 | 六六七 | 八二八 | 六二五 |
| 教会学校学生 | 二一二四 | 五〇〇八 | 四九〇九 | 六八〇一 | 六九一六 |

附注：表内受餐信徒（Communicant），即许可领受圣餐礼者。职员包括教士（Missionary）、女教士（Woman Missionary）、独身女士（Single Woman）、按立职员（Ordained Worker，即受按手于头之礼者）、牧师（Pastor）、布道员（Evangelist）、女布道员（Bible Woman）、教职员（Educational Worker）等。又此表所列，系根据汉译《中华归主》第六编十八页《教务发展统计表》。以下各教会之信徒、职员及教会学校学生的人数表，均是根据前书《教务发展统计表》，不再加以附注。

（戊）教会事业。据一九一七年该会教务统计：共有教堂（Organized Church）及小礼拜堂（Chapel）一〇三所，外人居留所（Missionary Residential Center）十七所，主日学校（Sunday School）六十所，幼稚园一所，初学小学校一四五所，高等小学校二十五所，中学校二所，师范学校六所，神学学校一所，实业学校一所，医院二十所。就中，以汉口博学书院（Griffith John College）、汉口伦敦会中学校、天津新学大书院、上海麦伦书院（Medhurst College）、燕京大学文理科及神科（与公理会、美以英会、北美长老会合办)、仁济医院、武昌仁济医院、上海仁济医院等较为著名。①

## 二、英国圣公会(一名大英教会安立甘,属圣公宗)

(甲)本部所在。该会本部所在地为 Church Missionary House, Salisbury Square, London。

(乙)传教区域。该会创立于一七九九年(嘉庆四年)。一八四四年(道光二十四年)始派教士斯密司氏(George Smith)及麦克拉特慈氏(Thomas McClatchie)来华传教。该会在华传教区域及各地开教年代略如下述：(一)华南传教区(The South China Mission, or Diocese of Victoria)：管辖广州(一八九八)、鹤山(一九一〇)、廉州(一九〇二)、北海(一八八六)、香港(一八六二)、南宁(一九一四)、昆明(一九一五)等地教务。(二)福建传教区(The Fukien Mission, or Diocese of Fukien)：管辖崇安(一九一三)、福州(一八五〇)、福安(一九一四)、福宁(一八八二)、福清(一八九六)、兴化(一八九三)、霍董(一九〇三)、高山市(一八九六)、江头(一八九六)、建宁(一八九四)、建阳(一八九一)、古田(一八八六)、连江(一八九七)、罗源(一八八九)、宁德(一八九六)、仙游(一九〇一)、松溪(一九〇六)、都巡(一九〇四)等地教务。(三)浙江传教区(The Chekiang Mission, or Diocese of Chekiang)：管辖诸暨(一八九二)、杭州(一八六五)、宁波(一八四八)、绍兴(一八七〇)、台州(一八九二)、桐庐(一九一三)、上海(一八四五)等地教务。(四)华西传教区(The Western China Mission, or Diocese of West China)：管辖安县(一八九四)、成都、中江(一九〇三)、重庆、中坝(一八九四)、龙安(一九一一)、绵州(一八九四)、绵竹(一八九四)、茂州(一九〇六)、保宁、石泉(一八九五)、新都(一八九四)、德阳(一九〇三)等地教务。(五)广西及湖南传教区(The Kuangsi and Hunan Mission, or Diocese of Kuangsi‐Hunan)：管辖衡州(一九一〇)、湘潭(一九一

---

① 参阅：D. MacGillivary, *A Century of Missions in China*, pp.1‐21; K. S. Latourette, *A History of Christian Missions in China*, pp.206, 210‐216, 365, 381, 396, 456‐458; *Encyclopaedia Sinica*, p.344.

一)、永州(一九〇三)、桂林(一八九九)等地教务。①

(丙) 著名教士。(一) 麦克拉特慈(Thomas McClatchie);(二) 斯密司(George Smith);(三) 科堡尔德(R. H. Cobbold);(四) 罗素(W. A. Russell);(五) 摩尔(Rev. A. E. Moule);(六) 威尔逊(Rev. W. Wilson);(七) 约克孙(Rev. R. D. Jackson);(八) 摩隆(Dr. H.L. J. Molony);(九) 拜尔德(Rev. L. Byrd);(十) 班围斯达(Archdeacon W. Banister)。

(丁) 信徒、职员及教会学校学生的人数,表列如下:

| 报告时期 | 一八八九年 | 一九〇五年 | 一九一五年 | Survey | 一九二〇年 |
|---|---|---|---|---|---|
| 受餐信徒 | 二六九五 | 未详 | 九八四六 | 一〇八六一 | 一一六九八 |
| 西籍职员 | 五六 | 二七五 | 三四五 | 三五三 | 二九四 |
| 华籍职员 | 一六八 | 一〇三六 | 一三一二 | 一四五七 | 一六四六 |
| 教会学校学生 | 二〇〇〇 | 七三八一 | 三〇六八 | 一〇一四六 | 一二一八一 |

(戊) 教会事业。据一九一七年该会教务统计:共有教堂及小礼拜堂五九六所,外人居留所五十一所,主日学校一七五所,幼稚园八所,初等小学校二九一所,高等小学校三十九所,中学校十四所,师范学校二十四所,神学学校二所,实业学校一所,孤儿院六所,医院三十二所,医药学校六所,看护妇养成所十二所,慈善院十二所。就中以香港圣士提反学堂(St. Stephen's College,一九〇三),福州福建协和大学(Union Medical and Theological College),上海英华书院(Anglo - Chinese College)、保宁神道学校(Diocesan Training College)、成都华西协和大学(West China University)等校较为著名。②

---

① 此处所述各传教区域,乃系根据一九一六年 W. Banister 氏之报告。又广西及湖南传教区系一九〇九年由华南传教区(亦作香港传教区)分立,以湖南北纬二十八度以南及广西西江以北各地为其管辖区域。

② 参阅:D. MacGillivary, A Century of Missions in China, pp.22 - 50; K. S. Latourette, A History of Christian Missions in China, pp.206, 210;汉译《中华归主》第六编,二页一八页。

### 三、大英浸礼会（属浸礼宗）

（甲）本部所在。该会本部所在地为 19 Furnival St. Holborn, London。

（乙）传教区域。该会创立于一七九二年（乾隆五十七年），一八四五年始派教士哈德孙氏（T. Hudson）及查隆氏（W. Jarrom）来华开教。该会在华传教区域及各地开教年代略如下述：（一）山东传教区：管辖青州（一八七五）、济南（一九〇四）、潍县（一九〇四）、周村（一九〇五）、邹平（一八八九）、北镇（一九〇四）等地教务。（二）山西传教区：管辖忻州（一八八五）、寿阳（一九〇〇）、代州（一八九二）、太原（一八七八）、阳曲、榆次、定襄、崞县、繁峙、宁武等地教务。（三）陕西传教区：管辖三原（一八九三）、西安（一八九四）、延安（一九一〇）等地教务。

（丙）著名教士。（一）哈德孙（T. Hudson）；（二）查隆（W. Jarrom）；（三）克洛克耳（H. Z. Kloekers）；（四）哈尔（Charles J. Hall）；（五）李提摩太（Timothy Richard, 1845—1919）；（六）槐特来特（J. S. Whitewright）；（七）沙尔科刻（A. G. Sharcock）。

（丁）信徒、职员及教会学校学生的人数，表列如下：

| 报告时期 | 一八八九年 | 一九〇五年 | 一九一五年 | Survey | 一九二〇年 |
| --- | --- | --- | --- | --- | --- |
| 受餐信徒 | 一一五四 | 四四〇三 | 七五二〇 | 八六五七 | 九二〇二 |
| 西籍职员 | 三五 | 五五 | 一〇八 | 一二三 | 八一 |
| 华籍职员 | 一九 | 一七二 | 四九一 | 五五六 | 五〇七 |
| 教会学校学生 | 一三七 | 一三〇八 | 二八八八 | 三九五二 | 四二九〇 |

（戊）教会事业。据一九一七年该会教务统计：共有教堂及小礼拜堂四四〇所，外人居留所十三所，主日学校八十三所，初等小学校一五四所，高等小学校八所，中学校七所，医院四所，大学一所，神学学校一所。就中以山西大学（Shansi University），潍县广文学堂（Art College）、济南齐鲁大学文科、神科及医科（与华北英国圣公会，北美长

老会、公理会合办)及青州神学学校较为著名。①

## 四、大英长老会(属长老宗)

(甲) 本部所在。该会本部所在地为 7. East India Ave., London。

(乙) 传教区域。一八四四年该会议派教士往中国布道，一八四七年始实行遣派教士明斯氏(William Chalmers Burns)、杨氏(Dr. James H. Young)二人来华，在厦门开教。其传教区域及各地开教年代，略如下述：(一) 厦门传教区：管辖厦门(一八五○)、漳浦(一八八一)、泉州(一八八一)、永春(一八九三)、上杭(一九一三)等地教务。(二) 汕头传教区：管辖汕头(一八五六)、潮州(一八八八)、汕尾(一八九八)、五经富(一八八二)、三河坝(一九○二)等地教务。(三) 台湾传教区：管辖台南、打狗、彰化等地教务。

(丙) 著名教士。(一) 明斯(Rev. W. C. Burns, 1815—1868)；(二) 杨(James H Young)；(三) 多格剌(Dr. Dauglas)；(四) 麦格勒加尔(Dr William Mcgregar)；(五) 高卢德(Dr. William Gauld)；(六) 几卜生(J. C. Gibson)；(七) 麦伊维(Donald Mc Jver)；(八) 科斯兰(P. B. Cousland)；(九) 麦克拉根(P. J. Maclagan)；(十) 里德尔(Rev. W. Riddel)。

(丁) 信徒、职员及教会学校学生的人数，表列如下：

| 报告时期 | 一八八九年 | 一九○五年 | 一九一五年 | Survey | 一九二○年 |
|---|---|---|---|---|---|
| 受餐信徒 | 三四七一 | (未详) | 八一七五 | 九三七八 | 一一○○九 |
| 西籍职员 | 五一 | 九九 | 七九 | 八二 | 八七 |
| 华籍职员 | 一三五 | 二四九 | 五九六 | 七三二 | 七八六 |
| 教会学校学生 | 六二八 | 二四四二 | 五三一九 | 七三○八 | 九二○九 |

---

① 参阅：D. MacGillivary, *A Century of Missions in China*, pp. 69 - 89；K. S. Latourette, *A History of Christian Missions in China*, pp. 206, 210, 260, 378, 380；Timothy Richard, *Forty-Five Years in China*, Passim；汉译《中华归主》第六编，二页一八页；山口昇《欧美人在华之文化事业》，二六八—二七九页。

(戊)教会事业。据一九一七年该会教务统计：共有教堂及小礼拜堂二〇七所,外人居留所十所,幼稚园四所,初等小学校一八三所,高等小学校十七所,中学校五所,大学校一所,神学学校二所,孤儿院一所,医院十一所。①

自光绪二十一年(一八九五)台湾割与日本后,台湾教务统计即未计入上表。

## 五、循道会(一名惠师礼会,属监理宗)

(甲)本部所在。该会本部所在地为 Wesleyan Centenary Hall, 17 Bishopsgate St. Within, London。

(乙)传教区域。该会教士最初奉派来华宣教者为皮尔士氏(George Piercy,一八五一)、柯克斯氏(Josiah Cox,一八五三)、俾赤氏(W. R. Beach)三人。该会现在传教区域及各地开教年代,略如下述：(一)华南传教区：管辖广州(一八五二)、佛山、韶州(一八七八)、香港(一八五二)、梧州(一八九八)、新会、香山等地教务。(二)湖北传教区：管辖安陆(一八九一)、汉口(一八六二)、汉阳(一八六三)、广济(一八七一)、蒲圻(一九一五)、随州(一八九七)、大冶(一八八九)、德安(一九一七)、武昌(一八六二)、武穴(一八七二)、汉川、黄石港、崇阳等地教务。(三)湖南传教区：管辖长沙(一九〇二)、郴州(一九〇六)、浏阳、宝庆(一九〇三)、平江(一九〇四)、益阳、永州(一九〇四)等地教务。

(丙)著名教士。(一)皮尔士(George Piercy); (二)柯克斯(Josiah Cox); (三)俾赤(W. R. Beach); (四)斯卡巴洛(William Sea Borough); (五)黑累(William Murray); (六)喜尔(Rev. David Hill); (七)克雷吞(Rev. George A Clayton); (八)阿伦(C. W. Allen); (九)窝棱(G. G. Warren); (十)槐特赫德(Rev. S. Whitehead); (十一)布蓝菲特(T. Bramfitt)。

(丁)信徒、职员及教会学校学生的人数,表列如下：

---

① 参阅: D. MacGillivary, *A Century of Missions in China*, pp.175-200; K. S. Latourette, *A History of Christian Missions in China*, pp. 257-259, 379, 450, 626, 664, 676; Burns, *Memoir of W.C. Burns*, Passim; Matheson, *Narrative of the English Presbyterian Mission*, Passim.

| 报告时期 | 一八八九年 | 一九〇五年 | 一九一五年 | Survey | 一九二〇年 |
|---|---|---|---|---|---|
| 受餐信徒 | 一〇七九 | 三四四九 | 五一二一 | 六〇三二 | 六〇三八 |
| 西籍职员 | 三一 | 八二 | 一二二 | 一一八 | 一一六 |
| 华籍职员 | 五〇 | 二二五 | 三一八 | 四四〇 | 三八六 |
| 教会学校学生 | 五三四 | 六八六 | 一九六九 | 三六三二 | 四二四八 |

（戊）教会事业。据一九一七年该会教务统计：共有教堂及小礼拜堂一五九所，外人居留所二十一所，主日学校二十七所，幼稚园二所，初等小学校一〇一所，高等小学校十一所，中学校四所，大学校一所，师范学校二所，神学学校二所，孤儿院一所，医院十二所，看护妇养成所二所。就中以广州协和高等神学校（Union Theological College）、武昌博文书院（Wesley College and High School）、武昌 Theological Institute 等较为著名。①

**六、圣道公会（一名圣道堂，属监理宗）**

（甲）本部所在。该会本部所在地为 Birmingham。

（乙）传教区域。一八六〇年（咸丰十年），该会始派教士英诺森氏（Rev. John Innocent）及哈尔氏（W. Nfithorpe Hall）来华在天津开教。该会现在传教区域及各地开教年代略如下述：（一）华东传教区：管辖宁波（一八六四）、温州（一八七八）等地教务。（二）华西传教区：管辖云南昭通（一八八五）、东川（一八八五）、贵州石门坎、西方井等地教务。（三）华北传教区：管辖北京、唐山（一八八三）、天津（一八六一）、永平（一九〇二）等地教务。（四）山东传教区：管辖朱家寨（一八六六）、武定（一九〇五）等地教务。

（丙）著名教士。（一）英诺森（Rev. John Innocent）；（二）哈尔

---

① 参阅：D. MacGillivary, *A Century of Missions in China*, pp. 89, 103; K. S. Latourette, *A History of Christian Missions in China*, pp. 207, 257, 375, 446, 455; Findlay and Holdsworth, *History of the Wesleyan Methodist Missionary Society*, Passim.

(W. Nfithorpe Hall);(三)佛勒(Rev. W. R. Fuller);(四)加尔品(Rev. Ferderick Galpin);(五)苏特喜尔(W. E. Soothill);(六)凡斯吞(T. E. Vanstone);(七)托伦(S. T. Thorne);(八)坡拉德(S. Pollard)。

(丁)信徒、职员及教会学校学生的人数,表列如下:

| 报告时期 | 一八八九年 | 一九〇五年 | 一九一五年 | Survey | 一九二〇年 |
|---|---|---|---|---|---|
| 受餐信徒 | 一六七五 | 六八二五 | 一三九二三 | 一五三七六 | 一五三七六 |
| 西籍职员 | 二四 | 四九 | 四九 | 四四 | 四三 |
| 华籍职员 | 五一 | 一九九 | 七一六 | 六六六 | 六六五 |
| 教会学校学生 | 二六七 | 一六四六 | 三〇二六 | 四四三七 | 四四三七 |

(戊)教会事业。据一九一七年该会教务统计:共有教堂及小礼拜堂五五九所,外人居留所十一所,主日学校七十一所,初等小学校四十所、高等小学校三所,中学校二所,大学校一所,神学学校一所,医院七所。①

## 七、苏格兰长老会(属长老宗)

(甲)本部所在。该会本部所在地为 15 North Bank St. Edinburgh, Scotland。

(乙)传教区域。该会于一八七二年(同治十一年)始派教士罗斯氏(Rev. John Ross)来华,在牛庄开教。其现在传教区域及各地开教年代略如下述:(一)辽宁方面:为开原(一八九六)、朝阳镇(一八九七)、辽阳(一八八二)、海城(一八七五)、沈阳(一八七五)、牛庄(一八七二)、铁岭(一八九六)、永陵(一八九四)等地。(二)吉林方面:为阿什河(一八九二)、三姓(一九一四)、哈尔滨、北新城等地。(三)黑龙江方面:为呼兰(一九〇五)、齐齐哈尔滨等地。

---

① 参阅: K. S. Latourette, *A History of Christian Missions in China*, p.578; Pollard, *Tight Corners in China*, Passim;山口昇《欧美人在华之文化事业》,二九一—二九五页。

（丙）著名教士。（一）威廉臣（Dr. Alexander Williamson）；（二）罗斯（Rev. John Ross）；（三）韦白斯特（Rev. James Webster）；（四）杨（Dr. Thomas Young）；（五）罗伯特孙（Rev. T. Robertson）；（六）麦克·那坦（Rev. W. Mac Naughtan）；（七）安得孙（H. Anderson）。

（丁）信徒、职员及教会学校学生的人数，表列如下：

| 报告时期 | 一八八九年 | 一九〇五年 | 一九一五年 | Survey | 一九二〇年 |
| --- | --- | --- | --- | --- | --- |
| 受餐信徒 | 一〇〇〇 | 六九六〇 | 一〇〇三二 | 九九〇九 | 九八七〇 |
| 西籍职员 | 一六 | 三五 | 六三 | 六一 | 七九 |
| 华籍职员 | 一四 | 一八一 | 四六八 | 三五九 | 三五〇 |
| 教会学校学生 | 六七 | 四五八 | 二七九〇 | 三二九二 | 二九三六 |

（戊）教会事业。据一九一七年该会教务统计：共有教堂及小礼拜堂三十三所，外人居留所十所，主日学校若干所，初等小学校一〇六所，高等小学校二所，中学校九所，师范学校五所，神学学校一所，实业学校，大学一所，医院九所。就中以奉天医科大学（与爱尔兰长老会合办）、沈阳基督教神学校、呼兰中学校、辽阳文德中学等校较为有名。①

### 八、爱尔兰长老会（一名艾长老会，属长老宗）

（甲）本部所在。该会本部所在地为 Assembly Building, Fisherwick Place, Belfast, Ireland。

（乙）传教区域。一八六九年（同治八年），该会始派教士罕特氏（Dr. Joseph M. Hunter）及瓦得尔氏（Rev. Hugh Waddell）来华，在牛庄开教。其现今传教区域及各地开教年代略如下述：（一）辽宁方面：为牛庄（一八六九）、锦州（一八八五）、法库厅（一八九一）、宽城子（一八

---

① 参阅：D. MacGillivary, *A Century of Missions in China*, pp.206-222；山口昇《欧美人在华之文化事业》，三二五—三二八页、九六七页；汉译《中华归主》第六编，十八—十九页。

八六)、广宁(一八九一)、沈阳(一八八九)、新民府(一八八八)等地。(二)吉林方面：为吉林(一八九一)、榆树厅(一八九一)等地。

(丙)著名教士。(一)罕特(Dr. Joseph Hunter)；(二)瓦得尔(Rev. Hugh Waddell)；(三)白兰德(Er. T. L. Brander)；(四)利尔摩斯(Er. B. L. Livingstone Learnmonth)；(五)菲雪(Er. T. Fisher)；(六)克鲁克司(Dr. Emma Crooks)；(七)俾替(Dr. Elizabeth Beatty)。

(丁)信徒、职员及教会学校学生的人数，表列如下：

| 报告时期 | 一八八九年 | 一九〇五年 | 一九一五年 | Survey | 一九二〇年 |
|---|---|---|---|---|---|
| 受餐信徒 | 一三〇 | 六四四三 | 九四四〇 | 九二〇四 | 九〇五二 |
| 西籍职员 | 九 | 二七 | 四五 | 四四 | 未详 |
| 华籍职员 | 二〇 | 二二四 | 三四二 | 三四一 | 三五三 |
| 教会学校学生 | 二〇 | 五三六 | 二四五三 | 二三六二 | 二五四九 |

(戊)教会事业。据一九一七年该会教务统计：共有教堂及小礼拜堂一九七所，外人居留所九所，主日学校七十四所，幼稚园二所，初等小学八十八所，高等小学校十一所，中学校九所，医药学校二所，医院九所，看护妇养成所二所。就中以与苏格兰长老会合办之奉天医科大学及法库门基督教学校较为有名。①

## 九、加拿大长老会(一名坎阿大长老会，属长老宗)

(甲)本部所在。该会本部所在地为 Confederation Life Building, Toronto。

(乙)传教区域。一八七一年该会始派教士马开氏(Rev. G. L. Mackay)来华，在台湾开教。其现今传教区域及各地开教年代略如下述：(一)澳门传教区(Macao Field)；管辖江门(一九〇二)、香山(一九

---

① 参阅：D. MacGillivary, *A Century of Missions in China*, pp. 223 - 231; John Ross, *Mission Methods in Manchuria*, Passim.

〇五)、平岚等地教务。(二)河南北部传教区(North Honan Field)：管辖彰德(一八九四)、怀庆(一九〇二)、开封(一九一四)、修武(一九一二)、道口(一九〇八)、卫辉(一九〇二)、武安(一九〇九)、新镇、临清、濬县等地教务。(三)台北传教区(North Formosa Field)：管辖淡水、五股坑、塔嫂等地教务。①

(丙) 著名教士。(一)马开(Rev. G. L. Mackay)；(二)哥科尔司(Rev. J. Goforth)；(三)斯密司(Rev. J. Frazer Smith)；(四)马开(Rev. W. R. McKay)；(五)马肯(Dr. W. Malcolm)；(六)格兰特(Rev. W. H. Grant)；(七)马克卢尔(Dr. William McClure)；(八)马克吉勒莱(Rev. D. MacGillivary)。

(丁) 信徒、职员及教会学校学生的人数，表列如下：

| 报告时期 | 一八八九年 | 一九〇五年 | 一九一五年 | Survey | 一九二〇年 |
|---|---|---|---|---|---|
| 受餐信徒 | 二七一九 | 未详 | 三二一五 | 三四六八 | 三九九八 |
| 西籍职员 | 一五 | 三九 | 八四 | 九四 | 九四 |
| 华籍职员 | 五二 | 九五 | 一七七 | 二二〇 | 二三二 |
| 教会学校学生 | 未详 | 一一八 | 一一七六 | 一四五六 | 二五七二 |

(戊) 教会事业。据一九一七年该会教务统计：共有教堂及小礼拜堂八十九所，外人居留所七所，主日学校三十六所，初等小学校六十五所，高等小学校十四所，中学校一所，实业学校一所，看护妇养成所一所，医院六所。就中以卫辉府之河南神学学校、M. Maxwell 师范学校、彰德三育女学校较为有名。②

**十、中国内地会(属内地宗)**

(甲) 本部所在。该会本部所在地为 Newington Green, Mildmay,

---

① 自光绪二十一年台湾割于日本后，台北教务统计即未计入上表。
② 参阅：D. MacGillivary, *A Century of Missions in China*, pp.232-248；K. S. Latourette, *A History of Christian Missions in China*, pp.397, 575, 664, 806.

London。①

（乙）传教区域。该会成立于一八六五年，创始者为英国教士戴德生（James Hudson Taylor, 1832—1905），一八六六年即开始在华宣教。该会不分国籍，不分教派，不劝募捐款，全以信仰为基础，且常以已得教区让与别派教会经营而更深入内地传教，故其事业最为发达，为在华新教各派教会之冠。② 其现在传教区域及各省开教年代，略如下述：（一）浙江方面（一八五七）：为宁波、常山、处州、衢州、奉化、杭州、黄岩、金华、兰溪、路桥、龙泉、莫干山、宁海、平阳、绍兴、仙居、新昌、松阳、台州、太平、天台、缙云、温州、岩州、永康、云和等地。（二）安徽方面（一八六九）：为安庆、正阳关、池州、徽州、建平、泾县、广德、来安、六安、宁国、舒城、太和、芜湖、颍州等地。（三）江西方面（一八七八）：为安仁、樟树、抚州、河口、弋阳、饶州、赣州、吉安、建昌、金溪、乐平、临江、龙泉、南昌、南丰、南康、宁都、信丰、大姑塘、崇仁、东乡、洋口、表州、永丰、永新、玉山等地。（四）江苏方面（一八五四）：为上海、安东、镇江、高邮、清江浦、扬州等地。（五）湖北方面（一八七四）：为汉口、宜昌、谷城、老河口等地。（六）湖南方面（一八九八）：为常德、长沙、衡州、洪江、南州厅、宝庆、湘乡、湘潭、新宁、桃花坪、靖州、武冈、沅州等地。（七）贵州方面（一八七七）：为贵阳、安平、安顺、镇远、兴义、思南、大定、遵义、独山等地。（八）云南方面（一八八一）：为昆明、曲靖、平彝、大理、腾越、武定、元谋等地。（九）四川方面（一八七七）：为重庆、成都、渠县、富顺、开县、江津、嘉定、邛州、广安、广元、灌县、夔州、梁山、泸州、南部、巴州、保宁、彭山、顺庆、新店子、叙府、绥定、大竹、打箭炉（今属西康）、万县、威旧、营山等地。（十）河南方面（一八八三）：为项城、陈州、周家口、扶沟、襄城、洛阳、开封、紫荆关、光州、渑池、赊旗镇、西华、新安、太康、郾城、永宁等地。（十一）山东方面（一八七九）：为芝

---

① 该会除在伦敦设有总机关外，并在上海、美国、澳大利亚、新西兰、苏格兰、加拿大、塔斯马尼亚（Tasmania）、奥格兰（Auckland）等处设立办事机关。

② 内地会一名为英文内地差会（China Inland Mission）之译义，则注意内地传教事业之意。该会虽为英人 Hudson Taylor 氏所组织，然非纯属于英国之教会，而带有国际的性质。其受该会领导、协助，成为该会联络、合作之教会，除本章第二节"（七）内地宗"条所举者外，尚有"The Lible Christian Methodist Mission"（1885）、"The Liebenzell Mission"（1906）、"The St. Christian Pilgrim Mission"、"The Frieden short Deaconess Mission"（1912）等会。

界、宁海二地。(十二)山西方面(一八七七)：为赵城、解州、丰镇、兴县、河津、洪洞、浑源、霍州、猗氏、芮城、绛州、介休、祁县、曲沃、岚县、灵邱、临县、潞安、潞城、平阳、平遥、蒲州、朔州、孝义、隰州、朔平、大宁、大同、天镇、静乐、左云、翼城、岳阳、运城、永宁、余吾镇等地。(十三)绥远方面(一八八六)：归化、包头、萨拉齐等地。(十四)陕西方面(一八七九)：为汉中、长武、城固、鳌屋、凤翔、韩城、兴安、兴平、郃阳、邠县、乾州、沔阳、蓝田、醴泉、陇州、龙驹寨、郿县、邠州、蒲城、西安、西乡、同州、武功、洋县等地。(十五)甘肃方面(一八七八)：为秦州、镇源、伏羌、泾州、兰州、凉州、平凉、西宁、崇信等地。(十六)河北方面(一八八七)：为涿鹿、北京、天津、顺德等地。(十七)宁夏方面(一八八五)：只有宁夏省治一地。(十八)新疆方面(一九〇八)：只有迪化一地。

(丙)著名教士。(一)戴德生；(二)米道斯(James J. Meadows)；(三)史蒂芬孙(J. W. Stevenson)；(四)卞退(J. M. Carthy)；(五)纳巴尔(B. Bagnall)；(六)波尔(F. W. Baller)；(七)坎麦纶(J. Cameron)；(八)葛拉克(G. W. Clark)；(九)伊斯吞(G. F. Easton)；(十)多窝德(A. C. Dorward)；(十一)库拍(W. Cooper)；(十二)武德(F. Marcus Wood)；(十三)加塞尔斯(Bishop Cassels)；(十四)布朗(G. Graham Brown)；(十五)贺斯特(D. E. Hoste)；(十六)波宋(Montague Beauchamp)；(十七)斯图德(C. T. Studd)；(十八)斯密司(Stanley P. Smith)；(十九)伯驾(G. Parker)；(二〇)威廉臣(J. Williamson)；(二一)罗威斯(Richard H. Lowis)。

(丁)信徒、职员及教会学校学生的人数，表列如下：

| 报告时期 | 一八八九年 | 一九〇五年 | 一九一五年 | Survey | 一九二〇年 |
| --- | --- | --- | --- | --- | --- |
| 受餐信徒 | 二九三七 | 一四〇七八 | 三七八〇二 | 五〇五四一 | 五三一六二 |
| 西籍职员 | 三六六 | 八四九 | 九七六 | 九六〇 | 九八〇 |
| 华籍职员 | 九二 | 一二八七 | 一九九四 | 二一二五 | 一九三一 |
| 教会学校学生 | 一八二 | 二九九七 | 一一六八五 | 一五二〇 | 一一〇〇六 |

（戊）教会事业。据一九一七年该会教务统计：共有教堂及小礼拜堂九六九所，外人居留所二三一所，主日学校一四九所，幼稚园十二所，初等小学校三九六所，高等小学校五十五所，中学校五所，师范学校十七所，神学学校六所，实业学校四所，孤儿院六所，医药学校三所，看护妇养成所一所，医院十四所，慈善机关三十四所。①

## 第四节 美籍教会

美国原属英国殖民地，一七七五年奋起独立，与英国抗争，至一七八三年卒得英国之承认，完全独立自主。美国独立后初期数十年，致力于国内产业之开发及国基之巩固，尚无余力以经营海外。迨十九世纪中叶，美国国基既固，国内产业开发殆尽，且财富集中、工业发达之结果，美国之新帝国主义乃渡太平洋向远东进展。一八五四年，美国东印度舰队司令伯里（Matthew Calbraith Perry, 1794—1858）之强迫日本德川幕府开国通商，即其初步之表现。一八九八年战败西班牙，并合夏威伊夺取菲律滨之后，西进之势益急。惟美国以向外发展稍迟，在华势力尚落列强之后。一八九九年，美国总统麦荆来（William Mckinley, 1843—1901）乃向各国作开放中国门户之宣言，希图打破列强割据独占之局面，而扩张本国势力于中国。从此，美国在华势力日益发展而臻于今日之盛。美国各派教会初期对外传教事业，因传统上与英国各派教会有密切之关系，故尚多与英国各派教会合作。其后，美国国势日张，各派教会乃随其本国国势之进展而独自经营海外传教事业。美国政府对于海外传教事业之态度殆有如英国，即对于海外传教并未视为国家重要政策，不过加以保护、赞助而已。美国与吾国关于传教所订之条约，盖以一八五八年（咸丰八年）《中美通商章程》第二十九款为初始。该款云：“一耶稣基督圣教，又名天主教，原为劝人行善，凡欲人施诸己者，亦必如是施于人。嗣后所有安分传教习教之人，当一体矜恤保护，

---

① 参阅：D. MacGillivary, *A Century of Missions in China*, pp.135 - 163; K. S. Latourette, *A History of Christian Missions in China*, pp.370, 382 - 394, 397, 399, 494, 516 - 518, 581 - 584, 595 - 597; Taylor, *Hudson Taylor*, Passim; Broomhall, *The Jubilee Story of the China Inland Mission*, Passim;山口昇《欧美人在华之文化事业》，三〇一—三一八页。

不可欺侮凌虐。凡有遵照教规、安分传习者,他人毋得骚扰。"此盖仿照中法、中英《天津条约》关于传教之规定而向清廷商订者。一八六八年(同治七年)之《中美续约》及一九〇三年(光绪二十九年)之《中美续议通商行船条约》,对于传教事项均有较详细之规定。《中美续约》第四款云:"原约第二十九款内载耶稣基督圣教暨天主教有安分传教习教之人,当一体保护,不可欺侮等语。现在议定是:美国人在中国,不得因美国人民异教,稍有欺侮凌虐。嗣后中国人在美国,亦不得因中国人民异教,稍有屈抑苛待,以昭公允。至两国人之坟墓,均当一体郑重保护,不得伤毁。"而《中美续议通商行船条约》的第十四款则云:"耶稣、天主两等基督教宗旨,原为劝人行善,凡欲施诸己者,亦必如是施于人。所有安分习教、传教人等,均不得因奉教致受欺侮凌虐。凡有遵照教规,无论华美人民,安分守教、传教者,毋得因此稍被骚扰。华民自愿奉基督教,毫无限止。惟入教与未入教之华民,均系中国子民,自应一律遵守中国律例,敬重官长,和衷相处。凡入教者,于未入教以前,或入教后,如有犯法,不得因身已入教,遂免追究。凡华民应纳各项例定捐税,入教者亦不得免纳。惟抽捐为酬神赛会等举起见,而与基督教相违背者,不得向入教之民抽取。教士应不得干预中国官员治理华民之权。中国官员亦不歧视入教、不入教者,须照律秉公办理,使两等人民相安度日。美国教会准在中国各处租赁及永租房屋地基,作为教会公产,以备传教之用。俟地方官查明地契妥当盖印后,该教士方能自行建造合宜房屋,以行善事。"此二款所定各节,虽不出法国与清廷关于传教所缔结各约及所议定各款之范围,但条文语气,实较和缓,且其所定并非独责中国以单纯、片面的义务,此则盖因美国对于传教事业之态度不尽与法国相同故也。兹就美国在华传教各教会中,择其主要者,并依其来华开教之先后,分别叙述其概况焉。

### 一、公理会(属公理宗)

(甲)本部所在。该会本部所在地为 Congregational House, 14 Beacon Street, Boston。

(乙)传教区域。一八一〇年,美国独立教会(Congregational

Church)为欲传布福音于海外,特组织公理会,以专责成。一八三〇年,公理会遣派教士裨治文(Elijah Coleman Bridgman)偕归正教会(属长老宗)教士雅裨理(David Abeel)赴华,在广州宣教,是为美国教士来华布道之始。该会现在传教区域及各地开教年代,略如下述:(一)华南传教区(South China Mission,一八三〇):管辖广州、香港、佛山、新会、新宁、开平、新兴、恩平、束安、赤溪、中山等地教区。(二)福州传教区(Foochow Mission,一八四七):管辖闽侯、侯官、长乐、永福、南屏、顺昌、将乐、建宁、泰宁、邵武、光泽、沙县、瓯宁、延平等地教务。(三)华北传教区(North-China Mission,一八六〇):管辖天津(一八六〇)、北平(一八六四)、通州(一八六七)、保定(一八七三)、庞家庄(一八八〇)、临清(一八八六)、德州(一八八〇)、张家口(一八六五)等地教务。(四)山西传教区(Shansi Mission,一八八三):管辖太谷(一八八三)、汾州(一八八六)等地教务。

(丙)著名教士。(一)裨治文(1801—1861);(二)Rev. C. R. Hager;(三)卫三畏(Samuel Wells Williams, 1812—1884);(四)约翰孙(Stephen Johnson);(五)武丁(S. F. Woodin);(六)辉特尼(H. T. Whisney);(七)杜力特尔(Rev. Justus Doolittle, 1824—1880);(八)布罗葛特(Rev. Henry Blodget);(九)斯忒尔(W. B. Stelle);(十)谷德立赤(Rev. Chauncey Goodrich);(十一)阿姆特(Rev. W. S. Ament);(十二)杨(Dr. Charles W. Yaung);(十三)坡尔忒(H. D. Porter);(十四)科宾(Rev. Paul L. Corbin);(十五)罕明威(Willoughby A. Hemingway)。

(丁)信徒、职员及教会学校学生的人数,表列如下:

| 报告时期 | 一八八九年 | 一九〇五年 | 一九一五年 | Survey | 一九二〇年 |
| --- | --- | --- | --- | --- | --- |
| 受餐信徒 | 一五四九 | 九五七三 | 一一八四五 | 一四〇〇三 | 一五〇一一 |
| 西籍职员 | 八三 | 一〇六 | 一四七 | 一九八 | 二〇〇 |
| 华籍职员 | 九五 | 五九〇 | 九六一 | 一〇〇三 | 一一三七 |
| 教会学校学生 | 一〇七四 | 四二三七 | 九八〇三 | 未详 | 一〇二九二 |

（戊）教会事业。据一九一七年该会教会统计：共有教堂及小礼拜堂三七六所，外人居留所十三所，主日学校一八二所，幼稚园十一所，初等小学校二四七所，高等小学校三十一所，中学校十三所，大学校三所，师范学校四所，实业学校一所，看护妇养成所二所，医院七所。就中以福建协和大学、福建协和道学医院（与英国圣公会、美国美以美会合办）、燕京大学文理科及神科（与伦敦会、北美长老会、美以美会合办）、齐鲁大学文科、神科及医科（与北美长老会、华北英国圣公会、英国浸礼会合办）、华北协和道学院（与伦敦会、北美长老会合办）、北京协和医学女校（与北美长老会、美以美会合办）、广州协和女子师范学校（与英国长老会、北美长老会合办）等校为最有名。①

## 二、圣公会（属圣公宗）

（甲）本部所在。该会本部所在地为 281 Fourth Ave. New York。

（乙）传教区域。一八三五年，该会派教士隆克武氏（Rev. Henry Lockwood）及罕孙氏（Rev. R. Hanson）来华，企图传道，未果。至一八四〇年，逢氏（Rev. W. J. Boone）来华之后，始正式在厦门宣教，旋转驻上海活动，遂确立上海传教区之基础。该会现在传教区域及各地开教年代，略述如下：（一）上海传教区（Missionary District of Shanghai）：管辖上海（一八四五）、常熟（一九〇〇）、南京（一九〇八）、苏州（一九〇二）、无锡（一九〇〇）、扬州（一九〇七）、青浦（一九〇二）、嘉定、江湾等地教务。（二）汉口传教区（Missionary District of Hankow）：管辖汉口（一八六八）、宜昌（一八八六）、沙市（一八八六）、武昌（一八六八）、长沙（一九〇二）、九江（一九〇一）、南昌（一九〇六）等地教务。（三）安庆传教区（Missionary District of Anking）：管辖安庆（一九〇二）、芜湖（一八八五）等地教务。

（丙）著名教士。（一）隆克武（Rev. Henry Lockwood）；（二）罕孙（Rev. F. R. Hanson）；（三）逢（Rev. William J. Boone）；（四）威廉（Rev. C. M. Williams）；（五）施若瑟（Rev. S. Isaac Joseph Schereschewsky）；（六）格累南斯（Rev. F. R. Graves）；（七）英格尔（Rev. J. A. Ingle）；（八）浦特

---

① 参阅：D. MacGillivary, *A Century of Missions in China*, pp. 251–296；K. S. Latourette, *A History of Christian Missions in China*, pp. 207, 217–219, 247, 248, 365, 366, 449, 460, 514, 517, 626, 627, 758, 761；Bridgman, *Life and Letters of Bridgman*, Passim.

(Rev. L. H. Roots);(九)罕亭吞(Rev. D. T. Huntington);(十)扑特(Rev. F. L. Hawks Pott);(十一)怕特里德机(Bishop Partridge)。

(丁)信徒、职员及教会学校学生的人数,表列如下:

| 报告时期 | 一八八九年 | 一九〇五年 | 一九一五年 | Survey | 一九二〇年 |
| --- | --- | --- | --- | --- | --- |
| 受餐信徒 | 四五〇 | 未详 | 三九〇一 | 六〇〇八 | 六四一一 |
| 西籍职员 | 一八 | 八四 | 一九一 | 二〇二 | 二一〇 |
| 华籍职员 | 三〇 | 二一二 | 六二六 | 九二四 | 一〇七六 |
| 教会学校学生 | 一一二三 | 二二三七 | 五六〇〇 | 六八五八 | 七二六三 |

(戊)教会事业。据一九一七年该会教务统计:共有教堂及小礼拜堂一三六所,外人居留所十八所,主日学校一四六所,幼稚园二所,初等小学校一三四所,高等小学校三十二所,中学校十三所,大学校二所,师范学校五所,神学学校三所,实业学校二所,医药学校一所,看护妇养成所五所,医院六所。就中以上海圣约翰大学(St. John's University)及医科、无锡天道学校(与英国圣公会、华北英国圣公会合办)、武昌协和师范学校(与伦敦会、循道会、北美长老会合办)、武昌文华大学校(Boone University)、上海同仁医院等为最有名。①

### 三、浸礼会(一名大美国浸礼会真神堂,属浸礼宗)

(甲)本部所在。该会本部所在地为 Tremont Temple, Boston。

(乙)传教区域。一八四二年,该会教士罗伯特氏(Rev. I. Jacox Roberts)奉派来华,在香港传道。越二年(一八四四),氏始到广州,从事宣教(洪秀全师事 Roberts 氏,即在此时)。该会现在传教区域及各地开教年代,略如下述:(一)华南传教区(South China Mission

---

① 参阅: D. MacGillivary, *A Century of Missions in China*, pp.312‑397; K. S. Latourette, *A History of Christian Missions in China*, pp.220, 250, 368, 425, 428, 456, 483, 573, 626, 628, 630, 636, 641, 661, 664; *Historical Sketch of the China Mission of the American Protestant Episcopal Church*, Passim.

Swatow Field)：此区以汕头为中心地，管辖广州(一九一三)、潮州(一八九四)、潮阳(一九〇五)、河婆(一九〇七)、嘉应州(一八九〇)、揭阳(一八九六)、汕头(一八六〇)、黄冈(一八九二)、惠州等地教务。(二)华东传教区(East China Mission)：此区以宁波为中心地，管辖宁波(一八四二)、杭州(一八八九)、湖州(一八八八)、金华(一八八三)、绍兴(一八六九)等地教务。(三)华西传教区(West China Mission)：此区以叙州为中心地，管辖叙州(一八八九)、成都(一九〇九)、嘉定(一八九四)、宁远(一九〇五)、雅州(一八九四)等地教务。①

(丙) 著名教士。(一) 罗伯特(Issachar Jacox Roberts)；(二) 阿斯摩尔(William Ashmore)；(三) 索忒尔(H. A. Sawtelle)；(四) 麦启本(W. K. Mckibben)；(五) 贝力(J. W. Carlin E. Bailey)；(六) 窝刀(R. E. Worley)；(七) 斯拍瑟耳(J. Spoicher)；(八) 惠特曼(G. E. Whitman)；(九) 季芬(J. H. Giffin)；(十) 亚劣斯(Joseph S. Adams)；(十一) 罕特力(Dr. G. A. Huntley)；(十二) 窝涅(George Warner)；(十三) 科力科(Dr. Briton Corlies)；(十四) 马比(H. C. Mabie)；(十五) 巴伯(T. S. Barbour)。

(丁) 信徒、职员及教会学校学生的人数，表列如下：

| 报告时期 | 一八八九年 | 一九〇五年 | 一九一五年 | Survey | 一九二〇年 |
|---|---|---|---|---|---|
| 受餐信徒 | 一四七九 | 四七〇九 | 六八三五 | 八五六二 | 一〇〇一六 |
| 西籍职员 | 三四 | 九〇 | 一三八 | 一八八 | 一八五 |
| 华籍职员 | 八二 | 二八五 | 五二七 | 七九五 | 九六四 |
| 教会学校学生 | 三二五 | 一一五一 | 六一八〇 | 八九一〇 | 一〇九六三 |

(戊) 教会事业。据一九一七年该会教务统计：共有教堂及小礼拜堂三二四所，外人居留所十九所，主日学校一八〇所，幼稚园二所，初等小学校二〇六所，高等小学校二十九所，中学校九所，师范学校三所，

---

① 该会原有华中传教区，以汉阳为中心，管理汉阳(一八九二)、嘉鱼、蒲圻等地教务。一九一六年，此区教务让由循道会及伦敦会办理。

神学学校一所,大学校一所,医药学校一所,看护妇养成所四所,医院十四所。就中以金陵女子大学(与美以美会、监理会、北美长老会、基督会合办)、沪江大学、成都华西协合大学(与英圣公会、美道会、美以美会合办)、金陵医院、上海妇孺医院护士学校(与监理会合办)为最有名。①

## 四、北长老会(属长老宗)

(甲) 本部所在,该会本部所在地为 156 Fifth Ave. New York。

(乙) 传教区域。一八四三年,该会教士赫普本氏(Dr. Hepburn)及奥尔氏(Mr. R. W. Orr)等始来广州活动,其后哈百氏(Rev. A. P. Happer,一八四四)、斯皮尔氏(Rev. William Speer,一八四六)、法兰刍氏(John B. French)等相继来粤,教务乃日见发达。该会现在传教区域及各地开教年代,略如下述:(一) 广州传教区(Canton Mission):管辖广州(一八四五)、阳江(一八九二)、连州(一八九一)、石龙(一九〇四)、径口(一八九二)、桂平(一八八六)等地教务。(二) 海南传教区(Hainan Mission):管辖海口(一八八五)、琼州(一八八五)、那大(一八八六)、嘉积(一八九〇)等地教务。(三) 湖南传教区(Hunan Mission):管辖长沙(一九一三)、常德(一八九八)、郴州(一九〇四)、衡州(一九〇二)、湘潭(一九〇〇)、桃源(一九〇二)、临武(一八八九)等地教务。(四) 江安传教区(Kiang-An Mission):管辖南京(一八七四)、怀远(一九〇一)、南宿州(一九一二)等地教务。(五) 华中传教区(Central China Mission):管辖上海(一八五〇)、苏州(一八七一)、杭州(一八五九)、宁波(一八四四)等地教务。(六) 北平传教区(Peping Mission):管辖北京(一八六三)、顺义(一九〇四)、通州(一八六一)、保定(一八九三)等地教务。(七) 山东传教区(Shantung Mission):此区分为东西二部:东部管辖登州(一八六一)、芝罘(一八六二)、青岛(一八九八)等地教务;西部管辖济南(一八七二)、潍县(一八八三)、沂州(一八九一)、济宁(一八九二)、峄县(一九〇五)、滕县(一九一三)等地教务。

---

① 参阅: D. MacGillivary, *A Century of Missions in China*, pp. 332-343; Merriam, *A History of American Baptist Missions*, Passim.

（丙）著名教士。（一）赫普本（Dr. Hepburn）；（二）奥尔（Mr. R. W. Orr）；（三）哈百（Rev. A. P. Happer）；（四）斯皮尔（Rev. William Speer）；（五）法兰刍（John B. French）；（六）劳里（Rev. W. M. Lowrie）；（七）丁韪良（William Alexander Parsons Martin，1827—1916）；（八）涅维斯（John Livingston Nevius，1829—1893）；（九）狄考文（Calvin Wilson Mateer，1836—1908）；（十）马卡特（Divie Bethune McCartee）；（十一）马伊尔文（Rev. Jasper Mcllvaine）；（十二）槐亭（Albert Whiting）；（十三）李佳白（Gilbert Reid）；（十四）法喃（J. M. W. Farnham）；（十五）杜力特尔（Justus Doolittle）。

（丁）信徒、职员及教会学校学生的人数，表列如下：

| 报告时期 | 一八八九年 | 一九〇五年 | 一九一五年 | Survey | 一九二〇年 |
| --- | --- | --- | --- | --- | --- |
| 受餐信徒 | 四〇四一 | 一六九七二 | 三四六二七 | 三八六五九 | 四〇二二〇 |
| 西籍职员 | 一二二 | 二六五 | 四一四 | 五〇二 | 四五八 |
| 华籍职员 | 一二〇 | 八七九 | 一九九四 | 二二六四 | 二四三七 |
| 教会学校学生 | 二四八二 | 五一〇七 | 一六六〇七 | 一八二三一 | 二一七七八 |

（戊）教会事业。据一九一七年该会教务统计：共有教堂及小礼拜堂八五二所，外人居留所三十四所，主日学校四七三所，幼稚园二十所，初等小学校六三四所，高等小学校十五所（?），中学校四十一所，师范学校六所，实业学校三所，看护妇养成所四所，医药学校一所，大学专门学校五所，医院三十四所。就中以燕京大学、金陵大学、金陵女子大学、福建协和大学与北平妇女圣道学校、北平华北协和道学院、齐鲁大学神科、金陵神学校、广州协和神学校、长沙湖南圣经学校、北京协和医学女校、济南共和医院、金陵护士学校、金陵医院（均与别会合办），尤为著名。①

---

① 参阅：D. MacGillivary, *A Century of Missions in China*, pp. 379 - 395；K. S. Latourette, *A History of Christian Missions in China*, pp. 427，450，453，471，493，514，520，570，628，634。

## 五、浸信会（一名美国南浸信传道部，属浸礼宗）

（甲）本部所在。该会本部所在地为1103，Main St.，Richmond。

（乙）传教区域。一八四五年，该会教士克罗吞氏（Rev. S. C. Clopton）及皮昔氏（George Pearcy）始来华，在广州开教。该会现在传教区域及各地开教年代，略如下述：（一）华南传教区（South China Mission）：管辖广州（一八四五）、江门（一九〇五）、北海（一九一五）、肇庆（一八七七）、英德（一八九〇）、梧州（一八九〇）、桂林（一八九五）等地教务。（二）华中传教区（Central China Mission）：管辖镇江（一八八三）、上海（一八四七）、苏州（一八八三）、扬州（一八九一）等地教务。（三）内地传教区（Interior China Mission）：管辖郑州（一九〇四）、开封（一九〇八）、归德（一九〇八）、亳州（一九〇四）等地教务。（四）华北传教区（North China Mission）：管辖芝罘（一八六〇）、黄县（一八八五）、莱州（一九〇二）、莱阳（一九一五）、平度（一八八八）、泰安（一九一六）、登州（一八六一）、青岛（一九一五）等地教务。

（丙）著名教士。（一）克罗吞（S. C. Clopton）；（二）皮昔（George Pearcy）；（三）耶臾（Matthew T. Yates）；（四）哈特卫尔（J. B. Hartwell）；（五）罗吞（Rev. W. W. Lawton）；（六）萨利（Rev. Engene Sallee）；（七）李给（Rev. T. J. League）；（八）波斯替刻（Rev. G. P. Bostick）；（九）奥文（Rev. J. C. Owen）；（十）芬格棱（Rev. Carl Vingren）；（十一）司蒂芬斯（Rev. S. Emmet Stephens）；（十二）牛顿（Rev. W. C. Newton）。

（丁）信徒、职员及教会学校学生的人教，表列如下：

| 报告时期 | 一八八九年 | 一九〇五年 | 一九一五年 | Survey | 一九二〇年 |
| --- | --- | --- | --- | --- | --- |
| 受餐信徒 | 八〇八 | 五〇四九 | 一六二一三 | 二三六四四 | 二四三三四 |
| 西籍职员 | 二五 | 八八 | 一六二 | 一七五 | 二〇〇 |
| 华籍职员 | 二九 | 一七四 | 七九二 | 一一〇四 | 未详 |
| 教会学校学生 | 三三八 | 一六四六 | 七八二三 | 一〇〇五九 | 一四〇一 |

（戊）教会事业。据一九一七年该会教务统计：共有教堂及小礼拜堂四一九所，外人居留所二十一所，主日学校二九六所，幼稚园八所，初等小学校三二三所，高等小学校十七所，中学校二十所，师范学校三所，神学学校三所，大学校二所，医院十所，孤儿院一所。就中以沪江大学（与美浸礼会合办）、齐鲁大学医科（与华北英国圣公会、英浸礼会、华北英国圣公会、英长老会、北美长老会、南美长老会合办）及沪东公社工业医院（与美浸礼会合办）为较著名。①

### 六、美以美会（属监理宗）

（甲）本部所在。该会本部所在地为 150 Fifth Avenue, New York。

（乙）传教区域。一八四七年，该会教士科林斯氏（Rev. Judson D. Collins）与怀特氏（Rev. Moses C. White）始来华，开教于福州。该会现在传教区域及各地开教年代，略如下述：（一）福州传教区（Foochow Conference）：管辖福州（一八四七）、福清（一九一四）、古田（一八八九）、闽清（一八九六）、海坛（一八九五）等地教务。（二）兴化传教区（Hinghwa Conference）：管辖兴化（一八六四）、黄石（一九一五）、仙游（一八六三）、永春（一八六三）等地教务。（三）延平传教区（Yenping Conference）：管辖延平（一九〇二）、永安（一九一〇）等地教务。（四）华中传教区（Central China Mission）：管辖安徽屯溪（一九一八）、芜湖（一八八三）、镇江（一八八四）、南京（一八八七）、上海（一九〇〇）等地教务。（五）华西传教区（West China Mission）：管辖成都（一八九二）、重庆（一八八二）、遂宁（一八九六）、资州（一八九七）、合州、叙宁（一九〇〇）等地教务。（六）华北传教区（North China Mission）：管辖昌黎（一九〇三）、北平（一八六九）、山海关（一八九〇）、天津（一八七〇）、泰安（一八七四）、保定、霸州、遵化、热河等地教务。（七）江西传教区（Kiangsi Conference）：管辖南昌（一八九九）、九江（一八六七）等地教务。此外，广东、东三省及湖北等地，近亦有该会教堂设立，主持各地教务。

（丙）著名教士。（一）科林斯（Rev. Judson D. Collins）；（二）怀

---

① 参阅 D. MacGillivary, *A Century of Missions in China*, pp.313-329.

特（Rev. Moses C. White）；（三）留伍斯（W. S. Lewis）；（四）劳里（H. H. Lowry）；（五）鲍尔文（Rev. S. L. Baldwin）；（六）宾克利（Rev. S. L. Binkly）；（七）普兰比（Rev. Nathan J. Plumb）；（八）奥令给（Rev. Franklin Ohlinger）；（九）威里（Bishop I. W. Wiley）；（十）马来（Rev. R. S. Maclay）；（十一）拉栖（Rev. W. H. Lacy）；（十二）西姆斯忒（Rev. James Simester）；（十三）马许（Rev. B. I. Marsh）；（十四）巴特瑟尔（Dr. W. B. Batcheller）；（十五）威尔柯克斯（M. C. Wilcox）；（十六）奥合结（F. Ohlinger）；（十七）奥文（Rev. Thomas B. Owen）；（十八）马卡彼（Bishop C. C. McCabe）；（十九）威廉（Rev. W. W. Williams）；（二十）狄尔定（Rev. H. G. Dildine）；（二一）斯特力特马他（Rev. Andrew Strittmater）；（二二）库华（Rev. C. F. Kupfer）；（二三）高瑟尔（Rev. J. F. Goucher）；（二四）惠勒（Rev. L. N. Wheeler）；（二五）皮尔瑟尔（Rev. L. W. Pilcher）；（二六）赫德兰（Prof. Headland）。

（丁）信徒、职员及教会学校学生的人数，表列如下：

| 报告时期 | 一八八九年 | 一九〇五年 | 一九一五年 | Survey | 一九二〇年 |
| --- | --- | --- | --- | --- | --- |
| 受餐信徒 | 三八八八 | 一五二一六 | 二八四七四 | 三八八二〇 | 四二七二〇 |
| 西籍职员 | 九九 | 一九六 | 二六二 | 四一九 | 未详 |
| 华籍职员 | 二四三 | 一六八五 | 二六六三 | 三一四七 | 五〇三八 |
| 教会学校学生 | 二七〇八 | 九三八九 | 二七二一一 | 二八九七三 | 三六五七七 |

（戊）教会事业。据一九一七年该会教务统计：共有教堂及小礼拜堂五〇九所，外人居留所三十所，主日学校八四二所，幼稚园七所，初等小学校九三七所，高等小学校六十八所，中学校十八所，师范学校十三所，神学校二所，实业学校三所，看护妇养成所八所，大学校五所，医院二十所，孤儿院十所。就中以燕京大学、金陵大学、金陵女子大学、福建协和大学、华西协合大学、金陵神学女校、福建土语学校、成都协和女

子师范学校及金陵护士学校(均与别会合办)等,较为著名。①

### 七、监理会(属监理宗)

(甲)本部所在。该会本部所在地为 Nashville, Tennessee。

(乙)传教区域。一八四八年,该会教士泰罗氏(Charles Taylor)与贞琴斯氏(Benjamin Jenkins)始来华,开教于上海。该会现在传教区域及各地开教年代,略如下述:(一)上海传教区(Shanghai District):管辖上海(一八四八)、松江、浦东、张堰、朱家角、南翔、嘉定等地教务。(二)苏州传教区(Soochow District):管辖苏州(一八五八)、常熟、昆山、巴里巷、天赐庄等地教务。(三)湖州传教区(Huchow District):管辖湖州(一八九八)所属各地教务。(四)常州传教区(Changchow District):管辖常州(一九〇三)、无锡、宜兴、南京(一九一五)等地教务。

(丙)著名教士。(一)泰罗(C. Taylor);(二)贞琴斯(B. Jenkins);(三)蓝布司(J. W. Lambuth);(四)林乐知(Young John Allen, 1836—1907);(五)潘慎文(A. Peter Parker, 1804—1888);(六)克林(Rev. Jno. W. Cline);(七)坎柏尔(Dr. R. H. Campbell);(八)帕克(Dr. Park);(九)马沙尔(Rev. C. K. Marshall);(十)兼律布(Dr. Mildred Philips);(十一)坡克(Dr. M. H. Polk);(十二)赫因(Dr. A. G. Hearn)。

(丁)信徒、职员及教会学校学生的人数,表列如下:

| 报告时期 | 一八八九年 | 一九〇五年 | 一九一五年 | Survey | 一九二〇年 |
|---|---|---|---|---|---|
| 受餐信徒 | 三一二 | 一七五四 | 四九五二 | 一〇八三三 | 未详 |
| 西籍职员 | 三二 | 四八 | 九六 | 一一八 | 未详 |
| 华籍职员 | 二〇 | 一七五 | 四六三 | 六五四 | 六九一 |
| 教会学校学生 | 九二五 | 一五二七 | 四〇二七 | 三七九七 | 未详 |

---

① 参阅: D. MacGillivary, *A Century of Missions in China*, pp. 429-458; K. S. Latourette, *A History of Christian Missions in China*, pp. 256, 374, 401, 456, 748, 767; Reid and Gracey, *Methodist Episcopal Missions*, Passim.

（戊）教会事业。据一九一七年该会教务统计：共有教堂及小礼拜堂七十五所，外人居留所六所，主日学校一四五所，幼稚园七所，初等小学校三十八所，高等小学校五所，中学校二所，大学校二所，师范学校四所，实业学校一所，看护妇养成所一所，医院二所。就中以苏州东吴大学、上海中西书院、金陵女子大学、金陵大学、金陵神学校、上海妇孺医院、湖州福音医院（均与别会合办）较为著名。①

## 八、南长老会（属长老宗）

（甲）本部所在。该会本部所在地为 Chamber of Commerce Building, Nashville, Tennessee。

（乙）传教区域。一八六七年，该会教士英士利氏（Rev. E. B. Inslee）与斯图亚特氏（Rev. John L. Stuart）始来华，在杭州开教。该会现在传教区域及各地开教年代，略如下述：（一）华中传教区（Mid-China Mission）：管辖杭州（一八六七）、嘉兴（一八九五）、桐乡（一八九二）、苏州（一八九二）、常州（一九一一）、南京（一九〇五）、江阴（一八九五）、镇江（一八八三）等地教务。（二）江北传教区（North Kiangsu Mission）：管辖徐州（一八九六）、宿迁（一八九四）、泰州（一九〇八）、清江浦（一八八七）、盐城（一九一一）、济南（一九一六）、滕县（一九一八）、维安（一九〇四）、海州（一九〇八）等地教务。

（丙）著名教士。（一）威尔逊（Rev. J. Leighton Wilson）；（二）度巴斯（Dr. H. C. Du Base）；（三）对维斯（J. W. Davis）；（四）盆忒（G. W. Painter）；（五）兰加斯德（Rev. R. L. Lancaster）；（六）赫尔姆（Rev. B. Helm）；（七）法兰克林（Rev. B. F. Franklin）；（八）巴得孙（Rev. B. C. Patterson）；（九）力特尔（Rev. L. L. Little）；（十）布棱（Rev. J. M. Blain）；（十一）摩非特（Rev. L. J. Moffett）；（十二）托尔波特（Rev. A. A. Talbot）；（十三）斯图亚特（Rev. W. H. Stuart）；（十四）拆斯忒（Rev. S. H. Chester）。

（丁）信徒、职员及教会学校学生的人数，表列如下：

---

① 参阅：D. MacGillivary, *A Century of Missions in China*, pp.411-428；*Work and Progress in China of the Methodist Episcopal Church, South*, Passim; K. S. Latourette, *A History of Christian Missions in China*, pp.256, 374, 493, 767.

| 报告时期 | 一八八九年 | 一九〇五年 | 一九一五年 | Survey | 一九二〇年 |
|---|---|---|---|---|---|
| 受餐信徒 | 一〇〇 | 一七五二 | 三六〇一 | 五六七一 | 七〇四一 |
| 西籍职员 | 二八 | 五一 | 一三七 | 一四六 | 一三九 |
| 华籍职员 | 九 | 八〇 | 四七四 | 五三八 | 五八二 |
| 教会学校学生 | 三〇〇 | 一七六 | 三九八三 | 三七九一 | 四九二二 |

（戊）教会事业。据一九一七年该会教务统计：共有教堂及小礼拜堂二二五所，外人居留所十四所，主日学校九十七所，幼稚园三所，初等小学校一三五所，高等小学校二十所，中学校九所，师范学校二所，大学校三所，看护妇养成所五所，医院二十四所，孤儿院一所。就中以杭州之江大学（与北长老会合办）、金陵大学、金陵神学校、齐鲁大学医科（均与别会合办）较为著名。①

## 第五节　德籍教会

十九世纪初期，德国三十八邦并立国中，彼疆此界俨同敌国。自一八三四年，各邦关税同盟（Zollverein）成立，普鲁士执其牛耳，国基乃渐形确立。一八五八年，普王威廉第一世（Wilhelm I）即位，任俾斯麦（Bismarck，1815—1898）为首相，内谋国家之统一，外图国力之伸张。一八六六年普奥战后，普鲁士成为北日耳曼诸邦之盟主。一八七〇年，普鲁士复战胜法国，于是南部日耳曼诸邦相率来归，而德意志帝国于以成立。是时，俾斯麦厉行统一政策，联邦中之奉旧教者对之颇不满，阴谋反对，盖恐信奉新教之普鲁士一旦得志，则旧教徒将无立足之地也。一八七一年，举行第一次帝国国会选举，旧教徒之当选者凡六十三人。俾斯麦以此为教士反对国家之阴谋，非设法破坏之不可，乃将耶稣会中人及其他宗教结社逐诸国外，并惩处攻击政府之教士，而普鲁士不久亦

---

① 参阅：D. MacGillivary, *A Century of Missions in China*, pp. 395-405；K. S. Latourette, *A History of Christian Missions in China*, pp. 471, 574, 628, 664.

制定种种苛法,以抑教士,所谓"文化斗争"(Kulturkampf)者此也。普鲁士原为新教国家,对于新教团体自较优待,然于海外传教事业则亦未加重视而奖励之。考日耳曼诸邦新教徒之东来宣教,盖始于郭实腊之来广州(一八二七),而盛于一八四七至一八五一年巴色会、礼贤会、信义会、柏林女书院等之派遣教士来吾国。然此等教会之迭派教士来华传教大都出于自动,非受政府奖助而来。吾人观于一八六一年(咸丰十一年)普鲁士与吾国所订之修好条约,对于传教事项只曾轻微规定:"凡在中国者,或崇奉或传习天主教暨耶稣圣教之人,皆全获保佑身家。其会同礼拜诵经等事,概听其便。"(见原约第十款)即可知当时普鲁士对于传教事业的态度之一斑也。其后,俾斯麦鉴于旧教徒反抗之日烈、社会党发达之迅速,及欲借宗教之助力扩张势力于中国,乃一面与旧教徒言和,停止"文化斗争"之运动,废除所有苛法;一面对于新旧教团体海外传教事业采取保护与奖励之政策焉。兹就德国在华传教各新教教会中,择其主要者,并依其来华开教之先后,分别叙述梗概焉。

### 一、巴色会(属信义宗)

(甲)本部所在。该会本部所在地为Basel(在瑞士国西北隅,当莱因河大湾曲处)。

(乙)传教区域。该会成立于一八一五年。一八二八年,始遣派教士在南洋及非洲之德国殖民地土人间,及侨居英领婆罗洲之客家民族间传教。后受郭实腊之劝诱,于一八四六年选派教士勒喜勒氏(R. Lechler)与汉伯氏(Th. Hambery)来华。翌年三月,彼等来抵香港,即向居住于香港与九龙之客家民族宣教。该会现在传教区域及各地开教年代,略如下述:(一)南方传教区(Underland):此区以香港为中心,管辖香港(一八四七)、九龙及广九铁路沿线各地教务。(二)北方传教区(Upperland):此区又分为东江及梅江两部分,前者以惠州为中心,管辖和平(一九〇三)、紫金(一八八五)、河源(一九〇一)、惠阳等地教务;后者以旧嘉应州(今梅县)为中心,管梅县(一八八三)、兴宁、平远、蕉岭等地教务。此外潮州方面之梅林(一八八九)、源坑里(一八六六)、平塘(一八八七)等地教务,亦归该会统辖。

（丙）著名教士。（一）勒喜勒（Rev. R. Lechler）；（二）汉伯（Rev. Th. Hamberg）；（三）温涅斯（Mr. Winnes）；（四）匹吞（Rev. Ch. Piton）；（五）威丁堡（Dr. H. Wittenberg）；（六）哈革（Rev. C. R. Hager）；（七）绍比（Rev. Martin Schaub）；（八）安斯坦因（Rev. Hans Anstein）；（九）老斯曼（Rev. G. Gussmann）。

（丁）信徒、职员及教会学校学生的人数，表列如下：

| 报告时期 | 一八八九年 | 一九〇五年 | 一九一五年 | Survey | 一九二〇年 |
|---|---|---|---|---|---|
| 受餐信徒 | 二〇二九 | 八五三〇 | 七四三七 | 八一九三 | 七〇九六 |
| 西籍职员 | 三三 | 四八 | 六九 | 七五 | 五一 |
| 华籍职员 | 五一 | 二〇三 | 三一六 | 二一二 | 三六四 |
| 教会学校学生 | 八四八 | 一七四五 | 五二五三 | 未详 | 四九四五 |

（戊）教会事业。据一九一七年该会教务统计：共有教堂及小礼拜堂一四六所，外人居留所十八所，主日学校七所，初等小学校九十二所，高等小学校二所，师范学校一所，神学学校一所，医药学校一所，医院二所。①

## 二、信义会（一名信义堂，属信义宗）

（甲）本部所在。该会本部所在地为 Georgenkirchstrasse 70, Berlin。

（乙）传教区域。该会成立于一八二四年。一八五〇年始派教士罕斯帕赤氏（Rev. Hanspach）来华，开教于广州附近之客家民族间。该会现在传教区域及各地开教年代，略如下述：（一）广东方面：为惠州（一九一一）、博罗、新安、南海、番禺（一八六七）、香山、顺德、新会、增城、从化、花县、清远、曲江（一九〇二）、南雄（一八九三）、乳源、乐昌、仁化（一九〇二）、始兴（一八九九）等地。（二）江西方面：为南安、大庾、南康、虔南等地。（三）山东方面：为青岛（一八九八）、即墨（一九〇一）、胶州（一九〇八）、莱阳、海西等地。

---

① 参阅：D. MacGillivary, *A Century of Missions in China*, pp.474 - 483；K. S. Latourette, *A History of Christian Missions in China*, pp.245, 254, 372, 373, 431, 442, 445, 576, 624, 636, 665, 776.

（丙）著名教士。（一）罕斯帕赤（Rev. A Hanspach）；（二）胡布立（Rev. F. Hubrig）；（三）科里克（Mrs. W. Kollecker）；（四）坎兹（Rev. Kunze）；（五）窝斯堪普（Rev. Voskamp）；（六）贝根（Rev. Paul D. Bergen）。

（丁）信徒、职员及教会学校学生的人数，表列如下：

| 报告时期 | 一八八九年 | 一九〇五年 | 一九一五年 | Survey | 一九二〇年 |
| --- | --- | --- | --- | --- | --- |
| 受餐信徒 | 四六二 | 未详 | 六三二〇 | 六〇一二 | 六三九八 |
| 西籍职员 | 一一 | 四二 | 四七 | 四九 | 四一 |
| 华籍职员 | 二五 | 未详 | 一一一 | 一六三 | 二〇九 |
| 教会学校学生 | 四〇 | 未详 | 五三九 | 一〇九三 | 一六〇二 |

（戊）教会事业。据一九一七年该会教务统计：共有教堂及小礼拜堂一七三所，外人居留所十四所，初等小学校五十一所，高等小学校三所，神学学校一所。①

## 第六节　其他各教会

以上三节所述英、美、德三国在华传教之各教会，不过其较重要者，其他次要之传教团体及瑞典、挪威、芬兰、丹麦与国际在华传教之团体，为数尚多。② 兹择要表列如左：③

---

① D. MacGillivary, *A Century of Missions in China*, pp.484－489；K. S. Latourette, *A History of Christian Missions in China*, pp.245，374，495，576，665，681，745，772.

② 据汉译《中华归主》第一编第三页云："一九〇〇年，国内有十一宣教会（按此似不确），逮一九〇六年即增至六十七。十三年后，又增至一百三十宣教会矣。且于此二十年中，宣教会已增加百分之四十七，更有三十六基督教团体经营各项事业，或系独立性质，或与宣教会有间接之原因。故本期内小宣教会之增加极速，足以见基督教之在中国，有单独的或特殊的发展状况也。"按此所说，就是指民国十一年（一九二二）以前之事而言。自民国十二年迄今十有余年，虽中经激烈的反基督教运动（一九二五——一九二六），传教事业大受影响。然自一九二六年以后，基督教事业又复入于安定时期，而宣教团体之新来吾国活动者亦络绎不绝焉。

③ 此表系根据汉译《中华归主》第六页《中国基督教差会机关名称释要》作成，更稍加以补充。关于各省份基督教之势力及其比较，或教会事业之比较，或大宗派之宣教地及其工作比较，汉译《中华归主》一书序言之最详而又精确，可供参阅。又一九一四至一九二六年，新来吾国之宣教团体及其活动情况，可参阅 K. S. Latourette, *A History of Christian Missions in China*, Chap. XXIX，XXX；*China Mission Year Book*，1914，1915，1916，1917，1918，1919，1923，1924，1925，1926.

| 会　名 | 英文名称 | 国籍 | 宗派 | 开　教 | 释　　要 |
|---|---|---|---|---|---|
| 大英圣书公会 | British and Foreign Bible Society | 英 | 无 | 一八三六 | 专事编译《圣经》及印刷发行等事 |
| 华北英国圣公会 | Society for the Propagation of the Gaspel in Foreign Parts | 英 | 圣公 | 一八六三 | 宣教区域在华北河北、山东、辽宁等地 |
| 苏格兰圣经会 | National Bible Society of Scotland | 英 | 近长老 | 一八六三 | 苏格兰全属圣经会，在华之印发《圣经》事业 |
| 苏格兰福音会 | Church of Scotland Foreign Mission Committee | 英 | 长老 | 一八七八 | 苏格兰国教之国外布道会，传教地在宜昌附近 |
| 公谊会 | Friend's Foreign Mission Association | 英 | 公谊 | 一八八四 | 即英贵格会，宣教地在四川 |
| 广学会 | Christian Literature Society for China | 英 | 联和 | 一八八四 | 本部设在上海，专刊发宗教小册子，及各种图籍、报章杂志 |
| 英美会 | Canadian Methodist Mission in West China | 英 |  | 一八九一 | 宣教地在四川 |
| 新西兰长老会 | Presbyterian Church of New Zealand | 英 | 长老 | 一九〇一 | 传教地在广东 |
| 弟兄会 | Christian Missions in Many Lands (Brethren) | 英 | 弟兄派 | 一八八五 | 宣教地在直隶、江西、山东 |
| 五旬会 | Pentecostal Missionary Union | 英 | 信心派 | 一九一二 | 崇信五旬节使徒方言之能，仍存在于今日，宣教地在云南 |

(续表)

| 会　名 | 英文名称 | 国籍 | 宗派 | 开　教 | 释　要 |
|---|---|---|---|---|---|
| 美道会 | Missionary Society of the Methodist Church in Canada | 英 | 监理 | 一八九〇 | 加拿大美以美会之国外布道会,宣教地在成都及上海 |
| 圣洁会 | Canadian Holiness Movement Mission | 英 | 圣洁派 | 一九一〇 | 加拿大圣洁会之海外布道会,宣教地在湖南常德 |
| 传道会 | Emmanuel Medical Mission | 英 | 联和 | 一九一一 | 苏格兰格拉斯哥城之基督徒,在广西南宁开办之医药慈善事业 |
| 澳洲基督会 | Federal Foreign Mission Committee of Churches of Christ in Austria | 英 | 联和 | 一九一九 | 澳洲各地教堂之国外宣教联合委员在华之事业 |
| 大美国圣经会 | American Bible Society | 美 | 联和 | 一八三二 | 专刊行宗教书籍 |
| 大美国归正教 | Board of Foreign Mission of the Dutch Reformed Church in America | 美 | 长老 | 一八四二 | 宣教会在福建 |
| 耶稣安息日浸礼会 | Seventh-day Baptist Missionary Society | 美 | 浸礼 | 一八四七 | 宣教地在上海及其附近 |
| 基督会 | Foreign Christian Missionary Society | 美 | 使徒派 | 一八八六 | 宣教地在皖、赣、苏、川等省 |
| 贵格会 | American Friend's Mission (Ohio) | 美 | 公谊 | 一八八七 | 宣教地在南京及六合 |

(续表)

| 会　名 | 英文名称 | 国籍 | 宗派 | 开　教 | 释　要 |
|---|---|---|---|---|---|
| 宣道会 | Christian and Missionary Alliance | 美 | 独立 | 一八八八 | 宣教地在皖、湘、鄂、苏、桂、甘等省 |
| 基督同寅会 | United Brethren in Christ Mission | 美 | 长老 | 一八八九 | 宣教地在广州及中山 |
| 豫鄂信义会 | Board of Foreign Missions of the Norwegian Lutheran Church of America | 挪、美 | 信义 | 一八九七 | 宣教地在燕、豫、鄂、鲁等省 |
| 尚贤堂 | International Institute of China | 美？ |  | 一八九四 | 谋中国与外国之智识阶级，互相接触融和，并利行宗教书籍 |
| 美国约老会 | American Reformed Presbyterian Mission | 美 | 长老 | 一八九五 | 宣教地在广东德庆、罗定 |
| 南直隶福音会 | South Chihli Mission | 美 | 信义 | 一八九六 | 宣教地在直隶广平、资川、大名 |
| 来复会 | American Advent Mission Society | 美 | 浸礼 | 一八九七 | 宣教地在南京、芜湖、巢县、和州 |
| 复初会 | Reformed Church in the U.S.A. | 美 | 长老 | 一八九九 | 宣教地在岳州、辰州、长沙 |
| 遵道会 | United Evangelical Church Mission | 美 | 监理 | 一九〇〇 | 宣教地在湘、苏二省 |
| 福音会 | China Mennonite Missionary Society | 美 | 监理 | 一九〇一 | 宣教地在山东、河南二省 |
| 雅礼会 | Yale Foreign Missionary Society | 美 | 无 | 一九〇二 | 美耶路（雅礼）大学在湖南之传教会 |

(续表)

| 会 名 | 英文名称 | 国籍 | 宗派 | 开 教 | 释 要 |
|---|---|---|---|---|---|
| 基督复临安息日会 | Seventh-day Adventist Mission Board | 美 | 复临派 | 一九〇二 | 宣教地在上海、汉口、长沙、温州、郿城、南京、济南、西安、重庆、北平、广州、汕头、福州、厦门、吉林、沈阳 |
| 循理会 | American Free Metodist Mission | 美 | 监理 | 一九〇四 | 宣教地在四川荣泽、开封、杞县 |
| 信义会 | Augustana Synod Mission | 美 | 信义 | 一九〇五 | 宣教地在河南许州、汝州、郏县、禹州 |
| 美普会 | Methodist Protestant Mission | 美 | 公理 | 一九〇九 | 宣教地在张家口 |
| 上帝教会 | General Council of the Assembles of God | 美 | 无 | 一九一四 | 宣教地在正定、北平、天津、太原、西安、高邑、康庄 |
| 五旬会 | Pentecostal Missionary Union | 美？ | 信心 | 一九一九 | 宣教地在怀集、泰安、广州、三水、横江、澳门、香港 |
| 友爱会 | General Mission Board of the Church of the Brethren | 美 | 浸礼 | 一九一〇 | 宣教地在北平、辽州、平定 |
| 女公会 | Woman's Union Missionary Society of America | 美 | 联和 | 一八六八 | 美国最初女子国外布道联合会，宣教地在上海、北平 |
| 北美瑞挪会 | Scandinavian China Alliance Mission | 美 | 内地 | 一八九一 | 传教地在陕、甘、晋、燕及蒙古 |
| 协同会 | Scandinavian Alliance Mission in Mongolia | 美 | 公理 | 一八九五 | 侨居北美之瑞、挪人合组之国外传教会，以蒙古为宣教地 |

(续表)

| 会 名 | 英文名称 | 国籍 | 宗派 | 开 教 | 释 要 |
|---|---|---|---|---|---|
| 美普会 | Methodist Protestant Mission | 美 | 公理 | 一九〇九 | 宣教地在河北北部与张家口 |
| 约长会 | Reformed Presbyterian Church in North America | 美 | 长老 | 一八九五 | 宣教地在广东德庆 |
| 礼贤会 | Rhenish Missionary Society | 德 | 信义 | 一八四七 | 宣教地在香港、广东东莞 |
| 巴陵女书院 | Berlin Women's Missionary Society for China | 德 | 联和 | 一八五一 | 德国柏林女子国外传教会，在香港开办之高等小学 |
| 同善会 | Weimar Mission | 德 | 正宗派 | 一八八五 | 宣教地在山东青岛、高密 |
| 德华盟会 | Deutsche China Alliance Mission in Barmen | 德 | 内系 | 一八九〇 | 德国各教堂国外布道同盟在华之宣教事业，宣教地在浙、赣 |
| 喜迪堪会 | Hildesheim Mission for the Blind | 德 | 独立 | 一八九〇 | 宣教地在广东梅县、香港、九龙 |
| 长老教会 | Kiel China Mission | 德 | 信义 | 一八九九 | 宣教地在广东、北海、廉州 |
| 信义会 | Norwegian Missionary Society | 挪 | 信义 | 一九〇二 | 宣教地在湘西沿资水各县 |
| 信义长老会 | Mission of the Evangelical Lutheran Free Church of Norway | 挪 | 信义 | 一九一〇？ | 宣教地在河北 |
| 挪威会 | Norwegian Mission in China | 挪 | 内系 | 一八九〇 | 宣教地在山西绛州、韩城 |

(续表)

| 会　名 | 英文名称 | 国籍 | 宗派 | 开　教 | 释　　要 |
|---|---|---|---|---|---|
| 挪华盟会 | Norwegian Covenant Mission | 挪 | 内系 |  | 宣教地在陕西龙驹寨 |
| 路德会 | Norwegian Lutheran Mission | 挪 | 信义 | 一八九一 | 宣教地在湖北及河南 |
| 行道会 | Swedish Missionary Society | 瑞 | 信义 | 一八九〇 | 宣教地在宜昌、沙市、武昌、黄州、荆州 |
| 遵道会 | Swedish Evangelical Missionary Covenant of America | 瑞、美 | 信义 | 一八九〇 | 宣教地在襄阳、荆门 |
| 浸信会 | Swedish Baptist Mission | 瑞 | 浸礼 | 一八九二 | 宣教地在山东诸城、胶州 |
| 圣洁会 | Swedish Union | 瑞 | 内系 | 一八九五 | 宣教地在山西朔平、左云及绥远 |
| 瑞华盟会 | Swedish Allianee Mission | 瑞 | 内系 | 一九一二 | 宣教地在山西北部及内蒙 |
| 瑞蒙宣道会 | Swedish Mongol Mission | 瑞 | 信义 | 一九〇五 | 宣教地在蒙古 |
| 瑞华会 | Swedish Mission in China | 瑞、美 | 内系 | 一八八七 | 宣教地在山西、陕西及河南 |
| 遵道瑞 | American Lutheran Brethern Mission | 瑞、美 | 信义 |  | 北美路德派弟兄会之国外布道事业 |
| 自由会 | Finish Free Church Mission | 芬兰 | 内系 | 一八九一 | 宣教地在江西永新 |
| 信义会 | Finish Missionary Society | 芬 | 信义 | 一九〇一 | 宣教地在湖南常德、澧州、永定 |

(续表)

| 会 名 | 英文名称 | 国籍 | 宗派 | 开 教 | 释 要 |
|---|---|---|---|---|---|
| 路德会 | Danish Missionary Society | 丹麦 | 信义 | 一八九六 | 宣教地在旅顺、安东、岫岩、宽甸 |
| 中国圣教书会 | Chinese Tract Society | 国际 | 联合 |  | 基督教文学事业之合作机关 |
| 使徒信心会 | Apostolie Faith Missionaries | 国际 | 信心 | 一九一九 | 宣教在上海、宁波、杭州、大同、丰镇、榆林 |
| 救世军 | Salvation Army | 国际 | 联和 | 一九一六 | 在天津、北平、上海设有机关 |
| 万国改良会 | International Reform Bureau | 国际 | 无 | 一九〇九 | 只一教士由西美来北平，以改良社会为宣教事业 |
| 济良所 | "Door o Hope" Miasion (Shanghai) | 国际 | 无 | 一九〇〇 | 发起济良所事业之老会所 |
| 中华基督教青年会 | Young Men's Christian Association of China | 国际 | 联和 | 一八八五 | 本基督教精神，服务青年及社会之基督教机关 |
| 中华基督教妇女青年会 | Young Women's Christian Association of China | 国际 | 联和 | 一八九〇 | 本基督教精神，服务女青年及女社会之基督教机关 |
| 中华基督教教育会 | China Christian Educational Association | 国际 | 联和 | 一八九〇 | 教会教育事业合作机关，会所在上海 |
| 中华基督教博医会 | China Medical Missionary Association | 国际 | 联和 | 一八八六 | 基督教医药事业之全国合作机关 |

(续表)

| 会　名 | 英文名称 | 国籍 | 宗派 | 开教 | 释　要 |
|---|---|---|---|---|---|
| 中华续行委办会 | China Continuation Committee (Shanghai) | 国际 | 联和 | 一九一三 | 该会事务为继续执行一九二二年爱丁堡基督教世界大会所议定各事业 |
| 中华归主运动 | China for Christ Movement | 国际 | 联和 | 一九一九 | 非教堂性质,只为运动全国皈依圣主基督之事业 |

注：华人自己设立的新教教会，重要者计有四：（一）中华国内布道会（The Chinese Home Missionary Society, Yunnan, 1918）；（二）中华圣公会（1912）；（三）东三省长老会（The Presbyterian Churches of Manchuria, 1918?）；（四）福建南部长老会（The Presbyterian Churches in South Fukien, 1892）。

## 第七节　耶稣教的现况

（甲）传教区域。耶稣教现在宣教之地点及范围，因宣教团体宗派分歧，殊难厘定其界限。然在大体言之，则内地会与其同系各会之传教区域为安徽、浙江、河北、福建、河南、湖南、湖北、甘肃、江西、江苏、贵州、山西、陕西、山东、四川、云南、新疆、绥远、宁夏、西康及东三省。其教区面积约达三九七九五五方哩，共有总堂（Mission Station，即任何宣教地点，有西籍教士执行教务者）二百四十六所。北美长老会之传教区域为安徽、浙江、河北、湖南、江苏、山西、山东、广东、云南等省，教区面积约达九二○二五方哩，共有总堂三十六所。美以美会之传教区域为安徽、河北、福建、湖北、江西、江苏、山东、四川、广东及东三省，教区面积约达七九五○○方哩，共有总堂二十八所。英国中华圣公会之传教区域为浙江、福建、湖南、江西、江苏、广东、广西、四川、云南等省，教区面积约达六六四二五方哩，共有总堂五十八所。爱尔兰长老会之传教区域为辽宁、吉林二省，教区面积约达五七六○○方哩，共有总堂九所。美国浸礼会之传教区域为浙江、福建、江西、江苏、广东、四川等省，教区面积约达五四七七五方哩，共有总堂十九所。苏格兰长老会之传教区域为辽宁、吉林、黑龙江三省，教区面积约达五一四〇〇方哩，共有总堂九所。美国宣道会之传教区域为安徽、湖南、湖北、甘肃、江苏、广西等省，教区面积约达五〇五〇〇方哩，共有总堂二十六所。美国公理会之传教区域为河北、福建、山西、陕西、山东、广东等省，教区面积约达三九三〇〇方哩，共有总堂十四所。美国浸信会之传教区域为安徽、河南、江苏、广东、广西、山东等省，教区面积约达三七四五〇方哩，共有总堂十九所。英国浸礼会之传教区域为山西、陕西、山东等省，教区面积约达三三九〇〇方哩，共有总堂十一所。伦敦会之传教区域为浙江、河北、福建、湖北、江苏、广东等省，教区面积约达三二二五〇方哩，共有总堂十七所。英国圣道公会之传教区域为浙江、河北、贵州、云南、山东等省，教区面积约达三〇五四五方哩，共有总堂十三所。南美长老会之传教区域为浙江、江苏、山东等省，教区面积约达二六三五〇方哩，共有总堂十五所。华北英国圣公会之传教区域为河北、山东、辽宁等省，教区面积约达二八一七五方哩，共有总堂十一所。总计上述十五会宣教地面积之总数，等于十九省总面积中五分之三。更就各大宗派言之，则圣公宗宣教地之范围尚不到本部十八省（即从前所谓本部十八省，今之宁夏、热河、青海、西康、绥远、察哈尔等省不在内）与东三省总面积百分之六，划分为十一主教管辖区，而以英国中华圣公会所辖之教区为最广。监理宗宣教地除陕西、山西二省外，各省均有该宗教会，惟东三省及广西、河南二省较少。该宗受餐信徒以福建、江苏、河北等省为最多。公理宗宣教会之势力以河北、福建、广东、湖北、山西、山东诸省为最盛，惟全国尚有九省未见该宗教会之报告，而华西一带，该宗教堂尤形缺乏。长老宗之宣教地与信义、公理二宗相同。该宗在沿海各省之受餐信徒约逾百分之九十。又该宗在华西之事并不足观，而在华中之事业则以湖南、河南二省为最发达。浸礼宗宣教地除由内地会职员建设之浸礼会各教会外，其余则分布于十二省。该宗受餐信徒以山东、广东二省为最多，山东居该宗全国受餐信徒总数四分之一，广东则居六分之一。据称浙江、贵州、江西、山西四省之受餐信徒均系领受浸礼而加入内地会者。信义宗宣教地之范围甚广，计自粤省南部信徒受多之处向北经湘、鄂、豫三省中部，而达秦晋二省（国内只有八省尚无该宗教会活动）。内地宗宣教地之范围，因该宗向为联合宗派之组织,故其广阔,为各宗派宣教地之冠,而其事业亦为各宗教派之冠。国内除粤、桂、闽三数省外,均有该宗教会从事宣教云。

（乙）西籍职员。(一)职员总数:在一八八九年有一二九六人,一九〇五年有三四四五人,一九一〇年有五一四四人,一九一四年有五六四二人,一九一九年有六六三三六人,一九二一年至少有七〇〇〇人(据汉译《中华归主》所推算)。职员之性别:据中华续行委办会调查部一九一九至一九二〇年之报告,职员中百分之三十八为男人,百分之三十三为妇人,百分之二十九为女士。其男女职员之比率为二与三之比。(二)地域分布:以苏、粤、燕、川、鲁五省为最多,计各有五百余人。若如全国论:则驻在沿海七省者居职员中百分之五十七,驻在长江上流之五省者居百分之二十六,此外驻在内地及长江下流各省者只居百分之十七而已。(三)会别人数:依其人数之多寡,顺举如下:内地会(九六〇)、北美长老会(五〇二)、美国美以美会(四一九)、英国中华圣公会(三五三)、美国圣公会(二〇二)、美国公理会(一九八)、美国浸礼会(一八八)、英国美道会(一八四)、美国浸信会(一七五)、南美长老会(一四六)、伦敦会(一四五)、英国浸礼会(一二三)、美国监理会(一一八)、英国循道会(一一八)、美国宣道会(一〇六)。其余各教西籍职员,俱不足百人。(四)宗别人数:依其人数之多寡,顺举如下:长老宗(一〇八〇)、内地宗(九六〇)、监理宗(九四六)、圣公宗(六三五)、信义宗(五九〇)、浸礼宗(五八八)、公理宗(三四五)。其余各宗派合计一四九二人。

（丙）华籍职员。(一)职员总数:在一九〇五年,有九九〇四人;一九〇一年,有一五五〇一人;一九一九年,有二四七三二人。(内布道员一一二五六人,教育员一〇八四八人,医务员二六二八人)(二)地域分布:以福建为最多,计有三五九〇人;江苏次之,有二八六〇人;广东又次之,有二八三八人;山东更次之,有二五九二人。其人数在一千以上者,有河北(一七二六)、浙江(一七八八)、四川(一四八五)、湖北(一三四七)、湖南(一二二九)、河南(一一〇六)等六省。其人数在二百以上者,有东三省(八九三)、江西(七四〇)、安徽(六二三)、山西(五六六)、陕西(四二一)、广西(二七六)、云南(二四四)、贵州(二〇七)等省。其人数不足百人者,有甘肃(九六)、蒙古(九四)、新疆(一一)等省。

(三）会别人数：依其人数之多寡，顺举如下：美以美会（三一四七）、北美长老会（二二六四）、内地会（二一二五）、英国中华圣公会（一四五七）、美国浸信会（一一〇四）、美国公理会（一〇〇三）、美国圣公会（九二四）、伦敦会（八二八）、美国浸礼会（七九五）、英国长老会（七三二）、英国圣道公会（六六六）、美国监理会（六五四）、英国浸礼会（五五六）、南美长老会（五三八）。其余各会华籍职员俱不足五百人。（四）宗别人数：依其人数之多寡，顺举如下：监理宗（五五〇五）、长老宗（五〇七一）、浸礼宗（二九二一）、圣公宗（二六三二）、内地宗（二一二五）、信义宗（一八六五）、公理宗（一八二四）。其余各宗派合计二七六九人。（此项华籍职员，系专指受薪华籍职员而言。）

（丁）受餐信徒。（一）信徒总数：在一八五三年有三五〇人，一八六九年有五七五三人，一八七六年有一三〇三五人，一八八六年有二八五〇六人，一八九八年有八〇六八二人，一九〇〇年有一一二八〇八人（一说九五三四三），一九一一年有二〇七七四七人，一九一五年有二六八六五二人，一九一九年有三四五八五三人（内男二一七一五一人，女一二八七〇二人）。由一八五三年至一九一九年，不过六十六年，然信徒人数由三五〇人增至三四五八五三人（约增加九百八十八倍），可见其增加之速。（二）地域分布：以广东为最多，计有六一二六二人。山东次之，有四一八二一人。福建又次之，有三八五八四人。江苏更次之，有二九七八三人。其人数在二万以上三万以下者：有浙江（二七九〇二），河北（二二二八三），东三省（二〇五八六）等省。人数在一万以上二万以下者：有湖北（一四七二五）、河南（一二四一八）、四川（一二九五四）、湖南（一一〇一八）等省。人数在一万以下者：如贵州（九四四六）、山西（八三四〇）、云南（七八一六）、江西（七八二七）、陕西（七八〇一）、安徽（五〇七〇）、广西（四七二二）、蒙古（八五六）、新疆（二三）等地。（三）会别人数，依其人数之多寡，顺举如下：内地会（五〇五四一）、北美长老会（三八六五九）、美以美会（三八八二〇）、美国浸信会（二三六四四）、英国圣道公会（一五三七六）、美国公理会（一四〇〇三）、伦敦会（一一四〇三）、英国中华圣公会（一〇八六一）、苏格兰长老会（九九〇九）、英国长老会（九三七八）、爱尔兰长老会（九〇二四）、英国浸礼会(八五六七)、美国浸礼会(八五六二)、英国循道会(六〇三二)、德国信义会(六〇一二)、美国圣道会(六〇〇八)、南美长老会(五六七一)。其余各会信徒,均不足五千人。(四)宗别人数:依其人数之多寡,顺举如下:长老宗(七九一九九)、监理宗(七四〇〇四)、内地宗(五〇五四一)、浸礼宗(四四三六七)、信义宗(三二二〇九)、公理宗(二五八一六)、圣公宗(一九一一四)。其他各宗派合计二〇六〇三人。

(戊)教会事业。(一)教堂方面:在一九一九年共有教会总堂(Mission Station)一〇三七所,正式教堂(Church Building)六三九一所,布道区(Evangelistie Center,即无宣教师居住之教堂)八八八六所,此等教堂之隶属,以宗派言之:则内地宗占有总堂二四六所,教堂一一七七所,布道区一五八九所。信义宗占有总堂一一六所,教堂五五二所,布道区七二八所。长老宗占有总堂九十六所,教堂六二一所,布道区一三七五所。监理宗占有总堂八十三所,教堂一六四三所,布道区一九二八所。圣公宗占有总堂七十九所,教堂五七一所,布道区七〇六所。浸礼宗占有总堂六十八所,教堂九一六所,布道区一一五九所。公理宗占有总堂三十四所,教堂四四三所,布道区五二七所。其他各宗派共占有总堂三一五所,教堂四六八所,布道区八七四所。(二)教育方面:A. 大学及专门学校:吾国共有基督教大学十三所,即燕京大学、齐鲁大学、金陵大学、圣约翰大学、东吴大学、沪江大学、之江大学、福建协和大学、岭南大学、华中大学、华西协和大学、武昌文华大学、苏州东吴大学等是。十三校之中,协办者计六校,各宗派自办者六校,无宗派者一校。据一九三二年之报告:各大学共有学生四千人,其中四分之一为女生。教职七百余人,其中三分之二为华人,余为西人。B. 中等学校:一九一九年共有中学二六五所,一九二四年有三三九所,一九二七年有一〇〇所(因受一九二五至一九二六年排教运动影响),一九二八年有一七二所,一九三二年有一九六所。学生人数大约在二三万之间。(按一九三二年,全国有中学校一三三九所,其中一九六所为耶稣教中学。)C. 小学校:一九一九年有国民学校五六三七所,高等小学校九六二所。学生人数,在国民学校方面为一五一五八二人,在高等小学校方面为三二八九九人。D. 其他实业学校、师范学校、神学学校等之校数未详。据一九一九年之统计：内地宗有中学校八所,高等小学校七十所,国民学校四五五所。信义宗有中学校十七所,高等小学校八十七所,国民学校四六八所。长老宗有中学校七十九所,高等小学校二四九所,国民学校一三二〇所。监理宗有中学校四十二所,高等小学校一五九所,国民学校一二九七所。圣公宗有中学校四十所,高等小学校一〇〇所,国民学校五一六所。浸礼宗有中学校四十二所,高等小学校一一三所,国民学校八七四所。公理宗有中学校二十六所,高等小学校六十四所,国民学校四〇〇所。其他宗派共有中学校三十七所,高等小学校一二〇所,国民学校三〇七所。（三）医药方面：一九一九年有教会医院三二六所,药局（医院内药局不在此内）三四四所,护士学校（即看护妇养成所）一〇六所。此等医院及药局之隶属,以宗派言之：则内地宗有医院十七所,药局一三〇所。信义宗有医院二十三所,药局十七所。长老宗有医院九十二所,药局二十三所。监理宗有医院六十三所,药局二十所。圣公宗有医院三十九所,药局十七所。浸礼宗有医院三十一所,药局十三所。公理宗有医院三十二所,药局二十所。其他宗派共有医院二十九所,药局一三〇所。（四）出版事业方面：一九〇七年,基督教文字之总目录包括书籍在内,共计一一一四种。一九二一年,中国基督教杂志总计有九十六种。又其出版机关为数亦不鲜。最著者为上海青年协会书局、上海美华浸会书局、汉口信义书局、汉口中国基督教圣教书会、上海中华圣公会书籍委员会、上海中华基督教女青年会全国协会、上海广学会、协和书局等。而《通问报》及《教务杂志》,尤为定期刊物中之最有名者。（五）公益及慈善事业方面：如北京万国拒毒总会、华洋义赈会、济良所、慈善会、天足会、孤儿院、妇孺救济会、训育书院及其他救济麻疯等事业。①

## 第八节　天主教与耶稣教之异点

天主教与耶稣教虽同属基督教,然其在华传教之方针及组织,各有

---

① 本节参阅：汉译《中华归主》第一、三、五、六、七等编；汉译《宣教事业平议》(Re-thinking Mission, 1932)第六、七、八、九等章。

其特点。美国著名东洋学家拉图累特教授(Prof. Latourette)于其所著《中国基督教传教史》(*A History of Christian Missions in China*)第三十一章(摘要与结论章),对于二者之特性曾作精确的论述。兹特本其所论,加以私见,分述于下:

第一,天主教信徒,在数字上较多于耶稣教信徒四倍或五倍,但在比例上则耶稣教教务的发达及其信徒的增加,较之天主教为速。且天主教信徒的众多,实由于其在华布教时间的长久,或三倍于耶稣教,而在耶稣教教士马礼逊初抵中国之时,天主教信徒已达二十余万之众故也。

第二,天主教各派教会有公同划一的主义,同时在罗马有一中心,以统一教权,并指导调整彼等的活动。又罗马教廷可以联系各派教徒的友谊,且常使教会工作适合中国之环境与需要。但耶稣教方面则异于是。彼等既无公同划一的主义,又无一中心势力如罗马教廷者以指导调整其活动。

第三,天主教各派教会虽有罗马教皇,以统一其教权、指导其活动、调整其冲突、联系其睦谊,但彼等之间,时是激烈而又涉时长久的论争(如关于中国仪礼问题的论争是)。至耶稣教各派教会间,虽亦尝有论争,然无如天主教各派教会间的纷争之激烈与长久者。又耶稣教方面曾于一八七七、一八九〇、一九〇七、一九一三、一九二二等年举行各派教会全体大会五次,而天主教方面则自传入中国,以迄一九二四年,只曾举行各派教会全体会议一次,此亦天主教各派教会间未能悉心通力合作之一表现也。

第四,天主教与耶稣教之布教方法彼此不同。耶稣教方面之布教,或以印刷书报广事传播,或利用街头小教堂(Street Chapels)街头说教(Street Preaching),及其他公众演说传布福音。彼等喜各别的深入群众中,从事学道,故其效果特大。惟天主教方面之布教则与此不同。彼等大都不向一般平民作公开的说教(Public Preaching),对于教外人民只分布少许宣传品,而初与教外人民接触交际亦假手于华籍的助手。又天主教方面常以援助诉讼与接济预备受洗奉教者(Catechumens),为劝诱入教之方法。耶稣教方面虽亦不免有此同样之事实,但究较天主教方面为少也。

第五,天主教与耶稣教之教育方针彼此不同。天主教方面,注重儿童及成丁之宗教的训练,开办问答式的布校(Catechetical School)多间,以教育儿童及成丁。同时,注重华籍教士的养成,设立神学学校多所,对于圣职(Holy Orders)志愿者及候补者,施以长期的、严格的训练。至于耶稣教方面,则不甚注重儿童之宗教的训练。彼等所着重者,在于一般普通的教育。彼等虽亦重视牧师的训练,然亦只授以初步的神学之准备知识而已。截至一九二七年,耶稣教方面仅有程度如天主教的高级神学学校(Higher Seminaries)之神道学校(Theological Schools)三间,而其学生人数亦甚少。不过,耶稣教方面极注重华籍牧师(即本色牧师)之造就,此等华籍牧师所受之教育,盖较天主教方面之华籍教士所受之训练为高深也。

第六,天主教与耶稣教之布教程序彼此不同。天主教方面之布教,取由上而下之方式。即最初着重于朝野士大夫,然后及于下层阶级之平民。而耶稣教方面之布教,最初即专从事下层阶级之平民方面宣传教义,求取信徒,并不注重于朝野士大夫阶级之布道。又天主教方面,对于平民阶级,不论孤儿、弃儿、游民、乞丐、奸民,均可收取为信徒。且特有法国公使之后援,对于信徒与非信徒之争讼,不论是非曲直,动辄庇护教徒,以抗官绅。但耶稣教方面,收取信徒较为严格不滥,对于宗教以外之政治事项,亦与天主教之事事庇护教徒者有别焉(此处所述,系指清季情形而言)。

第七,耶稣教教士较天主教教士为世俗的,此即耶稣教教士中几有半数系非任命的(Unordained),但天主教教士中则殆十分之九是任命的。天主教之教士自幼时即献身于神,自朝至晚所注意者为敬神与修道,既无家室之和乐,亦无社交之愉快,更无物质的享乐之欲望,殆与俗世间绝缘。但耶稣教之教士则与此有别。固此之故,耶稣教较天主教为能适应吾国传统的风习,及博得吾国曾受教育的人士之同情。盖吾国社会从未受僧侣所统治或支配,彼仅以宗教为职业的佛、道二教徒常被世人所轻侮故也。

第八,耶稣教较天主教注重于一般的教育,及取得新智识阶级之同情与赞助。天主教方面，在最初虽未尝不注重与中国智识阶级，即所谓士大夫者相交接，但在嘉庆以后（即十九世纪以后）则并不特别注重于智识阶级之取得。至于耶稣教方面，在最初虽少与中国智识份子相交接，惟在十九世纪末期，尤其在一九〇〇年以后，则非常注重培植智识份子，开办不少的小学、中学、专门及大学校，同时创设男女青年会及基督教文学会（The Christian Literature Society），以期取得新智识阶级之同情与赞助。

第九，天主教与耶稣教之社会事业的方针彼此不同。天主教与耶稣教均重视仁慈的、博爱的社会事业，但彼此之办理方针则互异。天主教的社会事业着重于孤儿院方面，彼等以为办理孤儿院收养孤儿为"Saving Souls"之一法。孤儿院之外尚有少数医院，对于教外平民之穷困不幸者亦稍作救助。至耶稣教的社会事业则不着重于孤儿院，而注其全力于医药及教育（教民与平民同等重视），同时举办其他有益的公众事业，如救济饥荒、禁吸鸦片、公共卫生、平民教育、天足运动、盲聋教育、禁止赌博、反对卖淫、改善劳工生活等事业，或由其领导办理，或得其赞助实行，成效卓著。

第十，天主教与耶稣教之布教方针与着重点彼此不同。天主教之布教方针在于造成一基督教的社会（Christian Community），而耶稣教之布教方针则在于使国民群趋于整个的统一。天主教为欲使教会能充分指导各个教徒之生活，及易于使教徒们各尽其义务，故锐意于整个的乡村的获得，或建立一基督教徒的新乡村，彼等不大从事于改善或感化教外的平民之生活。但耶稣教则恰与此相反，彼等大都不去创造分离的、孤独的基督教的乡村，亦不从事建设一基督教的社会。彼等以广播福音为教士的主要任务，并以为彼等之任务，不特在使个人接受基督教的生活及建立教会，且在于提高或改进与人类有密切关系之文化。

第十一，天主教与耶稣教之财政的来源彼此不同。在天主教方面，其收入之大部分系由在华之土地、房屋两方面的投资而来。彼等在吾国各省市占有不少的不动产及广大的耕地〔天主教之资产多由欧洲各天主教会团体及中国、法国、西班牙、巴伐利亚（Bavaria）各国政府捐助而来〕。但在耶稣教方面，其收入殆全由吾国与西洋慈善家之好意的捐助，及在华所办之学校与医院的收入而来。

第十二，天主教与耶稣教之用人行政彼此不同。此即天主教方面将教会管理权让与华籍教士，较耶稣方面为迟。截至一九二六年止，天主教方面只曾升任一华籍教士为主教[或教会(Episcopate)监督]；但耶稣教方面则曾升任华籍教士多人为国民基督教会议(The National Christian Council)，并任华籍教士为地方教区监督(District Superintendents)、教会书记及学校校长等。

第十三，天主教各教会团体，一方既须受罗马教廷之统辖，他方又须受教会团体所属国之政府之指挥与保护，其关系比较复杂。至耶稣教各教会团体，则既无须受罗马教廷之统辖，而其所受本国政府之指挥与保护亦无如天主教各教会团体所受者之严重与周密。

第十四，天主教方面之教会团体多属于法国，其次为意大利，再次为西班牙、葡萄牙、比利时等国，大抵系拉丁民族的国家，而耶稣教方面之教会团体以美籍为最多，其次为英国，再次为瑞典、挪威、德意志、荷兰、丹麦等国，大抵系条顿民族的国家。

以上所述，不过其荦荦大者，然即此以观，即可知天主教与耶稣教之特点之一般矣。①

---

① 本节参阅：K. S. Latourette, *A History of Christian Missions in China*, Chapter XXXI；矢野仁一《近代支那之政治及文化》，第一五七——一六〇页。

# 第九章　传教公许期之正教会

康熙二十四年（一六八五），清军大破俄军于雅克萨城（Albazin），掳俄人三十名（一说四十五名，参阅第四章第五节），俄国正教会（The Russian Orthodox Church）教士米提理（Maxime Leontiea）亦在其中，是为俄国正教会教士来华之始。此等俘虏解回北京后，康熙帝深加优遇，或赐官爵，或赐裘帽，并编入满洲镶黄旗第四参领第十七佐领，使永居于北京内城之东北隅。同时，准许彼等信教自由，并以国帑建立小教堂一所，以使彼等随其本国风俗祈祷礼拜。米提理在北京教堂内，主持俄人之教务。一六九五年顷，套波尔斯克大主教（The Metropolitan of Tobolsk）赠彼以一圣餐布（Communion Cloth），命其向华人宣教。彼虽尝接受圣餐布，但对于向华人传道之命令，则未遵行。

康熙五十一年（一七一二），米提理殁于北京。越三年（一七一五），俄皇彼得大帝（Peter the Great）任命迁拉利恩（Hilarion）为高级宗教官（即僧院长，Archimandrite），使偕司祭（Priest）、助祭（Deacon）各一人，教士七人赴北京主持俄国正教会教务。但当时该会尚只向俄人方面传教而已。

雍正五年（一七二七），中俄两国缔结《恰克图（Kiakhta）条约》。该约第五条云："在京之俄馆，嗣后仅止来京之俄人居住。俄使请造庙宇，中国办理，俄事大臣等帮助于俄馆盖庙。现在住京教师一人，复议补遣三人，于此庙居住，俄人照规礼拜，不得阻止。"据此，则当时北京俄国正教会只有司祭一人，清廷准许俄人在俄馆新教堂一所，为原有教士及补遣之教士居住，并许彼等自由礼拜。①

---

① 俄国正教会教士自称其教堂曰庙，教士自称曰拉麻，称上帝（God）曰佛。又俄馆即从前之会同馆。《尼布楚条约》成立后（一六八九），俄彼得大帝遣大使伊德司（Eberhard Isbrand Ides）率俄国官商队至北京，寓于该馆［一六九三（康熙三十二年）］。其后该馆几成为俄人专用之馆舍，故有俄馆之称。

《恰克图条约》成立后,清廷不特准许俄国正教会教士来京主持教务,且许俄国幼年学生来华,学习中国及满洲之语言文字。① 自《恰克图条约》成立,以迄于咸丰九年之一百三十四年间,俄国正教会教士及留学生之来北京先后共有十三次之多云(原定每十年派遣教士及留学生来华一次,但实际并未完全照约实行。此十三次教士及留学生来华年代为一七二九、一七三六、一七四五、一七五五、一七七一、一七八一、一七九四、一八〇八、一八二〇、一八三〇、一八四〇、一八五〇、一八五九等年)。

俄国正教会教士,在京除主持侨京雅克萨人之后裔(The Descendants of the Albazinians,即在雅克萨城被捕的俘虏之子孙)及俄国来京旅行或贸易者之宗教的事务外,并兼有俄国外交官之任务。卡亨(Cahen)于其所著之《中俄关系史》(*Historie des Relations de la Russia avec la Chine*)内,谓西历一八六一年以前,俄国正教会之公式称呼为宗教及外交使节(la Mission religiense et diplomatique)等语,则知当时该会教士之任务,实兼有宗教及外交之性质,与法、意、葡等国之天主教教士,及英、美、德、瑞等国之耶稣教教士之专事传教者,盖不可同日语也。

俄国正教会教士,在一八六一年(咸丰十一年)以前,兼有俄国外交使节之使命,对于宗教上之任务反不甚热心。彼等领受清廷之俸给,既不反抗中国之官吏,亦不干涉中国之政治,只知孜孜兀兀,图谋本国之利益及钻研中国之学艺。故当雍正、乾隆、嘉庆三朝对于天主教严行禁压之际,该会教士尚得安然无事,依旧受清廷之保护与给养,且代管天主教之南堂焉。

中法《黄埔条约》对于俄国正教会似无若何重大影响。该会离却俄国外交使节之关系,注重其宗教上本来之使命,盖在中法、中英《天津和约》、《中俄爱珲条约》(一八五八),中法、中英《北京条约》(即《天津续增条约》)及《中俄北京条约》(一八六〇)成立之后。《爱珲条约》缔结以后,俄国始在北京建立正式使馆,所有中俄外交事务改由俄国驻京公使

---

① 康熙时,俄人以清俄文字不通,音闻辄多阻隔,因申请遣人进京,学习中国及满洲之语言文字,俟通晓文字撤回,遇事以清文兼俄文、拉丁语驰奏,可免舛误。康熙帝允其请,为特开俄罗斯教习馆。

措理，无须假手于教士，该会既失却其外交使节之任务，遂专事宗教上之活动。

俄国正教会在嘉庆二十五年顷（一八二〇），仅有信徒二十二人，尽属雅克萨人之后裔。① 咸丰十年（一八六〇），信徒增至二〇〇人（雅克萨人之后裔在内）。② 同治十年（一八七一），有信徒约五百人，学校一所。又北京以外地方，亦建有教堂二所云。③

光绪二十三年（一八九七），俄国正教会之僧院长英诺森氏（Innocent）对于该会教务力图扩充，一方设法救济贫穷之俄人（如雅克萨人之子孙），一方派遣教士向华人宣传福音，并举办各种慈善事业。光绪二十六年（一九〇〇）拳匪乱时，该会受祸甚惨，信徒七百人中，被杀者几达半数，教堂被毁者三所，图书馆亦被焚毁。光绪二十七年，英诺森回彼得格勒（Petrograd），向宗教会议（Holy Synod）报告在华布教情形。旋升任北京主教（Bishop of Peking），偕牧师多人来北京，益谋扩张该会事业。而俄国当拳匪乱后，野心益炽，对于正教会亦多方援助，谋利用之以固其势力。因此，该会教务益为发达。宣统元年顷（一九〇九），该会有主教（Bishop）一人、僧院长二人、司祭（Priest）十人（内华籍司祭三人）、助祭（Deacons）六人（内华籍助祭二人）、圣歌读者（Paslm Reader）三人、修道士（Monk）十人、尼七人。此外，在满洲方面有寺院（Conventual Church）二所，汉口、旅顺等处各有教会一所。学校十五所，小礼拜堂二所，墓地五所。又截至一九一四年末，该会在河北、湖北、河南、江苏、蒙古等地，共有教会三十二所，华人受洗奉教者有五〇三五人。④

俄国正教会在宗教上之业绩，远不及其在学术上之业绩。该会教士一方奉本国政府之命令，从事外交的、学术的活动；一方受中国政府之委托，翻译中俄外交文书及教授俄国语言文字，故教士中学者辈出，如俾秋令氏（Hyacinth Bitchurin）、华瑟留氏〔Vasily Pavlovich Vasiliev，在京十一年，一八五一年任喀山（Kazan）大学汉文教授，一八

---

① 见 Badbeley, *Russia, Mongolia and China*, Vol.2, p.431.
② 见 *Encyclopaedia Sinica*, p.490.
③ 见 *Chinese Recorder*, Vol.4, p.188；Vol.1, p.184.
④ 见山口昇《欧美人在华之文化事业》，六一九页。

八五年转任彼得格勒大学汉文教授]、Palladius 氏（氏于一八四〇、一八六五、一八七八等年三度来华,为一著名汉学家）等,均系著名学者。又俄国留学生中亦不少杰出之学者,如罗塞兴（Illarion Rossokhin 氏为俄国最初之留华学生,于一七二九年抵北京,曾翻译满洲文书籍及图理琛之《异域录》为俄文,为俄国东洋学家之鼻祖）、黎恩第夫氏（Leontief 氏于十八世纪后半期来华留学,在北京十年,曾节译《大清律》《大清一统志》为俄文）、哇西留夫氏（Wassylyeff）、他他利诺夫氏（Tatarinow）、斯加妻可夫氏（Skatchkoff）、捧则氏（Bunge）、嘉西契威持氏（Gaschkewicz）、蒲列特修奈伊得尔氏（Bretschneider）等均负盛名。现在彼得格勒大学圣务院藏书楼,彼得格勒图书馆等处所藏关于中国历史、政治、教育、法律、文学、宗教、医学、植物、天文、地理等之书籍,盖概属彼等之所著译云。①

---

① 本节参阅：K. S. Latourette, *A History of Christian Missions in China*, pp. 199, 200, 486, 518, 566, 687；山口昇《欧美人在华之文化事业》,一六〇、一六一、一六二、六一八、六一九页；矢野仁一《近世支那外交史》第五十七章。

# 第十五章　基督教对于学术思想方面之影响上——西洋文化之东渐

吾国历代君主推尊儒学，而一般士流亦喜谈形而上学，对于形而下学鄙为末学，不事钻研。结果，文哲之学固斐然可观，惟自然科学及社会科学则并不发达，斯乃不容讳之事实也。西洋基督教教士东来布道，初以鼓吹西洋科学艺术为传教之方法，继则以特识殊技为致仕朝廷之工具。迨乎道光二十四年（一八四四），中法《黄埔条约》成立，教士来者益众，彼辈为传布福音、收取信徒之故，或设立学校以传授西洋之新学术，或译述新著以介绍西洋之新思潮，或发刊报章以阐明世界之新形势。于是西洋之学术思想、文物制度传布中土，直接、间接予吾国学术上、思想上、政学上以重大之启示，而发生种种繁复的影响。兹将基督教教士传入西洋文化分为天文历法、数学、军器与兵制、地理与地图、绘画艺术、建筑、治水新法、物理、化学、器械制造、医学、博物学与科学研究、哲学、宗教思想、伦理思想、政治思想、经济思想、教育、文字、音乐、罗马字母及音韵学、西洋史学与国际公法、新闻事业等项，分别论述，著其梗概焉。

## 第一节　天　文　历　法

吾国以农立国，天文为授时之要务，而历代复以奉正朔为天下臣服之表示，故自昔帝王以制定历法为要政。尧时，命羲和主治历象，以闰月定四时成岁。《夏小正》及《周礼》《月令》诸书，莫不钦若昊天，时育万物。降及汉晋,迄于明初,皆以太史掌之,其重视历务盖可知矣。然天之行度多端,而人之智力有限,观测未周,差误斯起,历法代有更易,迄未臻于完善。① 明太祖统一天下之后,改太史院为钦天监,设天文、漏刻、大统历、回回历四科,以漏刻博士元统为监令(即钦天监监正),使主历务。元统乃取元太史郭守敬(字若思,直隶邢台人,精于历算,辑《授时历》。世祖成宗朝知太史院事)之《授时历》,去其岁实消长之说,析其条例,订为四卷进呈,名曰《大统历法》。太祖既造《大统历》,复命钦天监将回回历(即回教所用之历,隋唐时代传入中土)参用推步。从此历局遂为回回一科所把持。回回一科以凌犯为秘术,不与诸科相通晓,只知墨守旧闻,不谋改善,甚或倒用仪器,强天从人。而诸科亦各矜世业专家,莫肯出以互证。② 于是末流显生时差,与天行不合,而自宪宗成化(一四六五——一四八七)以后,乖谬尤甚。朝士大夫因之纷纷议改历法。③ 适是时,耶稣会(Compagnie de Jesus)教士利玛窦(Matteo Ricci, 1552—1610,意大利人,万历九年来华)偕其徒庞迪我(Diego de Pantoja, 1571—1618,西班牙人,万历二十六年来华)等八人,赍贡物诣燕京进献[万历二十八年(一六〇一年)],具疏称于"天地图及度数,深测其秘,制器观象,考验日晷,并与中国古法吻合"。④ 并力陈大统、回回二历推法疏差,与实测不合。且出西洋天文历数之书以示士大夫,俱为中国典籍所无,益动议改历法者之念。万历三十八年(一六二〇),五官正周子愚疏乞视洪武中译西域历法例,取知历儒臣率同监官将庞迪我、熊三拔(Sabbatino de Ursis, 1575—1620,意大利人,万历三十四年来华)等携来历书尽译,以补典籍之缺。礼部因疏请征召翰林院检讨徐光启、南京工部员外郎李之藻与庞迪我、熊三拔等同译西洋历法,俾资参订修改。四十一年(一六一三),之藻奏上西洋历法,略言台监推算日月交食时刻之谬,而力荐迪我、三拔及龙华民(Niccolo Longobardi,

---

① 见《明史》卷三十一《历志云》:"黄帝迄秦,历凡六改。汉凡四改。魏迄隋,十五改。唐迄五代,十五改。宋十七改。金迄元,五改。惟明之《大统历》,实即元之《授时》,承用二百七十余年,未尝改。"
② 见梅文鼎《绩学堂文钞》卷五《书象纬残本后》。
③ 《明史·历志》云:"宪宗成化以后,交食往往不验,议改历者纷纷,如俞正己、冷守中不知妄作者无论已,而华湘、周濂、李之藻、邢云路之伦颇有所见。郑世子载堉撰《律历融通》,进《圣寿万年历》,其说本之南都御史何瑭,深得《授时》之意,而能补其不逮。台官泥于旧闻,当事惮于改作,并格而不行。"
④ 见《正教奉褒》,第五页。

1559—1654，意大利人，万历二十五年来华)、阳玛诺(Emmanuel Diaz, 1574—1659，葡萄牙人，万历三十八年来华)等，言其所论天文历数，有中国昔贤所未及者，不徒论其度数，又能明其所以然之理，其所制窥天窥日之器，种种精绝，即使郭守敬诸人在未或测其皮肤。惟庞迪我等须发已白，年龄向衰，乞敕礼部亟开馆局，取其历法，译出成书。礼科姚永济亦以为言。时庶务因循，未暇开局也。①

崇祯二年(一六二九)，监官据大统、回回二历，推日食不验，而徐光启据西法推测悉验。五官夏官正戈丰年、周守愚因疏言大统乃国初监臣元统所定。今欲循守旧法，向后不能无差，欲行修改，更非浅陋所及。西士庞迪我、熊三拔等深明历事，请仿洪武初设回回历科之例，许迪我等入局测验。礼部乃奏请征召西士开局修改，以徐光启督修新法。光启奉命设局，首奏《历法修正十事》《修历用人三事》《急用仪象十事》，于制历、制器以及用人行政，言之綦详。又《度数旁通十事》则申言度数之应用，对于农田水利、筑城制械、测量土地、民生财计均有裨益，盖欲于治历之外，更以西洋穷理格致之学施诸实用也。②光启并举荐邓玉函(Jean Terrenz, 1576—1630，日耳曼人，天启元年来华)、龙华民、熊三拔、汤若望(Johann Adam Schall, 1519—1666，日耳曼人，天启二年来华)、罗雅谷(Jacques Rho, 1593—1638，意大利人，崇祯四年至北京)等译书演算、推步天文及督造天文仪器。计先后造成象限仪六、纪限仪三、平悬浑仪三、交食仪一、列宿经纬球一、万国经纬地球一、平面日晷一、转盘星球三、候时钟三、望远镜三。至历局所译之书，先后经光启进呈者三次，李天经进呈者二次。光启第一次进呈历书，系崇祯四年正月二十八日，计有《历书总目》一卷、《日躔历指》一卷(属法原)、《测天约说》二卷(属法原)、《大测》二卷(属法原)、《日躔表》二卷(属法原)、《割圆八线表》六卷(属法数)、《黄道升度表》七卷(属法数)、《黄赤距度表》一卷(属法数)、《通率表》二卷(属会通)、共二十四卷。第二次进呈历书系崇祯四年八月初一日，计有《测量全义》十卷、《恒星历指》三卷、《恒星历表》四卷、《恒星总图》一折、《恒星图像》

---

① 李之藻原疏见《徐文定公集》卷六，二四—二九页；又《明史·历志》。
② 见《徐文定公集》卷四，一九—二五页。

一卷、《揆日解订讹》一卷、《比例规解》一卷，共二十一卷。第三次进呈历书系崇祯五年四月初四日，计有《月离历指》四卷、《月离历表》六卷（罗雅谷译撰）、《交食历指》四卷、《交食历表》二卷（汤若望译撰）、《南北南弧表》十二卷、《诸方半夜分表》一卷、《诸方晨昏分表》一卷（由罗雅谷、汤若望二人指授监局官生推算），共三十卷。① 天经第一次进呈历书系在崇祯七年（按崇祯六年，光启以病辞职，荐山东参政李天经代董历务），计有历元二十八卷、《星屏》一、《历书》三十二卷。第二次进呈历书为崇祯八年四月，计有《七政行度历》及《参订历法条议》二十六则。综明末崇祯编译历书，自二年至七年（一六二九——一六三四），共成书一百数十册，编成一百卷，分为十一部：曰法原、法数、法算、法器、会通，谓之基本五目；曰日躔、恒星、月离、日月交会、纬星、五星交会，谓之节次六目。其中有术，有图，有考，有表，有论，皆钩深索隐，密合天行，足以尽欧罗巴历学之蕴，②所谓《崇祯历书》（一作《崇祯新法算书》）者，此也。

《崇祯历书》虽取西洋新法，然对于歌白尼（Nicolaus Copernicus, 1473—1543）"地球动，太阳静，及太阳为宇宙中心"之说，尚不予采入，或竟加以曲解。③ 盖哥氏地动之论，与中古以来教会相传之神学相抵触也。④ 此书撰译之际，回回大统诸家反对甚力，而满城布衣魏文魁抨击尤烈。文魁著《历元》《历测》二书，令其子象乾进历元于朝，通政司送局考验，徐光启摘当极者七事以斥之。⑤ 文魁反覆论难，而光启更申前说，著为《学历小辨》，痛驳文魁之谬。光启殁后，李天经代领历务，文魁复上疏攻击新法，谓其所推五星凌犯、会合、行度皆非是。而内官又阴助文魁，多方阻挠新法，以故帝意不能决，谕天经与监局虚心详究，务期画一。崇祯十六年（一六四三）三月朔日食，大统、回统旧法及文魁所推，仍俱不验，独与西洋新法密合。八月，诏西法既屡验得密合天法，着

---

① 见《明史·历志》，又《徐文定公集》卷四。
② 见《四库全书总目提要》第一〇六卷，九五页。
③ 汤若望介绍哥白尼书谓天动以圆，对于哥氏地动之说全未道及。详见《历法西传》。
④ 哥白尼《天体运动论》一书脱稿后，久未出版。十七世纪时，其书为罗马教廷列入禁书目录中，迨十九世纪中叶始予解禁。哥氏地动之说传入吾国，盖始自蒋友仁呈献《坤舆全图》之顷，将乾隆三十二年也。
⑤ 详见《明史·历志》。

通行天下。然时值干戈扰攘，且廷臣牵制，台官反对，事未果行，而明祚移矣。①

明社既屋，满清代兴。顺治元年（一六四四）六月，汤若望上疏言：西洋新法推步有验，并进呈浑天星球一架，地平日晷、远窥镜各一具及《坤地屏图》一幅，请敕礼部共同测验。试测结果密合天行。乃以若望掌钦天监事。至是，历局始与钦天监合而为一。钦天监依照西洋新法，印造新历，赐名时宪，颁行全国。② 康熙十三年（一六七四），南怀仁（Verbiest，1623—1688，比利时人，顺治十六年来华）继掌历务，将李自成所毁之测天仪器重新制造，先后制成天体仪、黄道经纬仪、赤道经纬仪、地平经仪、地平纬仪、纪限仪等器，安置于观象台。复将制法用法绘图列说，名曰《新制灵台仪象志》。③ 其后，西洋教士又督制天文仪器多种，如康熙二十年（一六八一）二月之简平仪、地平平面日晷仪，三十二年（一六九三）四月之三辰简平地平合璧仪，五十二年（一七一三）二月之地平经纬仪，五十三年二月之星晷仪、四游表半圆仪、方矩象限仪，乾隆九年（一七三一）三月之三辰公晷仪、看朔望入交仪、六合验时仪、方月晷仪等乃其著者。④

清初西洋教士除督造前述各仪器外，尚编译历书多种，就中以《新法表异》《历法西传》《新法历引》《康熙永年历法》《历象考成全书》《仪象考成》等书为最重要。《新法表异》一书乃汤若望入仕清廷后所著，以四十二事表西法之异，证中法之疏。⑤《历法西传》及《新法历引》二书，俱系《崇祯历书》之提要。而《历法西传》中兼述西洋天文学演进之迹，自多禄某（Claudius Ptolemy，B.C.140—?，希腊天文学者）、第谷·歌白尼（Tycho Brahe，1546—1601，丹麦天文学者）以迄加利勒阿（Galileo Galilei，1564—1642，意大利天文学者），⑥皆略举其学说。惟其述歌白尼之学说，不言其有地动之发明，反谓其主张天动以圆之说，

---

① 详见《明史·历志》；又《正教奉褒》，第二十一页。
② 见《东华录》"顺治元年"条，又阮元著《畴人传》卷四十五《汤若望传》。
③ 见阮元《畴人传》卷四十五《南怀仁传》。又按：南怀仁所制之仪器，庚子八国联军之役为德人所掠，携归柏林。欧战后，仍还我国。其图见戴岳译《中国美术》，第一〇六页。
④ 见《清通考》卷二五六；又柳诒徵著《中国文化史》下册，第三〇四页。
⑤ 见阮元《畴人传》卷四十五《汤若望传》。
⑥ 见原书；又《图书集成》第一四七卷。

此则教士格于罗马教廷之禁令，不得不予以曲解也。康熙《永年历法》乃南怀仁、利类思(Ludovicus Buglio, 1606—1682，意大利人，崇祯十年来华)等将汤若望所著诸历及《二百年恒表》，相继推至数千年之后而成。此书一名《御定四余七政万年书》，成于康熙五十七年(一七一八)，共三十三卷，迄于清季钦天监犹沿用其书。《历象考成全书》共四十二卷，分为前后二编，前编告成于康熙六十一年(一七二二)，为《御定律历渊源》之第一部。书中所列编纂者，虽无一西洋教士之名，然其书大体沿《崇祯历书》所采第谷法之旧，惟黄赤道大距由二十三度三十一分三十秒减为二十三度二十九分三十秒而已。① 后篇告成于乾隆七年(一七四二)，盖前编仍第谷法之旧，自第谷至康熙末已百余年，数既不能无差，而第谷后，欧西天文学界又多新发明，雍正八年(一七三〇)，钦天监监正戴进贤(Ignatius Kögler, 1680—1746，德意志人，康熙五十五年入京)、徐懋德(André Pereira，葡萄牙人，雍正二年任钦天监监副)采用歌白尼之法，推测日食，较第谷旧法为密，乃请纂修日躔、月离二表，以推日月交食，交宫过度，昼夜永短，以及凌犯。然有表无说，亦无推算之法。乾隆二年(一七三七)，吏部尚书顾琮恐此表久而失传，疏请增修表解图说，务期垂诸永久，并举戴进贤、徐懋德董其事。七年六月书成，凡十卷，赐名《历象考成后篇》。书中修正《崇祯历书》及《历象考成前编》二书之处，计有四点：(一) 日月五星之本天(即道轨)，旧说以为平圆，今以为椭圆；(二) 蒙气差，旧定地平上为三十四分，高四十五度，则止有五秒，今测地平上止三十二分，高四十五度，尚有五十九秒；(三) 太阳地半径差，旧定为三分，今测止有十秒；(四) 地球与日月距离之计算，采牛奈顿(Isaac Newton, 1642—1727，英国天文数学物理学家)之术。② 惟于牛奈顿万有引力之大发明尚未加以介绍，至可惜耳。③《仪象考成》一书，乃乾隆九年戴进贤、刘松龄(Augustin von Hallerstein，德意志人，乾隆八年任钦天监监副)、鲍友管(Ignatius Sickelparth，德意志人，乾隆十一年，任钦天监监副)等教士奉敕修改南怀仁所编《灵台

---

① 见《清通考》第二五六卷；又《四库全书总目提要》卷二六〇《子部》。
② 见阮元《畴人传》卷四十六《奈端传》。
③ 见阮元《畴人传》卷四十六《奈端传》；又《地球图说》第九页，均引述奈端学说，但于万有引力一点未有介绍。

仪象志》，另编历书而成。全书三十卷，卷一至卷十三为总纪恒星及恒星黄道经纬度表，卷十四至卷二十五为恒星赤道经纬度表，卷二十六为月五星相距、恒星黄赤道经纬度表，卷二十七至卷三〇为天汉经纬度表。旧《灵台仪象志》中所列诸表，皆据曩时分度，而此书则逐时加修，得岁差真数。其三垣二十八宿以及诸星，今昔多少不同者，并以乾隆九年甲子为元，验诸实测，比旧增一千六百一十四星。《仪象考成》全书告成之后二年［乾隆十七年（一七五二）］，戴进贤又创制玑衡食仪，"体制仿乎浑天之旧，而时度尤注意整齐，运量同于赤道新仪，而重环更能合应。至于借表窥测，则上下左右，无不宜焉"。① 复自《玑衡抚辰记》二卷以说明之，冠于仪象考成之首。《钦定四库全书总目》谓《仪象考成》"密考天行，随时消息，所以示万年修改之道者，举不越乎是编之范"。② 良以此书出后，《灵台仪象志》《康熙永年历法》《历象考成全书》诸书之缺点，始得补正而更臻完善也。

自顺治元年（一六四四），汤若望入为钦天监官主持历务后，钦天监事务虽中因杨光先（1597—?）、吴明烜之奏劾，汤若望、利类思（Ludovicus Buglio, 1606—1684, 意大利人，崇祯十年来华）、南怀仁等曾一度被拘革职，由杨、吴等接替（事在康熙三年。新旧历法斗争经过，另详第十三章第一节《历法问题的纷争》），然不久南怀仁复任原职（康熙八年怀仁为监副，十二年擢任监正），极得康熙帝之宠用。经此以迄道光十八年（一八三八）之一百七十年间，钦天监事务概由西洋教士继续主持，西洋历法永为后式，而大统、回回二历终于废弃焉。考西洋教士先后曾任钦天监监正或监副者，计有汤若望（任职期间，自顺治元年至康熙三年）、南怀仁（自康熙八年至二十六年）、闵明我（Philippus Maria Grimaldi, 1639—1712, 意大利人，康熙八年来华）、徐日升（Thomas Pereira, 1645—1709, 葡萄牙人，康熙十二年来华）、安多（Antoine Thomas, 1644—1709, 比利时人，康熙二十一年来华）。以上三人，均是康熙二十七年以后，始在钦天监任职。巴多明（Dominique Parrenin, 1665—1741, 法国人，康熙三十七年来华，氏任职钦天监，系在康熙三十

---

① 见《清通志》第二十三卷；又常福元著《天文仪器志略》，第三十二页。
② 见《四库全书总目提要》卷二〇六。

六年以后）。徐懋德（雍正二年）、戴进贤（自雍正三年至乾隆十一年）、刘松龄（自乾隆十一年至四十五年）、安国宁（Andreas Rodriguez,葡萄牙人,乾隆二十四年,奉召进京效用。在钦天监任职,自乾隆四十年至四十五年）、高慎思（Jaseph d'Espinha,葡萄牙人,乾隆三十六年任监副,自四十五年至五〇年任监正）、汤士选（Alexander de Gouvea,葡萄牙人,乾隆五〇年以后始任职钦天监）、索德超（Joseph Bernardus d'Almeida,葡萄牙人,乾隆二十四年奉召进京效用。自乾隆五十八年至嘉庆十年在钦天监任职）、李拱辰（Joseph Riberio,葡萄牙人,自嘉庆十年至十三年,又自道光三年至六年）、福文高（Domingos Joacquim Ferreira,葡萄牙人,嘉庆十三年以后,始任钦天监监副）、高守谦（Serra,葡萄牙人,道光六年至十七年）、毕学源（Gaetano Pirès,葡萄牙人,从道光二年起即在钦天监助理历务,后任监副,至道光十八年止）等十七人。① 毕学源以后,钦天监内无西士任事者。盖其时清廷禁教甚严,西洋教士之在钦天监任职者,均既凋谢,后继无人故也。

从利玛窦来华,以迄于道光十八年毕学源殁,凡二百七十余年,西洋天文新智识之传来吾国者甚多,语其要者,计有数端：吾国旧说以为"天圆地方",②自利玛窦著《乾坤体义》,③熊三拔著《简平仪说》《表度说》,④阳玛诺著《天问略》介绍哥白尼关于天体运动之学说,阐明地圆之理,然后旧说始失其存在之价值,此其一。吾国旧说以为天动地静,⑤西洋教士初亦谓地居天中,天动以圆,绕地而行。其后,蒋友仁献增补《坤舆全图》,附以说明（即《地球图说》）,将哥白尼太阳为宇宙中心

---

① 见《正教奉褒》,第七十二至一四四页。
② 《数理精蕴》上卷一《周髀经解》云："商高曰：数之法,出于圆方。解曰：万物之象,不出圆方。万象之数,不离圆方。《河图》者,方之象;《洛书》者,圆之象也。"
③ 《四库全书总目》卷一〇六"表度说"条云："是书大旨言表度起自土圭,今更创得捷法,可以随意立表。凡欲明表景之义者,先须论日轮周行之理及日轮大丁地球比例,彼法别有全书,此复举其要略分为五题……一谓地本圆体,故一日十二辰更叠互见,如正向日之处得午时,其正背日之处得子时,处其东三十度得未时,处其西三十度得巳时,若以地为方体,则惟对日之下者其时正,处左、处右者必长短不均矣。……是时地圆、地小之说,初入中土,骤闻而骇之者甚众,故先举其至易、至明者以示其可信焉。"《简平仪说》及《天问略》的内容,俱见《四库全书总目》卷一〇六,不具引述。
④ 《礼记·乐记》篇云："著不息者天也,著不动者地也。"《周髀经解》云："不息,故运而不积,圆之象也。不动,故静而有常,方之象也。"
⑤ 见③。

及"太阳静地球动"之说传入中土,并举三例以验其理,①旧说始行打破,此其二。吾国旧昔言天河之形成,或以为是"河精"之凝聚,或以为是水气之上升于天者。自西洋教士传入加利勒阿"天河为无数星群"之发明,更因望远镜之传入用以测天,于是国人对于"云汉为细星之光"的观念乃益为确信而不疑,此其三。吾国原无地动之说,自无天体运行遵圆形抑椭圆形轨道之论。西土自多禄某以迄哥白尼皆以为天体循圆形轨道而运行。迨第谷、刻白尔出,始倡为天体循椭圆形轨道而运行之说。此种新说,亦由戴进贤、徐懋德编译《历象成考后篇》,及蒋友仁著《地球图说》而传入吾国,此其四。② 他如岁实消长之理,天文推步之法,亦自西法传入后而愈臻于精确。此等理法,散见于《崇祯历书》《新法表异》《历法西传》《历象考成全书》《仪象考书诸书》,兹不具述。

中法《黄埔条约》成立后,新教(即耶稣教)教士来华者络绎不绝。彼等所译述之天文学书籍为数亦不鲜,其较重要者,计有数种:(一)《天学启蒙》(制造局刻本、格致启蒙本、西学大成本),此书原著者为英人骆克优(原名待考),由美国监理会(The Methodist Episcopal Mission)教士林乐知(Young John Allen,1836—1907)口译,郑昌棪笔述。全书一卷,共七章,第一章论地球并地球之动;第二章论月并月之

---

① 见阮元《畴人传》卷四十六《蒋友仁传》云:"今西士精求天文者,并以哥白尼所论序次,推算诸曜之运动。哥白尼论诸曜,以太阳静地球动为主。人初闻此论,辄惊为异说,盖止恃目证之故。今以理明之。如人自地视太阳、太阴,谓其两径相等,而大不过五六寸。若以法推,则知太阳之径,百倍大于地球之径。而太阳之径,正为地球径四分之一也。人自地视太阳,似太阳动而地球静。今设地球动太阳静,于推算既密合,而于理亦属无碍。试举一二端以验其理。其一曰:人在地面,视诸曜之行皆环绕地球,而地似静不动,究不可以为地静而诸曜动之据也。譬如舟平浮海,舟中之人见舟中诸物,远近彼此恒等,则不觉舟行。而视海岸山岛及舟以外诸物,时近时远,时左时右,则反疑其运动矣。今地球及地周围之气,一无阻碍,运动均匀,人在地面上视周围诸物之远近恒等,则不得觉地之运行。而视地球外之诸曜,见其时上时下,时左时右,则谓诸曜绕地球而旋行。其二曰:虽设地动而太阳静,自地视之,必似太阳动而地静。然以斯二者推太阳出入地平之度,其数必相等,如太阳西行绕地,太阳在卯,则见太阳出地平;太阳自卯向午则渐升,自午向酉则渐降;太阳至酉,见太阳入地平;太阳行地平之下,自西过子,复至卯,又出地平。此太阳动而地静之说也。今设太阳常静不动,而地球左行,自东往西,旋转于本心,则视太阳似升降出入于地平,与前无异。其三曰:太阳本为光体,月、水、金、火、木、土六曜,皆为暗体,借太阳之光以为光,与地球相似。设有人在太阴及他曜面上,则其视地球,亦如地面上之视太阴,有时晦,有时光满,有时如上下弦。此理凡通天文者皆知之。今六曜既皆似地球,岂有六曜及太阳循环地球,而独地球安静之理乎? 不如设太阳于宇宙中心,而地球及其余游曜,皆旋绕太阳,以借太阳之光,斯论不亦便捷乎?"此为最初介绍地动说于中土者,故节录之。详见原传及《地球图说》。
② 见阮元《畴人传》卷四十六《蒋友仁传》及蒋友仁著《地球图说》。

动;第三章论太阳所属天穹诸星;第四章论日;第五章论恒星;第六章论分画天穹之用;第七章论日月诸星行次,亘古不紊。所言简明易晓,确有至理,为启悟初学良书。(二)《谈天》(制造局重刻本、西学丛书本、富强丛书本),此书原著者为英人侯失勒约翰,由英国伦敦会(The London Missionary Society)教士伟烈亚力(Alexander Wylie,1815—1889)口译,李善兰笔述。① 全书十八卷,附表一卷。卷一为论地;二,命名;三,测量之理;四,地学;五,天图;六,日躔;七,月离;八,动理;九,诸行星;十,诸月;十一,彗星;十二,摄动;十三,椭圆诸根之变;十四,逐时经纬度之差;十五,恒星;十六,恒星新理;十七,星林;十八,历法。(三)《天文启蒙》(西学启蒙本),此书为英国伦敦会教士艾约瑟(Dr. Joseph Edkins,1823—1903)所著,全书共七卷,首论地球日月星之行动,次论方位,末论推测。书末附录英人罗亨利(原名待查)译《潮汐致日渐长论》《答日距离远近论》二文。(四)《天文图说》(益智书局本),此书为美人柯雅各原著,由美教士摩嘉立(原名待考)口译,薛承恩笔述。全书共四卷:卷一论日月并各行星,末附《八星日月度里表》;卷二论天文图撮要;卷三论天空异象;卷四论天空星宿。图附每卷之首,极为精美。(五)《测候器》(格致汇编本),此书为英国圣公会(The Church Missionary Society)教士傅兰雅(John Fryer,1839—?)所著译。全书一册,为类七,为图七十有四,所论皆测量用器之原理及其功用。书末附录自记《风雨表图说》《论测风器》《论汽机测验诸器》等文。除上述各书外,尚有英教士傅兰雅著《天文须知》一卷(格致须知初集本),傅兰雅、华蘅芳合译《风雨表说》一卷,傅兰雅、徐寿(1818—1884)合译《燥湿表说》一卷(制造局本),美教士赫士(原名待考)、周文源合译《天文揭要》二卷(益智书局本),傅兰雅、贾步纬合译《恒星经纬表》一卷(制造局本),赫士(W. M. Hayes)著《天文新编》一卷(广协书局本),哲邦(Agnes Giberne)著《三光浅说》一卷(上海广学会本)。②

---

① 李善兰(1809—1882),字任叔,海宁人。咸丰初,客上海,识英教士伟烈亚力、艾约瑟、韦廉臣三人,从译诸书。
② 参阅《东西学书录》卷三,第二十、二十一页。王韬著《西学辑存》上册,第一页至二十九页。林乐知、郑昌棪共译《格致启蒙》卷三。富强斋主人纂辑《西学富强丛书》卷一〇、一一。又中华基督教书报会出版《中华基督教文字索引》,一九七、一九八页。

## 第二节 数　　学

数学与天文学有密切之关系，故西洋教士所译著之天文历法书籍，大都与数学有关。利玛窦著《乾坤体义》二卷，其上卷皆言天象，下卷则俱言算术"以边线、面积、平圆、椭圆，互相容较"，①是盖西洋数学传入吾国之始。西洋数学典籍中，最先译成汉文者，为希腊古代数学家欧几里得（Euclid of Alexandria，西历纪元前三百年时人）所著之 *Euclid* 一书，前六卷名曰《几何原本》。此书于神宗万历三十五年（一六〇七），由利玛窦口授，徐光启笔译，然利氏所译者，乃其师丁氏之辑补本，而非欧几里得原本。② 利氏于《几何原本》序文中，详论几何学与各科学之关系云："几何家者，专察物之分限者也。其分者若截以为数，则显物几何众也；若完以为度，则指物几何大也。其数与度或脱于物体而空论之，则数者立算法家、度者立量法家也。或二者在物体，而偕其物议之，则议数者如在音相济为和，而立律吕乐家；议度者如在动天迭运为时，而立天文历家也。此四大支流析百派：其一，量天地之大，若各重天之厚薄，日月星体去地远近几许、大小几倍，地球围径道里之数，又量山岳与楼台之高、井谷之深，两地相距之远近，土田、城郭、宫室之广袤，廪庾、大器之容藏也。其一，测景以鸣四时之候、昼夜之长短、日出入之辰，以定天地方位，岁首三朝、分至启闭之期，闰月之年、闰日之月也。其一，造器以仪天地，以审七政次舍，以演八音，以自鸣知时，以便民用，以祭上帝也。其一，经理水土木石诸工，筑城廓作为楼台宫殿，上栋下宇，疏

---

① 见《四库全书总目》卷一〇六"乾坤体义"条。
② 万历丁未（一六〇七年）利氏序其书云："乃至中古，吾西庠特出一闻士，名曰欧几里得，修几何之学迈胜先士而开迪后进，其道益光，所制作甚众，甚精，生平著书了无一语可疑惑者。其《几何原本》一书尤确而富。曰原本者，明几何之所以然，凡为其说者，无不由此出也。故后人称之曰欧几里得。……吾西庠如向所云几何之属几百家，为书无虑万卷，皆以此书为基，每立一义即引为证据焉，用他书证者必标其名，用此书证者，直云某卷某题而已，视为几何家之日用饮食也。至今世又复崛起一名士，为窦所从，学几何之本师，曰丁先生，开廓此道，益多著述。窦昔游西海，所过各邦，每遇颛门名家，辄言后世不可知，若今世以前，则丁先生之于几何无两也。先生于此书覃精已久，既为之集解，又复推求续补凡二卷，与元书都为十五卷。又每卷之中，因其义类，各造新编，然后此书至详至备，其为后学津梁，殆无遗憾矣。"序中所谓十五卷之《几何原本》，即 Clavius（1537—1612），*Euclidis Elementorum Libri XV*，以 Clavius 拉丁文作 Clavus，意为丁（Nail）也。

河注泉,造作桥梁,如是诸等营建,非惟饰美观好,必谋度坚固,更千万年不圮不坏也。其一,制机巧,用小力转大重,升高至远,以运刍粮,以便泄注,乾水地、水乾地,以上下舫舶,如是诸等机器,或借风气,或依水流,或用转盘,或设关挨,或恃空虚也。其一,察目视势,以远近、正邪、高下之差,照物收可画立圆、立方之度数于平版之上,可远测物度及真形,画小使目视大,画近使目视远,画圆使目视球,画像有坳突,画室屋有明暗也。其一,为地理者,自《舆地山海全图》至五方四海,方之各国,海之各岛,一州一郡,咸布之简中,如指掌焉。全图与天相应,方之图与全相接,宗与支相称,不错不紊,则以图之分寸尺,寻知地海之百千万里,因小知大,因迩知遐,不误观览,为陷海行道之指南也。此类皆几何家正属矣。若其余家大道、小道,无不借几何之论以成其业者。"① 而光启对于此书,亦谓为"度数之宗,所以穷方圆平直之情,尽规矩准绳之用"。② 全书共六卷,"每卷有界说、公论,有设题。界说者,先取所用名目解之;公论者,举其不可疑之理;设题,则据所欲言之理,次第设之,先其易者,次其难者,由浅而深,由简而繁,推之至于无以复加而后已。是为一卷。每题有法,有解,有论,有系。法言题用,解述题意,论则发明其所以然之理,系则又有旁通者焉。卷一论三角形(按卷一之首,有界说三十六则,求作四则,公论十九则;卷一本篇设题四十八则),卷二论线(按卷二之首,有界说二则;本篇设题十四则),卷三论圆(按卷三之首,有界说十则,本篇设题三十七则),卷四论圆内外形(按卷四之首,有界说七则;本篇设题十六则),卷五、卷六俱论比例(按卷五之首,有界说十九则,本篇设题三十四则;卷六之首,有界说六则,本篇设题三十三则),其于三角、方圆、边线、面积、体积、比例、变化、相生之义,无不曲折尽显,纤微毕露"。③ 此书译成后,由光启刻而传之(万历三十五年)。越五年,光启复与庞迪我、熊三拔,定利玛窦所自业者,比于前刻更臻完备。④ 清初杜临甫(知耕)取利徐二氏所译《几何原本》复加删削,成《几何

---

① 全文见《海山仙馆丛书》第九十八册《几何原本》,译《几何原本》引。
② 原语见《徐文定公集》卷一《刻〈几何原本〉序》(又见同上书),一六页。
③ 见《四库全书总目》卷一〇七"几何原本"条。
④ 见《几何原本》,徐光启题《几何原本》再校本。

论约》七卷。① 方位伯（中通）亦删节《几何原本》而成《几何约》，收录于《数度衍》中。②《几何原本》除汉文译本外，尚有满文译本二种：一为康熙二十七年（一六八八）所译，一为乾隆二十三年（一七五八）所译，然两者内容迥异。盖前者殆译自当时西土纂译简易之本，并非利徐二氏所译丁氏之辑补本；③而后者则是由《天学初函》④所收之利徐二氏所译《几何原本》再译为满文也。⑤

明季西洋教士所译著几何学书，除前述几何原本外，尚有《圜容较义》《测量法义》《乾坤体义》《测量全义》及《几何要法》等书。《圜容较义》无卷数，乃万历三十六年（一六〇八），李之藻从利玛窦所译，李俨先生疑其出于 Clavius, *Trattato della figura isoperimetre*。⑥ 此书专论圆之内接外接形，引申《几何原本》之义，另立界说（第一界等周形，第二界有法形，第三界求各形心，第四界求形面，第五面求形体）及诸形定理十八题，"借半面以推立圆，设角形以征浑体，探原循委，辨解九连之环，举一该三，光映万川之月，测圆者测此者也，割圆者割此者也"。⑦《四库

---

① 见《四库全书总目》卷一〇七"几何论约"条。
② 见《四库全书总目》卷一〇七"几何论约"条。
③ 李俨先生《中算史论丛》第一卷一八四页引《北京政闻报》（*La Politique de Pekin*）第四八一——四八二页云："康熙二十七年戊辰（一六八八）南怀仁卒，继南怀仁者有张诚。张诚曾襄《尼布楚条约》之成。约成回京，与教士白晋逐日入宫，将《几何原本》《应用几何》并《西方哲学》译成满文，用以授帝。"又据陈寅恪先生《〈几何原本〉满文译文跋》云："《几何原本》满文译本写本七卷，旧藏景阳宫，盖欧几里得前六卷之译本也。戊辰仲冬，予始得北平北海图书馆影本读之。此本不依欧氏原文逐译，故与利泰西、徐文定共译本迥异。予取《数理精蕴》中十二卷之《几何原本》较之，其体制内容，适与之相符。惟满文本所分卷数间有不同，所列条款及其数目之多寡，亦往往与《数理精蕴》本不合。……考《法兰西人支那学书目》（Cordier, *Bibliotheca Sinica*, Vol.II, p.1092）《天学初函》于乾隆二三年译为满文，但彼为利徐共译本，非此景阳宫七卷本也。……考欧罗巴十六、十七世纪时，欧几里得之书屡经编校刊行，颇有纂译简易之本，以资成实习之用者，如德意志人浩尔资曼（Wilhelm Holtzmann）所译德文《几何原本》前六卷之本，其自序略谓此本为实用者而作。实用者仅知当然已足，不必更示以所以然之理，故凡关于证明之文，概从芟略云云（见 Thomas L. Heath 英译《几何原本》第三版第一册，第一百零七页），即其一例也。予因之疑此满文译本及《数理精蕴》本，皆间接直接出于与浩氏相类似之本，而《数理精蕴》本恐非仅就利徐共译本所能删改而成者。"惟据斐化成氏（Henri Bernard）之考证，则康熙二十七年满文本《几何原本》系译自 *Pardies Practical Geometry* 云。
④ 《天学初函》乃李之藻汇刻当时所译关于西洋科学及宗教之书，全书共十九种：（一）《西学凡》，（二）《畸人十篇》，（三）《交友论》，（四）《二十五言》，（五）《天主实义》，（六）《辨学遗牍》，（七）《七克》，（八）《灵言蠡勺》，（九）《职方外纪》，（十）《泰西水法》，（十一）《浑盖通宪图说》，（十二）《几何原本》，（十三）《度表说》，（十四）《天问略》，（十五）《简平仪说》，（十六）《同文算指》，（十七）《测量法义》，（八）《圜容较义》，（十九）《勾股义》。
⑤ 见③。
⑥ 见《中算史论丛》第二册，三四页。
⑦ 见《徐文定公集》卷六李之藻文稿附《〈圆容较义〉序》。又《圜容较义》原书（海山仙馆丛书本）。

全书总目》称其书虽明圆容之义,而各面各体比例之义胥于是见。且次第相生,于《周髀》圆出于方,方出于矩之义,亦多足发明焉。① 《测量法义》无卷数,乃万历三十五年徐光启从利玛窦继《几何原本》而译,盖推衍《几何原本》之法理而传其义者也。② 首论造器(矩度),次论景(直景及倒景),次设问十五题,每题悉详加证释,以明测望高深广远之法。③《乾坤体义》二卷,乃利玛窦在《几何原本》译成之前后所自著者。其言皆验诸实测,其法皆具得变通,康熙《御制数理精蕴》多探其说而用之。④《测量全义》凡十卷,乃罗雅谷与徐光启所共修,书中摘译希腊数学家亚奇默德(Archimedes, 287—212 B. C.)之《圜书》(*The Measurement of the Circle*)中圆周率之计算及其《圆柱圆球书》(*On the Sphere and the Cylinder*)中之要题,其计算圆周率至二十一位。⑤《几何要法》共四卷,为崇祯四年(一六三一)瞿式谷从艾儒略(Julius Aleni, 1582—1649,意大利人,万历四十一年来华)所译,盖亦演绎几何学之理法者也。⑥

西洋算术书籍之最初译成汉文者,为万历四十一年(一六一三)李之藻从利玛窦逐译之《同文算指》一书。此书李俨先生亦疑出于Clavius, *Epitome Arithmeticae Practicae*, Rome, 1583。⑦ 全书九十卷,分为前、通二篇,附以别篇。通篇八卷为演例,卷一曰三率准测法,曰变测法,曰重准测法。卷二、卷三曰合数差分法,曰和较三率法,曰借衰互征法。卷四曰叠借互征法。卷五曰杂和较乘法,曰递加法,曰倍加法。卷六曰测量三率法,曰开平方法,曰开平奇零法。卷七曰积较和相求,开平方法。卷八曰开立方法,曰广诸乘方法,曰奇零诸乘方。别编则为测圆诸术。⑧ "是书欲以西法易《九章》(《九章》乃《周礼》之遗法),

---

① 见《四库全书总目》卷一〇六"圆容较义"条。
② 《徐文定公集》卷一,二五页,《题测量法义》云:"西泰子之译测量诸法也,十年矣。法而系之义也,自夠丁未始也。曷待乎?于时《几何原本》之六卷始卒业矣,至是而后能传其义也。"
③ 见《四库全书总目》卷一〇六"测量法义"条;又《测量法义》原本(海山仙馆丛书本)。
④ 见《四库全书总目》卷一〇六"乾坤体义"条。
⑤ 见张荫麟《明清西学输入中国考略》,《清华学报》第一卷第一期,四五页;又李俨《中国数学源流考略》(《北大月刊》第一卷五号,六九页)。
⑥ 见李俨《中算史论丛》第一册,一六四页。
⑦ 《中算史论丛》第二册,三五页。
⑧ 见原书(海山仙馆丛书本)。

故较量长短,俱有增补。其论三率比例,视中土所传方田、粟米、差分诸术,实为详悉。"①之藻自序其书谓:"加减乘除,总亦不殊中土;至于奇零分合,特自玄畅,多昔贤未发之旨。盈缩勾股、开方测圆,旧法最难,新译弥捷。夫西方远人,安所窥龙马龟畴之秘,隶首商高之业?而十九符其用,书数共其宗,精之入委微,高之出意表,良亦心同理同,天地自然之数同欤!"②而徐光启序此书亦云:"振之(之藻别号)两度居燕,译得其算术如干卷,既脱稿,余始间请而共读之、共讲之,大率与旧术同者,旧所弗及也;与旧术异者,则旧所未之有也。旋取旧术而共读之、共讲之,大率与西术合者,靡弗与理合也;与西术谬者,靡不与理谬也。振之因取旧术斟酌去取,用所译西术骈附梓之,题曰《同文算指》,斯可谓网罗艺业之美,开廓著述之途,虽失十经,如弃敝屣矣。"③据此,则《同文算指》之精审可知矣。

西洋近世平三角、弧三角之术,盖创始于十五世纪德国数学家列几奥蒙他奴斯(Regiomontanus,本名 Johann Müller,1436—1476),④而其传入吾国则在于崇祯初年(一六二八——一六三一)。其时,徐光启开设历局,编译历书,所上《割圆八线表》(六卷,崇祯四年正月进呈)及《大测》(二卷,崇祯四年正月进呈)二书,前者言平三角,后者言弧三角,俱历局诸教士所译著者。对数为英国数学家纳白尔(John Napier,1550—1617)所发明。顺治七年(一六五〇),穆尼阁(Joan Nieolas Smoglenski,1600—1656,波罗尼亚国人,崇祯十六年来华)以对数授薛凤祚,译成《比例对数表》(十二卷)一书。此表以加减代乘除,以折半代开方,皆比原法工力十省六七,且无舛错之患。⑤ 其详见原书及薛凤

---

① 见《四库全书总目》卷一〇七"同文算指"条。
② 见《徐文定公集》卷六附李之藻《〈同文算指〉序》。
③ 见《徐文定公集》卷一《刻〈同文算指〉序》。
④ 列几奥蒙他奴斯于一四六四年著 De Triangulis Planis et Sphaericis Libri 一书,为西洋讲述三角法之最初著作。详见岩波《西洋人名辞典》,一三三五页。
⑤ 薛凤祚《比例对数表序》云:"穆(尼阁)先生出,而改为对数。今有对数表,以省乘除,而况开方、立方、三、四、方等法,皆比原法工力,十省六七,且无舛错之患,皆实为穆先生改易立法第一功。"又清梅文鼎(一六三三——一七二一)《〈勿庵历算书目〉(一七〇二)自序》称:"《比例解》四卷,比例数表者,西算之别传也。其法自一至万,并设有他数相当,谓之代数。……前此无知者。本朝圣治间,西士穆尼阁以授薛仪甫(凤祚),始有译文。……又有日线比例数,亦穆所授也。……穆先生曰:表有十万,西来不戒于途,仅存一万以上,以法通之。"

祚所译穆著《天步真原》与其自著之《天学会通》。① 康熙中，英国巴理知斯（Henry Briggs, 1556—1630）对数表（Arithmetica, Logarithmorum）亦传入吾国。《数理精蕴》下编卷三十八"对数比例"条所谓"对数比例，乃西士若往讷白尔（John Napier）所作，以借数与真数对列成表，故名对数表。又有恩利格·巴理知斯（Henry Briggs）者，复加增修，行之数十年，始至中国"即此也。对数之外为借根方（谓假借根数、方数，以求实数之法）借根方今之代数是。②《数理精蕴》下编卷三十一至三十六末部一，论述借根方比例甚详。《四库全书》谓其法线面体一以贯之，而本法所不能求者，皆可以借根而得，至为精妙。③ 然当时所传代数，仅二次方程式之计算及其应用而已，至四次方程式之解法，固尚未传入中土也。④ 割圆法之输入，始于徐光启所上《割圆八线表》，而自杜德美（Pierre Jartoux, 1670—1720，法国人，康熙二十九年来华）之《割圆九术》传入后，⑤其法更臻详备，可补《数理精蕴》之所未及者焉。⑥

---

① 《四库全书总目》卷一〇六"天步真原"条云："顺治中，穆尼阁寄寓江宁，喜与人谈算术，而不招人入耶稣会，在彼教中号为笃实君子。风祚初从魏文魁游，主持旧法，后见穆尼阁，始改从西学，尽传其术，因译其所说为此书。"风祚所著《天学会通》，乃本穆尼阁《天步真原》而作，所言皆推算交食之法。《总目》谓此书盖用表算之例，殊为简捷精密。梅文鼎订注是书，亦称其以西法六十分通为百分，从《授时》之法，实为便用。惟仍以对数立算，不如直用乘除为正法。惜所订注之处，未获与之相质云。又按风祚另有《比例四线新表》（一卷）、《四线对数表》之作，均为衍绎穆氏所创对数之理论者。
② 代数学初传入吾国时，称为"西洋借根法"，译作"阿尔热巴拉"、"阿尔朱巴尔"（《东华录》）、"阿尔热八达"（《赤水遗珍》），盖均 Algebra 之音译也。
③ 见《四库全书总目》卷一〇七"御定数理精蕴"条。
④ 西洋代数学，传自亚拉伯，故有"东来法"之称。亚拉伯伽里蒙（Caliph al-Mamun, 813—833）朝时，算学家亚鲁科瓦利米（Mohammed ibn Mūsā Al-Khowârizmi, 或 Alchwaruzmi）著 Aljabr W'al-Muqābalah 一书，论述代数学，其后传入欧洲，为西洋代数学之祖。此学后得 Niccolò Tartagia（1500—1551）及 Girolamo Cardano（1500—?）二氏之探究，四次方程式之解法始明。然此四次方程式之解法，在清初固尚未传入。参阅《清华学报》第一卷第一期《明清之际西学输入中国考略》。
⑤ 杜德美之《割圆九术》，分见于明安图著《割圆密率捷法》，张笏冠写本《杜氏九术全本》，丁取忠著《数学拾遗》引杜氏术，项名达《象数一原》引《杜氏九术》，《赤水遗珍》所载西士match美法（《赤水遗珍》为梅毂成《梅氏丛书辑要》卷六十一附录之一）等书中，然九术名及次序颇有异同。拟张笏冠写本《杜氏九术全本》所纪，则九术者，一为圆径求周，二为弧背求正，三为弧背求正矢，四为通弧求通弦，五为通弧求矢，六为通弦求通弧，七为正弦求弧背，八为正矢求弧背，九为矢求通弧。详见李俨《中算史论丛》第二册，一七八—一八六页。
⑥ 《数理精蕴》为《御定律历渊源》之第二部（第一部为《历象考成》，第三部为《律吕正义》），书成于康熙六十一年（一七二二），而刻于雍正元年（一七二三）。分为上下二编，上编五卷，曰立纲明体，其别有五：曰数理本源，曰河图，曰洛书，曰周髀经解，曰几何原本，曰算法原本。下编四十卷，曰分条致用，其别亦有五：曰首部，曰线部，曰面部，曰体部，曰末部。又表八卷，其别有四：曰八线表，曰对数阐微表，曰对数表，曰八线对数表，皆通贯中西之异同，而辨识古今之长短，实为明末清初输入西洋数学之集大成。

西洋数学自随基督教教士东来传入吾国，天文历算诸学莫不受其重大之影响。官书如《崇祯新法算书》《康熙御定数理精蕴》《历象考成》；私著如徐光启《勾股义》《测量异同》，王锡阐（1628—1682）《晓庵新法》，薛凤祚（？—1680）《天学会通》，方中通《数度衍》，杜知耕《几何论约》《数学钥》，黄百家《勾股矩测解原》，梅文鼎（1631—1721）《历算全书》《勿庵历算书记》，梅瑴成《增删算法统宗》《赤水遗珍》《操缦卮言》，梅文鼏《中西经星同异考》，陈訏（1650—1782）《勾股引蒙》《勾股述》，年希尧《测算刀圭》，袁士龙《测量全义新书》，庄亨阳《庄氏算学》，屠文漪《九章录要》，陈世仁（1682—1749）《弧矢割圆》，江永（1681—1762）《数学》，王元启（1714—1786）《勾股衍》，戴震（1724—1777）《算经十书》，屈曾发《数学精详》，明安图《割圆密率捷法》，钱塘（1735—1790）《溉亭述古录》，孔广森（1752—1786）《少广正负术》，张敦仁（1754—1834）《求一算术》《开方补记》，李锐（1768—1817）《弧矢算术细草》，汪莱（1768—1813）《衡斋算学》，焦循（1763—1820）《里堂学算记》《开方通释》，李潢（？—1811）《九章算术细草图说》，梅冲《勾股浅述》，安清翘（1759—1830）《数学五书》《矩线原本》，许桂林（1778—1821）《算牖》《立天元一道窍》，谢家禾《谢谷堂算学三种》，罗士琳（1783？—1853）《弧矢算术补》《比例汇通》《勾股容三事拾遗》《演元九式》《台锥积演》，李子金《算法通义》，冯桂芬《弧矢算术细草图解》，项名达（1789—1850）《象数一原》《勾股六术》，董祐诚（1791—1823）《割圆连比例术图解》《椭圆求周术》《三统术衍补》，徐有壬（1800—1860）《造各表简法》《测圆密率》，张作楠《翠微山房历算丛书》等书，或纂译西洋数学之法术，或敷衍西洋数学之义蕴，或引西术以补中法之疏，或引中法以证西术之确，虽不无创获，然终未能逾西学之范围。说者谓清代数学独盛，实受西洋数学之启发，盖非虚言也。

抑清代数学家虽深受西洋数学之影响，然对于西算亦不免有出主入奴之成见。最重要者，莫如谓西洋数学乃中国所传去，即无异中算之旁支余衍。阮元《畴人传》引梅瑴成说云："尝读《授时历草》，求弦矢之法，先立'天元一'为矢，而元学士李冶所著《测圆海镜》，亦用

'天元一'立算。传写鲁鱼,算式讹舛,殊不易读。前明唐荆川、顾箬溪两公互相推重,自谓得此中三昧。荆川之说曰:艺士著书,往往以秘其机为奇,所谓立'天元一'云尔,如积求之云尔,漫不省其为何语。而箬溪则言细考《测圆海镜》,如求城径,即以二百四十为天元,半径即以一百二十为天元,既知其数,何用算为?似不必立可也。二公之言如此,余于顾说颇不谓然,而无以解也。后供奉内廷,蒙圣祖仁皇帝授以借根方法,且谕曰:西洋人名此书为'阿尔热八达',译言'东来法'也。敬授而读之,其法神妙,诚算法之指南。而窃疑天元一之术颇与相似,复取《授时历草》观之,乃涣如冰释,殆名异而实同,非徒曰似之已也。夫元时学士著书,台官治历,莫非此物,不知何故,遂失其传。犹幸远人慕化,复得故物,'东来'之名,彼尚不能忘所自,而明人视为赘疣而欲弃之。噫!好学深思如唐(荆川)、顾(箬溪)二公,犹不能知其意,而浅见寡闻者,又何足道哉?何足道哉?"①王元启《勾股衍·总序》云:"使学者知《周髀》一经,于术无所不该。后人浅为涉猎,不能旁推交通,以尽其变,故使西术得出而争胜。其实西术亦本《周髀》,总无出于折句为股之外也。"②《御制数理精蕴·〈周髀经解〉序》云:"明万历间,西洋人始入中土,其中一二习算数者,如利玛窦、穆尼阁等著为《几何原本》《同文算指》诸书,大体虽具,实未阐明理数之精微。及我朝(清朝)定鼎以来,远人向化,至者渐多,有汤若望、南怀仁、安多、闵明我相继治理历法,间明算学,而度数之理,渐加详备。然询其所自,皆云本中土所流传。粤稽古圣,尧之钦明,舜之濬哲,历象授时,闰余定岁,璇玑玉衡,以齐七政,推步之学,孰大于是?至于三代盛时,声教四讫,重译向风,则书籍流传于海外者,殆不一矣。周末,畴人子弟,失官分散,嗣经秦火,中原之典章,既多缺佚,而海外之支流,反得真传。此

---

① 见阮元《畴人传》卷三九《梅文鼎》下,二页。又按《四库全书总目》卷一〇七"测圆海镜"条下,亦有类似之说,原文云:"按立天元一法,见于宋秦九韶《九章大衍数》。厥后《授时历草》及《四元玉鉴》等书,皆屡见之,而此书(《测圆海镜》)言之独详,其关乎数学者甚大。然自元以来,畴人皆株守立成,习而不察,至明遂无知其法者。……迨我国家酬化翔洽,梯航鳞萃,欧逻巴人始以借根方法进呈,经祖仁皇帝(康熙)授蒙养斋诸臣习之,梅毂成乃悟即古立天元一法,于《赤水遗珍》中详解;且载西名'阿尔热巴拉'(Algebra),即华言'东来法',初即冶之遗书,流入西域又转而还入中原也。今用以勘验西法,一一吻合,毂成所说,信而有征。特录存之以为算法之秘钥,且以见中法西法互相发明,无容设畛域之见焉。"

② 见阮元《畴人传》卷四十一《王元启传》。

西学之所以有末也。"① 而阮元于《利玛窦传》末亦云："自利玛窦入中国，西人接踵而至，其于天学皆有所得，采而用之，此礼失求野之义也。而徐光启至谓利氏为今日之羲和，是何其言之妄而敢耶？天文算数之学，吾中土讲明而切究者，代不乏人。自明季空谈性命，不务实学，而此业遂微。台官步勘天道，疏阔弥甚，于是西人起而乘其衰，不得不矫然自异矣。然则但可云明之算家不如泰西，不得云古人皆不如泰西也。我国家右文尊道，六艺昌明，若吴江王氏（锡阐）、宣城梅氏（文鼎、毂成）皆精于数学，实能尽得西法之长而匡所不逮。至休宁戴东原先生发明《五曹》《孙子》等经，而古算学明矣。嘉定钱竹汀先生著《廿二史考异》详论《三统》《四分》以来，诸家之术而古推步学又明矣。学者苟能综二千年来相传之步算诸书，一一取而研究之，则知吾中土之法之精微深妙，有非西人所能及者。彼不读古书，谬云西法胜于中法，是盖但知西法而已，安知所谓古法哉？"② 凡上所引，俱足以考见清代数学家对于西算态度之一斑。彼等始终以为"西学古已有之"，西算乃从中国传去，而中算之精微玄妙，原非西算所能及。特以周末畴人子弟失官分散，中经秦火，典章湮佚，而明季士大夫又空谈性命，不务实学，遂使中法式微，而西学反得真传，出而争胜。中国虽采用其法，然亦不过礼失求野之意而已。夫数学家之见解尚如此，则其他抱残守阙之辈，更无论矣。

以上所述，为鸦片战争前西洋数学传入之梗概，及清代中算家对于西算态度之一斑。海通以还，西洋教士迻译数学典籍，为数亦复不鲜。兹举其重要译著如下：（一）《几何原本新译》（中西算学大成本）。《几何原本》前六卷，经由利玛窦、徐光启译出。后九卷则由英国伦敦会教士伟烈亚力口译，李善兰（壬叔）笔述，即以《几何原本新译》[此书译成于咸丰五年（一八五五），刊于咸丰八年]。前六卷系论线与面、比例及面与比例相合等，已详前述。后九卷中，七、八、九三卷论数，十卷论无比例之几何，十一卷至十五卷俱论体，而十三卷中论末线之用，其十四、十五两卷申言等面五体。每款先例界说，每题有法，有解，有论，有系，

---

① 见《数理精蕴》上篇卷一，一页。
② 见阮元《畴人传》卷四十四。

言理不言述，言象不言数，非心思细密者不能读。①（二）《笔算数学》（益智书会本）。此书为美国北长老会（The American Presbyterian Mission，North）教士狄考文（Calvin W. Mateer，1836—1908，同治二年来华）所著，邹立文译为汉文。全书共四卷，约二千八百余题，论述理法，颇为详尽。（三）《心算启蒙》（美华书馆本）。此为美教士那夏礼（原名待考）所著。全书一卷，书中释题习问，由浅及深，依次诵习，步步入胜，蒙学中之善本也。（四）《数学理》（制造局本）。此书为英人棣·么甘（Augustus De Morgan，1806—1871）原著，由傅兰雅、赵元益合译为汉文。全书共九卷，附一卷，凡记数加减乘除、分数开方比例之理，悉以浅近出之。于数学一切变化之理，均已包括全尽。（五）《代数术》（制造局本、西学大成本、中西算学大成本）。此书为英人华里司（John Wellace，1616—1703）所著，由傅兰雅、华蘅芳合译为汉文。全书共二十五卷，书中由加而减而乘而除而比例而开方，本末兼赅，为代数书中之佳构。（六）《代微积拾级》（中西算学大成本）。此书原著为美人罗密士（Elias Loomis，1811—1899），由伟烈亚力、李善兰合译。全书共十八卷，前九卷论代数几何，首作方程图法，自点与线以至越曲线图说明备。中七卷微论分，后二卷论积分，列款设题，简明可读。（七）《代形合参》（美华书馆本）。此书原著者为美人罗密士，由美国监理会（The Methodist Episcopal Mission，South America）教士潘慎文（A. Pierson Parker，1804—1888，道光十四年来华）与谢洪赉合译。全书共三卷，附一卷。前三卷即《代微积拾级》之前九卷，而条段算式均有增益。后二卷论空中之点与直线以及平面曲面，甚为明晰。（八）《三角数理》（制造局本），此书原著者为英人海麻士（Hymers），由傅兰雅、华蘅芳合译。全书共十二卷，前八卷论平三角，后四卷论弧三角，大率

---

① 李善兰《〈几何原本〉后九卷续译序》云："泰西欧几里得撰《几何原本》十三卷，后人续增二卷，共十五卷。明徐、利二公所译，其前六卷也，未译者九卷。……岁壬子，来上海，与西士伟烈亚力约续徐、利二公未竟之业。伟烈君无书不览，尤精天算，且熟习华言，遂以六月朔为始，日译一题，中间因应试、避兵诸役，屡作屡辍，凡四历寒暑，始卒业。是书泰西各国皆有译本，顾第十卷阐理幽玄，非深思力索不能骤解，西士通之者亦鲜，故各国俗本輒去七、八、九、十四卷，六卷后即继以十一卷。又有前六卷单行本，俱与足本并行。各国语言文字不同，传录译述，既难免参错，又以读全书者少，翻刻讹舛，是正无人，故夏五三豕，层见叠出。当笔受时，辄以意匡补。伟烈君言：异日西士欲求是书善本，当反访诸中国矣。"按欧几里得几何学，直至今日尚无若何重大之改变，实行输入西学中之比较完全者。

以比例求边角,而以级数究其极,法无不备,理无不赅。(九)《新排对数表》(益智书会本)。此书原著者为美人罗密司,由美国教士赫士(原名待考)与朱葆琛合译。书中首真数对数表,次弦切对数表及辅表,次弦切真数表及正割真数表,次弧真数表,次经纬表。每篇皆列较数,甚省推算之烦。(十)《圆锥曲线说》(中西算学大成本)。此书由英国教士艾约瑟与李善兰合译。全书共三卷,书中论圆锥曲线三种,曰椭圆线、曰双曲线、曰抛物线,均以代数比例布算,证明圆锥割成三曲线之理及求心差弦矢等法。(十一)《微积溯原》(制造局本、中西算学大成本)。此书原著者为英人华里司,由傅兰雅、华蘅芳合译。全书共八卷,前四卷论微分术,后四卷论积分术,其书较代数术更深一层。(十二)《算式集要》(制造局本、富强丛书本)。此书原著者为英人哈司韦,由傅兰雅、江衡合译。全书共四卷,前二卷专言各种面积体积算式,第三卷专言圆锥曲线算式,第四卷附论测算地面诸法。每款先解题,次图,次法,次公式,次设题。所列各表,大半以最小之根数,从其求边之本术返求之而得,故虽深奥之题,依式推算,一目了然。(十三)《器象显真》(西学丛书本)。此书原著者为英人自力盖(原名待考),由傅兰雅、徐建寅合译。全书共四卷,第一卷论画图器具,第二卷论用几何法作单形,第三卷论以几何法画机器视图,第四卷论机器视图汇要。各卷所论,均附以图象,极为明晰。(十四)《格物测算》(格物入门本)。此书为美国北长老会(The American Presbyterian Mission, North)教士丁韪良(William Alexander Parsons Martin, 1827—1916, 道光三十年来华)所著,全书分为四章,第一章测算水学,第二章论测算气学,第三章论测算光学,第四章论测算力学。除上举各书外,尚有英国教士伟烈亚力著《数学启蒙》二卷(湖南刻本),又译棣·么甘《代数学》十三卷。傅兰雅辑《量法须知》一卷(格致须知本),《算学奇题》、《算学奇论》、《新式算器图说》一卷(均格致汇编本)。美国教士狄考文与刘永锡合译《形学备旨》十卷(益智书会本)。傅兰雅著《代数须知》一卷(格致须知本)、《三角须知》一卷(格致须知本)。狄考文、邹立文、生福维同译《代数备旨》八卷(益智书会本)。傅兰雅、李善兰合译《代数学》十三卷。傅兰雅、华蘅芳合译《代数难题解法》十六卷、《决疑数学》十卷、《合数术》十一卷(均制造局本)、《微积须知》一卷(格致须知本)、《算式解法》十四卷、《三角数理》十二卷。潘慎文、谢洪赉合译《八线备旨》四卷(美华书馆本)。美国教士求德生与刘维师合译《圆锥曲线》一卷(益智书会本)。①

## 第三节　军器与兵制

吾国发明火药及利用之以作战,其事虽甚早,然历考宋元诸史,迄未有借火药之力,由铜铁筒器发射弹丸之例证。② 西洋近世兵器之传入吾国,盖始于明成祖征交趾之役。是时从交人得神机枪炮法,特置神机营,肄习制造,用为行军要器。③ 其后,欧亚交通日繁,西洋新式铳炮(佛郎机炮)随之传入。迨世宗嘉靖九年(一五三〇年),吾国更正式仿造佛郎机炮,借以御寇,④惟明之将士不能善用之,迄莫能制敌。⑤ 及朝鲜之役[万历二〇年(一五九二年)],日本以铳炮(鸟炮)屡败明军,而满兵随复崛起东北侵扰边境,明廷乃知有改良军器,以御外敌之必要。天启元年(一六二一年),满军破辽阳,势大振,而闽粤一带海疆不靖,盗劫肆行,于是朝议咸以购置西铳,讲求仿制为急务。徐光启尤力请多铸西洋大炮及建立"敌台"(即西式炮台)以资城守,而部臣亦议招寓居澳门精明火炮之西洋人前来内地协助攻御。西洋教士龙华民、罗如望(João de Rocha, 1566—1623,葡萄牙人,万历二十六年来华)、阳玛诺、艾儒略(Julius Aleni, 1582—1649,意大利人,万历三十八年来澳门)、毕方济(Francois Sambiasi, 1582—1649,意大利人,万历四十一年来华)等乃先后奉召前往,督造铳炮应用,而教士陆若汉(João Rodrigues,意大利人)及葡绅公沙·的西劳(Gonsales Texeira,当时任侨澳葡军统领

---

① 参阅徐维则、顾燮光共辑《东西学书录》卷三,三一十页;丁韪良著《格物入门》第七卷;又《西学富强丛书》卷一、卷二。
② 《四库全书珍本初集》《武经总要前集》(宋曾公亮、丁度等奉仁宗勒撰,成于康定中,即西元一〇四五年顷)卷十二,六十五页,记火药制法云:"火药法,用硫黄一斤四两,焰硝二斤半,麓炭末五两。"是为火药发明之始。利用火药爆炸燃烧之事,《武经总要》火攻门纪述颇多。正史所纪火炮,若《宋史·兵志》《魏胜传》《金史》郑家传、赤盏合喜传,《元史》张荣传、伯颜传,类皆实药纸中或金属器中,燃之使烧及爆炸而已,究未尝发射弹丸也。
③ 见《明史·兵志》,沈德符著《万历野获编》卷十七;又丘濬《大学衍义补》卷二二二。
④ 见《明史》卷三二五《佛郎机传》;又明世宗九年九月实录。
⑤ 见《明史》卷三二六《意大利亚传》、卷三二五《佛郎机传》。

职)亦率领葡人多名携带铳炮前来,效力宁远、涿州等处,屡奏奇功。①

崇祯三年(一六三〇年),陆若汉上书徐光启,略谓:"窃见东房犯顺十三年,恶极贯盈,造物尊主曾降瘟疫荒旱,竟不悔祸。汉等天末远臣,不知中国武备。行至涿州,适逢猖獗,仰仗天威,入涿保涿。顷入京都,叨蒙豢养,曾奏闻战守事宜,奉旨留用,方图报答。而近来边镇亦渐知西洋火器可用,各欲请器请人。但汉等止因贡献而来,未拟杀贼,是以人器俱少,聚亦不多,分益无用,赴镇决无裨益,留止亦茫无究竟。……敢请容汉等悉留统领以下人员,教演制造,保护神京,止令汉偕通官一员,傔伴二名,董以一二文臣,前往广东濠镜澳(即澳门)遴选铳师艺士,尝于红毛对敌者二百名,傔伴二百名,统以总管,分以队伍,令彼自带,堪用护铳、盔甲、枪刀、牌盾、火枪、火标诸式器械,星夜前来,往返不过四阅月,可抵京都。缘澳中火器,日与红毛火器相斗,是以讲究愈精,人器俱习,不须制造器械及教演进止之烦。且闻广东王军门(按即两广督臣王尊德)借用澳中大小铳二十门,照样制造大铁铳五十门,班鸠铳三百门,前来讨贼。汉等再取前项将卒器具,愿为前驱,不过数月,可以廓清畿甸,不过二年,可以恢复全辽,即岁费四五万金,较之十二年来万万之费,多寡星悬,谅皇上所不靳也。"②光启得书,即行转奏,并征召汤若望、罗雅谷襄授制器演算诸法。同时,疏奏战守事宜,疏中有云:"速如旧年初议(按其时满兵进犯登莱各地,势甚危急),再调澳商。昔枢臣梁廷栋议辍调者,恐其阻于人言,未必成行耳。后闻已至南昌,旋悔之矣。顷枢臣熊明遇以为宜调,冢臣闵洪学等皆谓不宜阻回,诚以时势宜然,且立功海外,足以相明也,况今又失去大炮乎? 盖非此辈不能用炮、教炮、造炮,且当阵不避敌,已胜,不杀降,不奸淫,不掳掠。昔人言'勇莫善于倡',以彼为倡,未有不从者矣。"③疏中所言澳商,盖指葡人而言,然招引其来而统率之者,固教士陆若汉也。

崇祯九年(一六三六),兵部疏称:罗雅谷等指授开放铳炮诸法,颇为得力,降旨优给田房。十二年十二月,毕方济上疏,有云:"臣又蒿目时

---

① 见《明史·意大利亚传》;黄伯禄编《正教奉褒》,十四至十八页。
② 见《徐文定公集》卷三《闻风愤激直献刍荛疏》,二十三页。
③ 见《徐文定公集》卷三《钦奉明旨敷陈愚见疏》(崇祯四年),四十二页。

艰，思所以恢复封疆，裨益国家者：一曰明历法以昭大统；一曰辨矿脉以裕军需；一曰通西商以官海利；一曰购西铳以资战守。盖造化之利，发现于矿，第不知脉络所在，则妄凿一日，即虚一日之费。西国格物穷理之书，凡天文、地理、农政、水法、火攻等器，无不备载。其论五金矿脉，征兆多端，似宜往澳取精识矿路之儒，翻译中文，循脉细察，庶能左右逢原。广东澳商受廛贸易，纳税已经百年，偶因牙侩争端，阻遏进省贸易。宜许其照旧进省，以充国用。西铳之所以可用者，以其钢铁皆百炼，纯粹无滓，特为精工。窃照天启元年，边疆不靖，兵部题奏，奉有取西铳西兵之旨。是以臣辈陆若汉等二十四人，进大铳四位，援急击敌，屡著奇功，兵部题叙。……更乞敕部，由澳取熟谙制铳西士数人，以授制药点放之术，摧锋破敌之奇，并精明推历西士数人，襄助历局供事。"①此疏既上，明廷因敌寇势张，遂倾信其言。翌年（一六四〇年），命汤若望指样监造战炮，若望先铸铜炮二十位，帝派大臣验放，均精坚可用，因再令若望再铸五百位，为御敌之用。② 无如明廷政治腐败，人心离散，虽有利器，不足以救危亡，为可惜耳。

  明季西洋教士监造铳炮及统兵御寇之经过，已略述于前。兹进而述当时输入西洋军器之种类与西洋军事学之内容。西洋军器约可分为铳炮、炮弹、铳药、炮车等项。铳炮之中有大炮、中炮（有神威、飞电、大将军等名目）、鹰铳、鸟铳诸种。③"铳炮大者长一丈，围三四尺，口径三寸，中容火药数升，杂用碎铁碎铅，外加精铁大弹，亦径三寸，重三四斤，弹制奇巧绝伦，圆形中剖，联以百炼钢条，其长尺余，火发弹飞，钢条挺直，横掠而前二三十里之内，拆巨木，透坚城，攻无不摧，其余铅铁之力可及五六十里。其制铳或铜或铁，锻炼有法，每铳约重三五千斤。其施放有车，有地平盘，有小轮，有照轮。所攻打或近或远，刻定里数，低昂伸缩，悉有一定规式。"④大抵神威大炮用于守城御敌，中等神威炮以及鹰铳、鸟铳等则以之进攻作战。⑤ 铳弹铳药之制法及铳炮之造法用法，

---

① 见《正教奉褒》，十七、十八页。
② 见《正教奉褒》，十四、十五页。
③ 见《徐文定公集》卷三《钦奉明旨敷陈愚见疏》，四十七页。
④ 见《徐文定公集》卷三附李之藻奏《为制胜务须西铳敕乞速取疏》（天启四年），五十四页。
⑤ 见《徐文定公集》卷三《控陈迎铳事宜疏》（崇祯二年），十四页。

当时盖惟西洋教士及澳门西商能之。①此外尚有"敌台"（即炮台）一种，其法亦自西洋传来，一台之设，可当数万之兵。②"敌台"造法，大都以相去一里二里为率，各造一台。于本台之外，接建空心三层铳角台一座，诸台之上皆造房以蔽风雨，台中设置大小炮位安放铳炮，以备敌焉。③至于西洋军事学之输入，利玛窦来华时，曾携有关于铳炮制造应用之图籍，惜未迻译，而利氏淹逝，书遂不传。④万历年间，李之藻曾从利玛窦询问西国武备及军器制造，然仅得其概念，固未深悉其内容也。⑤迨崇祯二十年（一六四二），始与焦勖编著《火攻挈要》（一名《则克录》）一书，介绍西洋军事学之知识。⑥

全书凡三卷：上卷分为：（一）概论火攻总原，（二）详参利弊诸原以为改图，（三）审量敌情斟酌制器，（四）筑砌铸铳台窑图说，（五）铸造战攻守各铳尺量比例诸法，（六）造作铳模诸法，（七）下模安心起重运重引重机器图说，（八）论料配料炼料说略，（九）造炉化铜熔铸图说，（十）起心看塘齐口镟塘钻火门诸法，（十一）制造铳车尺量比例诸法，（十二）装放大铳应用诸器图说，（十三）收盖火铳镇籥图说，（十四）制造各种奇弹图说，（十五）制造狼机鸟枪说客，（十六）制造火箭喷筒火罐地雷说略等十六则。中卷分为：（一）提硝提矿用炭诸用，（二）配合火药分两比例及制造晒晾等法，（三）收贮火药库藏图说，（四）火攻诸药性情利用须知，（五）火攻佐助诸色方药，（六）火攻佐助方药附余，（七）本营自卫方药，（八）试放新铳说略，（九）装放各铳竖平仰倒法式，（十）试放各铳高低远近注记准则法，（十一）各铳发弹高

---

① 见《徐文定公集》卷三《控陈迎铳事宜疏》，十四页。又《钦奉明旨敷陈愚见疏》，四十七页。
② 见《徐文定公集》卷三《崔景荣等奏为制胜务须西铳敬述购募始末疏》（天启五年），五十八页。
③ 见《徐文定公集》卷三《丑房暂东绸缪宜亟谨述数言以备战守疏》（崇祯三年），二十页。
④ 见《徐文定公集》卷三附李之藻《奏为制胜务须西铳敕乞速取疏》，五十二页。
⑤ 见同前注。
⑥ 《火攻挈要》焦勖自序云："惟赵氏藏书《海外火攻神器图说》，祝融佐理，其中法则规制，皆西洋正传，然以事关军机，多有慎密不详载不明言者，以致不获兹技之大观，甚为折冲者之所歉也。"又《徐文定公集》卷三，三十六页，《钦奉圣旨复奏疏》（崇祯三年）云："两广督臣王尊德刻有《大铳事宜》一册，曾经达部，并以遗职。其首条云：一、铸铳一千斤，用弹二斤半，药二斤十两。一千三百斤重，用弹三斤，药三斤。二千二百斤重，用弹四斤，药四斤，二千七百斤重，药七斤，方相配合。药少则送弹不远，如多至一斤半斤，即恐不虞，系打造者药俱不可多。据尊德之说，亦与澳夷相合，盖海外相传成法也。"据此，则西洋军器制造之法，已先《火攻挈要》传入中土，然其中所传大都简略，故详细介绍西洋军事学来华者，自以《火攻挈要》为首也。

低远近步数约略,(十二)教习装放次第及凉铳诸法,(十三)运铳上台上山下山诸法,(十四)火攻要略附余,(十五)火攻根本总说等十五目。下卷分为:(一)攻铳说略,(二)鳌翻(轰城之别称)说略,(三)模窑避湿,(四)木模易出,(五)泥模须干,(六)模心易出,(七)兑铜分两,(八)炉底避湿,(九)化铜防滞,(十)设棚避风,(十一)炉池比例,(十二)铳身比例,(十三)修补铳底,(十四)修整湾铳,(十五)弹药比例,(十六)弹铳相宜,(十七)弹制说略,(十八)制弹说略,(十九)装弹机宜,(二十)装药比例,(二一)药信说略,(二二)远近之节,(二三)众寡之用,(二四)宽窄之宜,(二五)循环之法,(二六)救卫之备,(二七)斩将说略,(二八)击零说略,(二九)扫众说略,(三十)惊远说略,(三一)惊近说略,(三二)攻城说略,(三三)守城说略,(三四)水战说略,(三五)火攻纪余,(三六)火攻问难,(三七)火攻索要,(三八)火攻慎传,(三九)火攻需备,(四十)火攻需资,(四一)火攻推本,(四二)归源总说等四十二目。① 举凡铳炮、弹药、炮台、炮车及其他军器之制造法、用法以及训练将卒,用兵作战诸方策,无不详细论述,其于吾国军事学之裨益,盖匪浅鲜也。

满清入主中国之后,西洋教士依旧供职,主持历务。清廷对于造炮一事,最为积极。自天聪五年(一六三一)铸造大炮以来,崇德七年(一六四二年)造神威大将军炮,顺治元年(一六四四年)工部设濯灵场,委官造火药。康熙十三年(一六七四年),清廷以三藩相继叛乱,平定非易,而先年所铸铳炮又率皆笨重,不易运用,乃命南怀仁等依照洋式铸造新炮。自十三年至六十年,共铸造大小铁炮八百五十四门,配布陕西、湖南、江西等省应用。二十年(一六八一年),铸成神武炮之后,并编著《神武图说》一书以献(书中分理论二十六,图解四十四),论述甚为详尽。康熙帝验得新铸各炮较前所铸各炮更为精坚,特加赐南怀仁以"工部右侍郎"职衔,以示奖励。② 从此,西洋兵器应用日广,而我国固有之兵器则日就淘汰焉。

咸丰时,洪杨据江浙以抗清廷。李鸿章利用西洋新式兵器攻下苏

---

① 详见《火攻挈要》原书(海山仙馆丛书本)。
② 见柳诒徵著《中国文化史》下册,三〇九、三一〇页。

常，且以戈登(Charles George Gordon，1833—1885)①常胜军之助，收复淞沪。于是，曾国藩、李鸿章等创设江南机器制造局于上海(同治四年)，从事制造枪炮，并建立翻译馆于局内，聘请英国教士傅兰雅、伟烈亚力，美国教士玛高温(原名待考)、林乐知等选译西洋科学及其他"有裨制造"之书籍。其关于兵器及兵制之重要译著，计有下述十三种：(一)《列国陆军制》(制造局本、军政全书本、西学富强丛书本)。此书原著者为美人欧泼登(原名待考)，由林乐知、瞿昂来合译。全书共九卷，所载尽属日本、印度、波斯、意大利、俄罗斯、意大利、德意志、法兰西、英吉利等国之军制。(二)《营工要览(附图)》(制造局本)。此书为英国武备工程课所编，由傅兰雅、汪振声合译。全书共四册。首攻守各法，二行军取水法，三成行营各要件，四造望台及开路法，所论皆陆行工程，为工兵要事。(三)《水师操练(附杂说)》(制造局本)。此书为英国战船部所编，由傅兰雅、徐建寅合译。全书共十八卷，书中对于战船操练、枪炮操法及陆地战阵诸法论述颇详。(四)《西炮说略》(格致汇编本)。此书为傅兰雅所著。全书只一卷，先论各种造炮法，后载各种炮图。中有《各厂前后膛炮优绌论》一篇，详言造炮、制子药之合法与否，为全书纲领。(五)《制火药法》(制造局本、西学富强丛书本)。此书为英人利稼孙、华斯得(原名待考)共著，由傅兰雅、丁树棠合译。全书共三卷，专述以电气燃放水雷之法。(六)《开地道轰药法(附图)》(制造局本)。此书为英国武备工程学校所编，由傅兰雅、汪振声合译。全书共三卷，附图一卷。首论各处开道工程，次论各药及轰用法，并以图说明之。除以上各书外：尚有傅兰雅、钟天纬合译《英国水师考》一卷(制造局本、《军政全书》本)，《美国水师考》一卷(制造局本、西学富强丛书本)。傅兰雅、徐寿合译②《回特活德钢炮说》一卷、《营城要说》二卷(制

---

① 戈登，英国军人，英法联军之役时来华。太平军迫上海时，氏继美国军人华尔(Frederick Townsend Ward, 1828—1862)之后，率领常胜军与太平军抗战。详见岩波《西洋人名辞典》，四一〇页；又陈恭禄著《中国近代史》，一九五页。
② 徐珂编《清稗类钞》云："无锡徐雪村寿，精理化学，于造船、造枪炮弹药等事多所发明，并自制镪水、棉花药、汞爆药。我国军械既赖以利用，不受西人之居奇抑勒。顾犹不自满，进求其船坚炮利工艺精良之原，始知悉本于专门之学，乃创议翻译泰西有用之书，以探索根柢。曾文正公深韪其言，于是聘订西士伟烈亚力、傅兰雅、林乐知、金楷理等，复集同志华蘅芳、李凤苞、王德均、赵元益诸人以研究之。阅数年，书成数百种。"

造局本)、《火药机器》一卷(格致汇编本)。傅兰雅、华蘅芳合译《防海新论》十八卷(制造局本)、《海用水雷法》一卷(天津书局本)。傅兰雅、徐建寅合译《炮与铁甲论》十卷、《轮船布阵》十二卷、附图一册(制造局本)。林乐知、郑昌棪合译《水师章程》八卷、《续编》六卷(制造局本)。伟烈亚力、徐寿合译《螺丝兵船表、行轮兵船表、炮架表》(制造局本)。①

## 第四节 地理与地图

舆地之学,自昔吾国学人颇为重视。惟其地理观念,尚不出神州禹域之外,对于外国地理,固属茫然不知。即间有纪述异域风土者,亦多被视为荒诞不经之谈。自元通西域,亚拉伯人札玛里鼎来华,奉世祖命造西域仪象,②国人始知有所谓地球,然尚未究心于外国舆地之学也。

西洋舆地之学传入吾国,盖自利玛窦始。利氏初来吾国(一五八二),留居端州(今肇庆),常以西方《坤舆全图》出示士大夫。后又以粤人请图其所经诸国,以垂不朽,乃出所携《西洋坤舆图册》与其积岁札记,绅绎华言,③献诸当道。赵中丞心堂、吴铨部左海为之勒刻,分赠各省友好。④ 其后,利氏复因前刻简陋,未尽西来原图什一,"乃取原图及通志诸书,重为考定,订其旧译之谬与其度数之失,兼增国名数百,随其楮幅之空,载厥国俗土产"。⑤ 万历二十八年(一六〇一),利氏入京,献《万国图志》一册、《万国舆图》一幅。⑥《万国图志》言:"天下有五大洲:第

---

① 参阅徐维则辑,顾燮光补《东西学书录》卷一,二十六至三十八页。
② 《元史·天文志》:"世祖至元四年,使札玛里鼎造西域仪像。有名苦来亦撒麻者,即天球仪;有名苦来亦阿儿子者,即地球仪。其制以木为圆球,七分为水,其色绿,三分为土地,其色白。画江河湖海,脉络贯串于其中,画作小方井,以计幅员之广袤,道里之远近。"
③ 见北平历史博物馆藏《万国舆图》利氏自序摹绘本。
④ 见萧司铎《天主教传行中国考》卷三,一二六页;《徐文定公集》卷一跋二十五言,十四页;艾儒略《大西利先生行迹》,一一三页。
⑤ 见《万国舆图》利氏自序。
⑥ 利氏《万国舆图》,明本《方舆胜略》作《山海舆地全图》,而李之藻刻本则作《坤舆万国全图》。前者盖系最初所绘刻,后者则是从《山海舆地全图》增订而成。利氏自序所谓"乃取敝邑原图及通志诸书,重为考定,订其旧译之谬与其度数之失"者,殆即此也。《坤舆万国全图》,《东方杂志》第二十卷第九号曾将其印出,禹贡学会亦将原图用珂罗笺精印,分为十八张,可以合为整幅。又禹贡学会并于《禹贡》半月刊第五卷第三四期特出"利玛窦地图专号",中有重要考订论文数篇,《山海舆地全图》亦以刊入(据其广告)。惜此文属稿时,该刊尚未出版,无从得见。(转下页)

一曰亚细亚洲，中凡百余国，而中国居其一；第二曰欧罗巴洲，中凡七十余国，而意大利亚居其一；第三曰利未亚洲（即菲洲），亦百余国；第四曰亚墨利亚洲（即美洲），地更大，以土地相连，分为南北二洲；最后得墨瓦腊泥加洲为第五，①而域中大地尽矣。"②而《万国舆图》关于世界大势亦加解说云："（上略）又以地势分舆地为五大洲：曰欧逻巴，曰利未亚，曰亚细亚，曰南北亚墨利加，曰墨瓦腊泥加。若欧逻巴者，南至地中海，北至卧兰的亚（原名待考）及冰海（殆即北冰洋），东至大乃河（即今俄国Dvina River,流入 White Sea）、墨何的湖、大海（原名待考），西至大西洋。若利未亚者，南至大浪山（即今好望角），北至地中海，东至西红海、仙劳冷祖岛（St. Daurentius or Madagasear），西至阿折亚诺沧（原名待考），即其洲只以圣地之下微路与亚细亚相联，其余全为四海所围。若亚细亚者，南至苏门答腊、吕宋等岛，北至新曾白蜡（原名待考）及北海，东至日本大明海，西至大乃河、墨何的湖、大海（原名待考）、西红海、小西洋指印度洋而言。若亚墨利加者，全为四海所围，南北以微地相联。若墨瓦蜡泥加者，尽在南方，惟见南极出地，而北极恒藏焉。其界未审何如，故未敢订之。惟其北边与大小爪哇及墨瓦蜡泥加峡（即麦哲伦海峡）为境也。"③嗣复著《乾坤体义》《天地球考》等书。《乾坤体义》言："地与海合为一球，居天球之中，其度与天相应。但天甚大，其度广；地甚小，其度狭，差异耳。直行北方者，每二百五十里，北极高一度，南极低一度；直行南方者，每二百五十里，北极低一度，南极高一度。每一度广二百五十里，则地之东西南北各一周，有九万里。厚二万八千六百三

---

（接上页）关于《坤舆万国全图》之形式及内容，《东方杂志》第二十卷第九号缩印之原图上，曾加以介绍，兹引述于此，以见一斑："最近北京历史博物馆得该氏撰绘《世界坤舆全图》六帧，长七尺，宽三尺，图作球形，经纬度数俱全，各地均附注解，五色绚烂，古雅可爱。第一幅及第五幅有该氏题句，款用大明万历壬寅年（距今三百余年），他幅复有李之藻、祁先宗等跋语。李等与氏为挚友，亦科学界著名之人士也。图中南北亚墨利加洲已标出，而所述则为印第安土人之生活。盖氏作图时，约后哥仑布发现新大陆八九十年，而距合众国建国时期固甚远也。其他欧洲诸国译名，均与今大异。中国幅员亦不相同，如满洲东三省之地统标名女直，黄海称为大明海，此尤其显著者。图内海洋空隙绘有怪异鱼类多种，陆地则加绘猛禽厉兽若干，状貌悉狰狞可畏，大抵现时灭种者居多。大洋中复间绘十六世纪船只十余艘，作乘风挂帆之状，形式虽不一，均奇特出意表。"
① 墨瓦腊泥加洲，即麦哲伦（Magellan, 1480—1521）所寻获之地，今麦哲伦海峡以南之地悉属之。其地今属南美洲，本不甚大，图志将其别为一洲，盖于当时地理未甚明了也。
② 见《明史》卷三二六《意大利亚传》。
③ 见北平历史博物馆藏《万国舆图》摹绘本。

十六里零三十六丈,上下四旁皆生齿所居。予自太西浮海入中国,至昼夜平线已见南北二极皆在平地,略无高低。道转而南,过大浪峰(即大浪山),已见南极出地三十六度,则大浪峰与中国上下相为对待。故谓地形圆而周围皆生齿者,信然矣。以天势分山海,自北而南为五带:一在昼长昼短二圈之间,其地甚热,则谓热带,近日轮故也。二在北极圈之内,三在南极圈之内,此二处地俱甚冷,则谓寒带,远日轮故也。四在北极昼长二圈之间,五在南极昼短一圈之间,此二地皆谓之正带,不甚冷热,不远不近故也。"①利氏关于世界地理及地球之说,虽未必悉合于实际,②然地圆如球,陆分五洲,地分五带之说,以及昼夜四时寒暑不同之论,在中国当时实为创闻。其后,闽税珰从海舶得西刻地图二幅,据以驰献。是时利氏已即世,其徒庞迪我、熊三拔奉旨翻译。庞氏附奏,言地全形凡五大洲,今阙其一,不可不补,乃先译原幅以进。别又制屏八扇,载所闻见,附及土风物产,楷书贴说甚细。但图未全竟,而庞氏已遭放逐,③盖受南京礼部侍郎沈㴶、郎中徐如珂等之奏劾也。熹宗天启三年(一六二三年),艾儒略得庞氏所遗旧稿(按庞氏放归,卒于途。归时,将图稿赍投通政司,弗纳,乃奉致大明门外,叩头而去。后图稿庋中城察院,至其底本,则京绅有传写者。然皆粹玉遗玑,未成条贯云)。乃据利氏《万国图志》,并采西来所携手辑方域梗概为之增补,成《职方外纪》一书(凡系在职方朝贡附近诸国,俱不录。录其绝远旧未通中国者,故曰《职方外纪》)。④ 全书分为五卷,卷首冠以万国全图及各洲分图;卷末附以四海总说。每卷先以总说综论各洲地势、物产、政教、学术、风土、人情。总说之后,分别纪述各国地志。其卷一纪亚细亚之地理曰:"亚细亚者,天下一大州也,人类肇生之地,圣贤首出之乡。其地西起那多理亚,离福岛六十二度;东至亚尼俺峡,离一百八十度;南起爪哇,在赤道南十二度;北至冰海,在赤道北

---

① 见阮元《畴人传》卷四十四《利玛窦传》所引。
② 利玛窦《万国舆图》描述欧洲及南美洲各地情势较为详确,而于非洲及北美洲的情形,则甚为简略而又多误。又论欧罗巴洲云:"欧罗巴洲有三十余国皆用前王政法,一切异端不从而独崇从天主上帝之教。……土产五谷五金百果,酒以葡萄汁为之,工皆精巧。天文性理无不晓。俗敦实,重五伦,物汇甚盛,君臣康富。四时与外国相通,客商游遍天下。去中国八万里,自古不通,今相通七十余载云。"此亦不免有夸饰之嫌。
③ 见《徐文定公集》卷六《李之藻刻职方外纪序》,十一页;又艾儒略《职方外纪·自序》。
④ 见艾儒略《职方外纪·自序》。

七十二度。所容国土不啻百余,其大者首推中国,此外曰鞑而靼、曰回回、曰印弟亚、曰莫卧尔、曰百儿西亚、曰度儿格、曰如德亚,并此州巨邦也。海中有巨岛,曰则意兰、曰苏门答剌、曰爪哇、曰渤泥、曰吕宋、曰马路古,更有地中海诸岛亦属此州界内。"卷二纪欧逻巴洲之地理曰:"天下第二大州名曰欧逻巴。其地南起地中海,北极出地三十五度;北至冰海,出地八十余度。南北相距四十五度,径一万一千二百五十里;西起海福岛初度,东至阿比河九十二度,径二万三千里。共七十余国,其大者曰以西把尼亚(西班牙)、曰拂郎察(法国)、曰意大里亚、曰亚勒马尼亚、曰法兰德斯、曰波罗尼亚、曰翁加里亚、曰大尼亚、曰云除亚、曰诺勿惹亚、曰厄勒祭亚、曰莫斯哥未亚。其地中海,则有甘的亚诸岛,西海则有意而兰、大谙、厄利亚诸岛云。"卷三纪利未亚洲之地理曰:"天下第三大州曰利未亚,大小共百余国。西南至利未亚海,东至西红海,北至地中海,极南南极出地三十五度,极北北极出地三十五度,东西广七十八度。"卷四纪亚墨利加洲之地理曰:"亚墨利加,第四大州总名也。地分南北,中有一峡相连,峡南曰南亚墨利加,南起墨瓦蜡泥海峡,南极出地五十二度;北至加纳达,北极出地十度半;西起二百八十六度;东至三百五十五度。峡北曰北亚墨利加,南起加纳达,南极出地十度半;北至冰海,北极出地度数未详;西起一百八十度;东尽福岛三百六十度。地方极广,平分天下之半。"又述墨瓦蜡尼加之地理曰:"墨瓦兰(麦哲伦)既承国命,沿亚墨利加之东偏纡回数万里……已尽亚墨利加之界,忽得海峡亘千余里,海南大地又复恍一乾坤。墨瓦兰率众巡行,间关前进,既见平原漭荡,杳无涯际,入夜则磷火星流,弥漫山谷而已,因命为火地。而他方或以鹦武名州者,亦此大地之一隅。其后追厥所自,谓墨瓦兰实开此区,因以其名命之曰墨瓦蜡尼加,为天下之第五大州也。"卷五综述海上情势曰:"海在国之中,国包乎海者,曰地中海;国在海之中,海包乎国者,曰寰海。川与湖占度无多,不具论。寰海极广,随处异名,或以州域称,则近亚细亚者谓亚细亚海,近欧逻巴者谓欧逻巴海。他如利未亚、如亚墨利加、如墨瓦蜡尼加及其他蕞尔小国,皆可随本地所称。又或随其本地方隅命之,则在南者谓南海,在北者谓北海,东西亦然,随方易向,都无定准也。"最后分为海名、海岛、海族、海产、海状、海舶、海道等项，详细论述。① 其说虽不免有神奇夸饰之处，但其所述当日世界情势，除墨瓦蜡尼亚一洲外，大致尚合于现今舆地之所述。吾国之有较详备的五洲万国地志，盖以斯著为嚆矢也。艾氏之友金尼阁（名）(Nicolas Trigault，1577—1628，法国人，万历三十八年来华)对于此书尝谓："此(《职方外纪》)姑以缀屏上之图也云尔，吾欲引申其说，作《诸国山川经纬度数图》十卷，《风俗政教武卫物产技艺》又十卷，而后可以当《职方》之一镜也。"②金氏之言虽如此，惟以终未竟其业焉。降及清初，西洋教士所著关于舆地图籍有利类思、安文思(P. Gabriel de Magalhāes，1609—1677，葡萄牙人，崇祯十三年来华)与南怀仁合著之《西方要纪》，南怀仁之《坤舆全图》与《坤舆图志》(一作《坤舆图说》)及蒋友仁之《增补坤舆全图》与《地球图说》等书。《西方要纪》一卷，成于康熙初年，全书分为国土、路程、海舶、海奇、土产、制造、西学、服饰、风俗、法度、交易、饮食、医学、性情、济院、宫室、城池兵备、婚配、教法、西士等二十节，对于泰西政教风俗、学术工艺，物产轮舶以及海程远近，纪述颇为简要。③《坤舆图说》刻于一六七二年，乃南怀仁将利玛窦《万国图志》及艾儒略《职方外起》"撮其简略，多加后贤之新论"而成，论述"全地相联贯之大端"者也。④ 书凡两卷，上卷分为地体之圆、地圆、地球南北两极、地震、山岳、海水之动、海之潮汐、江河、天下名河、气行、风、云雨、四元行(火水土气)之序并其形、人物等项，举凡地球之构成、地圆之原理、地震之由来、山岳之生成、海水流动之原因、潮汐之成因及其大小之变化、江河之由来、气行之成因及各处空气厚薄之原由、风雨云雾之由来、人物禀赋不同之原因以及宇内之名山大川，莫不详细解说，实西洋天文地理学与地文地理学输入吾国之权舆。下卷首述亚细亚、欧逻巴、利未亚、亚墨利加、墨瓦蜡泥亚等洲各国道里山川、民风物产，次述海上情状，分为海状、海族、海产、海舶等节，大致与艾氏《职方外纪》互相出入，而亦时有详略异同。卷末附载

---

① 见墨海金壶丛书本《职方外纪》卷一，一页；卷二，一页；卷三，一页；卷四，一页、十二页；卷五，一页至九页。
② 见《徐文定公集》卷六《李之藻刻〈职方外纪〉序》，十五页。
③ 详见昭代丛书卷二十七《西方要纪》原书。
④ 见《坤舆图说》南氏自序。

异物图、海舶图、七奇图及罗马古代公乐场图。① 盖于介绍地学理论及异国情势之外,并欲以海外珍禽异兽,奇伟建筑传之中土者也。《坤舆全图》刻于一六七四年,图为世界之两半球,图中陆地之处绘有各种奇兽,随其产生地而标形于图。海洋之处则绘有各种怪鱼游泳其中,以示其地之所产。五洲各有其总说明,详注于图,各国之政教生产亦莫不标明。至于海水之流动、潮汐之由来以及气行雨风之故,亦皆详解明白。图上更绘有远涉重洋之船只,乘风破浪,以示当日航海情状之一班。②《增补坤舆全图》系蒋友仁乾隆二十六年所进献;③《地球图说》(一作《坤舆全图说》)则为其所自译著,而经钱大昕等之润色者。《增补坤舆全图》之形式,据《地球图说》言:"天体浑圆,地居天中,其体亦浑圆也。地圆为球,今画大地全图,作两圈界。以象上下两半球,合之即成全球矣。大地之经纬度,各分三百六十与天度相应,而以天上相应之处名之。如图之上下顶冲两点与天之南北两极应者,亦名南北两极。横线平分南北为两半,与天上赤道应者亦名赤道,余线仿此。经线以赤道为主,平分赤道为三百六十度,每度各作一椭圆之弧,上会于北极,下会于南极,以象地周三百六十经度,此线之为各处之子午线。纬线以子午线为主,平分子午线为三百六十度,每度各作一圈。惟赤道为大圈,渐

---

① 详见钱熙祚编指南丛书内《坤舆图说》原书(泰东书局影印本第十二集)。按纯粹介绍西洋天文地理学及地文地理学于吾国之著作,盖以高一志〔原名王丰肃(Alfonso Vagnone),1566—1610,意大利人,万历三十三年来华〕所撰《空际格致》(Traité de la Composition Matérielle de l'univers)一书为嚆矢。此书刻于何时未可考。上卷纪述四元行(火气水土),分为行之名义,行之数,问金木为元行否,行之序,行之形,行之厚,行之情,行之动,行之纯,地之广大,地较天之大,地凝性之所,地体之圆,地性之静,山岳,地水大小之较,地水高卑之较,水体之圆,气行有无,气之厚域动行,火行有无,元火厚圆,下火等节。下卷纪述元行生物,分为火属物象(火嫖、火锋、狂火、跃羊火、垂线火、拈顶火、双火单火、流星陨星、飞龙、雷、电、雷降之体、雷之奇验、彗孛、天河),气属物象(空际异色、虹霓、云霞、围光、坠条、多日之象、风),水属物象(雨雪、风雨预兆、雾、雪、雹、冰、露、霜、蜜、海之源派、海水之动、海之潮汐、江河、水之臭味、温泉),土属物象、(地震、地内火)等节,对于空际之现象及其变化之因果,论述甚为详明。又明熹宗天启四年,京师发生地震,朝野莫不诧异惊恐,龙华民徇李崧毓之请,著《地震解》(Traité des tremblements de terre)一卷,内分《震有何故》《震有几等》《震因何地》《震之声响》《震几计大》《震发有时》《震几许久》《震之预兆》《震之诸征》等九章,解说极为简要。现此二书经由上海聚珍仿宋印书局共印成一本。余拟另撰专篇介绍,兹不细述。
② 见徐宗泽著《明末清初灌输西学之伟人》,《圣教杂志丛刊》,十五页。又此书现藏于上海徐家汇藏书楼内。
③ 阮元《畴人传》卷四十六《蒋友仁传》言:"蒋友仁,乾隆二三十年间入中国,进《增补坤舆全图》及新制浑天仪。"按蒋氏来华,系在乾隆九年(1744),而其进献《坤舆全图》,则在乾隆二十六年(1761)。详见 Le P. Louis Pfister, *Notices biographiques et bibliographiques sur les Jésuites de L'ancienne mission de Chine*, 1552–1773, p.820.

远赤道则渐小。至南北二极,则合为一点,以象地球南北各九十距等圈,是为纬度。"① 则其图盖有类于今之天文地理挂图,而异于利玛窦之《万国舆图》及艾儒略《职方外纪》中之《万国全图》焉。

  吾国之有舆图,由来尚矣。《周礼》数言天下土地之图、九州之图,②其事确否,暂不具论。惟荆轲利用献燕督亢地图以刺秦王,③萧何得秦图书以具知天下之要,④班固本秦地图以著《地理志》,⑤淮南王安披按舆图以部署军事,⑥马援披览舆图以知郡国形势,⑦则是信而有征之事。魏晋以降,周秦秘图湮佚,而汉氏舆地、括地诸杂图,又只粗具形似,未为精审。晋之裴秀慨然有作,成《禹贡地域图》十八篇,确立制图之体凡六。⑧ 从此历代舆图之作益为发达。如唐贾耽之《海内华夷图》、宋税安礼之《地域指掌图》、元朱思本之《舆图》,乃其最著者。然我国舆图多附记于方志总志及类书中,鲜有以地图为主体也。有清以前所制舆图,如明《永乐大典》中之元代《西北三藩图》(据《海国图志》所载》)、罗洪先《广舆图》(北平图书馆藏翻明万历刊本)、桂萼《皇明舆地图》(北平图书馆藏明万历刊修撰通考本)、陈祖绶《皇明职方地图》(北平图书馆藏明崇祯刊本)以及各种志书附图,其绘法大抵沿袭元代朱思本《舆图》,既未附以经纬线,又多非实地测绘,而测制方法亦不精确,故与实在地形多有未合。十六世纪中叶,西洋绘图家发明"地图投影法"。利玛窦来华,绘制《万国舆图》,此法随而输入。当时利氏输入之几何投影法计有二种:一为椭圆投影(Ortelius Projection),万历三十年所改绘之《坤舆万国全图》,其中之经纬各线即系用此法绘制者;二为现今所谓横正射投影(Projection Orthographique Transversale),利氏用此法绘图,将地球分为东西两半,各绘经线十八,纬线十八。几何投影法以

---

① 见阮元《畴人传》卷四十六《蒋友仁传》;阮元辑刊文选楼丛书内《地球图说》原书。又按吴震方《说铃前集》中载有南怀仁撰《坤舆外纪》一卷,《四库全书总目》谓此乃他人摘录南氏《坤舆图说》而成,非南氏别有所著云。见《总目》卷七十八"别本坤舆外纪"条。
② 见《周礼·夏官》《地官》。
③ 见《史记》卷八十六《刺客列传》。
④ 见《史记》卷五十三《萧相国世家》。
⑤ 据全祖望《皇舆图赋序》,又《大清一统舆图序》。
⑥ 见《前汉书》卷四十四《淮南衡山济北王传》。
⑦ 见《后汉书》卷五十四《马援传》。
⑧ 见《晋书·裴秀传》。

外,利氏并于由粤北上时利用一种测量仪(Astrobabe,利氏译作"量天尺")测量各地纬度,是为用新法测量中国经纬度并应用于地图绘制之始。迨乎清初,基督教教士奉命用新法测绘全国地图,尤为吾国地图学史上划时代的新贡献。先是,康熙二十七年(一六八八),中俄尼布楚会议时,教士张诚(Jean François Gerbillon,1654—1707,法国人,康熙二十六年来华)、徐日升参加会议,居间调停,卒缔结有利于中国之条约。于时,张诚以亚洲地图进献,说明中国对于满洲地理知识之缺乏,极引起康熙帝之注意。其后,康熙帝巡幸多伦诺尔(三十年),亲征准噶尔(三十五年),巡游张家口、大同、宁夏(三十六年)及江南(三十八年)等处,均命张诚、徐日升陪驾,进讲西洋科学,并随地测定经纬度数。盖是时帝已有测量全国地势,绘制舆图之意矣。迨康熙四十七年四月十六日(一七〇八年七月四日),乃明令白进(晋)(Joachim Bouvet,1656—1730,法国人,康熙二十六年来华)、杜德美、雷孝思(Jean Bapt. Regis,1664—1738,法国人,康熙三十七年来华)、费隐(Xavier Ehrenbert Fridelli,1673—1731,德国人,康熙四十四年来华)等教士实行以西洋新式测绘方法,测量全国地形。计由开始测绘,以迄于康熙五十四年(一七一五),测完云贵两湖之地形止,共费八年岁月之久。参加测绘之教士,除前举白进等四人外,尚有汤尚贤(Pierre Vincent de Tartre,1669—1724,法国人,康熙四十年来华)、冯秉正(J. de Moyriac de Mailla,1669—1748,法国人,康熙四十二年来华)、德玛诺(Romanus Hinderer,1669—1744,法国人,康熙四十六年来华)、潘如(Bonjour O. S. A.,法国人)、麦大成(Joannes Franciscus Cardoso,1676—1723,葡萄牙人,康熙四十九年来华)、加尔特(原名待考)等六名。所经测之地域,有北京近郊、长城附近、直隶、蒙古、满洲、山东、山西、陕西、甘肃、河南、江南、浙江、福建、江西、两广、四川、云贵、两湖等处。① 各省地图制定之后,康熙帝复派遣曾在钦天监徒西洋教士学习数学测量之喇嘛二人前赴西宁、拉萨等地,测绘西藏地图,发交雷孝思、杜德美等重为审定,又将朝鲜地图由朝鲜王宫取回北京,使曾实地测量满洲地势之雷孝

---

① 关于各省地图测绘之继过,翁文灏先生著《清初测绘地图考》。据法人 Du Halde 氏《中华帝国全志》(Description de I'Empire de la Chine)序中所纪,考核颇详。又后藤末雄著《中国思想之西进法国》,八八—九〇页,亦有论述,可资参阅。(翁著载在北平中国地学会《地学杂志》中)

思、杜德美、费隐诸教士详加审核,并根据之而制定朝鲜新图。① 于是,中国本部各省,满洲、朝鲜、西藏等地图全部完成,制成总图一张,离合凡三十二帧。别为分省图,省各一帧。② 所载镇堡小名,细若牛毛,③世所称《皇舆全览图》即"皇舆全图"者此也。康熙帝于此图告成后,谕内阁学士蒋廷锡曰:"《皇舆全览图》,朕费三十余年心力始得告成,山脉水道俱与《禹贡》相合。尔将此全图并分省之图与九卿细看。傥有不合之处,九卿有知者,即便指出面奏。"其得意之情,可想而知。而九卿回奏称,斯图所异于旧图者有四,并谓"此诚开辟方员之至宝,混一区夏之巨观,昭揭日月,而万世不刊者"云。④

清代西洋教士所测制之地图,除康熙《皇舆全览图》外,尚有《乾隆内府铜版地图》(即乾隆十三排地图)。此图告成于乾隆二十一年(一七五六),盖以康熙《皇舆全览图》为基础,更参酌利玛窦之《万国图志》《万国舆图》及南怀仁之《坤舆全图》《坤舆图志》而成亚洲西部之略图。根据俄国所献舆图,⑤而成亚洲俄领之略图,并命左都御史何国宗、蒙古正白旗生员明安图督率西洋教士蒋友仁、高慎思等实地测绘准噶尔部及回部地图(即今新疆及其迤西小部之地图),综合各图而成一亚洲大陆全图。全图镌制铜版,凡一百零四方,纵分为十三排,故旧有"乾隆十

---

① 参阅后藤末雄著《中国思想之西进法国》,八九页。
② 见《清史稿》列传第七十《何国宗传》。
③ 见邵懿辰《四库简明目录标注》。
④ 《东华全录》(康熙朝)卷一〇三载九卿覆奏云:"从来舆图地记,往往前后相沿,传闻傅会,虽有成书,终难考信,或山川经络不分,或州县方隅易位,自古至今,迄无定论。我皇上以生知之圣,殚格致之功,分命使臣,测量极度,极高差一度为地距二百里,昼夜之长短,节气之先后,日食之分秒时刻,都邑之远近方位,皆于是乎定。天道地道,兼而有之,从来舆图所未有也。南北两大干:一干自昆仑东北,历西番境,至兴安岭,达于盛京,南折入朝鲜境入海;一干自昆仑东南,历云、贵、广西、湖广、江西境,或东或北,折至闽浙入海。凡两干以南以北之水,大则名川灵渎,小则泉涓溪潭,莫不顺山脉以分流,随地形而转下,萦回盘带,刻镂绣错,而寻源溯委,条贯井然,从来舆图所未有也。关门塞口、海汛江防、村堡戍台、驿亭津镇,其间扼冲据险,环卫交通,荒远不遗,纤悉毕载,星罗棋布,栉比鳞次,从来舆图所未有也。东南东北,皆际海为界,西南西北,直达番回诸部,以至瑶池、阿耨绝域之国,黄流、黑水发源之地,皆琛赆所宾贡、版舆所隶属,举其土壤,惊为创见之名,溯厥道涂,即可按程而至,以六合为疆索,以八方为门户,幅员赅广,靡远弗届,从来舆图所未有也。皇上精求博考,积三十年之心力,核亿万里之山河,收寰宇于尺寸之中,画形胜于几席之上。臣等荷蒙皇上教思不倦,得以瞻仰披寻。昔曾经过之区,宛然阡陌,素所未历之境,不啻乡闻,而于《禹贡》所书,古今图志所传,平日有迷莫islands,有惑莫祛者,一旦豁然贯通,涣然冰释。此诚开辟方员之至宝,混一区夏之巨观,昭揭日月而万世不刊者也。"
⑤ 全祖望《鲒埼亭集》卷二《皇舆图赋》云:"乃若俄罗远绝,奉我王路,始献舆图,古所未睹。其去北极,不过廿度,爱识鼢鼠,格物之助。"是俄国进献舆图之证。

三排地图"之称。原图秘藏内府，臣民无从窥见。图之四至及其形式，据邵懿辰《四库简明目录》标注云："乾隆十三排地图，南至琼海，北极俄罗斯北海，东至东海，西至地中海，西南至五印度南海，合为一图。纵横数丈，而剖分为十三排，合若干叶，每叶注明经纬度数，盖本康熙图而制极其精，推极其广，从古地图未有能及此者也。"又云："方略馆有地图刊本，大盈数丈，西北各边皆满洲字，内地则汉字，不知何时所刻。"是斯图绘制之精及其范围之广，概可见矣。

《乾隆内府铜版地图》之异于康熙《皇舆全览图》者，一为范围广阔，二为绘制精美，而准回二部地图之详确，尤为全图精彩所在。关于准回二部地图测制之经过，据乾隆二十一年（一七五六）六月御题诗（题《大清一统舆图诗》）自注云："舆地图自康熙年间，皇祖命人乘传诣各部，详询精绘而后定，或有不能身履其地者，必周咨博访而载之。既成，镌以铜版，垂诸永久。上年平定准噶尔，迤西诸部悉入版章，因命都御史何国宗率西洋人由西北二路，分道至各鄂拓克测量星度，占候节气，详询其山川险易，道里远近，绘图一如旧制。"乾隆二十五年八月，再题诗自注云："乾隆乙亥（一七五五）平定准噶尔各部，既命何国宗等分道测量，载入舆图。己卯（一七五九）诸回部悉隶版籍，复派（五官正）明安图等前往，按地以次厘定，上占辰朔，下列职方，备绘前图，永垂征信。"①《清朝文献通考·象纬考》云："二十年六月，命测量新疆北极高度，东西偏度，谕曰：'西师奏凯，大兵直抵伊犁，准噶尔诸部尽入版图。其星辰分野，日出入昼夜节气时刻，宜载入时宪书，颁赐正朔。其山川道里，应详细相度，载入《皇舆全图》，以昭中外一统之盛。左都御史何国宗素谙测量，同五官正明安图、副统领富德带西洋人二名，前往各该处，测其北极高度，东西偏度及一切形势，悉心考订，绘图呈览。所有坤舆全图及应需仪器，俱酌量带往。'"②《清史稿·何国宗传》云："何国宗，顺天大兴人，康熙五十一年进士。（乾隆）十三年，迁工部侍郎。二十一年正月，命同侍卫努克三、哈清阿率西洋人往伊犁，测量度数，并绘地图。十月奏言：由巴里坤分西北两路查勘，臣努克三从山后至伊犁，将博罗塔拉、

---

① 原题并自注见《大清一统舆图》卷首（光绪二十四年，上海求自强斋主人所刻）。
② 见《清朝文献通考》卷二五六，二二页。

齐齐哈尔、布塔克、塔拜克、瀚海等处勘明绘图。臣何国宗、哈清阿越托东岭，将博克达额琳哈毕尔噶山及吐鲁番伊拉里克、哈喇沙国等处，南北度数测量，自海都河上行，由裕勒都至小裕尔都斯哈布齐垓，所至地方绘图。复回至巴里坤，将两路地图合绘呈览，报闻。"又陈援庵先生从教会典籍录出史料有云："乾隆二十四年派高慎思往伊犁绘图。""《乾隆铜版地图》铸成者为蒋友仁。蒋，法兰西人，以创制圆明园喷水池著名。此图刻成后曾每片刷印百张，共为一万四百张，装璜进呈。今存一百四片，正符此数。"①综观上所引述，则准回二部地图之测制，虽出何国宗、明安图、努克三、哈清阿等董其事，然实际上担任测绘铸版者，固属西洋教士耳。

  抑吾人于此尚有须注意者，则西洋教士因测绘地而传入之三角测量法及几何投影法是也。用新法测量吾国经纬度，固始于利玛窦（利氏在华每逢日蚀月蚀，即记其时刻，以与葡萄牙日蚀月蚀标准时刻比较，借以推定中国之经度）。惟利氏之测量经度，盖纯用天支测量，未能绝确无差。而清初西洋教士之测量经纬度，则多用三角测量法，尤重实地测量。彼等开始正式测图工作以后，首在测定全国三角网（Triangulation），以为确立各地方位之标准。关于此点，教士雷孝思曾有详细之纪述，据云："诸教士受命测图，各省重要地方务必设法亲至，各府州县志书皆加查阅，各处官吏皆经询问。而尤要者在实地测量用三角法测定地点。盖应测区域幅员广大，欲从速成图，实以三角测量为最易。若纯用天文测量，或以时计之错误，或以木星、卫星出现观察之错误，即能使经度数目大受影响。""余等方法系先用三角法实测某城至某城之距离，然后再与距离北京较远地方月食观测之结果互相比较。余等自以为此乃惟一切实用之方法，亦以前未有之地理大工作也。""余等绘制中国地图之时，并不根据中国官府所用之旧图，亦不用各处通行之里数。余等决意一切重新测定，以前知识只可用以参考应走之路线，应选定测量之地点，并将一切结果悉归纳于整个的计画，并且始终用划一的尺度。此种三角测法必须以一已知之距离为基础。"②由此可见彼

---

① 参阅《国立中山大学文史学研究所月刊》第一卷第一期朱谒先先生《乾隆内府铜板地图序》。
② 此处所引，系根据翁文灏先生《清初测绘地图考》文中所节译者。

等测量地图所用方法之精密,及其工作之认真不苟也。其次,当时诸教士所用绘制地图之几何投影法有二种:一为三角梯形投影法,二为圆柱投影法(用前法绘制之地图,其纬度作横线平行等距,经度作直线,集合于两极。用法绘制者,其经纬线皆平行等距)。惟其用此新法以绘图,故能获得相当程度之精确。至于地理形势、山川、郡邑、境界等之图示法,亦较吾国旧图所用方法为精密而合理。凡此贡献,俱有其不可磨灭之价值。吾人追源溯始,不能不表示相当之敬意者也。

西洋舆地学之输入及《皇舆全览图》《内府铜版地图》之绘成,一方使国人对于本国地理、外国地理以及天文地理得一比较明确之观念,减少从来含糊虚悕之见解;他方使欧西各国人士认识中华帝国之真面目,一扫前此谬妄不实之想像。① 其裨益于吾国地学界诚匪浅鲜。然吾人须知西洋图地学传入后,士大夫阶级中固崇信而不疑者。② 但眼光狭小、岸然自大者流,则对之疑信参半,误解丛生。如《四库全书总目》作者评《坤舆图说》云:"按东方朔《神异经》曰:东南大荒之中,有朴父焉,夫妇并高千里,腹围(按此下当有腹围之里数,原本脱佚,今姑仍之);自辅天初立时,使其夫妇导开百川,懒不用意,谪之并立东南,不饮不食,不畏寒暑,须黄河清,当复使其夫妇导护百川云云。此书所载有铜人跨海而立,巨舶往来出其胯下者,似影附此语而作。又《神异经》曰:北方层冰万里,厚百丈,有礛鼠在冰下土中焉,形如鼠,肉重千勋,可以作脯,食之已熟云云。此书记此物全与相合。……疑其东来以后,得见中国古书,因依仿而变幻其说,不必皆有实迹。然核以诸书所记,贾舶之所传闻,亦有历历不诬者,盖虽有粉饰、而不尽虚构。"③评《职方外纪》云:"前冠以万国全图,后附以四海总说。所述多奇异,不可究诘,似

---

① 康熙《皇舆全览图》原图稿之一份,由教士寄送法国耶稣会教士 De P. Du Halde 氏——《耶稣会教士书简集》之编纂者——转呈法王路易十四(Louis XIV)阅览。其后,Du Halde 氏将原图稿托著名地理学家 d'Anville 氏制成铜版。d'Anville 氏初制各省地图图版,次制中国全图图版,最后参照白进之《满洲纪行》,制成满洲地图版。全图制定之后,复加入日本地图而刊入于 Du Halde 氏所编著之《中华帝国全志》第一卷中。一七三五年(雍正十三年)此图被介绍于法国学术界。于是,由各国传教士传为世界无比的中华帝国之地理的状况,始为法国智识阶级所认识。此图在法国出版后,由是欧洲各国如法、英、德诸国参谋部俱根据之而制定一百万分一中国地图,而坊间所刻之中国地理及地图亦概以此图为蓝本云。
② 如徐光启、李之藻、吴左海、冯应京、赵可怀、程百二等或信服其说,或为之刊刻舆图。
③ 《四库全书总目》卷七十一"坤舆图说"条。

不免多所夸饰。然天地之大，何所不有，录而存之，亦足以广异闻也。"①《清朝文献通考》著者评《职方外纪》云："至意达里亚（意大利）人所称天下为五大洲，盖沿于战国邹衍裨海之说。第敢以中土为五洲之一，又名之曰亚细洲（原文无亚字），而据其所称第五洲曰墨瓦蜡泥加洲者，乃以其臣墨瓦兰辗转经年，忽得峡海亘千余里，因首开此区，故名之曰墨瓦兰泥加洲。夫以千余里之地，名之为一洲，而以中国数万里之地为一洲，以矛刺盾，妄谬不攻自破矣。又其所自述彼国土物情政教，反有非中华所及者，虽荒远狉獉，水土奇异，人性质朴，似或有之；而即彼所称五洲之说，语涉诞诳，则诸如此类，亦疑为剿说鼃言，故其说之太过者，不俱刊而不纪云。"②又云："自利玛窦始为全图，流传中国，厥后庞迪我翻刻西洋地图，衍为图说，艾儒略辑为《职方外纪》，其言未免夸张，正庄子所云存而不论者。"③而魏濬评利玛窦《万国全图》亦有云："近利玛窦以其邪说惑众，士大夫翕然信之。……所著《舆地全图》及洸洋窅渺，直欺人以其目之所不能见，足之所不能至，无可按验耳。真所谓画工之画鬼魅也。毋论其他，且如中国于全图之中，居稍偏西而近于北，试于夜分仰观，北极枢星乃在子分，则中国当居正中，而图置稍西，全属无谓。……鸣銮交趾，所见相远，以至于此，焉得谓中国如此蕞尔，而居于图之近北，其肆谈无忌若此。信之者乃谓其国人好远游，斯非远游者耶？谈天衍谓中国居天下八分之一，分为九州，而中国为赤县神州，此其诞妄，又甚于衍矣。至于九天之说，总以星体之大小揣臆言其远近，日反在土火之下，杜撰可笑。……全图只因月中魄影，如世所谓婆罗树及玉兔者，昔人以为大地山河之影，因杜撰以欺世人耳，试取图与月影质之即见。"④其他类此之议论尚多，兹不具引。总之，彼等对于西士著译舆地图籍所述西方文物，远迈神州及五大洲之说，不视为荒诞不经，邪说惑众，即视为剿窃影附，故为夸张。此种虚骄态度，终清之世无大改变，吾国近代地理学之所以未能有新的发展者，其在

---

① 见《四库全书总目》卷七十一"职方外纪"条。
② 见《清朝文献通考》卷一九八《四裔考》六《意达里亚》，十四页。
③ 见《清朝文献通考》卷一九八《四裔考》六《博尔都噶尔亚》（即葡萄牙），二〇—二一页。
④ 见魏濬《利说荒唐惑世》，全文见明徐昌治辑《圣朝破邪集》（日本安政乙卯翻刻本）卷三，三七—三九页。

斯乎？

以上所述，为明末清初天主教教士传入世界地理的智识，及测绘舆图的业绩之梗概。近百年来，耶稣教教士介绍西洋地理学、地志学及地质学，其业绩亦有足多者。兹举述其重要的译著如下：（一）《地学浅释》（制造局本、西学富强丛本书）。此书原著者为英人雷侠儿（原名待考），由美国教士玛高温（原名待考）、华蘅芳合译。全书共二十八卷，大旨以地球全体均为土石凝结而成，其定质虽为泥、为沙、为灰、为炭，而皆谓之石类，均有逐渐推移之迹。观地中生物之形迹，可知当时生长既有水陆湖海之不同，又有冷热凝流之各异，故地质层累不明，无从察金石之脉云。（二）《地学稽古论》（格致汇编本）。此书为傅兰雅所著。全书只一卷，大旨以混沌未开之先为极古，既开之后为荒古，动植物生为太古，人类生为近古。欲知地球古事，莫如考究地学。既通此学，则考土性以便农田，验地脉以识矿产，辨石质以利工程，而地球往古形迹，亦可于此见云。（三）《地学举要》（西学大成本）。此书为英国伦敦会教士慕维廉（Rew. William Muirhead，一八四七年来华）所译著。全书只一卷，首论地球形势，次地质，次释名，次陆水分界，次洲岛，次山原，次地震，次平原，次海洋，次潮沙，次湖河，次地气，叙述颇为简明。（四）《八星之一总论》（广学会本、格致汇编本）。此书为英国浸礼会教士李提摩太所著。全书只一卷，以地球列于日月行星，故名八星之一。其中言地不及言天之详，而言天又不及言地之畅，论种族异同、宗教流派，极中肯綮。（六）《地理质学启蒙》（西学启蒙本）。此书为艾约瑟所著。全书共七卷，首论地球实形，次论昼夜风气，次论水行于地功用，次论海，末论地球体内，颇为详明。除上举各书外，尚有林乐知、郑昌棪合译《地理启蒙》一卷、《地理小引》（制造局本、格致启蒙本），艾约瑟译著《地学启蒙》八卷（西学启蒙本）、《地志启蒙》四卷（西学启蒙本），傅兰雅著《地理须知》一卷、《地志须知》一卷（均格致须知本），美国教士卜舫济（原名待考）译《地理初桄》一卷（益智书局本、格致汇编本），美国教士祎理哲（原名待考）著《地球说略》一卷（益智书局本），美国教士戴集（原名待考）著《地理略说》一本、附图一册（一名《地理浅说》，美华书局本），慕维廉著《地理全志》五卷、《英属地志》（益智书局本、西学大成本），美国教士戴德江(原名待考)著《蒙学地理纪要》一卷(蒙学报本)、《万国地理》、《地理大图》(均益智书局本),美国教士卫罗氏(原名待考)与金向敷合译《列国地说》一本(广学会本),美国教士潘雅丽(原名待考)著《五大洲图说》一册(美华书馆本),李提摩太著《五洲各国统属图》一幅(广学会本),丁韪良著《旧金山记》,立温斯敦之《黑蛮风土记》。①

注:本文中西洋教士姓名,乃根据《正教奉褒》(光绪三十年,上海慈母堂刊本)《教士姓名华洋合璧》,一四五——一四六页。至教士生卒年月及到华年月,则是根据 Le P. Louis Pfister, *Notices biographiques et bibliographiques sur les Jésuites de L'ancienne mission de Chine, 1552-1773.* (Tome Ⅲ, Chang-hai, 1932, 1934)

---

① 见徐维则辑,顾燮光补《东西学书录》卷三,二二——二六页。

**图书在版编目（CIP）数据**

中西交通史未刊讲义二种／张星烺，姚宝猷编著；马少甫整理．－－上海：上海古籍出版社，2024.12.
（中国近代史学文献丛刊）．－－ISBN 978-7-5732-1495-9

Ⅰ．D829

中国国家版本馆 CIP 数据核字第 2025MC0125 号

中国近代史学文献丛刊
**中西交通史未刊讲义二种**
张星烺　姚宝猷　编著
马少甫　整理
上海古籍出版社出版发行

（上海市闵行区号景路 159 弄 1-5 号 A 座 5F　邮政编码 201101）

（1）网址：www.guji.com.cn
（2）E-mail：guji1@guji.com.cn
（3）易文网网址：www.ewen.co

浙江新华数码印务有限公司印刷

开本 635×965　1/16　印张 24　插页 7　字数 464,000
2024 年 12 月第 1 版　2024 年 12 月第 1 次印刷
ISBN 978-7-5732-1495-9
K·3798　定价：128.00 元

如有质量问题，请与承印公司联系